思想伟力 光泽荆楚（下）

——湖北探索高质量发展案例集锦

中共湖北省委党校（湖北省行政学院）编

长江出版传媒
湖北人民出版社

第四篇

社会建设

以乡风文明助推乡村振兴

——湖北省恩施州来凤县石桥村“转转工”村民互助模式分析

中共湖北省委党校（湖北省行政学院） 江 雨

【引言】 在党的二十大报告中，习近平总书记对推进乡村振兴再次作出了深刻论述和全面部署：全面建设社会主义现代化国家，最艰巨最繁重的任务仍然在农村。这既阐明了乡村振兴与建设现代化国家的关系，又揭示出城乡发展不平衡、农村发展不充分，是当前我国社会主要矛盾的集中体现。因此，推动乡村振兴，不仅是农村和农民的事，更是全党和全国人民的事。2021 年全国两会期间，习近平总书记在参加十三届全国人大四次会议青海代表团审议时强调，全面实施乡村振兴战略，实现巩固拓展脱贫攻坚成果同乡村振兴有效衔接，改善城乡居民生产生活条件，加强农村人居环境整治，培育文明乡风，建设美丽宜人、业兴人和的社会主义新乡村。

【摘要】 “转转工”作为土家族、苗族早年间的一种传统农耕互助文化，近年来因外出务工人员的增多及市场化经济的影响逐渐衰退。为了解决乡村振兴山区—丘陵村人口空心化、劳动力不足等问题，石桥村村民委员会在湖北省民政厅、恩施州民政局、来凤县民政局及其他各部门的支持下，于 2018 年展开了对“转转工”村民自治互助会的探索。

2018 年下半年至 2021 年 9 月，石桥村村民委员会适时组织“转转工”成员 200 余人，于石桥村持续开展了收稻谷、采茶、插秧等农活互助活动，走访慰问了 80 岁以上高龄老人，定期召开动员大会，多次进行积分兑换，并在探索中完善了积分兑换制度及组织章程，扩大了“转转工”队伍，完成了“转转工”村民自治互助会基层治理模式的提炼。

“转转工”村民自治互助会自 2018 年成立以来，逐渐形成了可复制推广的农村社区基层治理模式，石桥村村民委员会将继续坚持“党建引领、公众参与、上下联动、共建共治”的总体目标，帮助困境人群改善问题、降低生活压力，同时完善“积分管理机制”，带领村民主动参与社会治理，提高基层自治水平，引导村民逐渐走上自我管理、自我服务、自我发展的和谐道路，以乡风文明助推乡村振兴，促进脱贫攻坚与乡村振兴的有效衔接。

【关键词】“转转工”；村民自治互助会；积分制；共建共治共享

一、背景情况

石桥村地处来凤县三胡乡西北方，村内以十娘子桥、乾隆桥、石磨碾米和石头榨油而闻名。全村土地面积 6.7 平方千米，耕地面积约 0.65 平方千米，林地面积约 3.68 平方千米，有 10 个村民小组，村民 423 户 1456 人，党员 39 人。全村主要经济作物是“一茶一果”（绿茶和杨梅），村民主要收入来源是外出务工、茶叶种植、个体养殖和杨梅采摘。

“转转工”村民自治互助会成立的背景。

1. 源于传统农耕文明

“转转工”是湖北省恩施土家族苗族自治州的土家族人民过去在农忙季节，村民与村民之间义务互相帮忙，集中干农活的传统农耕文明。“转转工”互相不收取任何劳务费用，主人只需为当天前来帮忙的村民提供饭食。“转转工”这种互帮互助、邻里守望的农耕文明一直都是土家族传统文化的精髓，但随着城镇化推进，打工经济兴起，这种传统文化逐渐消逝。石桥村“转转工”村民自治互助会的成立，旨在帮助村民重拾美好记忆，传承优秀的土家族传统文化，建设乡风文明的美丽乡村。

2. 源于农村发展制约

从 20 世纪 90 年代开始，随着市场经济的深入发展，“转转工”逐渐消失，取而代之的是收费形式的劳务工。同时，大量精壮劳动力外出务工，劳动力不足成为制约农业农村发展的重要因素。“转转工”村民自治互助会以减轻困难群众家庭的经济负担为出发点，充分筹集农村有限的劳动力，深度整合农村现有资源，切实解决广大农村劳动力不足、留守人员劳动负荷大、雇工经济压力大等突出问题，为农村产业发展和乡村振兴提供支撑。

3. 源于基层自治需求

传统乡村是一个“熟人”共同体，但随着大量青壮劳动力的外出，大多数农村家庭“两老带几小”“妇孺带几小”，或是“两老守独巢”，群众之间联系减少、关系疏远，乡村社会关系无法再现过去因血缘纽带形成的信任，给基层治理带来了挑战。“转转工”村民自治互助会以“转转工”为纽带，并在此基础上成立多个村民自治组织，把村民团结组织起来，自助互助，构建更加和谐的人际关系，让基层农民逐步走上自我管理、自我服务、自我发展的自治道路，切实提升发展内生动力。

二、主要做法

（一）解决方案

1. 解决劳动力不足的需求

来凤县青壮劳动力主要以外出务工为主，石桥村外出务工人数占全村总人口的41%。留守妇女和年迈的留守老人成为主要劳动力，一遇农忙，劳动力严重不足，极大地影响了劳动效率。“转转工”村民自治互助会定期征求汇总村民农活需求，适时组织“转转工”帮忙，成为农忙时节留守家庭最坚实的后盾。“转转工”村民互助组织成立以来，共同推举领袖，共同商议制定组织章程，在社工协助下开展“转转工”活动200多场，帮助有需要的成员进行稻谷收割、茶叶采摘，促进了村民自治与互助，推动了和谐乡村建设。

2. 减轻经济负担的需求

石桥村一个普通留守家庭每年的劳务费支出在2000元左右（2019年数据；2022年为3750元），其中犁地400元，种植水稻400元，摘茶叶400元，收割水稻500元，宰猪300元，这对于贫困户家庭而言是一笔很大的开支。很多贫困家庭为节省开支，延长或耽误播种、秋收等时间，造成粮食产量不高、质量欠佳等问题。“转转工”村民自治互助会成立后，为建档立卡贫困户成员每年节约雇工劳务费用1500元左右，减轻了村民的经济压力。

3. 增加社交互动的需求

石桥村有留守老人87人、留守妇女21人、留守儿童39人，“三留守”人员多且劳动负荷重。村民们基本采用各管各家的农作物种植及秋收的方式，除了住房较近的邻居会偶尔相互问候，并无再多的有效交流。通过“转转工”农活和社工组织的一些其他社区活动，增加了村民与村民之间的沟通与交流，营造了农村互帮互助、邻里守望的良好氛围，帮助留守老人排解了孤独，缓解了留守妇女的精神压力，丰富了传统的农耕文化，增加了农村活力，为构建基层和谐奠定了坚实基础。

（二）实施过程

1. 平台孵化

“转转工”村民自治互助会采用村“两委”引领 + 社区组织孵化的方法，由三胡乡党委、政府和村“两委”指导、引进社工，再由社工带领村民开展活动，通过社工前期全程参与—发现潜在带头人—增能带头人—社工半退出—继续增能带头人—资源链接—社工全退出的运作模式，逐渐引导和过渡，最终实现村民自治组织的建立和发展，将“转转工”打造成村民相互交流的互动平台，助力乡村振兴，促进乡风文明建设。2018 年 7 月，“五彩社工”通过前期调研和动员，首先在来凤县三胡乡石桥村村委会正式成立石桥村“转转工”农活帮帮团，核心成员 27 人，其中男性 3 名、女性 24 名。“转转工”农活帮帮团一成立，就为村内留守老人、留守妇女及贫困家庭完成了播种土豆、收稻谷、采茶、锄草等农活。

2. 有序转型

经过多次活动，“五彩社工”在“转转工”农活帮帮团中发现村民潜在目标带头人，于是决定半退出，由潜在的目标带头人带领“转转工”开展活动，以便增强目标带头人的能力。“五彩社工”适时组织“转转工”帮帮团成员召开会议，经过成员会议讨论，推选出组织带头人。组织带头人带领“转转工”农活帮帮团帮助村民完成稻谷播种、收割等农活，实现增能目标带头人。由此，“转转工”农活帮帮团正式更名为“转转工”村民自治互助会。“转转工”村民自治互助会通过向村民众筹劳动力、整合村内有限的劳动力资源的形式，带领农村社区社会组织成立，解决了村民的自我发展问题。

3. 自我发展

石桥村“转转工”村民自治互助会有了稳定的组织者和固定成员后，在“五彩社工”协助下，制定完成积分清单、兑换清单以及分工职责、行为公约，并采用“积分制管理”长期开展活动。通过对村民参加“转转工”活动进行积分，根据“积分兑换公约”和“积分兑换清单”为村民兑换相应服务（义剪、义诊）和物品（米、面、油等生活用品），极大调动了村民的积极性。为了保障组织的持续发展，村“两委”积极协调各级政府、基金会及爱心人士等资源，争取资金等支持，以此保证积分兑换物资的持续性。同时，加快推进“转转工”村民自治互助与农村社会信用体系有机融合，探索一条适合广大农村的村民自我管理、自我服务、自我发展，邻里守望相助的发展之路。

“转转工”村民自治互助会得以良好发展，主要是运用了“积分制管理”和“农村社区社会组织孵化”两类方法，让已经逐渐被人遗忘的“转转工”又焕发了新活力。

（三）实际成效

2019年，石桥村被中央农村工作领导小组办公室、农业农村部、中央宣传部、民政部、司法部五部门联合表彰为“全国乡村治理示范村”，2019年被湖北省委、省政府表彰为“文明村”（2017年至2019年），同时被湖北省民政厅评选表彰为“全省百佳村民委员会”。2019年被恩施州评选表彰为“乡风文明示点村”。2018年被恩施州委州政府评选表彰为“文明村”（2017年至2018年）。

“转转工”村民自治互助会自2018年在来凤县三胡乡石桥村成立发展至今，已经在来凤全县8个乡镇进行铺开推广与实施，形成了一套可复制、可推广的运行模式。从“农活帮帮团”到“村民自治互助会”，恩施“五彩社工”与各村村民一起在完成使命的同时，为了有效促进脱贫攻坚与乡村振兴的有效衔接，不断丰富了“转转工”服务内容，以乡村振兴战略“二十字方针”（产业兴旺、生态宜居、乡风文明、治理有效、生活富裕）为指导，从助力乡村振兴的5个方面出发，逐渐形成了一套服务框架。

1. 奠定乡村振兴的产业基础

乡村要振兴，产业振兴是源头和核心，是乡村形成自我造血能力的关键所在。“转转工”以农活互助为主要形式，帮助服务对象缓解了劳动负荷大、雇工经济压力大等问题，提高了生产效率，一定程度上达到了增产增收的目标。

一是增产量。发挥社工的资源链接作用，为村集体经济发展链接资源，开展了茶叶、杨梅等经济作物的采摘与种植技术培训等，极大地提高了产量。在不适合发展规模农业的地方，协助村民保留和发展传统农业，如庭院经济等，促进现代农业与传统农业融合发展。

二是助旅游。在杨梅古寨、桃花岛、老寨村开展“清洁步游道，美丽乡村行”志愿服务；参与新景点开发，从政策、市场、产业基础、产业链建构、产业人才等多方面考虑，筛选出因地制宜、适合进一步发掘的旅游景点，推动乡村旅游的发展。

三是手工制作。在农闲时节组织“转转工”开展手工小组活动，编制“土家棉鞋”等产品，在丰富“转转工”成员业余生活、提升收入的同时，也促进了传统文化的保留与传承。

2. 夯实乡村振兴的人才基础

吸引、培育本土人才是实现基层治理长效发展和乡村振兴的基础。“转转工”从以下几个方面开展服务：

一是引人才。梯队式引人，从易到难。一是协助来凤县、三胡乡政府，组织形式丰富的乡贤活动，搭建平台，让本村住在县城的退休干部、退伍军人、小微企业老板回乡为乡村赋能，这些乡贤有资金、有资源、有人脉、有情怀，是乡村振兴的宝贵人才；二是通过电商培训等活动，让本村在外务工人员回乡发展，他们的根在这里、家在这里，通过乡情感召、产业发展等吸引他们回乡。

二是育人才。一是盘活在地人才队伍，提升“土专家”“田秀才”和在地村民等实用型队伍技术含量；二是在来凤县民政局的支持下，通过举办2019、2020年社会工作职业水平考试培训，增加本地专业社工持证人数以及志愿服务团队服务的专业性，提升村（社区）工作人员能力，同时也提升本土社工力量、志愿服务队伍及其他公益爱好者的整体素质，促进本土社工人才队伍的建设。

三是互帮扶。坚持党建引领，成立了一批“转转工”村民自治互助会、村民志愿者服务团队等基层队伍，以此为抓手深入提高村民参与邻里互助、扶幼助残、环境整治等系列公共事务的积极性。

3. 巩固乡村振兴的文化基础

以社会主义核心价值观为引领，结合来凤县传统民族文化、风俗人情等，采取符合农村、农民特点的有效方式，挖掘农村传统道德教育资源，依托村规民约，褒扬善行义举，贬斥失德失范。推动诚信建设，强化农民的社会责任意识、规则意识、集体意识、主人翁意识。完善积分管理制度，充分调动村（居）民参与的积极性，营造文化乡村氛围。巩固乡村振兴的文化基础主要围绕以下几个方面开展活动。

一是传民俗。传承“转转工”土苗传统农耕文化，同时带领村（居）民挖掘和回忆诸如婚嫁、传统节日礼仪与食物等优秀传统民俗，通过老人口述史、印象画册等形式对其进行了记录、整理与展示，助力文化传承。

二是办活动。“转转工”协助村“两委”举办乡村文化活动，开展了传统节日庆、乡风文明建设、民俗文化学习、手工艺学习等多种形式的活动，如“共尝丰收酒”“共跳摆手舞”等，丰富村民精神生活，形成独特的乡村文化印记和氛围。

三是享互助。组织、建立“转转工”村民自治互助会，开展插秧、采茶、施肥、锄草等农活互助，增进邻里感情，促进邻里沟通，形成了“一人事全村帮，全村事全村为”的和谐乡村氛围。同时根据乡镇村（居）民的实际情况，通过入户探访，了解根本需求，为各村“三留守”人员，高龄、独居老人，残疾人员及其他困境人员提供小组、社区专业服务，同时积极链接社会资源，调动社会爱心与志愿服务力量，助力缓解问题。并以各乡镇社工站与村社会工作室为阵地，打造村活动、交流平台，并为村民提供情感支持、经验分享等渠道，构建和谐的村支持网络，促进村民构建和谐邻里氛围，增加自身价值感与荣誉感，树立新时期新农民积极向上、友好互助的新形象。

4. 提升乡村振兴的生态基础

助推形成绿色的生产方式和产业结构，同时积极推进绿色生活方式和人居空间，从房前屋后环境，厨房、洗手间、垃圾箱改造等方面，助力落实农村人居环境整治三年行动计划。加强生态环境保护，不断提升人们的环保意识和爱护家园的主人翁意识，建设美丽宜居乡村。

一是宜家居。村“两委”、志愿者等组成合力团队，定期进行人居环境治理相关宣传，提升村（居）民环保意识。另外，通过定期举办房前屋后环境整治、房屋美化、公共环境卫生等评比大赛，结合积分兑换制度，调动村民积极性，使打造、保持良好的人居环境理念深入人心并内化于行。

二是净碧波。村“两委”和社工在来凤县石桥村、安家堡村、桐子园村成立的“转转工”村民自治互助会与老寨村组织的志愿者团队，开展了系列助力“净碧波”保护环境的志愿服务，诸如河道垃圾清理，设立禁止在河里洗涤、垂钓警示牌等相关志愿服务，培养了村民“人人都是村主人”的主人翁意识，营造了齐心协力共创美好家园的和谐氛围。

三是护绿荫。“转转工”村民自治互助会与志愿服务队，联动来凤县当地“张富清志愿先锋队”，开展了村内保护环境宣传活动以及道路、田边白色垃圾捡拾等活动。

四是护晴空。针对各村普遍存在村民肆意焚烧秸秆、燃放烟花爆竹等现象，“转转工”村民自治互助会与志愿服务队成员开展了禁止燃放烟花爆竹、禁止肆意焚烧秸秆相关宣传，并以落实“村规民约”积分兑换的形式，对发生相关行为的村民进行扣分处理，以提高村民的环保意识，约束村民行为。

5. 助力乡村振兴的组织基础

通过组建孵化“转转工”队伍、志愿者队伍，完善组织章程和组织结构，通过开展服务活动，引导村民逐步参与农村公共事务，培养自治意识和能力，进一步凝聚了基层自治力量。

一是明目标。通过引导村民，建立自治、法治、德治“三治联动”的乡村治理体系。最终建立健全党委领导、政府负责、社会协同、公众参与、法治保障、科技支撑的现代乡村社会治理体制。

二是建队伍。驻点社工通过前期走访，锁定目标群体，分别建立了老寨村村民自治互助会、安家堡村志愿服务队、石桥村儿童志愿服务队；完善了队伍章程，选举带头人；为了调动志愿者积极性，社工还建立了积分兑换制度。

三是孵组织。积极培育、发展本土社工服务机构与志愿服务队伍，通过注册指导、定期督导、实地参访等方式提高本土初创型社会组织的成长能力，提高其专业性。

组织一：石桥村“转转工”村民自治互助会，60 余人。开展了 70 余场互助活动，包含帮助村民收割稻谷、采摘茶叶、端午团建、卫生锄草等。通过有效组织，实现了互帮互助，减轻了村民劳动负荷。以村民互助为媒介，促进了村民之间的沟通与交流，同时在集体活动中拉近了村民之间的距离，形成了一种互帮互助的良好乡村氛围。

组织二：老寨村志愿者服务队，12 人。成立以来配合驻村社工开展了 5 场志愿服务、2 场社工宣传活动、3 场“转转工”宣传活动，配合当地社工进行入户慰问调查 3 次，加深了人们对志愿服务的认识，让潜在的志愿者们由观望到投身实践，并不断在实践中实现自身价值。

组织三：安家堡村“转转工”村民自治互助会，30 人。开展了 20 场活动，帮助村民采茶、除草、整治人居环境等，推动了当地“转转工”的发展，增强了村民的主人翁意识。

组织四：桐子园“转转工”村民自治互助会，78 人。开展了 35 场“转转工”农活互助活动，包括捡拾白色垃圾、环保宣传、慰问留守老人、采摘茶叶等。在改善桐子园村生态环境，减少桐子园村白色垃圾的同时，也培养了“转转工”成员的环保意识，进而带动桐子园所有村民树立环保意识。最后，“转转工”还帮助桐子园村重拾土家族优秀的农耕文化，增强了村民的凝聚力。

组织五：以“阳光暑期公益课堂”为主体，结合个案、小组、志愿服务等形式，为留守儿童提供针对性专业服务。帮助服务对象树立起自我规划意识，学会合理地安排学习内容；让服务对象学习国学、文学知识，篮球、乒乓球等球类运动知识，养成积极健康的生活习惯；协助服务对象更全面地了解自己，在生活中学会自我减压；增强了服务对象的自信心，鼓励他们勇敢面对生活的挑战，促进了服务对象的全面成长。

三、经验启示

（一）坚持以人为本，发现乡村社会治理的新需求

实施乡村振兴战略，不仅要满足农民的物质需求，还要满足其精神需求。特别是在乡村居民生活水平已经接近全面小康、衣食住行已经不成问题的现阶段，满足农民的精神需求显得更为重要，更为迫切。中国的乡土民风根植于农耕文化，它一方面教给我们人与自然和谐相处的道理，另一方面具有规范人们行为的作用，包括尊老爱幼、礼尚往来、积德行善、互帮互助等。《中共中央国务院关于实施乡村振兴战略的意见》指出，要深入挖掘农耕文化蕴含的优秀思想观念、人文精神、道德规范，充分发挥其在凝聚人心、教化群众、淳化民风中的重要作用。有意识地做这方面工作，有助于让那个充满烟火气、人情味的乡村回到我们身边。

乡村振兴的最终目的是农民素质的提高、乡村物质财富的增加和乡村的整体现代化。关注农民精神需求，形成良好的乡风，能帮助农民树立发展信心，改变落后思想观念，主动摒弃陈规陋习，正确处理“富脑袋”与“富口袋”的关系；能帮助农民提高思想道德水准和科学文化等各方面素质，凝聚人心、振奋精神、生发激情，为乡村振兴注入强大的精神动力。而且，在城市缺少就业机会的中老年农民，只要与土地结合起来，就可以在村庄熟人社会中获得意义、价值。乡村治理是一个系统的工程，需要基于农民的需要和现代化的需要，从

硬件和软件上配套建设。

（二）坚持守正创新，打造村民自治互助的新模式

互助是中国乡村共同体建设的核心话语，乡村互助共同体的基础是社会共同体，关键是互助组织，内容包括互助服务、互助保障、互助参与、互助合作等，与此同时，形成互助文化，推动现实与情理上的互助共同体的建立。

传统的中国乡村是在皇权、政府支持下联结成的宗乡互助共同体，中华人民共和国成立后，宗族组织向集体组织转型。进入 20 世纪 90 年代以后，伴随资本和人口的城乡流动，村民对原有集体和村社区的认同与归属感降低。但这一基层的互助共同体没有被市场完全瓦解，因为在农业经济中自下而上的血缘共同体（宗族组织）有其牢固的内生联结，同时它也并非仅是自下而上的自治体，还有国家、党政自上而下的支持、组织与管理。湖北省大部分村庄都是普通农业村，承载的是数以千万计的在地农民和返乡农民，多数农村地区缺乏产业繁荣的基础，农村蓄水池和稳定作用同样重要甚至大于经济增长意义。要建设现代乡村互助共同体，同样需要以社会共同体建设为基础，寻求自上而下的党委领导、政府负责的支持，重新建立现代互助组织，并在此基础上同步带动经济上的联合与合作，形成互助文化氛围，达到政治上有效治理、生态上可持续发展的目的。

"转转工"在来凤县 8 个乡镇同步实施，形成了"村'两委'+ 村民自治组织 + 志愿者 + 社工"的工作机制，通过孵化、培育各乡镇"转转工"村民自治互助会，开展联动性互助活动，总结"转转工"村民自治互助会经验，形成了全县"联动圈"，实现了由点到面的覆盖与推广，激发了村民的内生动力，延续了农耕文化中的互助传统，守正创新，打造村民自治互助的新模式。

（三）坚持共同缔造，探索湖北乡村振兴的新路径

湖北省的乡村治理格局正在进入一个新的提升时期，即"纵向管理到底，横向服务到边"。过去的村级治理"无人管事，无钱办事，无章理事"，当下"有人管事，有钱办事，有章理事"，村级治理实现了"纵向管理到底"。与此同时，在"横向服务到边"方面还有所不足。村作为国家与社会的联结点，除了完成政府任务以外，很重要的功能是将社会联结起来，满足村民的需要。我们的乡村治理更多的是上级任务驱动型而不是主动服务型。"横向服务"还到不了边。

管理到了户，服务还未能到家。“到家”意味着每家、每个人都有特殊化的服务需求，都需要给予相应满足。乡村除了经济发展能力不足以外，服务能力更弱，留守人员的生活和精神需要难以得到个性化的满足。要增强服务意识和服务能力，让基层活起来，让农民动起来。这就需要共同缔造。共同缔造不是简单的口号，更重要的是机制和方法，通过决策共谋、发展共建、建设共管、效果共评、成果共享等相应的机制和方法将各个方面的力量汇聚起来，共同创造自己的幸福生活。

农民视角的乡村建设从本质上讲还是如何帮助乡村和农民实现现代化的问题，这个过程不能有农民的缺位。“转转工”村民互助自治会合理利用积分制，让村民从旁观者变为参与者，村级事务从“他治”变为“自治”。互助从帮农活等方面入手，拓展至服务留守老人、留守妇女等，通过农活互助、集体团建、志愿服务等形式，减轻服务对象生产生活负担，丰富服务对象精神文化，促进邻里感情，逐步打造了村内交流沟通的互助平台，促进农村和谐相处，还推动生产要素共享、农技人才互联、技术服务互帮、联防联治互助新模式的形成，不断激发乡村振兴活力。

【思考题】

1.“转转工”现象反映了什么问题？梳理一下乡村治理和发展过程中产生了哪些新需求？

2.面对乡村振兴战略实施过程中出现的新需求，地方党委、政府如何看待？如何应对？应该承担哪些职责？

3.本篇对乡村振兴战略实施过程中政策的制定和完善有哪些启示？

4.来凤县三胡乡石桥村“转转工”村民互助模式有什么可复制、可借鉴的经验和启示？

社会参与中展现的小城大爱

——以湖北监利县参与“东方之星”号客轮翻沉事件救援为例

中共湖北省委党校（湖北省行政学院） 吕雪枫

【引言】 党的十八大报告指出，改进政府提供公共服务方式，加强基层社会管理和服务体系建设，增强城乡社区服务功能，强化企事业单位、人民团体在社会管理和服务中的职责，引导社会组织健康有序发展，充分发挥群众参与社会管理的基础作用。

党的十九大报告指出，加强社区治理体系建设，推动社会治理重心向基层下移，发挥社会组织作用，实现政府治理和社会调节、居民自治良性互动。

党的二十大报告也指出，健全共建共治共享的社会治理制度，提升社会治理效能。

习近平总书记重视社会参与行动。在谈到汇聚社会力量参与扶危济困时指出：“坚持社会动员，凝聚各方力量。脱贫攻坚，各方参与是合力。”①“要特别关注和关心困难群众，坚持精准扶贫，广泛动员社会力量扶危济困。”②2020 年 9 月 22 日习近平总书记主持召开教育文化卫生体育领域专家代表座谈会时的讲话时指出，要推动健康关口前移，建立体育和卫生健康等部门协同、全社会共同参与的运动促进健康新模式。

【摘要】 2015 年 6 月 1 日 21 时左右，重庆东方轮船公司所属“东方之星”号客轮由南京开往重庆，当航行至湖北省荆州市监利县长江大马洲水道（长江中游航道里程 300.8 千米处）时翻沉，造成 442 人死亡（事发时船上共有 454 人，

---

① 习近平:《习近平在打好精准脱贫攻坚战座谈会上的讲话》,《求是》2020 年 4 月 30 日。

② 习近平:《保持战略定力增强发展自信,坚持变中求新变中求进变中实践》,《人民日报》2015 年 7 月 19 日。

经各方全力搜救，12 人生还，442 具遇难者遗体全部找到）。

事件发生后，党中央、国务院高度重视。习近平总书记立即作出重要指示，要求国务院即派工作组赶赴现场指导搜救工作，湖北省、重庆市及有关方面组织足够力量全力开展搜救，并妥善做好相关善后工作。同时，要深刻吸取教训，强化各方面维护公共安全的措施，确保人民生命安全。李克强总理立即批示交通运输部等有关方面迅速调集一切可以调集的力量，争分夺秒抓紧搜救人员，把伤亡人数降到最低程度，同时及时救治获救人员。2015 年 6 月 2 日凌晨，李克强总理紧急赶赴事件现场指挥救援和应急处置工作。6 月 4 日，习近平总书记、李克强总理先后主持召开中央政治局常务委员会会议和国务院常务会议，强调要组织各方面专家，深入调查分析，坚持以事实为依据，不放过一丝疑点，彻底查明事件原因，以高度负责精神全面加强安全生产管理。

根据党中央、国务院的重要指示批示精神，湖北省委、省政府及社会各界组织力量积极参与营救处置及善后工作。其中，社会力量在这次“东方之星”号客轮翻沉事件救援中发挥了重大作用。

【关键词】 社会建设；突发事件；社会参与

一、背景情况

2015 年 6 月 1 日 21 时左右，一艘从南京驶往重庆的“东方之星”号客轮在监利县大马洲水道遭遇突如其来的龙卷风而翻沉，船上的 454 名游客、船员和旅行社工作人员落入江中。

沉船事发后，习近平总书记第一时间作出“全力开展人员搜救”的批示。李克强总理一大早急飞湖北，旋即抵达现场指挥救援。国务院原副总理马凯通宵达旦坚守在救援一线指挥中心。

危难时刻，监利党政军民大义担当，160 多万监利人民携手行动，奉献无私大爱，积极参与到救援行动中。

二、主要做法

（一）志愿者的爱心行动

满城飘起黄丝带，黄丝带爱心行动引燃了小城监利的大爱之情。

2015 年 6 月 2 日 8 点多，监利人民广播电台负责人杨用富、总监陶秋岚接到电话反映：很多乘客家属从武汉、荆州、岳阳、潜江 4 个主要高铁站口下车后，找不到监利的方向，也很难找到赶赴监利的班车，需要得到服务。接到电话后，他们立即通过电台拟发了《我们与“东方之星”同在》的倡议书，呼吁全县发起黄丝带志愿者行动。

《我们与“东方之星”同在》的倡议一经播出，就得到了监利广大群众的积极回应。节目播出 10 分钟，第一辆私家车就出现在江城路 59 号监利人民广播电台所在地，领取并系上黄丝带。

黄丝带活动开始后的第二天，就从有车族迅速扩展到社区、企业、机关、学校，扩展到武汉、荆州、襄阳、宜昌、岳阳、潜江和洪湖等地。服务范围也从接人送人，拓展到了免费提供住房，免费提供就餐，免费提供食品等各种不同的服务，大到车辆住房、小到牙膏牙刷……

4 日下午，在进入监利的高速路口，若干辆私家车主聚集在进口两旁，等待需要帮助的“东方之星”乘客家属，协助他们登记资料，送上食品饮料，免费提供车辆运送服务。除了高速路口，在监利全城，来来往往的许多车辆上都系上了黄丝带，只需要招手示意，车辆就会停下来，免费搭载客人到达目的地。

“我是监利人，您的亲人！沉船家属可致电，为您提供免费车辆接送服务。”监利的一位农民杨永智也给自己的朋友群发了大量短信，短信中他号召监利人参与黄丝带活动，为沉船家属免费提供车辆接送服务。

在黄丝带志愿者方敬华的手机里，有一个黄丝带志愿者小群，共 154 人，每人一辆车。监利全县共建立了 8 个这样的群，一共有 1900 多辆车加入了志愿服务。他说，他们完全是自发的，有的是认识的，更多的是不认识的。

据统计，在“东方之星”号游轮翻沉救援过程中，监利县共有 2835 辆私家车主、325 辆出租车加入到黄丝带志愿者的行列。而且，这些全部都是他们自发组织起来的，很多人还特意从武汉等外地赶回来，就是为了出自己的一份力，免费为“东方之星”乘客家属、救援人员、义工、媒体记者等提供交通方便。从湖北省、荆州市省市两级调集的近百名心理咨询师，对家属进行心理干预及抚慰。

“一方有难，八方支援。”监利全城参与失事“东方之星”的救援，充分展现了监利人民的大爱，体现了整个社会对“爱心奉献”的呼唤。生活在社会当中，我们都是密不可分的一个整体，需要相互帮助；生活在社会当中，离不开关爱，只有社会充满了爱，我们的生活才会更幸福美好。

在整个救援期间，监利志愿者人数达到 5000 多人，遍布现场、医院、酒店、旅馆、殡仪馆，遍布城区所有主要路口和遗（失）物认领处。任何一条与救援保障有关的信息被转发在朋友圈或者微博上，不到 3 分钟就有志愿者提供帮助。

“80 后”个体户张洁，关掉在天府路的店面，加入到“爱心 2 队”志愿者队伍中。当她得知遇难者遗物清理、登记、认领工作需要人手，马上在朋友圈里召集 30 多名志愿者前往殡仪馆，分成 4 个小组开展工作。有一位年轻的乘客家属，想找到一点遗物留作纪念，拼命地在遗物中翻来翻去，张洁等志愿者积极帮助寻找。遗物翻乱后，志愿者们又从头再来。

志愿者团体“爱心 8 队”专门负责接送乘客家属。王某来自山东济南，其父母在事件中不幸双双遇难。那天得到 DNA 比对结果，母亲遗体在监利，父亲遗体在江陵。“爱心 8 队”的朱峰全程驾车为其服务，从清晨到晚上，饿着肚子跑了一整天。王某领到父亲遗体后，与专班人员商量，要求将父亲遗体运到监利与母亲遗体一起火化。人还在江陵时，王某就打电话要工作人员通知监利方面工作人员准备好，遗体一到就火化。当时已是晚上 10 点多，王某的哥哥不同意，认为第二天火化也不迟。王某对他说，志愿者一整天粒米未进，我们也要替他们着想，不要让他们为善后事情操劳了。

志愿者郭锴这样写道：也许我们无法切身体会逝者的不舍，也许我们不能感同身受亲人的悲伤，但是请相信，我们和我们背后的党，一直都在你们身旁！

爱心行动如一粒粒石子，在监利小城激起了阵阵爱的涟漪。监利全县 1500 多名党员干部开展“一对一”对口接待乘客家属工作，日夜陪护在遇难者家属左右。

监利县委政法委干部陈琼兰包保的对象是江苏镇江遇难者罗某的家属张某。由于地域差别、饮食习惯不同，陈琼兰就特意把张某接到一家家常菜馆进餐，并让师傅在菜里加点糖，尽量让“荆州味”靠近“镇江味”。6月8日，张某的父亲遗体在洪湖完成DNA比对；9日，其母亲罗某遗体在江陵找到并完成DNA比对。两天内，陈琼兰带着他们一家辗转于洪湖、监利、江陵三地，忘记了路途劳顿，为遇难者家属减轻了悲痛。6月10日，是张某带父母“回家”的日子。上车之前，她将一面锦旗送到陈琼兰手上，泪水顺着脸颊流下。她说在这里的日子是非常痛苦，但也收获了另一份亲情。

翻开陈琼兰的工作日志，一行娟细的文字映入眼帘。“面对家属，我唯一能做的，就是尽快让他们从悲痛中走出来。”

党旗飘扬，党徽闪耀，有困难找党员，找党员不困难。全县3000多名党员志愿者用实际行动为党旗增光添彩，为遇难者家属抚平创伤，将爱心洒遍监利小城。

监利城虽小，爱却无限大。在整个救援过程中，每一名监利干部群众都展现出了对逝者的尊重，对生者的宽慰。他们竭尽所能，让遇难者家属感受到亲人般的关怀。

恰如遇难者亲属孙某所说：“监利人民很热情，待我们像亲人一样。”提及亲人离开，心情很悲痛；但想到监利人的热情，心里很温暖。

（二）普通百姓的大爱付出

真诚奉献，大爱无疆。在监利，沉船事件救援是一个特殊战场，监利的普通百姓都努力为救援奉献上自己的力量与爱心。

三间移民新村成立了爱心团，妇女到军队和救援人员驻地帮厨烧饭洗衣，年轻人参加沿江搜寻，几天几夜，昼夜不歇。还有村民拿出鸡蛋、油、米等默默地放到驻地，当官兵要将东西退回去时，竟然找不到主人。村民说，他们村是移民村，1998年抗洪时，家乡被洪水淹没，整体搬迁到县城郊，当时全国人民支援监利，支援三间村，“现在外地同胞有难时，我们要帮助，要回报社会！”

“家庭免费旅馆”敞开大门。6月4日上午11时，居民何晓云到广播电台登记，她家能提供两套三室两厅的房子，可供6～9人住宿。12时，当有记者打通她的电话，何晓云一见是外地手机，非常兴奋：“你是不是要来我家住？我马上给你们铺床。”她说，这次出了这么大的事，监利人都要行动起来出点力，“我帮不上什么忙，但有这个心。如果住不下，我还可以把自己的房子腾出来，我到姐姐家去住。”

当监利全县的客房数量不够时，很多市民自发提供200多套房源，并将自己的住房收拾干净，以满足住宿需要。高考在即，有很多提前预订了酒店的考生及家长主动腾出房间，以保障救援及家属的需要。在监利县玉沙广场，很多市民自发来到这里为遇难者和失踪人员祈福，他们双手合十，默默祈祷！

（三）企业的无私参与

爱心企业家在行动。6日，大量遇难者遗体转运到殡仪馆后，人手严重短缺，监利玉沙集团董事长亲领主动报名的田磊等100名“80后”员工前往殡仪馆转运遗体。他们从晚上6点干到凌晨1点，有人问员工，你这么年轻的小伙子怎么愿意干这行？员工回答说：“都这个时候了，人间应该有大爱！”

爱心个体户也纷纷加入其中。陈记面馆开张不到一周，从3日开始，挂出“不对外营业”的招牌，专门为武警官兵、救援人员和乘客家属提供炸酱面，8000多碗炸酱面全部免费。新一代名剪、聚星美发店免费为乘客家属、部队官兵、志愿者理发，来福美发店还为救援官兵和乘客家属上门理发，和天下酒家提供免费餐饮，乐乐水果店给附近住宿的乘客家属每餐提供水果拼盘，干洗店免费洗衣……在监利有很多酒店还提供了免费住宿及免费用餐，并提供周到的服务，一切都是为了让灾难带来的伤害减到最小，让家属及救援人员多一份舒心和希望。

据不完全统计，有超过150家各类个体工商户免费提供住房178间、衣物3000多件，理发2600多人次，清洗衣物200多件套、床单被褥680多条等，为来监利的人员提供了全方位服务。

一场无所不及、无处不在的大爱流淌在监利的大街小巷。一名外国媒体记者感叹道：此时的监利，感动的不仅仅是遇难者家属、救援人员和媒体记者，同时，也深深触动了监利人民善良的心。

三、经验启示

社会参与，是为了实现社会公共福祉或者基于共同的兴趣和信仰而组织起来的参与行为，如参与志愿活动、公益服务等。这种参与行为是社会公共生活的重要组成部分，对推进社会建设具有重要作用。在“东方之星”号客轮翻沉事件救援中，监利县社会组织与普通民众展现“小城大爱”，发挥了社会组织作用，弘扬了正能量，为配合党委、政府决策作出了重大贡献。

1. 社会参与是社会治理的重要组成部分

国家提出“社会治理”理念的主要用意之一，就是推动社会成员共同行动，维护公共福祉，参与社会秩序构建，这对新时期社会治理和社会秩序的构建具有积极意义。社会参与有助于实现政府在社会治理中的角色转换。社会可以通过追求共同的目标实现自我管理，政府介入社会参与的角色可以转换为目标引导者和合作者。“东方之星”号客轮翻沉是一个突发事件，在应对过程中，社会参与几乎无处不在，不仅能够减轻国家社会治理的成本，还增强了政府动员的效果。

2. 社会参与是预防社会隔离的重要机制

现代社会利益的多元和社会的分化难免会导致不同群体之间的偏见和紧张，群体间的不理解和心理隔阂日益明显，容易导致群体间的对立情绪甚至是矛盾冲突。而社会参与就成为社会的重要黏合剂。社会参与扩展了社会成员的接触范围。社会参与有助于社会成员培养起他们的社会联系，特别是增进不同背景的社会成员之间的联系，增加社会接触的异质性，使不同群体之间保持连通性。比如，在“东方之星”号客轮翻沉事件救援志愿行动中，不同背景的社会成员聚集起来，围绕救援目标展开共同行动，增加了不同群体间的社会互动、互相了解和信任。

3. 社会参与是提升社会凝聚力的重要载体

现代经济的发展充分释放了个体的自由权利及创造力，同时也提出了新时期如何重建社会凝聚力的问题。在“东方之星”号客轮翻沉事件救援中，社会成员共同认同所处社会及自身的社会责任感和整体意识，体现出高度的社会凝聚力。

4. 社会参与是增强社会幸福感的重要途径

面对一个与现代社会相适应的高度理性化的社会，如何建设现代人感性的生活，是构建现代社会秩序中不得不思考的问题。构建感性的、充满温度的生活，其中一个重要指标就是社会成员的幸福感。从某种意义上讲，社会参与本身就是感性生活的一个重要组成部分。社会参与建立在对志愿精神、自治精神、人本精神等价值的主观认同之上，其参与的出发点就是社会成员在价值或兴趣爱好上的一致。在“东方之星”号客轮翻沉事件救援中的志愿者、企业家、个体户及普通百姓身上，我们真正看到了这一点。

【思考题】

1. 社会参与的意义是什么？

2. 如何提高我国社会参与的积极性？

坚持以人民为中心　寓治理于服务之中

——武汉市青山区青和居社区全面提升社区服务效能的经验与启示

中共湖北省委党校（湖北省行政学院）　陈　曦

【引言】 青和居社区是华中地区最大棚改回迁片区、武汉最大公租房小区，社区居民中老年人、残疾人和困难居民多。2018年4月26日，习近平总书记视察湖北期间，专程来到武汉市青山区工人村街青和居社区，考察棚户区改造项目建设和居民生活情况。对于青和居社区党组织在创新基层治理领域取得的成绩，习近平总书记给予了充分肯定。

习近平总书记还强调指出："社区是基层基础，只有基础坚固，国家大厦才能稳固。中国共产党坚持以人民为中心发展思想，是为人民服务的政党。我们抓好工作就是要把人民群众大大小小的事情办好。"① 青和居社区的嬗变，正是因为坚定地坚持了习近平新时代中国特色社会主义思想，构建了党建引领的共建共治共享基层社会治理格局和自治法治德治相结合的基层治理体系，把优化服务作为社区治理的出发点和落脚点，推进了社区治理体系创新。

【摘要】 青和居社区所在地原为华中地区最大的工业棚户区，2015年12月完成改造，是武汉市规模最大的公租房集聚区，常住人口8230人，其中85%是棚改回迁居民和公租房租赁者，15%是在大学生公寓租住的大学毕业生。由于社区居民中困难群体多、老年人口多、外来人口多，整个社区需要面临的治理难题和矛盾也相对较多。青和居社区所面临的治理难题，可谓是我国地方政府在推进城市治理体系和治理能力现代化过程中一个关于基层社区治理的典型性案例。

面对社区的治理难题，青和居社区党组织坚持以人民为中心的发展思想，

①《习近平考察武汉，强调要充分发挥人才优势》，新华网2018年4月26日。

以服务群众、造福群众作为基层治理的出发点和落脚点，寓治理于服务之中，以有温度的党建引领有成效的治理，自行探索了“天天敲门十八法”“顺顺吧”“好样的工作队”等治理方法，开创了良好的社区治理局面，实现了基层社区治理的蝶变，并得到了习近平总书记的肯定。

【关键词】 基层社区治理创新；党建引领；服务效能提升；青和居社区

一、背景情况

20 世纪 50 年代以前，青和居社区所在区域内的戴家湖一度是盛产鱼虾的天然湖泊。然而自 1955 年起，10 万大军云集青山，建设武钢。“先生产，后生活”，4 万余名建设者不讲条件，住进简易工棚，工人村成为武汉市乃至华中地区最大的棚户区。城郊“荒五里”，民生欠账多，雨天水汪汪，老鼠爬上床，刮风透心凉，报纸糊上墙。低矮阴暗潮湿的棚户区中，一家三代蜗居在不足 50 平方米的简易工棚里，一住就是几十年。晴天一身灰，雨天一身泥，冬天漏雪，夏天漏雨，室内积水，箱内生霉，一到雨天，公共厕所污水漫溢无法下脚。很多家庭因住房问题娶不上媳妇闹矛盾，生活窘迫。棚户区生活环境差、居住条件差、配套设施差、治安状况差；社区老年人多、残疾人多、低保户多、下岗失业人员多、流动人口多；城市建设落后，居民收入较低，人口结构复杂，社会管理难度大，历史欠债多。以上种种，都成为青山这个老工业基地的“历史之痛”。

2007 年初春，乘着全国工矿棚户区改造的东风，青山区委、区政府审时度势，本着对产业工人的无限深情，克服重重困难，全面吹响了青山区棚户区改造的号角。通过多方努力，积极争取市委、市政府及相关部门支持，把棚户区改造作为“一号工程”，破解了巨额资金投入、妥善的安置政策、多元的拆迁需求“三大难题”。工人村街作为青山区棚户区改造的主战场，在具体落实拆迁改造任务的过程中，按照“拆迁一片、改造一片、建设一片、安置一片”的模式滚动推进，保证了棚改的平稳高速推进。2010 年，居民陆续实现回迁，先后建成青宜居、青惠居、青康居、青和居、青雅居 5 个居住小区。其中青和居社区于 2015 年 12 月建成，是华中地区最大的棚改回迁房社区和武汉市最大的公租房社区。小区共有 5235 套公租房，常住人口 8000 多人。不仅如此，青和居社区还呈现出低收入群体多、特殊群体多、老年群体多三大特点：居民中低收入者比例偏高，小区人均收入不超过 3000 元，1000 元以下收入 823 人，500 人吃低保；特殊群体多，有精神病人、残疾人 212 人，有吸毒史人员 4 人；老年人多，60 岁以上老人 2118 人，占比 25.7%，其中空巢老人 789 人、独居老人 575 人、孤寡老人 7 人。可以说，青和居社区干部一开始面临的就是社区治理的困难模式。租户情况之复杂，工作难度之高，超出预期。“如果后续治理和服务跟不上，这里可能变成冷冷清清、充满隔阂的‘清阂居’。”青和居社区干事刘琼坦言。

面对基层社区治理这一难题，青和居社区的党员干部们不畏困难，迎难而上，在实践中积极探索和创新社区治理，青和居社区已经从过去阴暗潮湿的棚户区变成了现在闻名遐迩的生态文明家园。昔日棚户区，今朝高楼立。如今，武汉市青山区工人村街青和居社区的治理经验在全省乃至全国推广。2020 年 11 月，青和居社区被评为第六届全国文明单位；2021 年，青和居社区又被司法部、民政部命名为第八批“全国民主法治示范村（社区）”。

二、主要做法

（一）完善组织架构：社区党委舞“龙头”，辖区党员“拧成一股绳”

2015 年青和居社区成立初期，社区内有 7 家机关事业单位、1 家物业公司和许多社会组织、群众团体，纵向互不隶属，横向互不联系，各个组织就像一团乱麻摊在社区，理不清也管不好。如何破解这一难题？经过仔细思索后，社区老书记张耀龙选择了将物业作为党委组织工作的突破口，率先在物业公司整合党员队伍并组建了一个 3 人党支部。张耀龙亲自带领社区干部，在嘉信物业坐班一年，耐心化解居民各类矛盾。“物业成了党在社区的工作队。”青和居社区嘉信物业的董事长李钢说，在党组织带领下，物业服务得到居民认可，员工工作效率提高，以前不敢管、不能管、不愿管的一件件小事被一一解决。物业公司的党员人数迅速增长到 30 名。

借鉴整合物业公司党员队伍的经验，青和居社区积极聚拢有生力量形成服务合力，在党总支的基础上组建社区大党委。辖区内 23 家驻区机关企事业单位、业委会、社区社会组织孵化器的党组织成为大党委委员单位，吸纳社区民警和驻区大单位党组织负责人为社区大党委兼职委员。现任社区党委书记桂小妹说：“我们要把党建优势转化为治理效能，把党组织建在居民身边，让党的‘神经末梢’和城市治理的‘基础单元’深度融合。”青和居社区已建立“街道大工委—社区大党委—社区党组织—社区网格党支部—党员中心户”五级党组织构架，参与社区治理的党员人数达164人。

在一次社区召开的联席会议上，乱停乱放电动车的问题被摆在了突出位置。面对这一焦点问题，社区大党委主动作为，由物业公司出人力，公安、城管、业委会三方联手，摸清电动自行车数量，选好车棚点位，先后建成多个可容纳1000多辆电动自行车的车棚，不仅解决了居民“停车难”问题，还消除了安全隐患。居民孙丽华深有感触地说：“以前天大的事没人管，现在大事小事一帮人争着上，党组织比谁都管用、党员比谁都靠谱。”

青和居社区不断加强和完善党的组织体系建设，切实提升党组织的组织力。一是优化组织设置，按照“虚拟组织、实体运作”原则，联合辖区内机关企事业单位和小区物业公司、社会组织党组织组建社区大党委，吸纳社区民警和驻区大单位党组织负责人为社区大党委兼职委员，每月召开大党委会议，审议社区党建工作重大事项，决定社区建设与管理的重大问题，从体制上加强党的领导。二是创新组织架构，构建以社区大党委为统领，社区党组织、驻社区单位党组织为主体，15个网格党支部为支撑，居民楼栋党小组、党员中心户为基础的组织架构，既在纵向上互联互通互动，又在横向上共建共享共用。三是创新组织活动方式，探索开放式组织生活，将不同支部的党员组织在一起，开展主题党日活动，共同学习习近平总书记系列重要讲话，共同商议社区事务，凝聚思想共识、加强情感联系，打造社区党组织领导下的“红色工作队”，做好服务群众工作。

（二）创新多元治理体系：以红色阵地为抓手，实现化解矛盾在基层

青和居社区成立之初，乱搭乱建、乱停乱放、乱贴乱画、乱堆乱倒、乱养乱种“十乱”现象突出，社区党组织“硬话”说了一箩筐，告示贴了一满墙，成效却不大。社区党组织认识到，仅仅依靠行政管理的社区治理老办法已经行不通了，必须调动起居民群众的积极性，下活社区治理“一盘棋”。为此，青和居社区以打造“红色引擎共同创造”新阵地为抓手，设置了“天天敲门组”“顺顺吧”“身边的红马甲”等一批党群志愿组织，成员涵盖街道干部、社区工作人员、下沉干部、区级“两代表一委员”等，定期接待群众，帮助居民化解矛盾纠纷，助力基层矛盾化解在萌芽状态。

“敲门组”敲出新秩序。不摸清家底，怎么搞好服务？为了更好地服务居民，青和居社区党总支把社区划分为15个网格，以网格党支部为依托，以党员骨干、志愿者为主体组建了“天天敲门组”，在每一栋楼里将敲门组成员的照片、姓名、联系方式等绘制成了“天天敲门组地图”，方便居民寻求帮助。通过“包网格、包楼栋、包家庭”做到社区居民关照全覆盖。坚持青年群体网上“敲”、重点群体天天“敲”、困难对象时时“敲”，第一时间掌握动向，及时解决困难需求，实现联系和服务群众常态化，每天上门解决实际困难，提供家庭式志愿服务。探索了“真情感化法”“问计于民法”“群众议事法”“邻里结亲法”“文体参与法”“需求摸排法”“组团服务法”等“天天敲门十八法”，“敲”出了“友好楼栋”议事会、“社区我的家”恳谈会等自治平台，“敲”来了老党员、民间老艺人等居民骨干，“敲”走了棚改回迁居民高空抛物、乱搭乱盖、乱牵乱晒、养鸡种菜等陈规旧俗。

高龄、独居、残疾老人是“天天敲门组”需要重点关照的对象，青和居社区100多名社区干事组建“敲门组”，每日上午9:00—11:00、下午15:00—16:00重点关怀空巢独居老人以及困难人群，社区干事们会主动登门，为老人提供帮办和代办业务，如代充燃气，帮办和代办退休年审、高龄年审等。以前老人跑几次才能解决的生活问题，现在一次也不用跑。

丁楚娇是青和居社区第十五网格的网格员，也是第十五网格“天天敲门组”负责人。前不久，丁楚娇刚刚为13栋居民解决了文明养犬问题。日前，有居民向她反映，楼道里有一只黑狗随地大小便。她与“天天敲门组”的志愿者经过一家家询问、一遍遍敲门之后，终于找到黑狗的主人。原来，黑狗的主人是一名从外面刚搬回来的50多岁居民。经过多次劝导，这名居民保证会训练黑狗文明大小便，黑狗扰民问题得以解决。如今，除网格员外，社区将楼栋长、志愿者、社区民警、律师、下沉党员等全部纳入“天天敲门组”，成员从160名增至206名。

民生无小事，枝叶总关情。桂小妹说：“习近平总书记指出，为民的事没有小事，要把群众大大小小的事办好。虽然青和居社区解决的多是小事、琐事，但只要是居民关心的事就是社区的大事。我们一定会牢记总书记嘱托，用心用情用力把群众健康守护好，把大大小小的事办好。”

“顺顺吧”顺出新气象。青和居社区现居住有5235户共8200余人，是武汉市最大的公租房小区。如此多的社区居民来自不同的地方，加上不同的生活环境和教育背景，自然会产生形形色色的矛盾。青和居社区党组织在党群服务中心都开辟了氛围温馨的“顺顺吧”功能室，由社区律师、人民调解员、街道干部、“两代表一委员”等组成“顺顺服务团”，引导居民用法治思维处理矛盾，努力把矛盾化解在基层。2020 年 9 月，青和居社区租户黄某、方某来社区“顺顺吧”，称他们房租交到了今年 12 月底，但因家中变故，现在已无须继续承租房屋，故 8 月底向房东提出退租，房东也同意，但不愿意退还房屋押金及 9 月至 12 月的房租 6000 元。“顺顺吧”了解到此事后，立即联系社区律师，经释法明理，双方最终达成调解，律师当场为双方制作了调解协议，双方随即办理了退款及钥匙、煤气卡、水卡的交接手续，彻底做到案结事了，双方均表示感谢。

“顺顺吧”除了向居民提供法律咨询，也是干部和群众坐在一起、想在一起、干在一起的“连心桥”，致力于为居民疏解烦心事。失业居民徐女士离婚后跟随母亲住在青和居社区，靠母亲的退休金度日。前段时间，由于徐女士经常找母亲要钱，引发了母女之间的矛盾。青和居社区副主任、“顺顺吧”调解员程瑞恒得知后，主动上门调和母女矛盾，并帮助徐女士找到工作。顺顺吧引入调和矛盾双方关系的“第三方力量”，用真情实意顺心顺气，用法治思维顺情顺意，通过常说“小事”确保不出“大事”。社区成立以来，未发生一起因矛盾纠纷引起的刑事案件。不但如此，过去居民群众遇事总爱找政府，现在大家慢慢学会遇事找法律，学会拿起法律武器维护合法权益。青和居社区因此成为践行新时代“枫桥经验”的典型，并于 2021 年被司法部、民政部命名为第八批“全国民主法治示范村（社区）”。

“身边的红马甲”引领新风尚。青和居社区由党员骨干带头，发动在职党员、退休老党员、居民骨干及青少年等积极加入，打造了杜诚诚等 5 支“身边的红马甲”志愿服务队。志愿者们集服务与宣教于一体，常年在社区开展义务讲解、文艺宣讲、天天敲门、养老送餐、设备维修、水道疏捞、爱心义诊、心理咨询等各类志愿服务活动，充分发挥了专业志愿服务队的示范引领作用，真正实现用服务暖民心、聚力量。

青和居社区还按照基层社会治理创新的新理念，探索开办社会组织孵化器，培育“武汉市爱熙社会工作服务中心”“毛明月工作室”“雄鹰艺术团”等社会志愿服务组织，针对社区老年人多、残疾人多、留汉就业创业大学生租房多等特点，开展常态化、有针对性的志愿服务活动，以专业社工的专业服务，满足居民群众多样化的需求，传递了正能量。

在红马甲志愿服务队的带动下，党员的党性被激活了，志愿者队伍壮大了。“党员退休不能闲，为民服务不收钱”，党员引领，群众参与，红马甲志愿服务队成为社区一道亮丽的风景。周边社区的居民都说，青和居社区过去“扯横皮”的狠人多，现在穿“红马甲”的好人多。

（三）构建精细服务体系：“六类服务”全方位对接服务需求，整合力量有效提升服务质量

青和居社区始终把服务群众、造福群众作为基层治理的出发点和落脚点，大力推动资源服务管理下沉，加强社区服务能力建设，全面精准精细满足群众日益增长的各方面需求，不断增强群众的获得感、幸福感、安全感。

青和居社区有一面由 60 张社区居民笑脸照片组成的“笑脸墙”，习近平总书记视察时曾在这里驻足凝视良久，并高兴地讲，这些笑脸是自然的流露，判断老百姓是否有幸福感，就要看他是哭还是笑①。社区党组织依托网格化服务信息平台，健全工作力量全进入、群众需求全收集、分类分级全解决、服务过程全评价的“四全”机制，把政府的力量、社会的力量和群众的力量整合起来，全方位精准对接服务需求，共同做好“六类服务”。

一是优化“线上＋线下”政务服务。按照“预约在网上、代办在网格、服务在社区、办事在街道”的原则，在社区党员群众服务中心设置综合窗口，提供代办服务。将七大类 83 项政务服务事项办理流程和所需材料清单全部放在社区公众号上，设置一键预约和咨询功能，方便群众“马上办、一次办、网上办”。

二是提升“市场＋公益”生活服务。协调小区物业企业制定物业惠民政策，对积极参与社区工作的低保户物业费施行七折减免，对居民小家电维修、下水道疏捞等只收取材料费，对困难户实行无偿服务，每年减免相关费用近 30 万元。同时，整合水、电、气等公共事业服务资源，在居民小区设置煤气圈存点、家电维修点、便民购物点，打造“15 分钟生活服务圈”。

三是拓展“宣教＋援助”法律服务。设置法治宣传栏、法律宣讲台，通过法律漫画、法制小品、普法快板等群众喜闻乐见的形式，打造“看得懂”的宣传阵地，普及“用得上”的法律知识。协调法官、警官、检察官和驻社区律师

① 中央组织部组织二局等：《武汉青和居社区党组织领导社区治理调研报告》，《中国组织人事报》2018 年 9 月 21 日。

组建“信得过”的法律团队，每周一至周五为群众提供法律咨询、诉讼和信访代理等服务，帮助群众依法解决家庭矛盾、邻里纠纷和物业问题。

四是丰富“团队＋活动”文体服务。为服务群众与居民，社区党组织专门在社区党群服务中心2楼开辟出图书室、书画室、棋社室、青少年活动空间等12个人气爆棚的功能室，极大地丰富了居民的精神生活。“慢板达人”吴传发、“湖北大鼓”夏谋阶、“剪纸大师”毛明月等一批有特长、有热情、有能力的党员骨干，联合有共同兴趣爱好的居民群众，组建青和曲艺、青和京剧、老年乐队、威风锣鼓队等7支文体活动团队，坚持三天一个小活动、每周一场大活动，群众自发组织的活动天天有，把居民群众有效组织起来。

五是做好“敬老＋扶幼”关爱服务。针对辖区老年人多，困难群体集中等实际问题，社区免费提供800余平方米的场所，创办“社区好味到大食堂”，推出养老助餐服务——60岁以上的老人6元钱就可以买到两菜一汤，还开通了网上订餐和送餐服务，使老年人就餐更便捷。开办“四点半学校”，以“红色阵地”为依托，开设课业辅导、兴趣培训、手工课、法治教育等课程，在解决孩子放学无人看管问题的同时，搭建家庭教育、学校教育、社会教育的桥梁，如今在校孩子长期保持在30人以上。

六是创新“帮扶＋关怀”党员服务。开展“红色基金暖心微行动”，针对党员日常生活中存在的“小困难、小变故”及时上门慰问。在此基础上，更加重视精神关怀，结合“五探访”“五谈心”，开展“温誓词、忆初心，赠良言、送诤语”活动，向党员赠送“政治生日贺卡”，让党员永葆初心。他们的贴心服务，得到了群众点赞，社区党组织被评为“五星级基层党组织”。

青和居社区整合社区服务力量的途径之一是大力培育扶持社会组织。“政府购买服务的公益性社会组织，是社区治理的得力帮手。”为了推动政府从自上而下单向治理向多元主体协商共治的转变，调动居民群众、社会组织、群团组织参与基层治理的积极性，青和居社区在街道的指导下成立了社会组织孵化器，培育和引进了17个社会组织。这些社会组织统一在社区党组织的领导下服务群众、做群众工作，社区党组织也从单一性的“服务供给者”转变为综合性的“服务引领者”。

青和居社区整合社区服务力量的途径之二是积极协同不同辖区内层级的党组织。“面对复杂多样的群众需求，基层党建不能只靠基层党组织来抓。”青山区委组织部副部长郑丽梅介绍，青山区委将与居民生产生活密切相关的城管、水务、园林等 13 支职能部门整合为“好样的工作队”分片服务社区，让机关干部走出大楼，走进社区，把服务力量下沉到基层，把社会治理重心向基层下移。2020 年疫情期间，青和居社区又组建了 15 个“是党派我来为您服务的”工作队，社区工作者、下沉党员、志愿者踊跃参与，开展困难帮扶、爱心送餐、文明劝导等服务，守护 8000 多位居民的平安健康。

三、经验启示

习近平总书记指出，让人民生活幸福是“国之大者”。① 党的十八大以来，以习近平同志为核心的党中央坚持以人民为中心的发展思想，持续夯实民生基础，推动改革发展成果更多、更公平惠及全体人民。可见，以人民为中心，是新时代坚持和发展中国特色社会主义的根本立场。

青和居社区治理的成功之处正在于坚决贯彻了这一根本立场，以提升服务效能为社区治理的重要抓手，将为人民服务的思想融合于日常点点滴滴的社会治理之中，全方位、多层次地满足群众需求，极大程度上提升了群众的生活质量。青和居社区的实践证明，习近平新时代中国特色社会主义思想，以及蕴含其中的习近平总书记关于基层党建的重要指示精神，是源于实践又指导实践的科学真理，是基层党组织领导基层治理的根本遵循和行动指南。青山区正着力打造党在基层的政治中心、引领党员群众的精神文化中心、联系服务群众的便民服务中心，使社区党群服务中心成为最具吸引力、引导力和服务力的基层“红色阵地”，全面夯实基层党组织战斗堡垒。

（一）坚持党建引领是创新基层社会治理，全面提升服务效能的必要前提

习近平总书记在青和居社区调研时强调：“要改革创新，完善基层治理，加强社区服务能力建设，更好为群众提供精准化精细化服务。基层党组织担负着领导社区治理的重要职责，要把党的惠民政策宣传好，把社区居民和单位组织好，打造共建共治共享的社区治理格局。”②

①《习近平在广西考察时强调解放思想深化改革凝心聚力担当实干　建设新时代中国特色社会主义壮美广西》，《人民日报》2021 年 4 月 28 日。

② 习近平：《坚持新发展理念　打好“三大攻坚战”　奋力谱写新时代湖北发展新篇章》，《人民日报》2018 年 4 月 29 日。

党的领导是创新基层社会治理的关键，也是中国特色社会主义的本质特征。基层党组织领导基层治理，一是要加强社区党组织建设，确保基层治理充分体现党的意志和要求，始终保持正确方向；二是要强化不同层级党组织的协同领导作用，打造区域统筹、开放融合，上下联动、条块协同的党建引领城市治理新格局；三是要突出党组织和先进党员的先锋模范作用，积极构建党的组织统一领导、各类组织积极协同、广大群众广泛参与的基层治理体系。只有不断强化党在基层各级各类组织和群体中的有形覆盖和有效覆盖，才能真正让基层党组织说话有底气、服务有能力、治理有手段、工作有激情；只有将坚持和完善党的全面领导贯穿于基层治理的全过程、各方面，才能推进社区治理的共建共治共享，夯实我党的基层治理基础，以党组织的坚强有力保证国家的长治久安。

（二）坚持以人民为中心是创新基层社会治理，全面提升服务效能的核心理念

习近平总书记在青和居社区调研时强调："共产党是为人民服务的政党，为民的事没有小事，要把群众大大小小的事办好。"① 2022 年 5 月 20 日召开的湖北省党员干部下基层、察民情、解民忧、暖民心实践活动动员大会上也向全省党员干部发出号召："在基层第一线发现问题，及时疏导，化解矛盾；在基层第一线倾听群众的愿望和呼声，为群众办实事、办好事；在基层第一线汲取群众的智慧，总结经验，指导工作；在基层第一线解决问题、推进发展。"②

坚持以人民为中心创新基层社会治理，既要以实现最广大人民的根本利益为治理指向，也要以最广大人民为治理主体，构建起全民共建共享的社会治理格局；坚持以人民为中心创新基层社会治理，就要时时想着人民的诉求，事事为人民而谋，始终思考如何最大限度、最为便捷地满足人民群众的各类需求；坚持以人民为中心创新基层社会治理，就要积极探索创新基层群众自治实现途径全覆盖，建立健全联系群众参与工作常态化机制，让广大群众有机会、有载体参与到基层治理中。

服务是基层党建和基层治理的永恒主题，基层党组织领导基层治理，就是要把服务群众、造福群众作为基层治理的出发点和落脚点，寓治理于服务之中，

---

① 习近平：《坚持新发展理念　打好"三大攻坚战"　奋力谱写新时代湖北发展新篇章》，《人民日报》2018 年 4 月 29 日。

② 周寿江：《全省共建共治共享　社会治理格局初步形成》，荆楚网 2022 年 5 月 27 日。

做到普惠服务、公共服务与精准服务、个性化服务相结合，全面精准精细满足群众日益增长的各方面需求，真正在服务群众中更好地宣传群众、组织群众、凝聚群众，走好新时代党的群众路线。

（三）持续完善治理制度建设是创新基层社区治理，全面提升服务效能的重要保障

习近平总书记在青和居社区调研时强调："社区是基层基础。只有基础坚固，国家大厦才能稳固。"[①] 基层治理是国家治理的基石，社区则是城市治理体系的基本单元，我国国家治理体系的一个优势就是把基层社区治理的基础筑牢。基层强则全局强，基层稳则全局稳。党建引领基层治理，是习近平总书记交给湖北的"必答题"。党的十八大以来，湖北省牢记习近平总书记的嘱托，坚决答好"必答题"，强化顶层设计，探索出一系列加强基层党建、创新基层治理的有效举措，通过突出党建引领作用，把党建贯穿基层社会治理各方面、全过程，推动省域治理现代化走深走实，以高水平治理推动全省高质量发展。

2020 年 6 月，中共湖北省委十一届七次全会审议通过《中共湖北省委关于贯彻落实党的十九届四中全会精神、推进省域治理现代化的决定》，构建"1+1+N"治理制度体系，为加快推进省域治理体系和治理能力现代化提供了"路线图""任务书"。随后，中共湖北省委出台了《关于深化新时代党建引领加强基层社会治理的意见》《关于深化街道管理体制改革的实施意见》《关于加强城市社区工作者队伍建设的意见》《湖北省机关企事业单位党员干部下沉社区实施办法》和《关于城市社区党组织书记实行事业岗位管理的试点方案》5 个文件作为"N"的组成部分，对湖北省持续创新基层社会治理的工作从城市治理、乡村治理、协同共治、治理方式、治理能力、队伍建设等方面进行了全面部署。

四、结语

习近平总书记指出："创新社会治理，要以最广大人民根本利益为根本坐

① 习近平：《坚持新发展理念　打好"三大攻坚战"　奋力谱写新时代湖北发展新篇章》，《人民日报》2018 年 4 月 29 日。

标，从人民群众最关心最直接最现实的利益问题入手。”① 加强和创新社会治理，是推进社会建设的重要任务，也是满足人民群众对美好生活向往，不断增强人民群众获得感、幸福感、安全感的现实需要。

青和居社区治理的模式是通过多方联合建强党群服务中心，创新服务载体用活党群服务中心，满足党员群众多元化需求，实现功能和服务“双升级”。青和居社区治理模式的成功经验也证明了，在新的发展阶段，推动基层社会治理就要实现从“管理本位”向“服务本位”的转变，要深入落实“服务就是治理”的要求，将服务寓于治理之中，坚持以群众的需求为导向。只有充分尊重人民群众的主体地位，让人民群众成为推进基层社会治理现代化的最大受益者、最积极参与者和最终评判者，才能最大限度调动群众参与基层社会治理的积极性、主动性、创造性。

【思考题】

1. 如何看待青和居社区把提升服务效能作为基层社区治理创新的重要抓手？

2. 青和居社区在基层社区治理方面有许多创新性做法，有何借鉴意义？

① 曾峻：《发展了人民安居乐业、社会安定有序的良好局面　社会治理现代化水平大幅提升》，《人民日报》2022 年 7 月 15 日。

“山”“海”共携手　同奔富裕路

——以杭州市与恩施州东西部协作为例

中共湖北省委党校（湖北省行政学院）　梁来成

【引言】 东西部协作是党中央着眼巩固拓展脱贫攻坚成果、推动区域协调发展作出的重大决策，也是东西部协作双方调整优化产业布局的内在要求。2021年4月8日，习近平总书记对深化东西部协作和定点帮扶工作作出重要指示“要完善东西部结对帮扶关系，拓展帮扶领域，健全帮扶机制，优化帮扶方式，加强产业合作、资源互补、劳务对接、人才交流，动员全社会参与，形成区域协调发展、协同发展、共同发展的良好局面”。①

【摘要】 自2017年实施东西部扶贫协作战略以来，杭州市、恩施州土家族苗族自治州（简称“恩施州”）两地围绕“各展所需、各尽所能”，精准对接，建立了深厚而紧密的协作关系，携手打造了东西部扶贫协作新模式。这对解决恩施州贫困人口“两不愁三保障”突出问题，历史性地彻底消除区域性贫困、绝对贫困问题作出了有益探索。对口协作期间，杭州市累计投入财政援助资金12亿元，精准投建950个帮扶项目，覆盖恩施州88个乡镇和111个深度贫困村，直接带动了23.36万人脱贫增收，助2.22万贫困人口在浙江稳定就业。正所谓，志合者，不以山海为远。从摆脱贫困到乡村振兴，从全面建成小康社会到全面建设社会主义现代化国家，勾勒出中华民族的铿锵步伐，一步接一步，奋力实现中华民族伟大复兴的中国梦。

【关键词】 东西协作；对口支援；共同富裕

①《习近平对深化东西部协作和定点帮扶工作作出重要指示强调适应形势任务变化　弘扬脱贫攻坚精神　加快推进农业现代化　全面推进乡村振兴》，《人民日报》2021年4月9日。

一、背景情况

杭州市是浙江省省会，位于中国东南沿海、浙江省北部、钱塘江下游北岸、京杭大运河南端，是浙江省的政治、经济、文化、科教、交通、传媒、通信和金融中心，华东地区重要的经济、科教、文化、金融中心及交通、通信枢纽，杭州都市经济圈的核心城市，自古有“人间天堂”的美誉。

恩施州地处鄂、湘、渝三省（市）交汇处，物产富饶，森林覆盖率近70%，享有“鄂西林海”“华中药库”“烟草王国”等美誉，拥有世界上最大的独立硒矿床，有“世界硒都”之称。但由于山岭纵横，一直受到交通不便的困扰，经济底子薄弱，是西部大开发“12+3”[①]范畴之一，属落后山区、少数民族地区、革命老区。是湖北省唯一的少数民族自治州，有土家族、苗族、侗族等28个少数民族。

二、主要做法

杭州市、恩施州两地着力推进“六个”方面协作任务，形成了从单一经济援助到多领域合作、从单纯政府间结对到社会各界全面参与、从单向扶贫济困到互利共赢的扶贫协作新格局，杭恩两地2018年、2019年在全国东西部扶贫协作考核中均被评价为“好”。

（一）推进“六个”方面协作任务

两地有力推动组织协作、人才协作、资金协作、产业合作、劳务合作、结对协作“六个”方面协作任务纵深对接、持续深化。

注重组织协作。两地互为前线互为后方，将阵地层层推进。恩施州恩施市8个乡镇、8个村分别与杭州市江干区8个街道、8个社区建立结对帮扶关系。通过组织联动，5个层面协作模式初步建立，签订各层面帮扶结对协议60余份。两地立足框架协议，建立高层级联席会议制度，包括召开市委常委会、市政府常务会、市指挥部调度会、工作推进会等，专题研究东西部协作工作。

---

① 西部大开发范围包括12个省（自治区、直辖市），以及湖北恩施、湖南湘西、吉林延边3个少数民族自治州。

畅通人才交流。双方累计互派挂职干部 276 名、专技人才 1329 名，杭州市数字化发展理念、改革经验扎根恩施州。帮助恩施州培训党政干部 16344 人次、专技人才 33005 人次、贫困村创业致富带头人 6394 人次，恩施州增加了一支带不走的人才队伍。输送先进技术 89 项，在远程教育、基层公共卫生等方面持续合作，让先进理念"扎下根"，提升恩施基层教育、医疗水平。赴杭州市上城区委组织部人才办挂职的鹤峰县委干部说道："在杭州挂职学习，开阔了思路，拓宽了视野，放大了格局，为回来后开展引才、留才工作积累了宝贵经验。"

提升资金帮扶能效。聚焦贫困对象，及时有效解决"两不愁三保障"突出问题，杭州市累计提供财政帮扶资金 12 亿元，实施帮扶项目 950 个，带动贫困人口 23.36 万人脱贫。对口协作期间，杭州市江干区投入财政帮扶就达 1.38 亿元，项目资金精准发力，用于产业发展 81 个 10365.4 万元，带动 4 万余名贫困人口发展产业、实现脱贫增收；用于基础设施 16 个；用于社会事业 11 个；用于劳务协作 6 个；用于人才培训 6 个。项目带贫效果明显。项目带动贫困人口 41475 人，资助贫困学生 91 人，帮扶残疾人 1556 人。

持续开展产业合作。协作过程中，双方持续深入实施特色农业、生态文化旅游业、"硒品入杭""浙企入恩"四大产业提升工程，建成 23 个产业园区，创新"旅游 + 扶贫"模式，带动 40 万群众吃上"旅游饭"，杭州市累计销售恩施州农特产品 17.79 亿元，带动 6.19 万贫困人口增收，引导 102 家浙商（杭商）企业到恩施州投资，实际投资额达 40.6 亿元。

紧密连接劳务协作。恩施州在杭州市建立运营"1+8"劳务协作工作站，两地持续开展"订单式"培训，打造出"恩施月嫂""恩施厨娘"等劳务输出品牌，持续开设从校园到职场的"就业直通班"，599 名贫困学生在杭州市接受免费高质量的职业教育，累计帮助 2.2 万名贫困人口转移到浙江稳定就业，引导贫困人口就近就业 2.17 万人，建成"扶贫协作就业车间"132 个，直接吸纳贫困人口就业 4926 人。

携手奔富裕前路宽阔。协作期间，两地全面构建"市州、区县、街道（乡镇）、村村、村企"结对联动体系，杭州市 134 所学校、68 家医院结对帮扶恩施州 130 所学校、90 家医院，形成教育医疗共同体；222 家杭州企业和社会组织与恩施州 249 个贫困村结对，134 位杭州企业家和社会组织负责人担任恩施州 145 个贫困村"名誉村长"，累计争取杭州市社会各界捐赠款物超过 3 亿元。

（二）探索“五项”协作机制

两地精心设计协作框架协议，组建远程“联合指挥部”，探索两地协调联动、紧密配合的协作机制。

强化“精准聚焦、深度融合”的项目管理机制。一是精准谋划项目。两地聚焦产业发展、聚焦深度贫困、聚焦“两不愁三保障”、聚焦“战疫战贫战洪”谋划项目。对深度贫困村实现项目全覆盖，着力补齐基础设施、产业发展等短板，增强发展后劲；加大基层医疗提升、基础设施重建、基础产业恢复等方面的投入和倾斜力度，助力疫后重振、灾后重建。二是规范管理项目。制定出台项目联系人制度，实行东部挂职副市长和本地分管副市长双重管理模式，对项目实施进度跟踪管理，建立项目进度“月报告制度”，全程监管项目实施。三是加强监督审计。东西部扶贫协作项目实行“双审计”，两地纪委、财政、审计等部门将东西部协作工作纳入本部门监督工作计划，定期对协作项目实情况开展监督，实地开展审计，确保项目实施规范，资金使用精准。

构建“人才互派、资源共享”的智力扶持机制。两地教育、医疗等共同体协同发力，推动人才双向交流常态化、品牌化发展。一是挂职干部人才互派。选派优秀领导干部赴恩施市挂职，一线指导扶贫工作；向恩施州选派专业技术人员，为恩施州教育、医疗发展带来了新理念、新技术；恩施州选派干部和专业技术人员赴杭州市挂职或跟岗学习，增强业务水平，提升个人素质。二是东西部资源共享。在远程教育、基层公共卫生等方面持续发力，提升恩施州基层教育医疗水平。依托“医疗共同体”，在老年人疾病治疗技术上深度合作；依托“教育共同体”，开展了爱心公益夏令营、关爱留守儿童夏令营、“城市之旅”游学夏令营等活动。

夯实“优势互补、深度融合”的产业融创机制。两地农业、招商等部门共同发力，立足产业合作，不断根植发展基因，创新内生发展机制，阻断贫困代际传递，深化和巩固东西部协作成果。一是优势互补共建产业园。两地坚持把发展特色产业作为重点和突破口，围绕茶叶、富硒土豆等特色产业，建设恩施玉露、新果抹茶、养生功能茶、富硒小土豆产业园，建设扶贫车间，打造特色产品标准化生产线，带动企业投资，吸纳贫困人口务工就业。龙马新果抹茶产业园按照“龙头企业 + 专业合作社 + 基地 + 农户”模式，利用杭州企业优势解决恩施州夏秋茶撂荒问题，填补抹茶产业空白，带动龙马 4000 亩茶叶转型升级，

1000余户茶农增收致富。在杭恩协作中，恩施市成功创建国家地理标志产品7个（恩施玉露、恩施富硒茶、恩施紫油厚朴、板桥党参、恩施黑猪、恩施黄牛肉、恩施马铃薯）；获得绿色食品企业认证36家、有机产品认证32家。二是链接基地助推消费扶贫。围绕恩施州特色产业，在恩施市三岔镇茴坝村、白果乡龙潭坝村共同打造富硒小土豆、蔬菜等特色产品直供基地2个，通过“云直播”“云带货”等方式销售基地产品；通过实施“硒品入杭”、开展宣传推介等方式，积极组团参加中国（杭州）国际茶博会、浙江农博会等大型展会，宣传推介恩施州农产品。杭州2家恩施特色产品体验馆、武汉5家恩施玉露品牌店相继建成，成为消费扶贫的重要窗口。三是积极引导产业梯度转移。2017年以来，两地共同举办招商推介会4次，引导15家浙企成功落户恩施州，通过当好“店小二”的有效服务方式，引进4家浙江门制造企业，完成投资额2.14亿元，打造门全产业链条，实现产业梯度转移。

提升“持续增收、就业创业”的劳务培育机制。两地以就业创业为目标，以技能培训为重点，成立“杭恩职业技能培训中心”，打造“一站式”劳务服务协作机制取得明显成效。一是强化协作保障。两地全方位开展对接，建立顺畅沟通机制，共同举办东西部对口帮扶劳务协作联席会议，引导两地企业在市场化运作、优势互补、协同发展等方面达成共识。二是提高劳务成效。建立健全贫困人员就业信息数据库，全面摸排建档立卡贫困人口的就业意愿、就业能力，适时掌握就业现状。进一步完善劳务用工信息互通平台，畅通渠道，长期稳定发布岗位需求信息。出台政策文件，帮助贫困人口在东部省份稳定就业，克服疫情影响帮助贫困人口返岗就业。三是培育创业造血能力。实施“175”创业致富带头人导师项目，1名导师带动7名创业致富带头人成功创业。

形成“观念互通，作风互鉴”的共同发展机制。在两地扶贫协作工作中，杭州市各级领导干部、企业家的工作作风、干事创业劲头让恩施州干部群众耳濡目染、深受教育，杭州理念，为恩施州经济社会高质量发展提供了有益借鉴。一是学习借鉴杭州河长制制度创新，实施了河长制、山长制，绿水青山正转化为金山银山；二是学习借鉴浙江“千村示范、万村整治”经验，全面整治农村人居环境，打好实施乡村振兴战略第一仗，白杨坪镇洞下槽村入选全国第一批乡村旅游重点村名录，盛家坝乡二官寨村入选首批州级乡村振兴试点……金灿灿的阳光洒下来，连绵起伏的山峦勾勒出一幅美妙的天然山水画。

（三）深化协作内容，打造“六个”协作品牌

两地不断深化产业、消费、劳务等方面协作，打造了“名誉村长”“硒品入杭”“恩施月嫂”“山中车间”“杭情施意”“同心圆共同体”6个品牌。

“名誉村长”品牌。两地在对口帮扶工作中，把社会力量的扶贫情怀、资源优势与贫困地区的现实需求、发展要求相结合，首创“名誉村长”概念。47位杭州明星企业家、社会组织负责人担任55个贫困村的“名誉村长”，成为村级结对联动生力军，汇聚社会力量决战脱贫攻坚。为屯堡乡中心小学建设多媒体教室和“江荷”名师工作室；在白果乡两河口村建设集精品民宿、乡村旅游、农产品加工、体验式茶叶采摘于一体的生态农场，为乡村振兴提供了有益探索；在盛家坝乡枫香河自然村建设健康养生、避暑旅游和美术写生等益贫乡村建设项目，枫香河和洞下槽村农旅项目等。

“硒品入杭”品牌。两地坚持“政府引导、市场运作、社会参与”原则，创新推进电商消费扶贫新模式，消费扶贫工作走在全国前列。利用杭州“电商之都”的独特优势，电商联盟企业、“名誉村长”企业、行业协会企业等共同发力，搭建了线上线下销售平台。从2018年开始，杭州在恩施市建立了“1+10+X”益贫电商平台（市级1个总中心，乡镇10个分中心，X是风景区、农贸市场、超市等销售点），让恩施硒土豆、“恩施玉露”茶、恩施中药材等特色优质农产品成功入驻阿里巴巴、京东等线上销售平台。2019年8月26日，杭州贝店单日销售恩施硒土豆近30万千克，创造吉尼斯世界纪录。杭州企业通过“云直播”等方式，在贫困村建立生鲜直供基地，助力恩施农特产品进入杭州大型商超、企事业机关和市民餐桌。2020年，恩施市开展“市长直播带货”“千吨硒茶销全国”“百万餐饮电子消费券”等活动，打好刺激消费“组合拳”。按照“1+1+N”培养机制（1位“名誉村长”牵头，打造1个网红直播村，带动N个农民网红发展），在屯堡乡花枝山村、白杨坪镇洞下槽、盛家坝镇枫香河等地试点打造“网红直播村”，培养农民网红主播。

在直播村打造过程中，近百名农民经历了免费的集中学习和系统培训，特别是专业老师的一对一指导。在历时一个月的时间里，他们深刻了解了直播不仅是手机加自拍杆，还要有拍摄和制作视频、粉丝维护与拓展、经营包装和销售等各种技能，而这些都是直播成功的关键。

“恩施富硒小土豆，细腻软糯。”

“恩施玉露茶香四溢，沁人心脾。”

身着土家族的特色民族服饰化的恩施农民主播，在直播间为荧幕前的观众们一边演唱动听的山歌，一边积极推销本地特产，直播效果出奇的好。“我家的猕猴桃一共 1800 多千克，3 天不到就卖完了。我也帮着卖村里的猕猴桃。最近一个月，通过我的平台销出去的猕猴桃就有 1 万多千克。”2021 年以来，通过东西部协作，恩施市实现消费扶贫 1.25 亿元，恩施州的消费扶贫金额达到 7.46 亿元，远超 2020 年全年的 4.52 亿元。

“恩施月嫂”品牌。两地以就业创业为目标，以技能培训为重点，建立“杭恩职业技能培训中心”，打造了“一站式”劳务协作就业创业培训品牌，逐步形成“1234”培训体系（一个目标：扶贫扶智、就业创业；两地协作：东西导师 + 西部导师；三类课程：职业农民培训、技术工人培训、创业电商培训；四大阵地：大型浙企、“名誉村长”单位、落户恩施的浙企、恩施乡贤在浙创办的企业），开展“三保”（保洁、保安、保姆）培训，为有劳动能力和就业意愿的贫困户提供免费培训，订单式输送到杭州市家政物业公司，成为东西部扶贫协作中技能培训带动致富的新样板。劳务协作的“杭恩直通车”架设起来。经过专业培训的恩施厨娘、月嫂，在杭州市大受欢迎。“我真的不敢相信，短短几个月的时间，我拿到了曾经想都不敢想的工资。”在杭州市当月嫂的恩施州建始县长梁镇杨宏春，捧着一沓 7000 元的钞票说。

“山中车间”品牌。两地政府牵线搭桥，引导两地企业联姻联合，到深山建基地、建车间，把就业岗位送到贫困户家门口，将贫困户链接到产业链上，有效激活贫困户“造血”功能。江干区累计投入财政帮扶资金 3930 万元，建设“恩施玉露”茶、养生功能茶、富硒小土豆 3 个万亩产业园，建立了“产学研销引”产业发展体系，围绕特色产业，3 万余名贫困人口从中找到增收门路，实现稳定脱贫，打造了“山中车间”品牌。两地政企合作，打造成为中国茶叶学会茶叶科技示范基地、全国农业科技示范基地，公司年产值达 5300 万元，带动 200 余名贫困人口增收致富。通过创业导师项目，深度整合两地优势资源，多措并举促进一、二、三产业高度融合，促进特色产业发展走向规模化、标准化、品牌化。

“杭情施意”品牌。立足恩施市得天独厚的旅游资源，依托杭州广阔的旅游市场，深入践行“绿水青山就是金山银山”的发展理念，着力推进旅游扶贫工作。两地工会在恩施大峡谷风景区管理处和太阳河乡梭布垭村 2 个工会疗休养益贫基地，开展工会“疗休养＋走村连心”活动，杭州干部职工到恩施市开展走村连心访贫问苦活动，探索形成了“吃住购、游助帮”消费扶贫新模式，深化了“三突破”“三延伸”放大功能（三突破:疗休养目的地、经费标准、次数；三延伸：基地从京区向贫困村延伸，内容从休闲度假疗养向走村连心结对延伸，人员从机关干部职工向社会组织企业延伸）。在西湖举行“杭情施意恩施等你”主题赛歌会，展现恩施市非遗文化、民族风情、旅游资源。职工疗休养团到恩施疗休养，带动消费。杭州市还协助恩施州编制了《恩施州旅游大数据平台方案》，直接复制了杭州旅游大数据中心的架构和体系，恩施州旅游大数据中心有望成为全国先进的旅游大数据中心。

“同心圆共同体”品牌。结合“名誉村长”工程，携手奔小康行动和乡村振兴战略要求，以教育、卫生援助建设为核心，从行业协同、机构合作、人才互动、活动开展 4 个方面着力，打造教育和医疗同心圆共同体。两地教育系统签订帮扶框架协议，主动融入同心圆共同体建设中，从点上开花到面上铺开、从被动接受到主动点单、从活动式单向输出到阵地化互动导入，形成了“杰立蓬勃”导师团、“江荷”名师工作室、“云上两江”网络研修空间联盟和“小白杨”乡村流动少年宫等“一心四极”帮扶平台，覆盖学校 40 余所。提供帮扶资金用于基层医疗卫生系统建设；挂职医疗专家发挥专业优势，提供“小针刀微创治疗”等新技术，填补了恩施州医疗系统相关技术的空白，深入乡村开展“东西扶贫在行动，进村义诊暖人心”义诊活动，把前沿诊疗服务送进大山深处。

三、经验启示

自 1978 年党中央提出对口支援和 1996 年提出东西部扶贫协作以来，对口支援和东西部协作制度已经成为促进共同富裕的重要制度安排。区域协作对口帮扶是应对区域失衡和贫富差距的重要政策工具。区域失衡和贫富差距是不充分发展和不平衡发展共同导致的结果，需要政策层面的主动赋权。可以说，区域协作对口帮扶这一战略能够在“不平衡”和“不充分”两端同时发力，通过挖掘欠发达地区的巨大潜力，找准欠发达地区的角色定位，实现区域间的互联互通和整体性发展，并有效缓解贫富差距，助力实现共同富裕。从实践层面看，区域协作内涵持续丰富，协作也由最初单向帮扶，拓展为双向互动、共同发展；协作领域不断拓展，由最初主要是政府援助，拓展为各类市场主体共同参与；

通过资金帮扶、产品采购、产业合作、智力支持、提供就业等方式，有力推动了脱贫攻坚成果与乡村振兴有效衔接，为高质量发展注入了新活力、增添了新动能。区域协作的实践也为高质量发展背景下区域协作理念的更新提供了一定启示。

开展区域协作，必须坚持系统思维、系统观念。系统观念是具有基础性的思想和工作方法。脱贫攻坚战取得全面胜利后，接续推进乡村振兴，赋予东西部协作新的重要任务。以系统观念推进东西部协作，加强前瞻性思考、全局性谋划、战略性布局、整体性推进，推动区域协调发展、协同发展、共同发展。两地在推动协作时，摒弃项目间“单兵突进”模式，形成联动、融合、闭环的协作链条和矩阵，着力推进“六个”方面协作任务，形成了从单一经济援助到多领域合作、从单纯政府间结对到社会各界全面参与、从单向扶贫济困到互利共赢的扶贫协作新格局。构建起强有力的政策支撑，两地协作终于走上了轨道，取得成效。两地融通融合、勠力同心、优势互补、合作共赢，在产业发展、人才支援、劳务协作、消费扶贫及携手奔小康等各个领域，构筑起政、企、民、社四方联动，信息互通、资源共享、携手发展的协作大格局。

开展区域协作，必须树立“一茬接着一茬干”思维。干事创业不可能一蹴而就，特别是区域协作战略规划，不可能一朝一夕就能达成，往往需要一代人甚至几代人的艰苦奋斗。2016 年底，中央明确由杭州市对口帮扶恩施州到 2020 年，杭州市助力恩施州 8 个贫困县全部脱贫摘帽。2021 年，新一轮东西部协作启动，武汉市从杭州市手中接过“接力棒”。2022 年，国家发展改革委印发的《革命老区重点城市对口合作工作方案》中，作为湘鄂渝黔革命老区的恩施州，再次与杭州市建立对口合作关系。对口协作一步连着一步。根据方案，杭州市、恩施州将在传承弘扬红色文化、衔接推进乡村振兴和新型城镇化、完善基础设施和基本公共服务、促进生态环境保护修复和绿色低碳发展、共同建设产业合作平台载体五大方面深入合作，续写区域协作新篇章。政贵有恒。只要蓝图是科学的、符合实际的、顺应群众愿望的，就应该一茬接着一茬干。事业要一茬接着一茬干，一步连着一步走，把小成效积累起来，完成从量变到质变的转变。

开展区域协作，必须树立互联网思维。新技术、新模式是高质量发展的桥梁和纽带，也是深化东西协作需要继续审慎对待的重要课题。当今时代，数字技术成为世界科技革命和产业变革的重要先导力量，互联网已成为新时期重要基础设施和经济社会运行的技术载体，日益融入经济社会发展各领域全过程。面对数字化带来的机遇和挑战，争取脱贫地区经济社会跨越式发展，必须进一步推动人们对互联网价值认知的提升，使互联网新思想、新理念交流互动。杭、恩协作过程中，从“主播带货”到打造“农民主播培训班”，再到建设“花枝山主播直播村”，借助国家东西协作政策东风及电商畅销帮扶机制的建立，杭、恩两地实现了“直种直产，直供直销”，更多山里的“土疙瘩”搭上了“互联网 +”的快车。

开展区域协作，必须调动广大社会力量。社会资源是无穷的，只要充分动员全社会力量共同参与，对口协作的动力就会源源不断、经久不息。杭恩双方除了紧紧依靠省与省、市与州、区与县党委及政府这一个主导力量之外，还全方位、多层次动员组织社会各方力量参与到扶贫协作中来，形成了强大的协作合力。双方在各行业部门之间、乡镇（街道）之间、村（社区）之间、企业之间、社会组织和公众之间，均开展了广泛而深入的协作，汇聚而成的庞大社会力量，为恩施州解决了诸多具体问题，推动区域协作向纵深发展。

东西部协作下，东西部各有自己的优势和需求，互补性强。恩施州资源丰富、特色鲜明，杭州市市场成熟、现代化水平较高。杭恩双方全面发挥互补优势，形成了强大合力，成效显著。协作中杭州因地制宜，投入资金、资源和理念，恩施州配套进行基础建设和人才培养，培育起内生动力，在携手发展的协作中结出累累硕果。2020 年 9 月 26 日，在联合国开发计划署举办的减贫与南南合作高级别视频会议上，《杭恩携手扶贫新模式》成为全国东西部扶贫协作领域唯一入选案例。3 个恩施贫困户中，就有一个受益于杭州的项目，2016 年恩施州农村常住居民人均可支配收入 4655 元，2021 年底，恩施州农村常住居民年人均可支配收入涨到了 13860 元，增长了近三倍。

瞻望前路，从恩施州的土苗山寨到宜昌长阳的资丘镇；从武陵山脉、大巴山脉，到幕阜山脉、大别山区……脱贫地区民众正昂首迈步在推进乡村振兴的大道上。党的二十大上，习近平总书记提出了“巩固拓展脱贫攻坚成果，增强脱贫地区和脱贫群众内生发展动力”① 的新目标。支持革命老区、民族地区加快发展，加强边疆地区建设，推进兴边富民、稳边固边。② 从摆脱贫困到乡村振兴，从全面建成小康社会到全面建设社会主义现代化国家，勾勒出中华民族的铿锵

①②《高举中国特色社会主义伟大旗帜　为全面建设社会主义现代化国家而团结奋斗——在中国共产党第二十次全国代表大会上的报告》，《人民日报》2022 年 10 月 26 日。

步伐，一步接一步，奋力实现中华民族伟大复兴的中国梦。

【思考题】

1. 为贯彻落实习近平总书记关于东西部协作的讲话精神，杭恩协作的做法有哪些？

2. 在推进共同富裕的道路上，东西部协作还可以从哪些方面着力？

坚持党建引领　推进新时代社区治理现代化

——武汉市汉阳区江欣苑社区治理实践

中共湖北省委党校（湖北省行政学院）全　芳　霍　冉

【引言】2022年6月27日，习近平总书记在视察武汉市东湖高新区智苑社区时强调，社区是城市治理体系的基本单元。我国国家治理体系的一个优势就是把城乡社区基础筑牢。①社区是基层基础，是党和政府联系、服务居民群众的“最后一公里”，基础不牢，地动山摇。只有不断夯实基层社会治理这个根基，才能真正实现社会主义现代化强国的目标。

【摘要】江欣苑社区是一个“撤村建居”的社区，也是一个规模较大的拆迁还建社区。她的前身是一个小渔村——汉阳区江堤街渔业村。2005年，随着“城中村改造”的奋力推进和武汉新区的建设需要，渔业村的土地被政府征用，村民开始分批搬到失地农民安置小区——江欣苑社区。2009年12月20日，江欣苑社区挂牌成立。

城乡社区治理体系和治理能力现代化既是国家治理体系和治理能力现代化的组成部分，又是实现国家治理体系和治理能力现代化的重要基础。如何帮助村转居民由村民变居民，由生人变熟人，实现生产生活方式的根本转变，重建幸福美好家园，是江欣苑社区当初面临的首要难题。武汉市江欣苑社区围绕党建引领“五个体系”创新发展，引领社区治理创新，通过探索实践，成功地实现了社区从“村湾”到“小区”、居民从“农民”到“市民”、工作从“管理”到“服务”的转变，有效破解了城中村改造诸多难题，最终从“问题社区”转变为现代化“和谐社区”。江欣苑社区获得“全国先进基层党组织”“全国文明单位”“全国和谐示范社区”“国家级AAA景区”等多项重要荣誉，为新时代

①《习近平在湖北武汉考察时强调　把科技的命脉牢牢掌握在自己手中　不断提升我国发展独立性自主性安全性》，《人民日报》2022年6月30日。

坚持党建引领、推进社区治理现代化提供了实践样板。

【关键词】党建引领；多元共治；社区治理现代化

一、背景情况

江欣苑社区是一个年轻的社区，也是一个特殊的社区。她的前身是一个小渔村——汉阳区江堤街渔业村。2005年，随着“城中村改造”的奋力推进和武汉新区的建设需要，渔业村的土地被政府征用，当年11月30日，首批105户村民依依不舍地搬离了祖辈生息繁衍的故土，租房过渡；随后是第二批、第三批、第四批……2010年，600余户村民全部搬离故土。与此同时，失地农民安置小区江欣苑一期、二期、三期工程陆续竣工。2007年7月26日，第一批失地农民入住江欣苑社区。2009年12月20日，江欣苑社区挂牌成立。

江欣苑社区的历史，从2007年7月26日第一批失地农民入住江欣苑社区算起，到2022年才15年；倘若从2009年12月20日江欣苑社区挂牌成立算起，就10年多点时间。作为一个“撤村建居”的拆迁还建社区，江欣苑社区的居民从初期的6000多人发展到如今的2万多人。社区党支部2012年升格为社区党委，组织关系在社区的党员有169人，在职党员进社区和“两新”党员共458名。

习近平总书记指出，“社区虽小，但连着千家万户，做好社区工作十分重要。”① 如何将上面千条线通过社区一根中间的针串进千家万户，如何将散落的珍珠串起来、连起来，形成持久的凝聚力战斗力，是江欣苑社区当初面临的首要难题。城中村改造后，很多老人无事可做，青少年缺乏人生追求，各种不良现象逐渐抬头。对此，以社区书记胡明荣为首的社区“两委”班子坚持“党建引领、多元共治、服务群众、巩固基础”，引领社区治理创新，有效破解了城中村改造诸多难题，最终使江欣苑社区从“问题社区”转变为“和谐社区”，并先后获得“全国先进基层党组织”“全国文明单位”“全国和谐示范社区”等多项重要荣誉。社区创新社会治理体系，着眼未来谋发展，围绕“建强组织体系、规范治理体系、完善服务体系、创新服务发展体系、强化保障体系”，系统推进新时代社区治理现代化。实现了组织体系一张“网”，民主治理一盘“棋”，服

①《习近平在福建调研时的讲话》，《人民日报》2014年11月3日。

务凝聚一条“心”，加快发展一条“道”，文化引领一台“戏”。

二、主要做法

（一）建强组织体系，打开组织聚民“总开关”，实现了从离群众“最后一公里”到与群众“零距离”的转变发展

基层党组织是党在城市的执政之基。江欣苑社区充分发挥党组织的政治领导核心作用，不断深化社会治理中党建引领作用，成功把社区治理触角延伸到每个角落。按照年轻化、能力强、作风硬的标准，选配网格党支部、业委会党支部和物业党支部书记。江欣苑社区党组织班子现在平均年龄还不到35岁，“传帮带”氛围浓厚。作为党建引领基层治理创新试点，社区确立了“党建引领、多元共治、服务群众、巩固基础”16字方针，党建引领这条“红线”始终贯穿于社区治理与基层组织建设之中。

2009年12月，拆迁后的原渔业村党支部、村委会撤销，挂牌成立江欣苑社区党支部、社区居委会。“村改居”改变了农民多年的生产生活方式，“失地、失业、失收”后，居民群众对未来生活缺乏信心，普遍存在着失落、焦虑、困惑等情绪，需要党组织发挥“主心骨”作用，给居民群众以“依靠”。

为此，社区党委全面推行“党组织书记—委员—党小组长—党员—楼栋长—单元长”六级管理体系，实行“四定四包”（定人、定时、定片、定责，包栋、包单元、包户、包人）全覆盖网格化工作机制，实现“纵向到底、一网打尽”，有效解决末端服务不畅的问题。200余人的网格化专兼职队伍走家串户，通过“一日两巡”与群众拉家常，第一时间了解民情，第一时间发现和处理群众的急难困苦，形成发现、上报、解决、反馈问题机制。

同时，优化党组织管理功能，坚持运用“四民”工作法（民事民提、民事民议、民事民决、民事民评）议定社区大事，通过党员和居民代表每月、每季、每半年的议事会，确定社区年度实事承诺项目。开通“书记直通车”“民情直通车”和“信访直通车”，解决群众困难。建立居务监督委员会，完善QQ群、微信群等新媒体渠道，为社区党员、居民表达意见创造条件，让“社区的事居民自己说了算”的理念深入人心。

此外，还激活党组织服务功能，社区党委按照“五务合一”（强化党务、规

范居务、优化服务、拓展商务、协调事务）建设要求，建起4700平方米的党群服务中心，将17项职能部门服务及“四点半学校”、养老服务站等功能室进行整合，建设全天候、全过程、全身心、全方位的综合性服务平台，实现服务由不出社区向不出家门升级。推行社区党员开展亮身份、亮形象、亮项目、亮承诺“四亮剑”活动，与居民结亲戚、认亲人、面对面、心连心，使得社区真正成为居民群众“主心骨”。发动辖区在职党员到社区报到，认领“岗位”和认领“微心愿”。

75岁的老党员肖诗龙主动带领老伙伴维护社区绿化清洁，到国际博览中心做义工，以老党员的热情和活力带动邻里的党员群众；67岁的楼栋长陈金武坚持“党员无二线”，每天都像上班一样准时出门，为需要帮助的居民群众拉个话、搭把手……就是这样一个个“红色细胞”汇聚向心力，把社区发展成邻里情感相连、守望相助、人心相通的生活共同体。“不怕居民无素质，就怕居民无组织”。“六级组织管理体系”点面结合、上下联动，织密基层党组织之“网”。形成“党委主抓，多方联动，誓当群众奔向幸福路上的‘定海神针’”的良好局面，做到党组织就在居民身边，居民时时刻刻看得到党组织、心中有党组织。

（二）规范治理体系，营造治理便民利民惠民“新景象”，实现了从管理群众到引领群众的转变发展

实现基层有序善治，夯实党的执政根基。江欣苑社区党委坚持自治利民、法治安民、德治育民。

凝聚合力，自治利民。江欣苑社区拆迁还建平稳的秘诀是“四民”工作法，切实做到民事民提、民事民议、民事民决、民事民评，让群众的事群众说了算。通过社区两委、社区社会工作者、社区社会组织三社联动以及社区、物业、业委会三方联动强化居民自治，用“加减乘除”工作法让分内的事速办“快通”、梗阻的事设法“疏通”、民意的事及时“沟通”、服务的事力求“直通”，居民居住品质和群众满意度直线上升。

维护和谐，法治安民。江欣苑社区组织法律法规宣传教育，落实社区书记“三必到五必访”制度（有突发事件必到、有不满情绪必到、有家庭纠纷必到，有困难家庭必访、危重病人必访、困难职工必访、社区帮教对象必访、孤寡老人必访），建设法治文化长廊，打造法治楼栋，实施警民联治联防，引导群众理性合法表达利益诉求，成功创建了“五无”（无入室盗窃刑事案件、无网络电信诈

骗案件、无消防安全隐患火警情案件、无非法上访进京人员、无非法疑似传销人员案件和报警）社区。社区建立了王新律师工作室，实现普法教育和法律服务并举。

传统教育，德治育民。江欣苑社区大力弘扬社会主义核心价值观，通过挖掘中华民族传统美德，倡导尊老爱幼，爱家、爱社区、爱国。开展“婆媳对夸”、传唱“社区点点歌”等接地气有实效的教育活动，落实道德评议机制，培育了一批优秀党员、志愿者、工匠和模范家庭，江欣苑社区形成了党建引领文化聚魂，做到楼上楼下一家亲，左邻右舍一家人，走出自己的小家，就走进社区这个温馨文明和谐的大家。

法治、德治与自治“三治”相辅相成，通过引领使居民自然而然融入社区，获得更多的幸福感和成就感。

（三）完善服务体系，架起服务便民惠民“立交桥”，实现了从群众找上门到服务群众进家门的转变发展

走群众路线就是要始终坚持以人民为中心的思想。社区党委以群众需求为导向，以群众满意为目标，提供精准贴心服务。

通过党建 + 全天候、全过程、全身心、全方位的综合性服务平台，落实武汉市社区治理“1314”工作要求，社区提出“六大服务暖民心，一生一世跟党走”，推出“微邻里”网格化线上便捷服务，居民覆盖率已经达到 90% 以上，实现居民诉求一网打尽、群众需要一篮拎光、邻里互动一键接通、服务好坏一点可评。结合运用“讲清小道理、解决小问题、开展小活动、树立小典型、化解小纠纷、宣传小人物”的“六小”工作法，真正做到“指尖上的党建、心尖上的服务”。每天清晨八点多钟，社区两委成员、网格员都要在社区步行数圈，跟爹爹婆婆们打招呼，与居民聊聊天，了解和收集大家的困难和建议。

如何为群众服务？“讲一百条大道理，还不如为群众办一件实事；作一天的报告，还不如和群众聊一下家常”。社区通过“六点半晨步”工作法，发现问题、解决问题。对居民家里“坛子”里有多少米、身上“排子骨”有多少根都了如指掌，做到第一时间发现和处理群众的急难困苦，把思想工作做到居民身边，做到群众心坎上，让邻里关系更加和谐。

（四）创新服务发展体系，构绘引领富民“全景图”，实现了从关心群众到致富群众的转变发展

一切发展都是为了居民。为民服务不仅要挂在嘴上，而且要放在心里，还要扛在肩上。社区党委扛起服务发展、致富群众的使命和责任，充分发挥党员示范作用，依托社区非遗文化传承园建立“党员三带”示范基地，并建设“互联网＋党员三带”网站平台，实现线上线下生产销售双轮驱动，引领群众共同创造美好生活。

针对“村改居”社区因产业空心化，导致失地、失业、失收村民变成“灾民”的现象，江欣苑社区党组织坚持将壮大产业、致富居民作为“村改居”的重要支撑来抓。一是实行股份制改造。为保障居民长远利益，江欣苑社区成立之初，将村集体资产进行股份制改造，按照合理比例进行股份分配，量化到所有年满18岁的村民，使他们成为公司股东。同时，按照现代企业制度的要求，建立和完善公司治理结构，为企业的可持续发展提供制度保障。二是做实做大产业。2004年组建了武汉龙洲置业有限公司，经过10多年发展，旗下先后成立了房地产开发公司、物业服务公司、江龙国博文化传媒公司等12家企业，承接了武汉国际博览中心46万平方米综合物业服务，兴建了武汉国际博览中心配送中心和千亩大型现代苗圃基地，实现了集体经济滚动式发展。三是推动居民创业就业。社区依托龙洲置业公司建立创业就业培训基地，开办电脑技能、家政服务、园林绿化、高龙制作等培训班，帮助失地农民掌握“一技之长”；社区党员沈艳玲第一个报名学习“汉绣”，带动100多名“泥腿子”凭借“汉绣”技能在家门口实现就业。近年来，社区先后帮助2000多人就业，率先在汉阳建成无“零就业家庭”社区。

江欣苑社区通过构建“社区＋企业＋能人＋居民”的“社区三加”模式，有效激活“红色细胞”，创新开启带头创新、带动创业、带领致富“党员三带”行动，依托社区非遗文化传承园建立“党员三带”示范基地，并建设“互联网＋党员三带”网站平台，实现线上线下生产销售双轮驱动，郑秀华、严丽、周琪等众多党员带头人脱颖而出，群众真正从产业发展中受益。

同时，邀请专业团队和创业成功人士给居民开展菜单式技能培训1000多人次；每年举办创业者事迹报告会和创业就业讲座，转变居民就业观念；每年举办导师带徒拜师学艺活动，帮助群众掌握就业技能，基地已被有关部门评为

省级、市级创业就业示范基地，且已经申报国家级创业就业社区。营造了大众创业、万众创新的良好环境，探索出居民创业就业的可持续解决路径。

（五）强化“保障体系”，做优文化惠民“软实力”，实现了从忽视群众感受到成果惠及群众的转变发展

保障和改善民生是党和政府的神圣职责与终极目标。将健全保障体系和保障民生作为工作出发点，确保广大群众共享改革发展红利。

江欣苑社区党委紧扣群众生产生活需求，不断健全保障体系，实现学有所教、困有所帮、病有所医、老有所养，发动党员在社区里“找亲戚、认亲人、帮亲人”，先后结成100多对帮扶对子；社区党务、居务管理透明、公开，居民监督已成常态，管理和服务“软实力”的提升有目共睹。

为满足农民“洗脑进城”的需要，社区党委借助“非遗”传承园平台，发挥高龙民俗文化的作用，凝聚、引领和再造新型农民，并千方百计地改善基础设施，积极完善文化体育设施，大力加强卫生管理，使得社区面貌焕然一新，成为富有新时代气息的精神家园。

文化引领可浸透人的心灵，为了让泥巴腿子洗脚上岸、洗脑进城，“既富口袋，又富脑袋”，社区打造“个十百千文化圈层”，实现了一米之内有楼道文化，进门可学，出门可看；十米之内有文化休闲设施，可以读书还能健身休闲；百米之内有文化阵地，能自编自导自演，自娱自乐可宣传；千米之内有培训，可发证实现就业。通过“社区报”、三句半、点点歌等一批通俗易懂的文艺作品，把居民从牌桌上拉了下来，居民的心也被凝聚起来。社区建立“非遗”产业园，依托“非遗”文化带动居民，并建立青少年创业就业培训基地。先后有1300余人接受培训，2400余人通过“三带”实现再就业，社区面貌和风气得到改变。“老人和孩子都有事做了，不良风气就消失了”，73岁的剪纸大师刘国瑞深有感触。

总之，10年来，江欣苑社区通过探索实践，成功实现了撤村建居型社区居民生活方式、文明形象、组织形态的蜕变；成功实现了社区从“村湾”到“小区”、居民从“农民”到“市民”、工作从“管理”到“服务”的转变，展现出文明、幸福、和谐、安宁、美好的新时代社区形象。

三、经验启示

（一）社区治理必须充分发挥党组织的领导核心作用

党的基层组织是党在社会基层组织中的战斗堡垒，党的集中统一领导是基层治理的根本保证，基层党组织在基层治理中处于核心地位，只有全面建强基层党组织，才能实现基层有效治理。社区治理要取得实效，必须始终坚持党建引领。只要牢牢抓住党建引领这个根本，不断强化基层党组织政治功能，推动党的组织和工作在社区治理薄弱环节全覆盖。要充分重视基层党组织作用，提升其政治功能和组织力，让基层党组织建设成为宣传党的主张、贯彻党的决定、领导社区治理、团结动员群众、推动社区发展的坚强战斗堡垒。江欣苑社区坚持每月开展“支部主题党日”，以提升基层党组织组织力为重点，突出纵向到底、横向到边，把严密的组织体系优势转化为基层治理体系优势。加强党的领导，既要发挥好党组织和社区书记的领头雁作用，也要充分发挥全体党员的模范带头作用，通过激发每一位党员参与社会治理的活力，形成以点带面的示范效应。江欣苑社区治理的成功离不开发挥党组织的领导核心作用，在社区各项工作中，始终坚持在党委领导下依托党建，强化关键，促进社建，同时强化党建塑魂功能，带领社区居民听党话、跟党走。

（二）社区治理必须充分发挥居民群众的主体作用

人民群众是历史的创造者，也是社会治理的重要主体。一切为了群众、一切依靠群众，是我们党的制胜法宝，也是加强和完善城乡社区治理必须坚持的根本原则。要充分发挥群众在基层社会治理中的主体作用，不断激发其内生动力。要发挥好基层党组织的领导作用，领导群众参与基层社会治理，努力以看得见、摸得着的治理成效增强群众的获得感、幸福感、安全感，提升群众参与基层社会治理的自觉性。要坚持搭建各种平台，让居民参与到社区治理中来，提高居民组织化程度，深化基层群众性自治建设，努力推进楼院、楼栋、楼门等居民小组类群众性组织建设，构建立体化、多层次的自治体系，提高基层社会治理的针对性与效能。要积极孵化社区社会组织，提高社会组织的影响力和带动力。通过政策支持和资源下沉，鼓励社区社会组织参加社区建设，带动居民参与到社区治理中来，增强群众的主体意识，激发群众的建设热情，充分发挥居民群众的主体作用。要紧紧抓住群众参与基层社会治理的着力点，使实劲、见实效，调动广大群众的积极性、主动性、创造性，推动建设人人有责、人人尽责、人人享有的社会治理共同体。

（三）社区治理必须充分发挥社区工作者的能动作用

基层治理的核心是人，只有人与人和谐相处，社会才会安定有序。社会治理的重心必须落到城乡社区，社区服务和管理能力强了，社会治理的基础就实了。因此，要把打造一支政治素质过硬、综合素质较强、职业化水平较高的社区工作者队伍作为改善和加强基层社会治理的一项重要工作来抓。着力加强社区工作者队伍建设，基层社会治理就一定能够取得积极成效。要实现从社区工作者到社区社会工作者的转变。在社区层面上建立一个“全科式”的专业化体系，是工作人员队伍专业化建设的关键。要与高校联手建立社工技能培训基地，提升社工专业水平。明确社区社会工作者的角色和任务，加强直接服务能力，提高志愿者组织和社区动员、管理的水平。

【思考题】

1. 江欣苑社区党建引领共建共治共享社会治理，有哪些可复制的经验？

2. 推进新时代基层社区治理体系与治理能力现代化的重点和难点是什么？

运用系统观念攻坚克难案例分析

——湖北省公安县拆建经验及启示①

中共湖北省委党校（湖北省行政学院） 徐 伟

【引言】 习近平总书记在党的二十大报告中指出，推进以人为核心的新型城镇化，加快农业转移人口市民化。以城市群、都市圈为依托构建大中小城市协调发展格局，推进以县城为重要载体的城镇化建设。②设立经济开发区是推进新型城镇化建设的重要抓手，而征地拆迁是设立经济开发区的必要前提。在征地拆迁过程中，必须坚持人民至上，统筹好依法征地拆迁和加快农业转移人口市民化，即统筹好拆和建的关系。

【摘要】 早在2009年，荆州市公安县就开始谋划设立青吉工业园。2012年5月，公安县拟将公安县青吉工业园上升为湖北公安经济开发区青吉工业园。2012年5月29日，公安县委、县政府专题召开全县城区征地拆迁工作动员大会。

公安县在推进征地拆迁过程中面临的主要问题：一是工作任务重，操作难度大；二是矛盾问题多，安置还建滞后；三是征迁工作体制机制有待进一步完善。公安县杨家厂镇在推进征地拆迁过程中面临的主要问题：一是土地价格矛盾；二是拆迁补偿矛盾；三是就业保障矛盾；四是集中居住矛盾。为解决在推进征地拆迁过程中面临的主要问题，公安县的解决方案包括：一是明确目标任务；二是深入宣传发动；三是依法规范操作；四是完善后续工作；五是切实维护稳定；六是加强领导，明确责任；七是加强调度，协同配合；八是严肃纪律，强化考评。在征地拆迁实施过程中，公安县杨家厂镇破解征地拆迁难题的主要做法：一是"红心"点亮"民心"；二是整合资源拆迁；三是依法依规拆迁；四是

① 本案例的素材来源于荆州市公安县提供的相关资料，在此表示感谢。

②《高举中国特色社会主义伟大旗帜 为全面建设社会主义现代化国家而团结奋斗——在中国共产党第二十次全国代表大会上的报告》，《人民日报》2022年10月26日。

努力和谐拆迁；五是阳光分配大资金；六是积极提升大服务；七是贴心落实大保障。公安县委大力支持杨家厂镇征地拆迁工作的重要举措包括支持贫困户搬迁、土地征收补偿、基础设施建设、村级预留土地、不可预见费用、房屋结算进度、“两证”办理、拆迁工作保障等。公安县杨家厂镇拆建的实际成效包括房屋征收、土地征收顺利、还建安置情况、失地农民养老保险、招商引资企业、城市公共基础设施建设、总结“青吉模式”、组建还建社区的党支部与红色物业等方面。

公安县拆建工作取得了显著成效，积累了宝贵经验。一是坚持党的全面领导；二是坚持以人民为中心的发展思想；三是善用科学思维攻坚克难；四是坚持系统观念；五是坚持依法按政策解决问题；六是充分发挥党员先锋模范作用。

【关键词】 经济开发区；征地拆迁；失地农民

习近平总书记在党的二十大报告中强调，推进以人为核心的新型城镇化，加快农业转移人口市民化。以城市群、都市圈为依托构建大中小城市协调发展格局，推进以县城为重要载体的城镇化建设。[①] 湖北省第十二次党代会报告明确指出，以强县工程为抓手，全面推进乡村振兴。县域是农村经济、社会、文化等发展的基本单元，是解决城乡发展不平衡不充分问题的主阵地。县城是推动城乡融合发展的关键支撑。要实施强县工程，加快推进以县城为重要载体的就地城镇化和以县域为单元的城乡统筹发展。设立经济开发区是推进新型城镇化建设的重要抓手，而征地拆迁是设立经济开发区的必要前提。在征地拆迁过程中，必须坚持人民至上，统筹好依法征地拆迁和加快农业转移人口市民化，即统筹好拆和建的关系。

一、背景情况

荆州市公安县地处“两湖”平原、武汉城市圈和长株潭城市群接合部，处于长江经济带荆州段中心位置，具有“承东启西、纵贯南北、得中独厚”的区域优势。湖北公安经济开发区的前身为公安南平经济技术开发区，始建于 1991

---

①《高举中国特色社会主义伟大旗帜　为全面建设社会主义现代化国家而团结奋斗——在中国共产党第二十次全国代表大会上的报告》，《人民日报》2022 年 10 月 26 日。

年，是湖北省人民政府第一批确立的 9 个省级经济技术开发区之一。

早在 2009 年，公安县就开始谋划设立青吉工业园。据《公安县人民政府县长办公会纪要》（2009 年 9 月 7 日）显示，公安县基于提高工业园节约集约用地水平、改善工业园环境、被征地农民居住条件及提升城市建设管理水平等各种因素考量，专门对青吉工业园征地补偿安置工作作出安排。

2012 年 5 月，公安县拟将公安县青吉工业园上升为湖北公安经济开发区青吉工业园。据《荆州市人民政府关于设立湖北公安经济开发区青吉工业园的请示》显示，为贯彻落实全省“壮腰工程”会议精神，推进公安县“工业兴县”战略，促进公安县工业发展和招商引资工作，公安县拟在该县杨家厂镇规划设立湖北公安经济开发区青吉工业园。之所以设在杨家厂镇，是因为杨家厂镇具有工业基础优势，它是公安县的工业重镇，也是湖北省重点工业乡镇；具有交通区位优势，两广高速通车，有荆岳铁路杨家厂站和朱家湾深水码头；也具有辐射带动优势，可以带动周边区域工业经济快速发展。

2012 年 5 月 29 日，公安县委、县政府专题召开全县城区征地拆迁工作动员大会。这次动员大会规格高、规模大、人员多、范围广。杨家厂镇作为全县工业经济的主战场和县城统筹规划的主城区，按照青吉工业园 20 平方千米的总体规划，全镇所涉区域的青吉、福利等 8 个村场，共需征收土地 30000 亩，拆迁房屋 2000 户，新建公寓 2150 套。

公安县在推进征地拆迁过程中面临的主要问题有：

一是工作任务重，操作难度大。2012 年，县城规划区征地任务为 9389 亩，而以往每年的征地任务都在 3000 亩以下，任务之重前所未有。随着经济发展，土地有偿使用制度改革的深入推进，相关法律法规不断完善，征地拆迁的程序要求越来越严，政策限制越来越紧，工作难度越来越大。如当时征补政策与老百姓的心理需求差距成扩大趋势，征地拆迁的顶层制度设计未能满足优化征拆环境的需求。同时，当时全国多地连续发生因征地拆迁引发的各类事件，地方政府被推到社会舆论的风口浪尖，给基层干部开展工作带来了巨大压力。

二是矛盾问题多，安置还建滞后。从公安县征地拆迁工作的实际来看，主要是城市建设用地指标安排不够充分，土地储备不足，征地工作比较被动；少数被拆迁人不顾大局，片面追求个人利益；个别征地拆迁工作人员对政策理解不充分，宣传不够深入、细致，工作方法简单粗暴，造成群众不理解、不支持；斗湖堤、原种场征拆工作安置房源现房紧缺，杨家厂镇当年拆迁的群众绝大多数无处安置，等等。

三是征迁工作体制机制有待进一步完善。如征迁资金调度保障不够及时；入账审核签批程序多，效率不高；征拆一线临机处置权运用不够；奖励激励机制力度不够。

从杨家厂镇在推进征地拆迁过程中面临的问题来看，主要是土地价格矛盾：当时该镇土地征收补偿标准为26880元/亩，由于与紧邻的大圣、农科所、原种场等村场相比差别较大，加之物价上涨因素，群众征地签字存在抵触情绪；拆迁补偿矛盾：园区征拆不是临时性和小范围的征拆，被征地群众短时期内要由农民变市民，对拆迁补偿期望值特别高，直接导致拆迁工作艰难推进；就业保障矛盾：①保障标准低：当时公安县的被征地农民即买即拿生活保障360元/月，到期领取养老保险516元/月，只能提供最低生活保障，群众缺乏主观动力。②就业难度大：年龄大的无技术不好就业，年纪轻的挑肥拣瘦不愿就业，部分群众生活迈入贫困阶段；集中居住矛盾：群众入住小区之后，生活成本变高、俗习陋习难改、基础配套缺失、规范管理缺位等问题逐步凸显，埋怨情绪不断增长。

二、主要做法

（一）解决方案

征地拆迁工作坚持稳中求进，努力实现“政策落实、补偿到位、征迁完成”的工作目标。

1. 明确目标任务

经过反复研究，对当年计划征收的城区规划区9389亩集体土地，以及已经征收土地的房屋拆迁安置补偿任务，按征地区域具体划分为9个片块，每个片块由2名或以上县“四大家”领导担任工作组负责人，由被征地块所在行政单位牵头，征地拆迁工作任务落实到各个县直部门。各片块工作组要根据任务和要求，进一步细化任务，定单位、定人员、定任务、定标准。具体的工作内容是：在规定时限内与被征地单位签订征地补偿协议；对地上附着物进行清点、登记、核实；按照统一标准核算补偿金额，发放补偿款；实施房屋评估征收和拆迁，净地收储；落实被拆迁户的安置和社会保障。把这些工作全部落实到位，才算是完成了征地拆迁任务。

2. 深入宣传发动

征地拆迁涉及面广、牵扯人多，事关群众切身利益，让群众了解政策，是得到群众理解、支持配合拆迁工作的重要前提。因此，搞好宣传发动十分重要。一是要宣传好征地拆迁的重大意义。充分利用媒体和各种形式，广泛开展征地拆迁重大意义的宣传教育，努力做到家喻户晓、人人皆知，要使广大群众充分认识到征地拆迁既是在为地方求发展、为群众谋利益，也是在为自己换环境、为家人得实惠，通过宣传教育，引导广大群众主动支持征地拆迁，支持项目建设。二是要讲清楚征地拆迁相关政策。要向群众讲清楚制定政策的理由和依据。征地拆迁涉及的群众数量多，对政策理解能力有差距，要从实际出发，加大政策的宣传力度，保证进村、入户、到人，让群众真正掌握政策，了解自身权益，减少和避免拆迁纠纷。三是要营造好征地拆迁工作环境。要及时总结推广征地拆迁工作中的好做法、好经验，特别要注重宣传带头拆迁的先进典型，以强大的舆论宣传攻势为征地拆迁鼓劲加油。对阻挠合法拆迁的典型要公开曝光、及时处理，起到曝光一处、震慑一片的警示教育作用。

3. 依法规范操作

征地拆迁工作政策性强，程序严格，执行上稍有偏差，就会违背政策，处于被动，甚至激化矛盾，必须始终坚持依法办事，按政策办事，规范操作，做到公平、公正、公开。一是严格工作程序。各片块牵头单位、成员单位要按照摸底拟订方案、签订征收协议、补偿分配到户、房屋评补拆除、实施还建安置、落实社会保障的程序，严密组织实施征地拆迁工作，每一个环节、每一个步骤都要做细做到位，不得擅自增减环节，特别是发布征地预公告，与被征地拆迁村组、农户及地上附着物产权人共同确认拟征收土地调查结果，告知被征收土地农村集体经济组织和农户依法享有申请听证的权利等关键程序和环节，要坚决逐项落实，绝不能图方便、图省事，不然出了问题就会成被告。二是谨慎执行政策。在实际工作中，务必严格执行有关法律、法规和政策，做到谨小慎微，不出问题。这里尤其要强调的是，对征地拆迁过程中遇到的问题特别是政策问题，不准擅自做主，不允许个人随便表态，乱定标准。特别是在安置补偿方面，工作一定要细之又细、慎之又慎，凡是按规定应予以补偿的，一定要足额补偿；凡是法律政策有明确规定的，一定不能乱开口子，这是一个原则，绝不能含糊。三是注重方式方法。要发挥好党员干部的带头作用，凡涉及党员干部自己的，要带头配合征地拆迁；凡涉及自己的亲戚朋友的，要主动做好工作，形成良好的氛围和导向。要坚持先签合同先拿号，先搬迁先选房的工作标准和要求，调动群众的积极性和主动性。要慎重使用强制执行，迫不得已必须使用强制执行时，要严格按照法定条件和程序，确保依法进行。

4. 完善后续工作

征地拆迁的最终目的，是促进经济社会的发展，是要通过征地拆迁，让群众过上比之前更好的生活。因此，不能就征地拆迁而征地拆迁，必须高度重视并抓好征地拆迁的后续工作，保证行政行为的完整性，维护群众利益。一是要做好相关基础工作。征地拆迁工作一完成，就要及时打桩拉线，标明分界线，明确建设范围内不允许种植作物和搭建其他临时建筑，对桩界标志要严格保护。对征地拆迁工作中的所有资料都要整理入档，妥善保管备查。二是要加快还建工程建设。城投等部门要根据征地拆迁工作的进展情况，积极调配资金，组织施工力量，加快相关还建工程建设步伐，让选择住房安置的被征地农民尽快搬进新居，解决他们的后顾之忧。三是要建立失地农民安置的长效机制。被征用土地所在地的党委、政府要着眼增强农民自身的"造血功能"，为被征地农民开展就业培训指导等服务，提高他们的就业和创业本领，逐步脱离对土地和农业的依赖。

5. 切实维护稳定

征地拆迁事关重大，必须把维护稳定放在极端重要的位置，做到和谐征地、和谐拆迁。一是要做好群众的思想工作。群众工作要做上前，做上门，做到家，力戒简单化，要真正做到以人为本，通过深入细致的思想工作，说服群众，教育群众，使我们和群众之间少一点误会，多一些理解；少一点隔阂，多一些融合；少一点矛盾，多一些团结。二是要加强矛盾排查调处。要深入了解掌握群众的诉求，认真分析可能影响社会稳定尤其是可能引起群体性事件的苗头性、倾向性问题，制订维稳预案，建立和完善预警机制，加强对各种不稳定因素的排查和调处，将各类矛盾纠纷及时化解在基层，处理在萌芽状态。三是要始终保持高压态势。在征地拆迁过程中，要加强对重点区域、重点人员的管控工作，该教育的要教育，该处理的要及时处理，该打击的要依法坚决打击，决不能手软。

6. 加强领导，明确责任

为保证征地拆迁工作的有效推动，县委、县政府对征地拆迁工作实行"县领导负责、被征地单位牵头、县直部门上阵、分班包片包块"的征地拆迁工作责任制。明确由19名县“四大家”领导挂帅，对相关片块征地拆迁工作负总责；从国土、房产、城投3个部门抽调专业人员，对各片块征地拆迁工作进行业务指导；被征地行政单位选派工作专班，到片块牵头开展工作；80个县直部门和单位全部进入片块，参加征地拆迁工作，做到每个片区都有负责的县领导，有业务专班，有牵头单位，有成员单位。各片块要认真制订工作方案，层层分解任务，倒排工作进度，确保在规定时限内完成征地拆迁工作任务。“四大家”领导要以身作则、冲在前面、干在前面，要既当指挥员又要当战斗员，既谋划全局又一线作战，及时了解工作进展情况，调度解决征地拆迁工作中出现的矛盾和问题；牵头单位要积极主动履行职能，抓好征地拆迁中的组织、协调、督办等工作；各成员单位一把手要切实负起责来，按照所属片区县领导分配的征地拆迁工作任务，调配人员，落实到户，哪怕举全单位之力，也要完成任务。

7. 加强调度，协同配合

征地拆迁涉及方方面面的利益调整，需要各方面的共同配合，各参与部门和单位都要牢固树立全局意识，听从调度指挥，既要各司其职、各负其责，主动投入拆迁，又要密切配合、协调联动，共同抓好拆迁，形成征地拆迁工作的强大合力。在负责完成对口拆迁任务的同时，财政部门要负责筹集和及时拨付征地拆迁资金；国土部门要负责土地征用方案的制订和按程序实施；水利、电力、通信等部门要负责征地拆迁范围内的水利、电力、通信设施拆迁工作；信访部门要做好信访接待工作，耐心接待上访群众，做好宣传解释，并主动配合有关部门，查找上访隐患，研究对策措施，及时化解矛盾；公安部门要维持好正常的征地拆迁工作秩序；法院要配合有关部门，对符合条件的，即受即理，依法强制执行；新闻单位要大张旗鼓地利用各种形式，做好宣传工作，及时报道工作进展情况。

8. 严肃纪律，强化考评

在具体工作中，要恪守工作纪律，做到每一个调查名目详实，每一个补偿数据准确，只能为被征地拆迁户服好务，不能从中谋取个人私利；只能严格按规定进行安置补偿，不能厚此薄彼。纪检监察部门要密切注视征地拆迁工作的进展情况，对违反规定，在工作中玩忽职守、滥用职权、徇私舞弊，影响征地拆迁工作的党员、干部，要及时作出处理，严肃党纪政纪；涉嫌犯罪的，移送司法机关依法追究刑事责任。县委督查室、县政府督查室要对照征地拆迁时间表，对各片块、单位的工作进度定期进行督促检查，形成专项督查通报，并纳入单位年度目标考核的重要内容。年底，县委、县政府将对征地拆迁工作进行总结评比，既要拿出资金，重奖那些在拆迁工作中作出突出成绩的单位和人员，也要通报批评那些不配合、不支持、不能按时完成任务的单位和人员。

（二）实施过程

1. 公安县杨家厂镇破解征地拆迁难题的主要做法

（1）“红心”点亮“民心”。在征地拆建过程中，广大中共党员充分发挥模范带头作用，将党旗插到拆迁阵地上，生动形象地阐释了杨家厂镇人民“事在人为、无坚不摧、坚毅果敢、冲锋在前”的拆建人精神。一是党性保公平。能否保证在拆迁征地过程中公平公正，不偏不倚，是拆迁征地工作能否顺利进行的关键所在。支部大会群策群力，统筹部署，成立一系列专班，党员负责，各自为政，提出问题，集中讨论，解决问题，付诸实施。如附属物清点专班由老党员“挂帅”，带几名搞园林“专业”的党员，先定方案，再扩大范围讨论，修改方案，实地清点、记录、核算、制表、喷绘公示、反馈，然后清点核实，最后资料入档。公示时间达标情况，公示明细清楚，公示举报电话，设立有奖举报，有报必核。杜绝看情面、找关系、胡作非为。再如，所有资金结算都严格依据上级文件执行，从头到尾实行“一把尺子量到底”。拆迁队员实行小组工作制，党员领头，政策宣传、数据核算专人负责，保证数据资料的可追溯性，强化责任担当。从拆迁户的房屋到附属物到一花一木，同一个标准，同一个方案。工业园区几千拆迁户，没有发生因标准不一、补偿不一而产生矛盾冲突，举报电话几乎为零。二是“红心”暖“民心”。拆迁政策的宣传是拆迁工作中一个必不可少的重要环节，尽管通过标语横幅、广播喇叭、微信短信、户主会、动员会、代表会等各种形式宣传，但老百姓对书面文字性的语言理解不透或一知半解，一对一、面对面、打比方、举例子讲解无疑是最好的沟通方式。拆迁队员要苦练基本功：政策要熟，口才要好，要有耐心、细心、善心，要会农活。如拆迁队员注意拆迁户心理动态，了解他们的难处，给予适当建议或帮助，用善心真诚对待每个拆迁户。如白天老百姓农事忙，拆迁队员只有晚上挨家挨户拜访，坐在一起烤火，一边剥棉花，一边聊拆迁，最后白天采摘的棉花桃子剥完了，拆迁的事情也谈好了，第二天高高兴兴签约算账。再如，拆迁工作中算账是一个技术活、细致活。所有项目不能漏，单位价格要说清，碰到不识字的拆迁户要一项一项念给他听，算给他听。怎么算老百姓最划算，就采用哪种方式算，通过比较，老百姓就能得到几百元甚至大几千元的实惠，也不违反拆迁政策。

（2）整合资源拆迁。一是整合队伍，全员拆迁。整合县派突击队员、镇级部门及村组干部力量，组建 7 个综合拆迁专班，由县派组长和镇班子成员挂帅，四级联动，定向包保，明确时限，突击攻坚。二是整合信息，公关拆迁。征地拆迁利益复杂，牵一发动全身，难免有群众提出超出政策规定的补偿和安置要求，拒绝配合项目征地拆迁。对这部分征拆对象，杨家厂镇采取“集中公关”的办法，深入挖掘他们的社会关系，反复分析他们的心理动态，动用一切可以利用的资源和社会力量，轮番公关、逐步瓦解，达成意向。

（3）依法依规拆迁。无论是集体土地的征收，还是地上附着物的补偿；无论是劳动力的安置，还是失地农民社会保障，政策性强，牵涉面广，利益调整巨大，对抗性强。为做好 2015 年征地拆迁工作，各片块一是加强学习，提高干部职工参与征拆工作的政策水平。各地定时或不定时地集中学习征地拆迁政策法规，学习县政府〔2012〕59 号文件，学习鄂政发〔2014〕53 号和市批重置价格文件，并组织有经验的同志讲解房屋评估征收和补偿安置办法及结算过程，使工作人员对征地拆迁政策、房屋评估过程、安置及结算办法等有了一个全面清晰的了解和把握，为推进工作打下了良好的基础。二是加大宣传力度，营造征地拆迁的良好氛围。一方面，通过各种形式，广泛宣传重点工程建设的重大意义和征地拆迁的相关政策，让广大干部群众家喻户晓、自觉参与、积极配合，营造了良好的社会氛围。另一方面，工作专班进队入户，对群众关心的政策问题进行宣传解释，深入做群众思想工作，宣讲土地征用、房屋拆迁与安置的政策依据、还建安置房源的安置等群众关心的问题。三是坚持一把尺子量到底、一个政策服务到底、一套班子落实到底，排解被征地拆迁农户思想障碍和对立情绪，让农户无后顾之忧，保证了各项目建设用地需要，为县招商引资落户企业等重点工程项目顺利开工建设提供了支撑保障平台。四是在严格执行县政府〔2012〕59 号文件的同时，始终将拆迁户的合法利益、合理诉求摆在首位，认真对待拆迁户的来信来访，不损害群众利益，不出现业务差错，不遗留新的问题。

（4）努力和谐拆迁。各片块一是坚持房屋还建安置先行。二是及时启动留地安置，按被征收土地面积 5% 的留地给被征地基层组织用以解决农民的长远生计。三是帮助解决被征拆群众的实际问题，包括认真落实失地农民参加基本养老保险的政策，促进失地农民再就业。仅杨家厂镇片块 2015 年就开展失地农民劳动技能培训 10 期 300 人次，召开失地农民专场招聘会 5 场，促成 800 多名园区群众就地就业，基本实现被征地群众户平新增 1 人就业的目标。另协助办理被征地群众保障 551 人、保险 719 人。四是耐心接访，妥善化解各类征拆矛盾和遗留问题。原种场一班人在这方面做了大量卓有成效的工作，年内先后化解了缠访案、补偿信访案等 37 个各类来信来访案件。全县 2015 年内未发生一起因征地拆迁引发的恶性事件，在保障群众合法权益的同时，有力地促进了社会的和谐稳定。

（5）阳光分配大资金。为确保阳光征拆，杨家厂镇始终做到：一是干部带头，不搞优亲厚友。要求镇内公职人员及其亲属、村组干部带头签订房屋拆迁补偿协议，为拆迁户提供参照标准，打消他们等待观望怕吃亏的心理。二是代表决议，不搞独断专行。针对征地拆迁过程中的关键性问题，如村级补偿资金分配方案、争议性承包地及宅基地的补偿分配等，召开村民代表大会，讨论实施方案并形成决议。分配过程严格执行决议，不允许乱表态、乱开口子，确保物量核定“一把尺”，补偿标准“一刀切”，宅基地安排“一杆秤”，维护了政策执行的严肃性。三是结果公开，不搞暗箱操作。无论是征地补偿还是房屋拆迁补偿，杨家厂镇都坚持将核定物量和补偿标准集中公示，并接受群众监督。四是规范运作，不打资金乱仗。严格园区资金调度和管理，所有补偿资金全部归口镇财政所统一监管，减少资金拨付环节，有效防止“跑”“漏”现象。

（6）积极提升大服务。一是服务落地项目。以满足企业项目用地为标准，积极协调企业落户园区。二是协调配套建设。全力协调园区水、电、路等基础设施和园区污水处理厂、商务配套服务中心、通运仓储物流园等项目工程建设，确保园区各类配套设施全面完善，企业正常生产，群众生活方便。三是服务园区群众。对上争取公租房，方便群众过渡安置；针对园区困难特殊家庭，积极落实民政优抚救助并开展系列帮扶活动。

（7）贴心落实大保障。坚持以人为本，保障同行，着力解决被征地群众的住房、就业、保险保障问题，和谐推进征地拆迁。一是建设安置房。综合区位、交通、习惯、就业和其他便利条件，合理选址安置小区。二是办理保险保障。积极落实被征地群众的保险保障，包括最低生活保障和养老保险。三是组织群众就业。联合县就业局滚动开展园区被征地群众岗前对口培训，落实工作岗位。

2. 公安县委大力支持杨家厂镇征地拆迁工作的重要举措

（1）关于贫困户搬迁问题。一是杨家厂镇在办理相关手续后，由县财政局或城投公司向杨家厂镇借款 200 万元，主要用于为负债搬迁的贫困户提供搬迁借款。需要搬迁借款的贫困户，由贫困户申请并利用还建安置房与所在村、杨家厂镇办理相关抵押手续后，由所在村向其发放搬迁借款。二是由县民政部门安排专项救助资金，对贫困家庭实行困难补助。三是鼓励贫困户选择小户型还建房，对还建面积小于拆迁面积或人口指标面积的，按公政办发〔2012〕59 号文件给予奖励。四是由住建部门结合危房改造政策，每年为杨家厂镇福利村、青吉村提供一定数量的危房改造指标。五是对特殊贫困家庭，特别是家庭成员中已达到结婚年龄但尚未结婚，需要增加人口指标面积的，由镇、村联合审核后，报县政府审批。六是由县人社部门提供一定数量的公益性岗位，用于安置贫困人员就业。

（2）关于土地征收补偿有关问题。考虑到当前征地工作难度较大，根据杨家厂镇 2013 年年内实际完成征地面积给予适当经费补助。

（3）关于基础设施建设问题。青吉村、福利村新建的基层党员群众服务中心，按照县委常委会议纪要〔2013〕第 4 号相关精神予以补贴；两村的还建安置小区，由县财政按照《县委办、县政府办关于 2013 年农村新社区建设的意见》（公办发〔2013〕5 号）精神，一次性对其基础设施予以补助。所有补助资金优先用于还建安置小区的绿化、下水道、环卫设施、卫生室等基础设施建设及其他亟须解决的公益性事业。

（4）关于村级预留土地问题。为彻底解决村级后续发展问题，消除群众后顾之忧，按照土地预留政策，青吉村和福利村根据规划自主选择 5% 的村级预留土地（含还建安置面积），由县城投公司统一征收后，净地划拨给青吉村和福利村。

（5）关于不可预见费用问题。为有利于推动征地拆迁工作，经征地拆迁工作组和杨家厂镇、村三方共同认可后，可报请县政府预借部分资金用于拆迁工作。

（6）关于房屋结算进度问题。县城投、房产部门要简化程序，减少审批环节，加快对镇、村已经结算房屋账目的审核进度，迅速办理相关结算手续。

（7）关于“两证”办理问题。县国土、房产部门要明确责任、简化程序，按照土地使用证、房产证每证 200 元的标准，尽快为青吉村、福利村入住还建安置房的群众办理土地使用证和房产证。

（8）关于拆迁工作保障问题。县房产部门负责为青吉村和福利村分别提供 50 套公租房，用于被拆迁户的过渡安置；县供电部门要大力支持青吉村和福利村还建安置小区建设，暂缓征收小区电力设施代维费；县财政部门要据实核算、拨付福利村的土地补偿欠款；县公安部门要加大对杨家厂镇派出所和青吉工业园交警专班的警力调配，切实维护园区社会治安和交通秩序。

（三）公安县杨家厂镇拆建的实际成效

1. 房屋征收

截至 2021 年底，杨家厂镇共完成征迁房屋 3518 户，征收范围为青吉村、仁和村、福利村、绿化村、荆和村、赵家村、马龙村，杨家厂社区、涂郭巷社区。具体完成情况是:2018 年以前完成 983 户，2018 年 704 户，2019 年 700 户，2020 年 932 户，2021 年 192 户。

2. 土地征收

截至 2022 年 8 月底，杨家厂镇共完成土地征收 21952.6 亩，征收范围为青吉村、仁和村、福利村、绿化村、荆和村、赵家村、马龙村。涉及园区扩园、水韵孱陵、疏港公路支线、港区多功能码头、长江堤顶公路扩宽、还建安置小区、水系治理、多式联运物流园等项目用地。具体完成情况是：① 2018 年至 2019 年完成土地征收 11669.91 亩，其中 2018 年 7073.65 亩，2019 年 4596.26 亩。② 2020 年完成土地征收 8672 亩。③ 2021 年完成园区三水厂 72.01 亩土地征收和荆和村、福利村、一砖瓦厂、涂郭巷社区重点开工项目 314.38 亩用地预征收。④ 2022 年完成土地征收 1224.3 亩。

3. 还建安置情况

截至 2022 年 8 月底，杨家厂镇共有 6 处 4622 套还建房，其中已建成 4 处 3822 套，期房 1 处 800 套，共安置 3325 套。

4. 失地农民养老保险

截至 2022 年 8 月底，杨家厂镇已办理 1076 人。

5. 招商引资企业

截至 2022 年 8 月底，杨家厂镇已引进的企业包括山鹰纸业、万华家居、长江医药、泰盛纸业、楚韵智能产业园、荆都产业园、彩德科技、盛埠建材、嘉泰钟表、泰联重工、多式联运物流园、南京东金集团不锈钢复合材料项目等。

6. 城市公共基础设施建设

为完善集镇配套设施，提高居民生活质量，争创国家级一二三产业融合发展示范园，杨家厂镇在集镇启动应急科普广场项目，项目涉及镇荆管所门面 44 间和永甜超市附属房屋拆迁。

7. 总结“青吉模式”

（1）制订征收方案，广泛宣传政策。一是培养骨干、政策交底；二是召开搬迁区域的群众大会，宣讲政策，解读方案；三是写标语、拉横幅、发公告。（2）入户核实项目，动员群众“三清”（家具、家电搬清，树木砍清，还建房找差资金结清）。（3）结算资料送审，装修评类定等。搬迁农户完成“三清”，工作队员入户查验后，将模拟结算的全套资料交由政审组评审把关，政审组、工作结算组的同志都要在结算资料上签字背书，随后才与农户锁定选房号，办理正式结算，签订协议，拆除房屋，打款进账。（4）严肃工作纪律，强化队伍管理。一是实行工作日签到规定；二是实行请、销假规定；三是实行请辞、辞退规定；四是严禁接受搬迁户的吃请和赠送土特产品的规定。

三、经验启示

1. 坚持党的全面领导

习近平总书记在党的二十大报告中强调，“坚持和加强党的全面领导。坚决维护党中央权威和集中统一领导，把党的领导落实到党和国家事业各领域各方面各环节，使党始终成为风雨来袭时全体人民最可靠的主心骨，确保我国社会主义现代化建设正确方向，确保拥有团结奋斗的强大政治凝聚力、发展自信心，集聚起万众一心、共克时艰的磅礴力量。”① 公安县在征地拆迁工作中，为保证征地拆迁工作的有效推动，县委、县政府对征地拆迁工作实行“县领导负责、被征地单位牵头、县直部门上阵、分班包片包块”的征地拆迁工作责任制，19 名县“四大家”领导挂帅，80 个县直部门和单位全部参加征地拆迁工作，国土、房产、城投 3 个部门抽调专业人员进行业务指导，财政、国土、水利、电力、通信、信访、公安、法院、新闻等相关单位等既各司其职、各负其责，又密切配合、协调联动。

2. 坚持以人民为中心的发展思想

习近平总书记在党的二十大报告中指出，“坚持以人民为中心的发展思想。维护人民根本利益，增进民生福祉，不断实现发展为了人民、发展依靠人民、发

①《高举中国特色社会主义伟大旗帜　为全面建设社会主义现代化国家而团结奋斗——在中国共产党第二十次全国代表大会上的报告》，《人民日报》2022 年 10 月 26 日。

展成果由人民共享,让现代化建设成果更多更公平惠及全体人民。"① 早在2009年,公安县就开始战略谋划和积极推进"强县工程",一张蓝图绘到底,一任接着一任干,久久为功惠民生,将湖北公安经济开发区青吉工业园打造成促进公安县工业发展和招商引资工作的一个重要平台,让公安县人民在收入、就业、社保、医保、住房等方面取得了实实在在的成果,有更多的获得感、幸福感、安全感。

3. 善用科学思维攻坚克难

《习近平新时代中国特色社会主义思想学习纲要》在"掌握马克思主义思想方法和工作方法"之"提高科学思维能力"部分指出,要提高战略思维、历史思维、辩证思维、创新思维、法治思维、底线思维能力,不断增强工作的科学性、预见性、主动性和创造性。习近平总书记在党的二十大报告中指出,我们要"不断提高战略思维、历史思维、辩证思维、系统思维、创新思维、法治思维、底线思维能力,为前瞻性思考、全局性谋划、整体性推进党和国家各项事业提供科学思想方法"②。如战略思维体现在公安县从战略上谋划设立青吉工业园;系统思维体现在统筹征地拆迁工作和拆迁后续工作;创新思维体现在创造性解决征地拆迁过程中遇到的新问题;法治思维体现在依法按政策解决问题;底线思维体现在"一把尺子量到底"等。

4. 坚持系统观念

习近平总书记在党的二十大报告中强调,"必须坚持系统观念。万事万物是相互联系、相互依存的。只有用普遍联系的、全面系统的、发展变化的观点观察事物,才能把握事物发展规律。"③ 公安县拆建工作没有局限于征地拆迁工作,还着眼于拆迁后续工作,包括做好相关基础工作、加快还建工程建设、建立失地农民安置的长效机制等,如通过招商引资解决失地农民的住房、就业、最低生活保障、养老保险等问题,通过组建还建社区的党支部、红色物业解决失地农民的公共服务问题。

5. 坚持依法按政策解决问题

习近平总书记在党的二十大报告中指出,"推进多层次多领域依法治理,提升社会治理法治化水平。发挥领导干部示范带头作用,努力使尊法学法守法

---

①②③《高举中国特色社会主义伟大旗帜　为全面建设社会主义现代化国家而团结奋斗——在中国共产党第二十次全国代表大会上的报告》,《人民日报》2022年10月26日。

用法在全社会蔚然成风。”①《信访工作条例》第 27 条规定，各级机关、单位及其工作人员应当根据各自职责和有关规定，按照诉求合理的解决问题到位、诉求无理的思想教育到位、生活困难的帮扶救助到位、行为违法的依法处理的要求，依法按政策及时就地解决群众合法合理诉求，维护正常信访秩序。公安县通过各种媒体和形式，加大政策宣传力度，营造征地拆迁的良好氛围；对失地农民的合法合理诉求依法按政策解决到位，坚持一把尺子量到底、一个政策服务到底、一套班子落实到底；对园区困难特殊家庭，积极落实民政优抚救助并开展系列帮扶活动；对无理上访、缠访的被拆迁对象，该教育的教育，该处理的及时处理；对趁机漫天要价、阻工闹事的人员及时制止；对组织、串联、煽动农民闹事的首要分子，该打击的依法坚决打击，决不手软。

6. 充分发挥党员先锋模范作用

习近平总书记指出，“要强化公仆意识和为民情怀，首先是立足本职岗位为人民服务，发挥好共产党员先锋模范作用，还要从最困难的群众入手、从最突出的问题抓起、从最现实的利益出发，切实解决基层的困难事、群众的烦心事。”②公安县在征地拆迁过程中，充分发挥党员干部的带头作用，凡涉及党员干部自己的，要带头配合征地拆迁；凡涉及党员干部的亲戚朋友的，主动做好工作，形成良好的氛围和导向。如杨家厂镇要求镇内公职人员及其亲属、村组干部带头签订房屋拆迁补偿协议，为拆迁户提供参照标准，打消他们等待观望怕吃亏的心理。

【思考题】

1. 公安县在拆建过程中是如何具体运用马克思主义立场观点方法的？

2. 公安县在拆建过程中是如何具体运用科学思维的？

3. 公安县在拆建过程中是如何具体运用领导干部必备的“七种能力”的？

4. 公安县在拆建过程中有哪些可复制可推广可借鉴的经验？

---

①《高举中国特色社会主义伟大旗帜　为全面建设社会主义现代化国家而团结奋斗——在中国共产党第二十次全国代表大会上的报告》，《人民日报》2022 年 10 月 26 日。

② 习近平：《在党史学习教育动员大会上的讲话》，《求是》2021 年 3 月 31 日。

为了美好生活："五社联动"推进基层治理体系和治理能力现代化

——以湖北省创新"五社联动"机制实践探索为例

中共湖北省委党校（湖北省行政学院） 周 晶

【引言】基层治理是国家治理的基石。党的二十大报告提出要完善社会治理体系，打造共建共治共享社会治理格局。《中共中央 国务院关于加强基层治理体系和治理能力现代化建设的意见》提出，完善社会力量参与基层治理激励政策，创新社区与社会组织、社会工作者、社区志愿者、社会慈善资源的"五社联动"机制——以社区为平台、社会工作者为支撑、社会组织为载体、社区志愿者为辅助、社会公益慈善资源为补充的新型社区治理机制。习近平总书记在统筹推进新冠肺炎疫情防控和经济社会发展工作部署会议上强调，要发挥社会工作的专业优势，支持广大社工、义工和志愿者开展心理疏导、情绪支持、保障支持等服务。① 这为湖北省创新"五社联动"机制，推进基层治理指明了方向。

【摘要】2020 年，湖北省开展了社区、社会组织、社会工作者、社区志愿者和社会慈善资源有机互动化解"疫后综合征"的成功实践。湖北省民政厅在"三社联动"的基础上创新和发展，确立了"五社联动"机制的地位，并使之成为加强湖北省社区治理的新趋势。

湖北省在"五社联动"实践中以敢为人先的创新精神，构建出多层次的政策保障体系；在社区、社会组织、社会工作者、社区志愿者、社会慈善资源等诸多要素上展开一系列的探索；在基层党组织的坚强引领下，整合各类资源为城乡基层社会治理提供了新的机制和路径。通过两年多的探索，"五社联动"机

---

①《习近平在统筹推进新冠肺炎疫情防控和经济社会发展工作部署会议上的讲话》，《人民日报》2020 年 2 月 24 日。

制充分发挥社区基础平台和社区党组织平台的党建引领作用，进一步完善了党在基层社会治理中的领导制度体系，进一步巩固党的执政基础；通过积极培育发展社区社会组织，为居民参与基层治理提供组织载体；通过有效发挥社会工作者的专业支撑作用，全方位提升基层治理效能；通过壮大社区志愿者队伍，有效弥补社区服务人力不足；通过调动社会慈善资源，为资金保障拓宽社会渠道。"五社联动"对社区的平台优势、社会组织的组织优势、社工的专业优势予以整合，再加上社区志愿者人力优势和社会慈善资源优势，有利于促进政府治理和社会调节、居民自治良性互动，构建基层社会治理共同体。

【关键词】"五社联动"；基层治理现代化

社区是社会的基本单元，是人们的生活家园，是美好生活的根基。在疫情防控工作中，湖北省社区、社会组织、社会工作者、社区志愿者、社会慈善资源"五社"力量在抗击疫情中发挥了重要作用，有力增强了社区治理能力。疫情防控转入常态化后，针对存在的"疫后综合征"，急需"五社"力量介入，为"五社联动"提供了发展条件。新冠肺炎疫情发生以来，湖北省民政厅抢抓民政部大力支持湖北省民政事业发展的有利契机，以实施"五社一心""五社联动"社工项目为契机，着力加强"五社联动"机制建设，充分调动蕴含于基层之中的丰富社会力量，有效助力化解"疫后综合征"，社区治理效能不断提升。

一、背景情况

伴随着城市化、城镇化进程的加速推进，我国城乡基层社会结构、生产方式和组织形态发生了深刻变化，城乡基层治理面临许多亟须解决的问题。主要表现在：

一是基层党建工作遭遇瓶颈，多元共治格局尚未形成。由于社区党组织政治功能不突出，领导核心、引领带动作用发挥不够，党建引领居民自治机制不健全，社会力量、居民的参与度不够，党建引领、多方参与、共同治理的社区治理格局尚未形成；基层党委传统以"单位"为主的党建工作模式，在面对区内小型经济组织、社区"草根"组织、零散流动党员等"社会人"时难以奏效，党的组织和工作难以有效覆盖；由于各参与治理主体定位不清，社区居民委员会作为基层群众性自治组织，职责不明，出现了“该管的未管、不该管的强管、管了又管不好”的现象；居民自治空间相对不足，导致政府与社会缺乏互动，治理事务与群众实际需求存在脱节，既影响了群众参与的积极性，也让大量矛盾聚焦到社区。

二是居民参与社区治理不充分，专业服务能力不足。当前基层治理突出问题之一是群众参与不足，以及社区“两委”疲于应对上级交办的任务，在居民自治、小区治理中群众自我服务、自我管理、自我教育、自我监督存在短板。传统邻里间的“熟人社会”模式逐步向“陌生人社会”转变，邻里陌生成为常态，居民生活与邻里和社区脱离；交通便利拉大了社区居民居住与工作、学习场所的距离，居民在社区活动的时间相对较少，对于社区共同体的意识愈加薄弱。特别是困难群体自我组织、自我管理、自我服务能力较为欠缺，难以充分参与社区协商和社区生活，基层管理者也难以发现其需求。当这类人群的需要长期得不到满足时，又容易引发社会矛盾。

三是社区需求多元，社区公益服务供给不足。社区管理资源较为缺乏，社区工作队伍整体素质不高，导致社区服务供给质量不高，难以满足群众日益增长的美好生活需要；自身建设薄弱、政府培育扶持不足、政府购买公共服务制度尚不完善等原因，导致本应在居民互助、公益慈善、社区服务等领域发挥作用的社区社会组织能力还比较薄弱。政府基本公共服务以外的针对社区老人、儿童、妇女、残疾人等特殊群体的公益服务短板明显。

四是疫情防控对社区服务和社区治理提出了新要求。疫情防控期间，部分群众产生心理应激反应，尤其是疫后康复患者及其家属、封控隔离的社区居民、一线医护人员等，他们更容易受到焦虑、恐慌、抑郁等负面情绪的侵扰。在常态化疫情防控与经济复苏过程中，部分家庭面临复工复产、失业及返贫等新的情况，疫情对社区居民的生活和心态产生不良影响，需要得到长期关注。

二、主要做法

（一）创新示范：“三社联动”到“五社联动”

2020年初的新冠肺炎疫情防控，社区成为阻击战的一线。社区党组织充分发挥战斗堡垒作用，广大社区工作者坚守一线，冲锋在前，组织社会组织、社会工作者等社会力量积极参与疫情防控工作。120多万名志愿者参与人员摸排、小区值守、环境消毒、关爱保障等工作，全省累计接收社会捐赠资金151亿元、物资2.32亿件，为武汉保卫战、湖北保卫战取得决定性胜利作出了积极贡献。在民政部的大力支持和精心指导下，湖北省民政厅将社区志愿者、社会慈善资源作为独立要素明确纳入新一阶段社区治理框架体系，将“三社联动”升级为“五社联动”，助力湖北省疫后重振和民政事业高质量发展。“五社联动”实践活动得到了湖北省委、省政府的重视和社会的关注。2020年以来，湖北省委、省政府先后将“五社联动”纳入《关于新时代推动湖北高质量发展 加快建成中部地区崛起重要战略支点的实施意见》《关于推动新时代全省民政事业高质量发展的意见》《关于深化新时代志愿服务工作 助力基层社会治理的意见》等重要文件，“五社联动”成为新时代基层社会治理的重要理念和方法。2020年5月以来，链接慈善组织资金8300万元，有序组织实施“五社联动”项目。在项目实施的过程中，湖北省民政厅多次深入基层社区、服务机构调研指导，与社区工作者、一线社工交心谈心。湖北省民政厅慈善社工处借智借力，召开“五社联动”座谈会，征求高校社会工作院系负责人的意见建议。举办“五社联动”社会工作理论与实务研讨会，汇聚全国社会工作领域专家智慧，开展专项培训，开发系列课程，统一了思想认识，明确了目标任务。广大社工人才立足社区，为包括新冠肺炎康复患者、病亡者亲属、因疫情致困的特殊群体、一线工作人员在内的社区居民提供关心关爱、心理疏导、社区融入、社会支持等专业服务，有效助力化解“疫后综合征”。“五社联动”项目累计受益人群达156.8万人次，受到社会各界的广泛好评。

与此同时，湖北省委、省政府将“五社联动”纳入《湖北省国民经济和社会发展第十四个五年规划和二〇三五年远景目标纲要》等系列重要文件。2021年4月，中共中央、国务院印发了《关于加强基层治理体系和治理能力现代化建设的意见》，明确要求发展公益慈善事业，完善社会力量参与基层治理激励政策，创新社区与社会组织、社会工作者、社区志愿者、社会慈善资源的联动机制。2022年5月，湖北省文明办、湖北省民政厅联合印发《关于完善“五社联动”机制 助力新时代文明实践志愿服务的意见》（以下简称《意见》），提出完善社区、社会组织、社会工作者、社区志愿者、社会慈善资源“五社联动”机制，助力新时代文明实践志愿服务提质增效。《意见》提出，力争通过两年左右的时间，推动全省“五社联动”机制深度融入新时代文明实践志愿服务成效进一步凸显，推动新时代文明实践中心（所、站）资源整合更加到位、体制机制更加健全、服务群众更加精准，助力基层社会治理体系和治理能力现代化水平不断提高。“十四五”期间，全省将打造 12 个“五社联动”助力新时代文明实践志愿服务重点县（市、区），发挥示范引领作用。2022 年 8 月 6 日，民政部、中央文明办印发《关于推动社区社会组织广泛参与新时代文明实践活动的通知》（以下简称《通知》），引导社区社会组织充分发挥贴近群众生活、了解群众需求、服务灵活高效等优势，以新时代文明实践中心（所、站）为平台，以志愿服务为主要形式，广泛参与新时代文明实践活动。其中，要求结合活动需求和实践,进一步助力完善“五社联动”机制。在此一系列政策保障之下，“五社联动”的湖北实践生动诠释了湖北基层社会治理体系创新与理论深化，湖北省的探索实践被纳入了国家加强基层治理的总体布局。

（二）政策保障：构建立体式政策支持体系

湖北省民政厅将“五社联动”机制建设作为社区治理创新的重要内容，有力有序推进。2021 年 11 月，印发《关于创新“五社联动”机制　提升社区治理效能的意见》，对推进“五社联动”提出了总体目标要求，对重点任务进行了细化，要求各地坚持党建引领，有效发挥社区“两委”的组织协调作用；培育发展社区社会组织，提高社区居民参与社区治理的组织化程度；充分发挥社会工作专业优势，提升社区治理的专业化水平；扎实推动社区志愿服务发展，调动社区居民参与社区治理的积极性；积极开发利用社会慈善资源，激发社区治理内生动能。从夯实“五社”要素基础出发，印发了《关于培育发展社区社会组织专项行动重点任务的通知》《关于促进乡镇（街道）社会工作发展的通知》，与湖北省农业农村厅等六部门联合印发了《关于加快推进“幸福家园”村社互助项目的实施方案》，进一步明确了培育社区社会组织、加强社工人才队伍建设、激活社区慈善资源的路径。同时，与湖北省标准化与质量研究院合作，参与研制《志愿服务组织基本规范》国家标准，组织制定《“五社联动”社会工作服务指南》《社区社会组织孵化流程》《社区志愿服务管理规范》《城市社区社会工作服务要求》《农村社区社会工作服务要求》等省级地方标准，完善了“五社联动”的政策支持体系。

（三）党建引领：社区“两委”的组织协调

一是以基层党组织为核心，推行街道大工委、社区大党委制度，推动“五社联动”落地见效。鄂州市凤凰街道江城社区，通过“五社联动”治理模式的新实践，有效破解了社区治理难题，居民的自豪感、幸福感显著提升。制定共建项目“作战图”，明确共建单位认领工作、开展进度、完成情况。通过“敲门行动”做实网格化管理，将辖区内的10个小区划分为11个网格，组建6个网格党支部，社区、红色物业党员、社区志愿者群众共同组成“敲门组”，通过分类敲门、上门服务，让群众的急事、烦事、难事化解在网格。在创建全国文明典范城市工作中，以网格为基本作战单元，组成红色志愿服务小分队，运用“敲门法”，开展创建工作宣传；网格员、下沉党员和志愿者相互配合，动员小区10多家沿街店面餐馆安装油烟净化装置，解决了餐馆油污地下排放堵塞居民楼污水管道的难题。

二是社区党组织引领“五社联动”机制规范化运营，加强资金保障、服务规范、督导评估，推动高质量发展。武昌区共链接400万元基金会资金、800万元慈善资金，同时每年对接1000余万元财政资金、1000余万元惠民资金，年均支持370余个服务项目。以社区基层党组织引领为核心，以社区居民需求为导向，制定《城市社区社会工作服务要求》《关于规范街道购买社区社会组织服务的指导意见》，加强规范引导作用，发挥“全职社工＋持证社工”专业优势，介入社区社会组织服务项目全过程，注重服务中的社区志愿者运用和培育，促进服务供给方、服务购买方、居民受益方、服务协作方多方融合，高质量推进多元主体参与社区治理工作。

三是党建有力贯穿“五社联动”，推动区域与社会组织的党组织建设。以推进“五社联动”为契机，协同推进区域党建、社会组织培育、社会工作人才培养、志愿服务事业、公益慈善事业等融合发展，严格按照“需求导向”设计项目，“目标导向”整合资源，确保“五社联动”有序高效，拓展社会组织参与社会治理空间，充分凝聚下沉党员力量，加强基层服务体系建设。同时结合社区需要，社会工作者因地制宜孵化服务型社会组织，成立下沉党员志愿服务队，参与社区工作更加精准，既满足社区当下志愿服务需要，扩大社区青年志愿者队伍，又充分发挥下沉党员模范带头作用，提升志愿队伍服务质量，拉近共建单位与居民的距离，延伸社区党建半径，倾力为居民办实事、办好事，同时居民志愿服务意识也大大提高。为最大化实现社区资源的整合和优化，凝聚党建引领基层社会治理的强大合力，社会工作者联合社区党组织推动与辖区单位共驻共建。

（四）专业引领：社工服务项目的专业化

社会工作是做人的工作，要瞄准居民需求和群体诉求，用专业方法并从第三方的角度，引导激励居民参与社区活动，在发现培养社区骨干等方面发挥优势。

一是社会工作的专业化服务方法。社会工作者在项目服务中始终坚持“五社联动”模式，结合开展疫后心理援助与常态化社会心理服务，总结出“四三二一”服务经验：“四”指受疫情影响的四类重点人群关爱，社会工作者通过链接社会慈善资源为社区 270 户家庭提供物资帮扶与人文关怀，打破疫情壁垒，营造和谐社区氛围；“三”指对丧亲康复家庭的“三位一体—三代同乐”陪伴、支持服务，全方位联结服务对象及其家庭；“二”指为社区基层工作者、社区志愿者提供减压增能心理团辅，以及心理咨询助力服务，激发工作动力，提高工作效率；“一”指社会工作者链接多家基金会、医院、共建单位等社会慈善资源，为社区居民搭建了一个资源服务平台，帮助社区弱势群体渡过艰难时期。

二是社会工作站的专业化建设。一是加强乡镇（街道）社工站建设。指导各地按照“有场地、有人员、有功能、有制度、有活动”的标准，推进乡镇（街道）社工站建设，并出台《湖北省社工机构运营的乡镇（街道）社会工作服务站工作指引》，促进专业化规范化运行。截至 2022 年 8 月，湖北省共建成乡镇（街道）社工站 862 个，占乡镇（街道）总数的 68%，2023 年底可实现全覆盖。二是构建社会工作服务体系。以 12 个“五社联动”社会工作服务体系建设重点县为牵引，积极构建“县（市、区）—街（乡）—重点社（村）”三级社会工作服务体系，支持县级民政部门统筹资源建立社会工作服务指导中心或社区社会组织孵化基地。

三是社会工作服务项目的规范化管理。印发《“五社联动 · 爱满荆楚”社会工作服务项目示范文本》《“五社联动”服务项目工作指引》，提升社工项目实施规范化水平。组织引导社工力量参与疫情防控，广泛开展心理疏导社会工作服务。《湖北武汉开展方舱医院社会工作支持服务的探索与思考》案例入选中组部、中宣部《学习贯彻习近平新时代中国特色社会主义思想　打赢新冠肺炎防控的人民战争总体战阻击战案例》。推行“社会工作者＋志愿者”协作服务，链接、整合“五社”资源和力量，开展“五社联动”办实事活动，解决了一批居民群众“急难愁盼”问题。四是社会工作专业化人才培养。2014年起，省民政厅相继出台《关于加强社会工作专业人才队伍建设的实施意见》《关于加强社会工作专业岗位开发与人才激励保障的实施意见》《关于加快推进全省民政领域慈善事业和社会工作发展的意见》等文件，完善社会工作人才培养、评价、使用和激励机制。通过示范培训、考试辅导、转换提升等方式，大力培养社工人才。举办“荆楚社工大讲堂”活动，联合高校举行社会工作系列研讨会，社会工作的知晓度明显提升。截至2022年9月，全省社工人才达6.5万人，其中高级社工师17人，人才素质和结构不断优化。全省在民政部门登记的社工机构达635家，基本实现县（市、区）全覆盖。

（五）培育孵化：创新社区志愿服务机制

社区居民参与基层治理主要是以志愿者身份参与的，参与志愿服务的居民越多，社会文明程度就越高，居民主体作用就发挥得越明显。

一是融合志愿服务队伍。随着居民对美好家园共同生活缔造要求越来越迫切，居民公民意识不断提高，加之党员干部下沉社区带头开展志愿服务，社区参与志愿服务的居民越来越多，党员志愿者与社区志愿者两支队伍在项目实施中充分融合。为此，社区、社会工作者应抓住契机，一方面宣传志愿服务精神，表扬优秀志愿者；另一方面策划“微治理”项目，对接志愿服务组织和志愿者，倡导、支持志愿者在社区范围内认亲、认事、认项目。部分“五社联动”工作基础较好的社区，还将志愿服务工作与党员干部下沉社区工作融合推进，结合党员自身特长和意愿，将党员志愿者编入社区各类文明实践志愿服务队伍，定期开展志愿服务业务培训，提升了志愿服务专业化水平，打造了一批特色鲜明的志愿服务品牌项目。

二是创新志愿服务激励机制。创新“公益银行”“时间银行”“社区基金”等形式，赋能社区志愿服务。汉阳区通过设立“公益银行”“社区冠名基金”等方式，引进、配置更多社区公益慈善资源，激发了居民参与社区治理的更大动力。其中，社工同样功不可没。汉阳区四新街梅林都汇社区有一家公益积分“无人超市”。负责超市运营的武汉市汉阳区牧笛社会工作服务中心社工汪阔林向记者介绍了超市的运营机制。这里的商品全部以积分标价，比如洗衣液230

积分、书包260积分、香皂30积分……志愿者带着志愿服务积分卡，仅凭志愿服务积分就可以直接兑换自己所需要的物品。武汉市有注册志愿者约169万人，在社区服务、大型活动、抢险救灾、公益慈善等领域发挥了积极作用。为了做好志愿者回馈激励，进一步调动他们服务的积极性，2018年开始，汉阳区试点“公益银行”志愿服务机制，志愿者存下志愿服务“时间”，可以在“银行”兑换生活用品或教育、娱乐、养老等服务。在“公益银行”志愿服务机制下，志愿者的积分有了更广泛的使用价值。志愿者可以用积分抵扣物业费，还可以把积分转化成“二次公益”，比如捐赠给困难家庭用于兑换商品或服务。

三是激活社区公益资源。公益积分超市商品不是买来的，大多是辖区单位和爱心商户捐赠的，连超市本身都是辖区单位免费提供的。例如，武汉市汉阳区牧笛社会工作服务中心先是梳理出居民的“医疗健康、文化娱乐、成长教育、生活服务”四大需求，然后与辖区商家进行公益合作洽谈，最后与19家单位达成合作，共募集到价值37万余元的物资和服务，用于支持辖区志愿服务积分兑换。

（六）平台搭建：枢纽平台与社区社会组织

通过培育社区社会组织，围绕服务中心大局，不断提高居民参与基层治理的组织化程度，社会工作者也会渐渐成为社区“两委”的得力助手。

一是“社创谷”培育孵化社区社会组织。武昌区以坚持党的领导为根本，以加强和创新社区治理为目的，以发挥“社创谷”平台作用为纽带，以“党建引领双孵化”为基础，完善“区—街—社区”三级培育体系，促进多元主体融合发展，构建“参与多元、能力专业、资源广泛、协同有序、保障有力、自治有效”的本土化社区治理体系。武昌区登记社会组织553家，备案社区社会组织2172家，全区拥有全职社工242名、持证社工1009名、志愿服务队伍733支、注册志愿者人数21.2万人，开展困难群体帮扶、业委会赋能、婚姻家庭辅导、应急救护、传染病防治等工作。全省共建社会组织孵化基地127个，其中地市级12个、县级46个、乡镇（街道）级69个。武汉市将社会组织孵化园建设纳入市级绩效目标，先后安排市级专项资金1400万元支持孵化园建设，形成了“政府资金支持、专业团队管理、公众媒体监督、社会组织受益”的孵化模式，共建成15个区级孵化基地和40个街道级孵化园，孵化751家社会组织，培育出“幸福食堂”“生命阳光公益救援”“美好时间银行”“了不起的居民”等特色鲜明、深受群众欢迎的社会组织服务项目。

二是社区在地化生成社区社会组织。民政部《培育发展社区社会组织专项行动方案（2021—2023年）》印发以来，湖北省民政厅将培育发展社区社会组织作为构建基层社会治理新格局、推进民政事业高质量发展的重要举措，统筹资源，整合力量，科学谋划，精心实施，社区社会组织发展的长效机制初步建立。截至2021年6月，全省共有社区社会组织56504个，其中城市社区社会组织23665个、农村社区社会组织32839个，依法登记的816个。社区社会组织大多是文娱团队转型而来，通过长期的志愿服务活动，在社工的引导下文娱团队自愿转型为社区志愿服务团队。如培育“老马工作室”，以社区退休党员马爹爹为核心、积极参与社区调解工作的社区退休党员为主体成立的社区社会组织。建设这个工作室，强力推进一站式多元解纷机制建设，吸收更多社会力量和居民骨干参与社区纠纷化解，通过社工站资源整合、居民调解齐发力，提升调解成功率，社区辖区矛盾纠纷数量呈现减少的总趋势。同时针对不同年龄段的不同需求展开线上、线下活动，结合居民现实情况，将“情理”和“法理”有机融合，进一步推动更多法治力量向引导和疏导端用力，避免居民因矛盾产生的冲突，进行协商议事，引导居民参与社区建设、社区公共问题治理和解决、促进社区融合、社区营造等。

三是加快社工站建设，构建新型枢纽平台。民政部大力推进乡镇（街道）社会工作服务站建设主要是为了解决基层服务能力不足和服务不精准的问题。在基层建立社会工作服务平台，通过购买服务等方式依靠第三方专业力量为民政服务对象提供必要的探视、照料、关爱保护、个案干预等服务，加强人文关怀和救助性服务，有利于提高其生活质量。截至2021年6月，全省共建设和运营乡镇（街道）社会工作站285个、村（社区）社会工作室1589个，吸纳社会工作人才11291人。十堰市房县依托青峰镇老人儿童幸福家园为服务平台，按照有场地、有人员、有功能、有制度、有活动“五有”标准，建成全县首家乡镇社会工作站——房县青峰镇社会工作站。该站功能齐全，设置有社工办公室、个案室、小组工作室、活动室、亲情连线室、阅览室、棋牌室、休息室。配备了站长、副站长、社工、社工助理等5名专兼职人员。以关爱“三留守”服务对象为重点，探索推行“五社联动”服务模式，以典型引路的方式带动房县建成6个规范性乡镇社会工作站。

（七）品牌建设：慈善资源与服务项目品牌

社会慈善资源为湖北打赢疫情防控的人民战争作出了巨大贡献，彰显了其在“五社联动”中的要素力量。在各级党组织要求整合各类资源下沉社区推动基层治理的背景下，社区有形、无形的慈善资源将会更多地被挖掘、链接出来。社会工作者协助社区“两委”围绕公益、关联、协同理念，运用链接、众筹、共享等专业方法，依法依规、有效开发社区组织、设施、信息、文化、资金等慈善资源，依托具有公开募捐资格的慈善组织成立社区公益基金，着力提升社区“微治理”的手段和能力。

在民政部的支持下，湖北引入阿里巴巴公益基金会、腾讯公益慈善基金会、中华慈善总会等慈善组织，投入资金4200余万元，在武汉、黄冈等地的210余个社区、街道（乡镇）实施“五社联动”社会工作服务项目，推动形成“五社联动”服务机制，完善城乡社区治理体系，补齐能力短板，促进基层社会治理。

一是武汉市实施的“五社一心·爱满江城”品牌服务项目。武汉博雅社会工作服务中心在“阿里公益·五社一心·爱满江城”武汉市心理疏导社会工作服务项目的执行中，深入贯彻落实习近平总书记在2020年“2·23”重要讲话中提出的“要发挥社会工作的专业优势，支持广大社工、义工和志愿者开展心理疏导、情绪支持和保障支持等服务”① 要求。采用“五社联动”服务模式，通过社区与社会工作者、社区社会组织、社区志愿者、社区公益慈善资源的共同参与和联动整合，协同心理服务专业力量，聚焦新冠肺炎康复患者等重点群体，关注心理状况、恢复自我信心、增促社会融入，积极开展心理疏导和情绪支持等社会工作服务，化解疫后心理综合征。

二是湖北省内实施的“五社联动·爱满荆楚”品牌服务项目。“中华慈善总会·五社联动·爱满荆楚”十堰市房县青峰镇社会工作服务项目由房县聚爱社会工作服务中心承接，该中心成立于2019年11月，是房县首家本土社工机构，先后实施了“新市民·新生活”、社区联防联控、儿童服务站、“五社联动”等项目。2020年，“新市民·新生活”项目评为国家级志愿服务优秀案例，机构被评为全县抗疫先进组织。在项目实施中，高标准建设社会工作站，探索运用“五社联动”工作模式，打造“共建共治共享”的社区治理服务模式，打通服务

①《习近平在统筹推进新冠肺炎疫情防控和经济社会发展工作部署会议上的讲话》，《人民日报》2020年2月24日。

群众“最后一米”，助力提升城乡社区治理效能和乡村振兴，推动房县社会工作有序发展。

三是助力城乡社区治理的“幸福家园”村社互助项目。“幸福家园”村社互助项目在湖北省民政厅、省文明办、省发改委、省财政厅、省农业农村厅、省乡村振兴局的指导下，由湖北省慈善总会联合各市（州）、县（市、区）慈善会共同发起实施。利用自身公开募捐资质，通过“公益宝”互联网募捐信息平台，为村社提供合法规范的互联网众筹募捐服务。项目以2.7万多个行政村和社区为基础，通过建立村社互助基金的形式，展示家乡风貌，发掘村社“公共·公益”实际需求，发起众筹项目，开展志愿服务、积分兑换等公益活动；以亲情乡愁为纽带吸引村（居）民及关心家乡建设的热心人士参与到村社共建中来，共同为巩固脱贫攻坚成果、促进乡村振兴、助力基层社会治理贡献慈善力量。截至2021年8月31日，湖北省慈善总会“幸福家园”村社互助项目平台已激活全省17个市（州）村社互助基金超1.2万支，发布村（社区）慈善募捐项目6600余个，累计筹集善款近4.3亿元。2020年9月4日，中华慈善总会将“幸福家园”村社互助项目立项，正式启动全国推广。为进一步凝聚社会力量，发挥慈善事业第三次分配作用，服务乡村振兴战略，2021年8月，湖北省民政厅会同湖北省文明办、省发改委、省财政厅、省农业农村厅、省乡村振兴局六部门联合印发《关于加快推进“幸福家园”村社互助项目的实施方案》。

三、经验启示

“五社联动”模式源于2020年湖北化解“疫后综合征”的成功实践。两年多来，在持续开展的疫情防控阻击战中，“五社联动”经过不断打磨，优势不断彰显，为刚性的防控工作增添了柔性的人文关怀，增强了社区治理韧性，筑起了一道道温暖而坚实的基层抗疫防线，同时夯实了基层社会治理的社区防线。

坚持以党建为引领，构建多元主体参与的基层社区治理格局。习近平总书记曾用了一个很形象的比喻说，要“众星拱月”，“月”就是党组织，“众星”就是党领导下的各类组织。党组织把各类组织、各方力量、各项工作、各种资源进行再组织、再整合，志愿者、群团组织、社会组织等有序参与，以居民需求为导向，以社区为平台，以社会组织为载体，以社会工作专业人才为支撑，以社区志愿服务队伍为依托，以社会慈善资源为助推的“五社联动”机制，形成“一核多元”的治理格局，真正实现在党建引领下将各类组织凝聚起来，以服务群众为共同价值取向，有序发挥各类组织参与的积极作用，不断助力提升社区治理新效能。

坚持以人民为中心，才能真正实现基层活力和秩序的平衡。必须始终坚持大抓基层、服务群众，以社会工作专业为本，赋能基层社区，链接公益资源，营造社区精神，才能真正激活社区治理的内生动力。“五社联动”项目具有鲜明的服务导向，坚持重心下移、力量下沉，改革创新基层体制机制，把资源、服务、管理下沉基层，在开展社区服务、满足社区需求、解决社会问题、提升居民协商参与方面各有优势，在疫情中有特别突出的表现，使基层治理“最后一公里”更加畅通，服务群众的神经末梢更加灵敏。

坚持创新发展，才能开拓局面，实现共建共治共享。从最初的“三社联动”到疫情防控中“五社联动”的探索，湖北实践案例中联动社区多元力量，创新社会治理机制，激发社区多元力量模式，始终以社区和居民需求作为出发点，从“问题本位”向“需求本位”转变，从“管理本位”向“服务本位”转变，从“单一治理”向“共同参与治理”转变。“五社”在抗疫过程中结成网，齐发力，构筑了湖北省社区防控的坚强堡垒，助力社区构建共建共治共享的发展格局，也为新时代的城市基层社区治理提供了宝贵经验。

【思考题】

1. 基层党委、政府如何更好地支持、推动“五社联动”落地生根？

2. 如何进一步完善“五社联动”机制，助力新时代文明实践志愿服务？

一个“城中村”的美丽蝶变

——武汉市东湖新城社区建设社会治理共同体的探索与实践

中共湖北省委直属机关工作委员会党校　邓小燕

【引言】 习近平总书记在中国共产党第二十次全国代表大会上的报告中指出，要“建设人人有责、人人尽责、人人享有的社会治理共同体”①。社会治理共同体建设，就是要以人民的利益为出发点和落脚点，真正做到以人民为中心，让人民群众有更多获得感、更多幸福感、更多安全感，确保人民安居乐业、社会安定有序、国家长治久安。

【摘要】 东湖新城社区是典型的“村改居”社区。为了实现向现代社区的转变，东湖新城社区开始了将社区打造成社会治理共同体的艰难探索。东湖新城社区突出党建引领，大力组建党领导的人人有责的社区治理工作团队；加强共联共建，竭诚提供人人尽责的社区服务，用心用情，将社区建成为一个人人共享的智慧和谐“新城”。东湖新城社区的经验告诉我们，社会治理共同体的建设必须坚持党的领导，坚持以人民为中心，坚持改革创新，坚持共建共治共享。

【关键词】 党的领导；东湖新城社区；社会治理共同体

一、背景情况

东湖新城社区是一个典型的“村改居”社区和拆迁还建社区。它位于武汉市东湖风景区欢乐大道红庙段，成立于 2010 年 12 月，前身为东湖村。东湖新城社区现有辖区面积约 0.18 平方千米，管辖东湖庭园小区及周边市场，其中辖

①《高举中国特色社会主义伟大旗帜　为全面建设社会主义现代化国家而团结奋斗——在中国共产党第二十次全国代表大会上的报告》，《人民日报》2022 年 10 月 26 日。

区有企事业单位6家、个体商户约230家，有居民楼32栋，居住人口4153户9165人，原村民约占40%，买房户或租房户约占60%。2020年3月10日，习近平总书记亲临东湖新城社区实地察看卫生防疫、社区服务、群众生活保障等情况；4月8日他给社区全体工作者回信，对社区抗疫工作表示肯定，勉励社区工作人员抓细抓实疫情防控各项工作、用心用情为群众服务，为彻底打赢疫情防控战再立新功。

东湖新城社区突出特点是“三多”：老年人口多、流动人口多、商户多，居住人员结构复杂，管理难度大。这就导致东湖新城社区在成立之初面临一系列治理短板：

一是村民身份适应转变难。东湖新城社区成立之初，常住居民面临农村村民向城市居民心理转变和素质提升的问题。居民的生活方式未明显转变，许多居民在楼顶种菜；一些不文明卫生习惯也影响到楼上楼下居民，维护公共环境的意识薄弱。村民以前的生活方式已经不适应现代社区发展的需要。

二是社区治理力量分散薄弱。东湖新城社区建成初期主要靠社区和物业提供服务，人数少且治理乏力，社区居民主动参与社区事务的意愿并不强，参与积极性难以调动。

三是社区服务明显不足。东湖新城社区成立之初，公共服务设施较缺乏，小区绿化有限、道路破损、停车难；乱扔垃圾、高空抛物等行为时有发生；陈年的“牛皮癣”、商铺乱搭乱建等现象屡禁不止；居民生活娱乐单调乏味。同时，东湖新城社区老年人较多，需求多且频繁，大量需求与服务供给之间还存在一定差距。特别是社区流动人口多、商户多、管理难度大，彼此之间的摩擦矛盾较多，矛盾的化解调处存在一定难度。

二、主要做法

东湖新城社区“村改居”后，历经着一个城中村向现代社区的嬗变，面临着“村里人”向“社区人”转变、“村委会”向“居委会”转变的难题。究其原因，主要是东湖新城社区党组织对社区治理的组织力和引领力有待提升，社区治理的制度机制瓶颈有待突破，社区的治理力量比较分散有待整合，社区居民自治的热情有待激发。

（一）解决方案

2018 年 4 月，习近平总书记在视察湖北期间指出，“我到青和居社区考察时，看到社区党组织在领导社区治理方面创造了许多新鲜经验，比如，以党建引领物业服务创新、‘三治一服务’理念、‘天天敲门十八法’等效果很好、深受群众欢迎，值得总结和推广。”[①] 武汉市委贯彻落实习近平总书记重要指示精神，总结推广青和居社区经验，于 2018 年出台《武汉市社区党组织领导社区治理的若干规定》，构建了以社区党组织为“龙头”的社区“1314”治理体系。2019 年，武汉市以“民有所呼，我必有应”为主题，加强城市基层党建整体建设和系统建设，做强街道、做实社区。通过一系列自上而下的改革创新，全市党建引领基层治理体制机制日益完善：构建了党组织的区域化组织体系，规范各级党建联席会运行机制，推动各级党组织与辖区机关、企业和各类组织共建共享；建立社区事项准入制度，制定社区工作事项清单，将社区工作事项从 165 项减为 56 项；开发全市统一的“民呼我应”的信息化服务平台，打造“呼、应、办、评”的基层治理闭环。在此基础上，东湖风景区作为城市功能区，因地制宜调整优化基层治理体制机制：在领导体制上，搭建“书记直通车”平台，工委书记直接回应和协调解决社区（村）书记反映的困难和问题；在基层建设上，全面推行社区大党委制，搭建区域共享平台；在治理机制上，依托区级“民呼我应”系统，在每个社区（村）健全区域共建、居民自治、民呼我应等基层治理机制，快速处理社区（村）反映的各类问题诉求。

（二）实施过程

按照武汉市和东湖风景区街道的安排部署，东湖新城社区紧紧抓住党建引领社区治理这个“牛鼻子”，勠力创新体制机制，积极打造平台，大力组建人人有责的社区治理四大工作团队，竭诚提供人人尽责的四大服务，用“心诚”建“新城”，实现了“城中村”向人人共享的智慧和谐社会治理共同体的华丽变身。

1. 激发主人翁意识，大力组建党领导的人人有责的社区治理工作团队

社区牵涉到千家万户，“社会治理共同体”在基层和个体层面则体现为社区治理中各个组织和个体的共同参与、共同治理。因此，社区层面的社会治理

① 中央组织部组织二局等：《武汉青和居社区党组织领导社区治理调研报告》，《中国组织人事报》2018 年 9 月 21 日。

共同体的建设是人人有责的，每个人都是主人翁，而把各个组织和个体凝聚起来的关键是党的领导。习近平总书记指出，“提高社区治理效能，关键是加强党的领导。”① 东湖新城社区紧紧抓住社区党组织这个关键，夯实党组织，组建起了党领导下的新时代社区服务工作团队。

一是做实做强社区党组织。打铁还需自身硬。社区党组织的领导是社区治理的关键。2020 年 8 月，东湖新城社区党总支正式升格为党委，大大增强了社区党组织的组织力和引领力。完善社区“五级”党组织体系。东湖新城社区根据居住人口、管辖面积、居民区楼群等情况，设立两个片区党总支；把支部融入网格，党总支下设 12 个网格党支部，在下沉单位中选派 12 位有能力、有责任的党员兼职网格党支部副书记；把报到党员、下沉干部纳入网格，每名党员联系服务 20 户居民，形成社区党委—片区党总支—网格党支部—楼栋党小组—党员中心户的五级组织体系，构建上下联动、一贯到底的党组织体系。实行社区“大党委”工作体系。东湖新城社区大党委由社区党总支主要负责人任书记，村集体经济改制集团、物业企业和 4 个辖区单位的党组织负责人任委员，通过大党委委员会议、召开辖区单位联席会议等方式，加强对社区治理的领导。同时，社区把 3 家下沉单位、驻社区机关企事业单位、新经济组织和新社会组织纳入“大党委”工作体系，吸纳有一定影响力的下沉单位联络员、两新组织负责人、民警等进入社区“大党委”担任兼职委员，参与社区决策和管理。创设“陶久娣书记工作室”。火车跑得快，要靠车头带。东湖新城社区开设“陶久娣书记工作室”，创新开展“五共五联五力五步”工作法②，推进实施名书记“1+17”帮带工程③，汇聚力量，调动资源，提升社区书记的素质能力，促进基层社区提

① 《习近平谈社区治理：提高社区效能的关键是加强党的领导》，新华社“新华视点”微博 2020 年 7 月 24 日。

② “五共五联五力五步”工作法，指“陶久娣书记工作室”的五共帮带法、五联提升法、五力聚合法、五步教学法。五共帮带法，指的是书记“1+17”帮带工程。五联提升法，指借助社会力量提升社区治理能力的方法，即与全国优秀社区联系，与武汉市先进社区联合，与成长计划社区联动，与社区教育基地联建，与社会治理资源联谊。五力聚合法，指借助东湖风景区管委会职能部门和下沉单位的五种力量，即党建引领向心力、思想理论指导力、文化宣传号召力、行政资源推动力、联系群众凝聚力。五步教学法，指提升社区书记能力素质的五种办法，即经验分享、现场观摩、指点迷津、情景教学、云上课堂五步教学法。

③ 书记“1+17”帮带工程，指的是由陶久娣书记帮带 17 名社区书记，实现结对共建、活动共办、资源共享、治理共助、打造平台共用工作新格局。

高党建引领社会治理水平。

二是创建新时代社区服务工作团队。为了实现社区治理人人有责，东湖新城社区调动社区力量，形成了由社区工作者、下沉单位、辖区单位、报到党员、社区民警、物业人员、社工团队、志愿者队伍等力量近700余人组成的工作团队。社区工作者队伍。东湖新城社区现有社区工作者21人，他们负责计生、低保、民政、文明创建、安全生产、综治维稳、特殊人员帮教等10余项工作，全面掌握社区人口、房屋、事物、组织、设施等基本信息，确保底数清、情况明，以点带面、以面带片，实现上下联动，资源共享。下沉党员队伍。根据社区需求清单，社区组建了由3家下沉单位161人组成的下沉干部平时服务队和27人组成的应急下沉突击队，每天报到，每周开例会，定期搞活动。下沉干部平时服务队与社区签订共驻共建协议，形成11项年度共建清单，有效缓解社区“责任无限、资源有限”的难题。下沉干部应急突击队解决“应急问题”，组建了消防、水电气、治安、公共卫生、自然灾害、物资保供6支应急小分队，为居民提供应急服务。群众自治队伍。东湖新城社区发动居民组建红色业委会，成员全部由党员担任。社区成立业委会监督委员会，由社区两委成员和退休党员组成，负责监督业委会履职情况，确保业委会全心全意为业主服务。社区还积极发动居民组建“听总书记的话”宣传队、“老东湖巡逻队”“谢小玉”志愿服务队等群众性自治组织，广泛开展理论政策宣讲、心理咨询疏导、爱国卫生运动、常态化疫情防控等志愿服务。同时，社区积极加强与社会组织的合作，引入东湖新城社区卫生服务站、东湖法庭、武汉麟洁教育学校、武汉江南护理院等多家单位，开展医疗服务、法律咨询、心理疏导等项目化专业化服务。此外，辖区单位和两新组织也融入进来，与社区签订共驻共建协议，开办老年人康养服务中心、阳光屋心理服务站等。物业服务队伍。在3家物业公司管理不善先后离开的情况下，社区居民于2013年自发成立物业公司，以市场化形式探索物业自管。

2. 加强共联共建，竭诚提供人人尽责的社区服务

社会治理共同体是大家的共同体，每个人都有义务尽职尽责。东湖新城社区构建共商共建机制，搭建高效管用的平台，倾情提供党群服务、政务服务、自治服务、物业服务等服务，为社区解民忧解难事。

一是构建共商共建机制。制度机制是管根本、管长远的。为了促进社区事务人人尽责，东湖新城社区制定了《党建工作联席会议制度》《干部民主评议制度》《居民代表民主议事制度》等涉及党建、基本公共服务、居民自治等方面的 25 项社区制度，创造了“一网情深”工作法①、“五共五联五力五步”工作法等，形成了 3 项主要的社区治理机制。“大党委”领导下的党建工作联席会议机制。联席会议是由东湖新城社区党总支主持，社区单位、非公企业和社区党员共同参与的社区治理新型组织形式。联席会议广泛吸收社区内各级各类党组织中的党员代表参加，定期总结经验，开展横向交流，组织讨论解决社区党建工作问题，每半年召开一次全体大会。“三方”联动机制。在社区党委领导下，社区居委会、业委会、物业公司实行三方联动，做到“你中有我、我中有你”。业委会 100% 是党员，物业公司 100% 建立党组织，物业公司管理层 100% 有党员，物业员工 100% 是志愿者，居委会、业委会和物业公司 100%“双向进入、交叉任职”，实行三方组织联建、要事联商、矛盾联处、服务联评。下沉包片机制。单位包片，将社区划分东、西两个治理区域，由下沉单位分别负责；党员包户，推动党员下沉包户、认岗、认事、认亲，定期上门慰问，做到“三必到、五必访”②，切实为困难群众解决实际问题；下沉包岗，把下沉单位工作力量分类组建为 78 人服务队和 27 人突击队，将突击队编入 6 支应急小分队，平时服务，急时应急。

二是搭建社区服务平台。平台是社区服务的有效支撑。东湖新城社区充分利用政府“民呼我应”平台，着力打造自有智慧平台，实现数据横向共享、信息上下贯通、线上线下双向互动，为社区居民和辖区单位、企业提供便捷高效的服务。“民呼我应”平台。“民呼我应”平台是武汉市精心打造的以“一号”（市长专线）、“一网”（城市留言板）、“一端”（武汉微邻里）为抓手的促进基层社会治理智能化的信息化服务平台。“武汉微邻里”是“民呼我应”平台的主要终端，是社区治理的主要信息平台。居民在办事、求助、咨询等方面有需求后，使用“武汉微邻里”微信小程序进行报事，社区管理员看到后立即进行一对一处理。同时，东湖新城社区将疫情期间形成的各类团购群、邻里互助群整合进“武汉微邻里”，以楼栋为单位形成线上邻里互助圈，组织社区工作者、民警、物业人员进圈入群，完善发现问题及协同处置机制，提升办事效能和治理的精

① “一网情深”工作法，以组织、力量、智慧和服务“四驱”联动，以基层党组织、社区服务力量、社区治理平台、贴心服务四个维度联动，组成一张社区治理和服务群众的温暖的、深情的、细密的网，凝聚各方力量，形成多元共治合力，“一网情深”服务社区居民。

② “三必到”，指群众突发事情必到、群众有不满情绪必到、群众有家庭纠纷必到；“五必访”，指特困家庭必访，遭遇重大疾病家庭必访，空巢老人、留守儿童家庭必访，解除劳教人员家庭必访，失业无助人员家庭必访。

细化。社区智慧系统。东湖新城社区积极推动智慧社区建设，建成视频监控系统、智能门禁系统、智慧停车场系统、智能灯杆系统、环境监测及无线覆盖系统。同时，社区还在东湖风景区居家养老服务中心支持下，探索建设智慧养老服务站，为老年人建立健康电子档案，链接系列智能适老产品。

三是全方位提供社区服务。在创建社区治理机制，搭建社区服务平台的基础上，东湖新城社区整合社区各类资源，为社区居民提供党群服务、政务服务、自治服务、物业服务四大服务。党群服务。社区党委制定党员干部联系服务群众制度、干部（党员）为民服务代办工作制度、党务公开制度、“三必到、五必访”制度、建立“大党委”工作体系和党建工作联席会议机制，规范管理自有党员，有效整合下沉党员，提升党员的素质和基层党组织的战斗堡垒作用，提高引领社区治理的效能。政务服务。东湖新城社区邀请区政务服务中心进社区，提供家门口的计生、低保、民政、文明创建、安全生产等政务服务。自治服务。东湖新城社区发挥两个小区邻里驿站的阵地作用，综合运用议事会、恳谈会等形式，组织群众自己说事、议事、主事，协商解决了车辆乱停乱放、出店经营、瓦片滑落等公共问题。东湖新城还与辖区单位东湖法庭建立联合调解工作机制，开展社区调解“诉源同治”，做到“小事不出区，矛盾不上交”。与此同时，东湖新城社区大力打造“阳光屋”综合服务平台，为社区居民提供矛盾调解、法律服务、心理咨询等一体化服务。此外，还积极建立社区大舞台，培育舞蹈队、腰鼓队、合唱队等 10 余支活动团队，开展居民喜闻乐见的文化活动，丰富居民精神文化生活；举办社区大讲堂，宣传政策解读、家庭关系、子女教育、心理辅导、健康养生、安全防范等内容，增长居民知识，增进居民感情。“红色物业”服务。社区“两委”成员到物业公司交叉任职，在社区治理中与“红色业委会”形成“双红联动”，深化“三方”联动。东湖新城社区的物业公司针对一般居民、困难群体、特困群众等不同服务对象，提供“平价”“低价”“免费”3 类 49 项服务。物业公司还推行物业服务“5341”快速反应机制，即对涉及物管理问题，物业 5 分钟到达现场，一般问题 30 分钟内解决，重大问题 4 个小时内解决，特殊复杂问题 1 天内形成解决方案，大大提升了物业服务的水平和居民满意度。

（三）实际成效

东湖新城社区用心用情，通过调动人人有责的社区工作团队，整合共联共建的社区服务，社区面貌焕然一新，居民获得感、幸福感、安全感大大增强，成为居民称道的人人共享的智慧和谐“新城”和幸福美丽的社会治理共同体。

一是党的领导更有力了。东湖新城社区党组织升格为党委后，完善了“社区党委—片区党总支—网格党支部—楼栋党小组—党员中心户”五级组织架构，建立了“大党委”工作体系和党建工作联席会议机制，打造“陶久娣书记工作室”，着力构建横向到边、纵向到底、条块结合的工作网络，有效实现党的组织和党的工作全覆盖，党的组织体系与基层治理结构的衔接更加紧密，打通了党的领导落实到基层的“最后一百米”。2021 年 6 月，东湖新城社区党委荣获“全国先进基层党组织”称号。

二是环境更宜居了。东湖新城社区绿化更多了、道路更宽了、车位更多了，电桩更多了、车棚更大了、健身器材更丰富了，羽毛球场、乒乓球场、篮球场都建成了。社区改建 216 个生态停车位，新增 236 个小区摄像头和 32 个楼栋高空抛物摄像头，安装 14 台红外测温仪和 18 套智能灯杆，升级 95 个单元楼人脸识别系统，智慧社区建设全面提档升级。小区变得更整洁、更舒适、更安全、更便民了。

三是社区治理更有效了。东湖新城社区积极与辖区单位、社会团体、政府职能部门建立联动机制，调动各方力量，构建了一体化的“四大”工作团队力量体系和以社区“四大”服务为特色的精准化精细化服务体系，大力解决了道路维修、楼道清理、管网改造、小区停车等群众急难愁盼问题。同时，还将常态化疫情防控与社区治理紧密结合，完善了及时发现和协同处置机制，实现“收集—处置—反馈—评价”的闭环运行，真正做到小事不出楼栋、大事不出社区，把各类矛盾有效化解在基层，大大提高了社区治理效能。

四是邻里关系更亲密了。东湖新城社区抓实抓细工作，用心用情服务，搭建多种多样的群众参与平台，统筹兼顾不同群体的多样性、差异化服务需求，让群众在接受服务、参与活动的过程中相互了解，增进感情，社区居民凝聚力向心力明显增强。

三、经验启示

东湖新城社区对建设社会治理共同体的实践探索，实现了由城中村向现代化智慧和谐社区的美丽蝶变。它对社会治理共同体的积极探索，为全国其他的“村改居”社区提供了可借鉴的做法，为基层社区打造人人有责、人人尽责、人人享有的社会治理共同体提供了经验与启示。

一是坚持党的领导。习近平总书记在中国共产党第二十次全国代表大会上的报告中指出，要加强城市社区党建工作，推进以党建引领基层治理。① 社区治理得好不好，关键在基层党组织、在广大党员。东湖新城社区党委遵循习近平总书记关于社区治理的重要论述，牢记习近平总书记亲临社区考察的重要指示和给全体社区工作者回信的殷殷嘱托，把支部融入网格，将组织体系延伸进楼栋，着力构建横向到边、纵向到底、条块结合的工作网络，强化党组织的政治功能、组织功能和党员先锋模范作用，很好发挥了党组织在社区治理中的领导作用，有效确保了基层治理有魂、有序、有力。因此，打造社会治理共同体的关键在于党的领导，只有把基层党组织建设成为有效实现党的领导的坚强战斗堡垒，才能调动各方力量，整合各类资源，把党的政治优势和组织优势转化为基层治理优势，打造真正的社会治理共同体。

二是坚持以人民为中心。习近平总书记在中国共产党第二十次全国代表大会上的报告中强调，必须坚持以人民为中心的发展思想。② 社会治理作为国家治理的重要组成部分，它的核心是人。一方面是为了人，为了居民更好地享受服务，东湖新城社区积极调动各种资源为社区居民提供党群服务、政务服务、自治服务、物业服务四大服务，全方位满足居民的需求。另一方面是什么人来提供服务。习近平总书记在中国共产党第二十次全国代表大会上的报告中指出，要增强城乡社区群众自我管理、自我服务、自我教育、自我监督的实效。③ 社区是大家的社区，社区治理人人有责。东湖新城社区积极调动社区、行政部门、辖区单位和下沉单位等多种力量组成新时代社区服务四大工作团队，最大限度地发挥了各方力量的优势。可以看出，社会治理共同体的打造必须牢牢抓住人这个根本，要紧紧围绕为全体居民来打造共同体，要凝聚社区及社会各方力量来打造共同体。

三是坚持改革创新。习近平总书记在中国共产党第二十次全国代表大会上的报告中指出，创新才能把握时代、引领时代。④ 社区工作是一门学问，要积极探索创新，关键是体制机制创新。东湖新城社区将疫情防控中行之有效的做法，提炼调整为常态化基层治理机制。东湖新城社区创新了基层党组织领导的基层群众自治机制，创新了“一网情深”工作法、“五共五联五力五步”工作

---

①②③④《高举中国特色社会主义伟大旗帜　为全面建设社会主义现代化国家而团结奋斗——在中国共产党第二十次全国代表大会上的报告》，《人民日报》2022 年 10 月 26 日。

法等工作法，创建了“陶久娣书记工作室”，探索建立了社区调解“诉源同治”，有效解决了社区“责任无限、资源有限”的难题。这告诉我们，社会治理共同体的打造要靠创新理顺治理主体关系，要靠创新建立制度机制，要靠创新释放活力、激发治理效能。

四是坚持共建共治共享。习近平总书记在中国共产党第二十次全国代表大会上的报告中指出，要健全共建共治共享的社会治理制度，要鼓励共同奋斗创造美好生活。① 共建共治共享是创新社会治理的核心要义，是社会治理共同体要遵循的基本路径，也蕴含着团结奋斗的精神。东湖新城社区团结一心，共同奋斗，调动各方力量、创建多项机制和工作方法、打造多样化的治理平台来实现社区共建，最终实现人人共享美丽幸福家园，使社区成为名副其实的社会治理共同体。东湖新城社区还与北京安华里社区、深圳北站社区等优秀社区结对共建，形成了更加广泛的社会治理共同体。因而，社会治理共同体的建设，共建共治共享既是其基本原则，也是其基本路径；团结奋斗是中国人民创造历史伟业的必由之路，也是建设人人有责、人人尽责、人人享有的社会治理共同体的必由之路。

【思考题】

1. 新时代应该如何完整、准确、全面贯彻党的二十大精神和习近平总书记关于社会治理共同体的重要论述？
2. 新时代社会治理共同体建设面临的困难和挑战有哪些？
3. 新时代社会治理共同体建设的重心和突破口在哪里？

①《高举中国特色社会主义伟大旗帜　为全面建设社会主义现代化国家而团结奋斗——在中国共产党第二十次全国代表大会上的报告》，《人民日报》2022 年 10 月 26 日。

聚焦“急难愁盼”问题　创新城市治理平台

——武汉《电视问政》的理念与实践

中共湖北省委直属机关工作委员会党校　张诗倩

【引言】 党的二十大报告强调健全共建共治共享的社会治理制度，提升社会治理效能。党的十九届四中全会指出，必须加强和创新社会治理，完善党委领导、政府负责、民主协商、社会协同、公众参与、法治保障、科技支撑的社会治理体系，建设人人有责、人人尽责、人人享有的社会治理共同体。这一要求，体现了在党的领导下多方参与、共同治理的理念，是社会治理理念、治理体制和治理方式的一次重大创新，是推进国家治理体系和治理能力现代化的必然要求。

【摘要】 城市的建设和治理需要政府的规划和引导，也需要各类主体共同参与，实现共建共治共享。社会协同和公众参与始终是社会治理创新中最为基础的两条路径。政府部门需要对职能、政策法规进行宣讲，提高管理的有效性和针对性；公众也需要一个合适的渠道获得权威的政府信息解读甚至互动，两者之间形成了一种需求上的对应。如何搭建一个直接、高效的政务讨论渠道和理性对话、协商的公共平台，一些地方党委和党管媒体作出了回答。

2011 年，武汉市治庸问责办主办、武汉广播电视台承办的电视直播节目《电视问政》开播，10 多年来几经改版创新，从最初的治庸问责平台、党的群众路线教育实践活动效果检验平台，再到打造城市综合治理平台，参政议政资政平台；从监督问责拓展为议政问策，节目口号也从“百姓参与、百姓评说、百姓监督”变为“问计问策问需，共建共治共享”。电视问政构建起“政府—媒体—民众”三方面对面互动、沟通、交流的空间，提高了党的新闻舆论工作的传播力、引导力、影响力、公信力，在促进地方政府治理能力提升，改进干部作风，促进政务服务完善，健全公众参与机制上作出了建设性探索。电视问政的“武汉模式”成为地方政府运用媒体平台推进治理能力提升的一种特有的传播现象，在全国各地掀起一股电视问政的旋风。湖北省委及其他地市州、县委也纷纷采取电视问政的方式解放思想、破冰突围，处理复杂政务，直面企业、群众关心的“急难愁盼”问题。

【关键词】 电视问政；新闻舆论工作；城市治理创新

一、背景情况

作为中部六省的特大城市，武汉市力主打造全国最优投资环境和一流城市环境，处在经济建设和城市治理、规划建设的前沿。2011 年，武汉市地区生产总值达到了 6762.2 亿元，年均增长 14.3%，经济实力跻身全国 15 个副省级城市的第一方阵。但是，同年 3 月，一份题为《武汉市投资环境问题及对策分析》的调查报告却暴露出武汉经济发展背后的隐忧，行政、法制、财税、金融、人文环境及基础设施等方面均存在制约城市发展的“短板”。与此同时，武汉市通过调研发现一些政府机构干部队伍中存在较为严重的慵懒、懦弱、散漫问题。

深刻反思后，武汉市委作出判断，要实现科学发展、跨越式发展，干部是第一要素，作风是第一保障。2011 年 4 月 6 日，中共武汉市委召开十一届十一次全体（扩大）会议，决定针对武汉市干部队伍作风方面存在的突出问题，在全市掀起“责任风暴”，实施“治庸计划”，治庸提能、治懒增效、治散聚力，全面提高干部队伍的执行力，努力实现党风政风明显进步、服务效能显著提升、队伍形象焕然一新、发展环境国内一流的目标。

2011 年 5 月，武汉市公布了首批 10 个亟待解决的突出问题，并通过新闻发布会，由各责任单位“一把手”集中向社会作出对上述问题限期整改的公开承诺，接受社会监督。为检验承诺，兑现效果，武汉市治庸问责办与武汉广播电视台联手，于 2011 年 11 月 22 日到 25 日连续推出了 4 场《兑现承诺　优化环境——2011 年十个突出问题整改电视问政》。首场《电视问政》中有 4 位市领导和 14 位责任单位负责人被现场问政。直播结束后，曝光的 20 多个突出问题被迅速解决，涉及制度、体制、机制方面的问题被列为市委、市政府深化改革、建章立制的重点。市民纷纷点赞，节目收视率达到同时段热门电视剧的 3 倍，《人民日报》《光明日报》等新闻媒体大篇幅报道并配发评论，全国各地的媒体纷纷效仿学习。

鉴于节目播出后引发强烈社会反响，武汉市委、市政府决定将电视问政常态化，电视问政在治庸问责风暴中作为一种长期机制被确立下来，成为政府职能部门负责人“一把手”每年都要经历的一场兑现承诺的特殊考试。到 2012 年，为充分利用《电视问政》这个平台，原定每年一次电视问政，改为每年两次，即年底的“期末考”与每年 7 月初的“期中考”。

随着武汉治庸问责不断深入推进，《电视问政》主题进一步拓展，越来越聚焦社会管理细节和社会治理能力现代化，也越来越成为促进城市治理与发展的有力平台。

2020 年，电视问政在常态化上有新突破。根据时任省委常委、市委书记王忠林的重要指示，推出了《电视问政：每周面对面》节目，将以往一年两次 6 场的固定模式，增加频次、扩大覆盖，改为每周五晚上举办一期现场直播，近 200 名单位“一把手”、分管领导、基层负责人上台接受问政。通过“常态化、全覆盖、短平快”式曝光，畅通政群互动，强化作风监督，提升法治水平，优化营商环境，服务保障民生。2022 年，节目再度改版为月度问政，坚持舆论监督和正面宣传相统一，推进严格规范文明执法、有效化解矛盾纠纷、推进公共法律服务、维护公平竞争秩序，促进社会经济发展。历经 10 余年，武汉电视问政发展为独具特色的问政品牌，助力城市不断走向文明和谐。

二、主要做法

武汉广播电视台《电视问政》以城市发展中存在的突出问题为问政内容，以党政领导干部为问政对象，以市民群众为问政主体，以“揭短短片”加“现场拷问”为主要问政形式，通过聚焦热点、“曝光”现实问题，就决策实施过程中政府部门的政策执行、行政行为和执政效果，在主持人、公众和相关部门负责人之间展开对话和沟通，旨在破题解难，为公众参与、民主监督搭建一个公共协商平台。问政的基本程序为：聚焦热点—曝光问题—互动对话—整改承诺—专家点评—问责监督。相较于一般的电视新闻栏目，武汉广播电视台《电视问政》综合性强、涉及面宽，需要协调配合的部门多、实施过程复杂、工作难度大。节目创办以来之所以能成为组织有道、问政负责、关注广泛的电视盛会和舆论焦点，在于节目主办方、承办方在几经磨合中遵循着一套“提出问题→

寻求方案→解决问题”的逻辑，并形成了一套富有特色的做法。具体实施操作的关键有三点。

（一）坚持问题导向，提升电视问政实效性与影响力

电视“问政”问什么？武汉《电视问政》秉承的理念是坚持问题导向，实事求是，不回避矛盾，不掩盖真相。问的都是地方党委、政府的中心工作，是政府正在做而没有做好的事情，是政策目标与实际执行过程中存在的偏差，关乎民生，具备较强的本土贴近度，能够引起社会的普遍关注与共鸣。

1. 选题策划聚焦城市治理的重点

主题内容是支撑优秀电视节目的核心。武汉《电视问政》的选题一是上接天线，即围绕中心、服务大局，考虑地方党委和政府所制定的年度重点工作安排，聚焦改革发展中的难点堵点问题进行问政；二是下接地气，即坚持人民立场，聚焦人民群众急难愁盼的问题进行问政。《电视问政》通过栏目组自身的爆料热线、信箱、武汉电视台网站、12345 市长热线、“掌上武汉” App 和网络社交媒体等多种渠道征集爆料线索，筛选出公众反映比较集中的热点问题。整体上契合城市治理的重点。

例如，2017 年下半年电视问政的主题是“整治‘新衙门作风’建设‘三化’大武汉”，反映的突出问题有没有进行整改？整改的效果怎么样？群众满意吗？武汉市治庸问责办根据这一主题，有目标、有规范地进行筛查，在海量的信息中找到和主题相关的线索，经过研究评判、实地考察确定线索的真实性，筛选出市民最急、最怨、最盼、最有代表性的有效线索，确定 3 场节目的主题分别是“治理基层作风”“提升城市治理”“优化发展环境”。

又如改版后的《电视问政：每周面对面》自 2020 年 5 月首播，到 2021 年 2 月 19 日共计播出 35 期，重点关注新冠肺炎疫情期间的企业复工复产与城市建设、服务话题，其中，关注政府服务企业复工复产的节目有 15 期；关注企业事项申报与项目施工进度的节目有 4 期；关注文明城建与服务百姓工作的节目有 10 期；关注行政执法工作的节目有 6 期。

2. 拍摄问政短片曝光揭短

围绕主题，精心拍摄问政短片是做好电视问政节目的基础，是引发直播现场讨论或问责的源头。武汉《电视问政》始终关注民生，问政范围与本土化话题高度贴合，交通、食品安全、公车私用、违规建别墅、湖泊污染、土地征收、

保障房质量、教育医疗乱收费……这些老百姓关心但认为公开不够的所谓“敏感问题”，都在《电视问政》一一曝光。每场时长 100 分钟左右的电视问政直播节目中，需要拍摄 15 ～ 20 个反映问题的问政短片。

比如，在 2017 年下半年《电视问政》第一场“治理基层作风”中播出了题为《高架桥变成了“盘丝洞”》的短片：在一些高架桥的周边，各种电线电缆架在空中纵横交错，既影响市容市貌，也留下了安全隐患，百姓反应强烈，但多部门并未及时处理。通过前期线索的筛选和考察，确认其真实有效，突出反映了职能部门工作不实，非常具有代表性。为此，市治庸问责办选派出最强采编团队加入到问政工作中，拍摄制作出高质量的问政短片。这些短片都会按照电视媒体传播规律，用多个关涉不同主体、不同表现的问题，充分展示承诺与现实、表象与实质、言语与行动、坏典型与好典型等冲突。有些短片是栏目组成员经过前期数十次踩点甚至是在暗访的情况下完成的，最大限度体现了新闻的真实性和客观性，给观众带来了强大的冲击力和震撼力，因此，问政短片很容易成为场上的“爆点”。

（二）尊重媒体传播规律，热点面对面，提升电视问政可看性与传播力

电视“问政”怎么问？武汉《电视问政》呈现出尖锐、理性、公开的探讨风格。

1.“看、问、评”三位一体，推动对话持续深入

武汉《电视问政》在连续播出的十几年中，虽然每年都有不同的主题，但节目的形态一直沿用“看、问、评”三位一体的设计，确立了“问政短片 + 市民领导面对面 + 评论员点评”这 3 个层面的对话样式。这种形式使得问题得以直观地展现在观众面前，节省了介绍事件背景的时间，强化了“问”的作用，并一定程度地控制了直播节目的不确定性。

主持人通过问政短片“曝光”、背景介绍切入主题，通过向相关部门负责人提问，构成对话的第一回合。接着，由代表质询提问，相关部门负责人的应答表态构成对话的第二回合。随后，通过评论员的点评和引导，对话回合不断增多，推动问政的逐步深入直至结束。“问政”的整个过程就是在提问、应答、点评的话语转换中展开。其中，主持人把控信息传递节奏，串连整个问政过程；群众代表结合亲身体会谈感受、质询提问；相关部门负责人须直面问题，不仅要回答社会各界的疑惑，更要提出相应的措施以解决问题；特约评论员往往是

相关方面的专家，对政策进行专业解读，为民众的科学问责、科学监督指明了方向。评论员的学养学识和专业点评在为节目增色的同时，也给政府工作整改提供了可供借鉴的思路，给节目增加了厚度。

为了让对话协商过程得到广泛关注，节目主创人员还从传播规律出发，提高《电视问政》节目的互动性和传播效果，如提供满意度测评、直播连线、微博互动、他山之石、市民心声等丰富多样、贴近时代潮流的互动环节；融入综艺节目元素，增加传播效果和感染力，如请观众举起“笑脸”“哭脸”牌表达民意、精心制作别出心裁的小道具、键盘手现场即兴弹奏音乐音效等，使得整个节目在一个多小时的直播中，既能紧扣主题，也让观众保持新鲜感，增强节目的趣味性和观众的参与度。

2. 坚持电视直播，营造公开、透明、真实的现场感

直播形态也是《电视问政》不同于一般节目的亮点之一。2011 年武汉《电视问政》首轮直播后，立刻引起了强烈的社会反响，事先保密的曝光短片，现场 3G、4G、5G 直播连线，甚至领导干部在发言时出现“卡壳”都原汁原味地通过电视直播传递到了千家万户。“说错了话想收都收不回去，想说情都没机会开口。”尽管面临巨大压力，现场直播仍然作为武汉《电视问政》的一条基本原则坚持下来。

电视直播具有许多不确定的因素，存在风险，但现场直播的快捷性、真实性、不可预测与不可复制性带来的传播效果是录播无法实现的。传播内容越难以预料和不确定，传播的信息量越大，反之亦然。在电视节目的现场直播过程中，每个环节之间都存在着不可预见的可能性，这种不确定恰恰增加了其内容上的信息量。对观众而言，武汉《电视问政》为他们提供了较大的心理张力，内容上的不可控恰好能够在其心理上产生悬念，激发其观看的欲望及对最终结果的期盼。此外录播节目中，经过后期剪辑、审片过程，传统媒体上出现的领导干部形象一般都是经过修饰的良好形象，久而久之，公众对有关行政问责、舆论监督类的新闻报道和电视节目持怀疑态度。而武汉《电视问政》在现场直播中，现场拍摄和播出基本同步，由于时间限制，制片人无法对画面内容进行编辑加工，后续审片过程也基本省略，展示给观众的问政画面是现场“原生态”。这种原生态的现场感也是武汉《电视问政》的核心看点。2015 年 1 月，作为 2014 年的“期末考”，武汉《电视问政》栏目曾因“武汉官员背 24 字核心价值观卡壳”“武汉区长被要求吃污染橘”等引发热议。虽然政府官员“心情沉重”“被拷问流汗”，但对问题的表达并不像政府正式会议上那样庄严肃穆。同时，对部门负责人的回应，现场观众的“笑脸”“哭脸”牌也给直播现场营造了活跃的氛围，增强了节目吸引力。

3. 平衡话语权，保障参与主体平等对话

电视问政中被问政对象是职能部门的主要负责人，在群众眼里往往“位高权重”，民众直接参与评判的机会少。电视问政通过电视仪式重构了官员、媒体、公众三者的关系，打造“去中心化”话语权力空间，实质上是媒体赋权公众，推动公众参与解决社会问题。

首先，在直播场景的设置上，利用灯光、舞美、机位等搭建了仪式化的舞台。灯光和舞美一般都是冷色调，政府官员被安排在舞台的中心位置，面对摄像机，直面现场观众和电视观众注视的目光，形成全景敞视，这种设计渲染了一种庄严、肃穆的仪式氛围。官员一改现实中的权威形象，由审视者转化为被审视者，而公众的话语地位则得到了相应提升。其次，以平等对话或者质询的方式消解官员的权威，从而赋予公众更多的话语权，推动公众参与问政、问责。在电视问政的过程中，主持人不再是政府部门的“传声筒”，而是以控制对话节奏、向官员提出犀利质询、代表公众发声等方式，平衡官员和公众的权利关系；特约评论员将公众的意见、看法理性、中立、客观地传递给相关部门负责人，当“问政”陷入僵局时，他们及时引导公众和相关部门负责人认清存在问题的根本原因，当相关部门负责人含糊其词时，他们能现场督促其正视问题。

在《电视问政》节目中，我们经常会看到被质询的官员在台上脸红、卡壳、出汗，台下的观众对这样戏剧化的场面拍手叫好。问政不能没有辣味，红红脸出出汗，对思想作风才能有所触动。官员在冒汗、尴尬中意识到自己是被监督的对象，责任心被唤醒，这将促使官员的执政理念和执政方式都有所改变。

仍以 2017 年下半年《电视问政》第一场“治理基层作风”为例。短片《高架桥变成了“盘丝洞”》播放后，面对高架桥管线杂乱、上报协调平台多日无下文这个问题，主持人问：“协调平台，协调来协调去，怎么反而不协调了呢？”现场气氛随之活跃起来。通过揭示同一个问题发生的两次不同地点的 4G 直播连线，经过现场对比，各区对高架桥管线的不同做法，各区领导“较劲”、比“实力”，在潜移默化中形成了管理能力竞赛。通过主持人细数城市治理问题，如“渣土山”“扬尘污染”“非法代办”等往期节目中经常出现的问题，进而揭示出问题的根源是基层干部作风问题，凸显出“人”才是问政的关键所在。

（三）凝聚监督合力，推动问题解决，提升电视问政建设性与公信力

电视问政效果如何？电视问政曝光的问题，都是城市发展过程中的问题。电视问政坚持问题导向，其目的不是为了问倒谁，不是要进行“媒体审判”，不是让政府“出洋相”，而是通过“问政”，理性客观地与有关单位、责任人一起分析原因，促进一系列事关城市改革发展、与百姓切身利益息息相关的“老大难”问题的根本解决，通过分析问题产生的深层次原因，进一步推进政府部门作风建设、制度建设，完善长效机制，达到参政、谋政、资政、助政的目的。

1. 满意度测评与定期回顾

武汉《电视问政》直播现场，场上嘉宾说得最多的就是“马上就办”“明天到现场处理”。问政之后，部门负责人的承诺能否兑现、反映的问题能否及时得到妥善解决、公众的质疑声能否消除、责任落实与督查机制是否发挥了作用，不仅是人们关注的焦点，更关系到阳光型政府建设、政府公信力的提高。

“让群众满意是我们党做好一切工作的价值取向和根本标准，群众意见是一把最好的尺子。”① 武汉广播电视台联合多家媒体及其网站、移动媒体客户端、社交媒体账号及地铁电视同步直播，多渠道联动，引发公众对节目的持续关注和话题讨论，并以多种形式加入这场公开对话。公众可以通过手机给出场外满意度测评分，测评结果实时投射到节目现场的投票计数中。演播厅内，党员代表、人大代表、政协委员、党风政风督查员、新闻记者代表与市民代表共计约150人进行现场打分。武汉市治庸问责办将满意度测评结果作为对各单位年终考评重要的参考依据。《电视问政》中曝光的所有问题，相关部门必须在规定时间内整改到位，整改结果也纳入年底绩效考核。

电视问政是一个持续的过程。新的问题不断被提出，老的问题也要及时反馈，每期节目都会对上一期节目中未解决的问题再度回顾，对仍未解决的一部分难题再作梳理与简单讨论，持续追踪和推动。公众和政府职能部门之间的博弈在媒体构建的公共空间中持续进行。

电视曝光的问题往往会迅速得到解决，但电视问政不可能关注到所有的民生难题。问政的最终目的应该是营造良好的执政生态，令有关职能部门担起责任，变“马上就办”为“平时就办”，即使不被“问政”，也能主动作为。为了

① 习近平:《在党的群众路线教育实践运动总结大会上的讲话》,《人民日报》2014 年 10 月 9 日。

不使《电视问政》沦为“作秀”“一场风”，武汉市治庸问责办起草了《关于进一步建立健全治庸问责、优化发展环境长效工作机制的意见》，目的是以一系列的制度构成链条，最终形成长效机制。同时，一些治庸问责风暴中被验证有效的经验也将以条文的形式固定下来，以切实推动该项制度的长期化。2017 年起，武汉市治庸问责办组织开展全市机关中层科室、基层站所评议“十优满意单位”“十差不满意单位”活动，即“双评议”，周周通报、周周排名，并针对问题随时整改。2020 年，通过运用“武汉评议”平台引导群众在办事后进行“一事一评”，全年共有 426 万余人次通过短信、微信参与评议。对收到的不满意评价，各级纪检监察机关逐一回访核实，对经调查存在的庸、懒、散、慢、乱、浮等作风问题予以问责处理。

2. 多种监督形式并用，整改问责有力

电视问政为什么能够解决许多原有渠道难以解决的问题？一个重要原因是它集合了党内监督、民主监督、群众监督、法律监督、舆论监督等众多的监督机制与效能，产生了巨大的监督合力。电视问政不仅可以将群众关注的热点问题摆在台面上，解决问题的同时也能随时监督。武汉市委、市政府、市纪检监察机关与市治庸问责办的参与，使电视问政具有很强的党内监督、行政监督功能；人大组织与人大代表、政协组织与政协委员的参与，使之具有很强的民主监督功能；市民代表、法律专家的参与，使之具有很强的群众监督功能；而电视与其他新闻媒体的参与，使之具有很强的舆论监督功能。监督的压力带来了行动的高效率。10 余年来，每轮《电视问政》结束后，被问政的相关领导有的是连夜召开会议，有的是第二天赶赴现场处理。武汉市城管部门一名干部说：“过去路上的窨井盖，丢了、破了没人及时管，造成了一些不必要的事故。公开承诺、上《电视问政》后就不同了，武汉市城区 120 多万个窨井盖，每一个都有了责任单位、责任人。”

武汉《电视问政》的一个重要特点是问政伴随着问责。每轮《电视问政》曝光的每一个问题都启动了追责问责程序。问责干部的方式也不再是通报批评或深刻检查，而是影响其未来的党内严重警告或行政警告。根据《武汉市党政机关干部“庸懒散”行为问责暂行办法》（武办发〔2011〕33 号）的规定，受到诫勉谈话、通报批评处理的党政机关干部，一年内不得提拔，并取消当年年度考评评优和各类评先的资格。

2011 年开办以来，武汉《电视问政》共曝光各类问题 400 多个，涉及 100

多个责任单位，被问政单位拿出整改措施1000多条，整改率达到100%，曝光问题解决率达到98%。《电视问政》节目后，市委、市政府经过调查，问责各级干部400多人，对100多人给予党纪、政纪与刑事处理，形成“问责一个、警醒一片”的震慑效应。

《电视问政》节目推动全市建立健全重大法规制度40多项，其中再造审批流程、建立大城管管理体制、改革食药管理体制、改革交管体制、改革湖泊管理体制等取得明显成效。

10余年来，武汉《电视问政》节目取得了良好的社会效益。网友评论“官员不作秀，群众不当托”，“专家再也不打圆场”，市民在接受访问时表示从《电视问政》活动中“看到了武汉的真诚和勇气，体会到政府对老百姓的情怀”，认为这个节目“确确实实在为老百姓服务”等。武汉《电视问政》已成为具有全国影响的电视节目品牌，也是武汉的一张城市名片，先后两度荣获业界最高奖——中国新闻奖，全国近300个地方纪委、电视台到武汉学习《电视问政》的“武汉模式”。武汉市委、市政府高度重视《电视问政》节目，将其作为全市作风建设的一个重要抓手和城市治理现代化建设的一个重要平台。

三、经验启示

电视问政作为一种媒介化治理形态，拓宽了城市治理的方法和路径；推动了党委、政府工作部署落地见效；解决了众多群众和企业发展中遇到的“急难愁盼”的问题；树立了干部队伍的新形象，为领导干部提高履职能力、提升媒介素养提供了更大的演练场。值得将武汉《电视问政》节目的经验进行总结、传承和推广。

另一方面，随着问政内容不断拓展，问责范畴不断扩大，一些敏感问题、复杂问题也逐一暴露。只要涉足深层次问题，必然会牵扯一些部门团体的利益；《电视问政》节目的开展和预期效果也必然会面临诸多挑战。尽管该节目已经积累起深厚的发展历程和创作经验，但未来仍有可以创新发展的空间。

（一）整合多种问政力量，发展全过程人民民主

党的二十大报告中，对于发展全过程人民民主、保障人民当家作主，从加强人民当家作主制度保障、全面发展协商民主、积极发展基层民主等作出部署，

推动民主由价值理念转换成在中国大地上的制度形态、治理机制和人民的生活方式。在这样的制度体系下，问计于民、问策于民已经成为一种常态。《电视问政》正是一种不断深化的民主实践。相较人大询问和政治协商等民主形式，《电视问政》节目的媒介化治理平台机制还不够成熟。在全过程人民民主理念指导下，应整合多种问政力量，形成有效的利益协调、矛盾调处和权益保障机制，真正画出最大同心圆、凝聚最强向心力。如整合政府各个部门的民情、民意、舆情收集平台，尤其是人大、政协及信访部门的舆情平台，在此基础上，建立选题数据库，将老百姓真正关心的问题，持续不断通过《电视问政》平台予以展现并加以解决。

武汉市委在《电视问政》节目运行中便将人大、政协纳入其中。2013 年，武汉市积极推进人大、政协专项督查工作，人大代表、政协委员共同组成专项督查组，将督查到的问题和线索提供给武汉市治庸问责办，作为启动行政问责的依据。2013 年到 2019 年，武汉市人大、政协共组织 1150 余次暗访督查和专项督查，督促整改问题近 1200 个，提出工作建议 1300 余条。这也成了武汉《电视问政》节目的新闻线索和议题选项。

（二）扩大公众参与，健全公共协商机制

《电视问政》节目营造了一个执政过程百姓参与、执政效率百姓评说、执政结果百姓监督的氛围，提供了一条公众行使知情权、参与权、表达权与监督权的渠道。它在一定程度上颠覆了传统政治方式和政治过程的隐秘性和封闭性，促使公权力运行公开，听取和回应公众呼声，提高了政府运作透明度。使得市民从过去公共新闻的观看者转变为公共治理的参与者，创造出“人人参与，齐抓共建”的良好城市治理氛围。

武汉《电视问政》节目采访制作过程，也是市民全程参与的过程。哪些问题列入“十个突出问题”？从哪些方面承诺整改？市民可以通过市长专线、《电视问政》热线等许多公开渠道各抒己见。问政短片拍什么？到哪里拍？市民可直接向节目组提供线索。市民要参加《电视问政》直播，当问政“考官”，可以公开报名，参加选拔。参加问政直播的市民，可以面对面问政，可以提出希望政府解决的诉求，还可以举“笑脸”牌与“哭脸”牌、通过表决器进行满意度测评。为提高市民参与度，节目还在大学、社区设立分会场，开通了便于场外市民参与的热线电话、网络互动平台，将更多的话语权交给市民和网民。

然而，现阶段节目的参与主体没有纳入“问题制造者”，如排污企业、个别违建居民、占道经营的小摊小贩等，他们也是相关利益主体。根据《电视问政》节目的安排，在问政中拥有话语权的主体为主持人、评论员、专家、党员代表、人大代表、政协委员、新闻媒体代表、网络名人、市民代表，而被视为“问题制造者”的这部分群体没有发言机会。重要相关利益主体的缺失导致参与广度不够，无法构建多元治理体系。

推进《电视问政》平台的常态化须进一步健全公众参与机制。一是完善公众参与制度。完善民意调查制度、信息公开制度、协商谈判制度以及公民投票规则。要对城市治理参与原则、参与主体的权利义务、参与的方式途径、范围程度等作出相互衔接的明确规定。二是建立健全听证制度。要让民众以制度化的途径参与到解决城市问题的决策中来，使不同的利益主体能与决策主体共同商讨决策的目标和方案，分析和论证其可行性和约束条件。三是完善专家论证制度。在《电视问政》方面，不应只是发挥专家的“评论员”作用，还应在节目结束后，邀请更多相关领域的专家针对每一类城市问题组成专项调研小组，为解决办法的制定提供专业化、科学化的论证意见。

（三）媒体优化议程设置，坚持舆论监督与正面宣传的辩证统一

电视问政的存在与发展是党领导下的媒体不断被纳入治理体系的过程，它在干群之间开辟了直接对话、问询、建议、监督的新型沟通协商渠道，需要兼顾议政平台和电视节目的双重特性。

一方面，媒介作为重要的治理主体，在公共议程设置上有着专业化的优势。做好问政节目要坚持舆论监督与正面宣传的辩证统一，通过两者的相互配合提升社会治理能力。在选题方面要恰当，处理好舆论引导与舆论监督之间的关系，保证节目选题“想百姓之所想”。当好“把关人”，慎防媒体运作过程中追求“眼球效应”，过度放大社会问题的现象。在以民生问题为主体的基础上，将选题逐渐拓展到有关当地城市发展、与老百姓生活息息相关的重大问题的讨论，不仅让电视问政节目成为解决民生急迫问题的平台，还要让电视问政节目汇集民意、集中民智、聚集民力，成为社会广泛参与，为城市发展出谋划策的舆论场和智慧场。

另一方面，问政节目要与时俱进，适应不断发展变化的媒体环境，在传播手段上加快推进与新兴媒体网络问政的深度融合，创新节目设计，利用大数据

等技术手段，在听取民意、调查取证和解读政策上提升影响力，精准抵达观众，促进更多意见群体参与其中，在建设性地探讨中充分实现其沟通民意、促进发展的功能与价值。武汉《电视问政》节目首创将全媒体监督云平台连接到政府智慧化政务服务平台，将平台上群众反映的问题集纳起来后，分门别类交给各个部门进行督办，做到件件有回音，增加了问政的精度、准度和强度。促进了政府相关部门体制机制的改革，推动政府提升工作效能。

（四）坚持党的领导，建立长效运作机制

《电视问政》节目基本都是党委主导问政，大多是在地方党政领导的直接指示和支持下产生的。由此，随着主要领导或部门领导的离任，此类节目的运行也面临着“搁浅中断”的局面。因此，应建立《电视问政》节目的长效运作机制，保证节目效果的持续性。在此方面，武汉《电视问政》节目具有较好的经验，武汉市委专门成立由纪委、监察局、纠风办及其他相关部门组成的“治庸问责办公室”，该办公室的成立及其与武汉广播电视台合作举办《电视问政》节目的相关办法均以红头文件的形式予以确定。武汉市纪委要求各个部门一把手不能以任何理由躲避《电视问政》，也不能派出副手敷衍塞责，节目直播当天不准请假，严禁出国考察。武汉《电视问政》节目形成了一套行之有效的工作机制，保证节目内容的“持续性”。一是党委、政府主导策划机制。将问政纳入党委、政府的重要工作进行研究、部署、检查、督办。每次武汉《电视问政》节目，市委常委会都会对工作方案进行专题研究。党政一把手亲自出思路、提要求，参与问政内容、问政对象的确定与直播设计方案的审定。由此形成了两个层次的策划班子：由市纪委、市治庸问责办、市委宣传部、监察局、武汉广播电视台领导组成的宏观策划班子，负责宏观导向的把握；由武汉广播电视台新闻综合频道、市纠风办组成的微观策划班子，负责节目具体操作。二是整改督办问责机制。对于节目曝光的问题，市治庸问责办迅速向有关责任单位下达整改督办函，督办整改，对具体责任人实施问责。同时，要求对同类问题举一反三，建章立制。三是考评机制。将节目中问题的整改情况纳入治庸问责考评体系，节目中对部门的考评成绩计入各责任单位年终绩效考核总分，作为工作成效评定的重要依据。这些措施以文件的形式下发，保证了《电视问政》节目长效机制的确立。

【思考题】

1.《电视问政》节目在城市治理中的独特优势在哪里?

2.《电视问政》节目中曝光了诸多问题，是否会引发负面舆情？相关职能部门如何应对负面评价?

3.《电视问政》节目在未来持续推进的空间如何？能否走得更远?

深化新时代党建引领　创新基层社会治理

——黄石市党建引领基层社会治理的实践探索

中共黄石市委组织部　杨庆瑜　谢　平
中共黄石市委党校　陈敬乐

【引言】2020年3月10日，习近平总书记在湖北省考察新冠肺炎疫情防控工作时指出："要着力完善城乡基层治理体系。这次疫情防控凸显了城乡社区的重要作用，也暴露出基层社会治理的短板和不足。要夯实社会治理基层基础，推动社会治理重心下移，构建党组织领导的共建共治共享的城乡基层治理格局。"① 党的二十大报告提出，要增强党组织政治功能和组织功能。坚持大抓基层的鲜明导向，推进以党建引领基层治理，把基层党组织建设成为有效实现党的领导的坚强战斗堡垒。

【摘要】党的十八届三中全会通过《中共中央关于全面深化改革若干重大问题的决定》，提出了"治理"这一概念，把人们熟知的"社会管理"变成了"社会治理"。习近平总书记说，"治理和管理一字之差，体现的是系统治理、依法治理、源头治理、综合施策。"② 所谓社会治理，就是政府、社会组织、村（社区）、企事业单位以及个人等诸行为者，通过平等的合作型伙伴关系，依法对社会事务、社会组织和社会生活进行规范和管理，最终实现公共利益最大化的过程。相比管理，治理是一种优化、良性、多元化、多角度的管理，是一种提升，内涵更全面。在"发展黄金期"和"矛盾凸显期"交织的当下，唯有全面深化改革，大力推进国家治理体系和治理能力现代化，以善政推动善治，方能为中国迈向

① 习近平：《在湖北省考察新冠肺炎疫情防控工作时的讲话》，《求是》2020年3月31日。

② 习近平：《在参加十二届全国人大二次会议上海代表团审议时的讲话》，《人民日报》2014年3月6日。

现代化强国打下坚实基础。

从2020年开始，围绕基层社会治理，黄石市结合实际进行了探索实践，特别是黄石市委十三届十一次全体会议召开以来，围绕答好党建引领基层治理“必答题”，将其与市域治理现代化试点工作有机结合、协同推进，充分发挥牵头抓总作用，统筹协调推动各项改革任务和市域治理现代化试点建设涉及组织部门任务落地落实，印发出台《关于深化新时代党建引领加强基层社会治理的实施意见》等“1+6”政策文件，在落实规定动作基础上，创新居民议事协商、“红色物业”“第一书记”等自选动作，形成黄石特色的政策矩阵。

【关键词】党建引领；基层社会治理；共治共享

一、背景情况

2018年以来，习近平总书记先后4次就湖北基层治理作出重要指示。2018年4月26日，习近平总书记在青和居社区视察时强调，要总结推广武汉市青和居社区党建引领基层治理有关经验做法。2020年3月10日，习近平总书记考察湖北疫情防控工作时进一步强调，要着力完善城乡社会治理体系，夯实社会治理基层基础，推动社会治理重心下移，构建党组织领导的共建共治共享的城乡基层治理格局。2020年5月24日，习近平总书记在参加十三届全国人大三次会议湖北代表团审议时强调，这一次疫情，考验我们基层的治理体系、治理能力水平，看看我们在基层治理方面有哪些成绩可以总结、巩固提高，还有哪些不足需要完善。2022年6月28日，习近平总书记亲临湖北武汉考察时再次强调，要总结好、运用好在疫情防控等大战大考中积累的经验做法，持续深化党建引领基层治理，以社区为基本治理单元，加强基层服务平台建设，推动资源、服务、平台下沉社区，加快构建“纵向到底、横向到边、共建共治共享”的城乡社会治理体系。

首先，中央和湖北省委有要求。党的十八大以来，党中央把基层社会治理提升到新的高度。党的十八届三中全会首次以正式文件的形式提出“社会治理”概念，明确提出创新社会治理体制、提高社会治理水平；党的十九届四中全会作出推进国家治理体系和治理能力现代化重大决定，湖北省委十一届七次全会对推进省域治理现代化进行了谋划，提出打造共建共治共享的社会治理格局。

湖北省第十二次党代会提出以强县工程为抓手，全面推进乡村振兴，构建政府、社会、村民共建共治共享的治理体系。基层社会治理是党中央关心的、强调的“国之大者”，是习近平总书记交给湖北的“必答题”，我们必须坚决把习近平总书记对湖北的殷殷嘱托、眷顾厚爱和指示要求，转化为党建引领基层社会治理的具体行动和实际成效。

其次，黄石有需要。黄石市作为全国第一批市域社会治理现代化试点城市，奋力打造市域社会治理现代化示范区是黄石第十四次党代会提出的“五个示范区”目标之一。对照市域治理现代化试点工作要求，对标市党代会高质量发展的目标，党建引领基层社会治理还存在以下问题：在治理体制机制上，基层资源配备、人才配置等与其承担的责任和任务不匹配；在治理体系上，党组织领导的共建共治共享格局还没有形成，自治共治、协同共治格局和体系还不完善；在治理能力上，街道社区党组织统筹协调能力、资源调度能力、服务群众能力、公共突发事件应对能力和动员能力还比较欠缺；在治理力量上，基层力量不足、队伍管理不规范、激励机制不完善，等等。这都迫切需要加快推动基层社会治理思路转变、理念转换、工作转型。

最后，群众有期盼。习近平总书记指出：“共产党是为人民服务的政党，为民的事没有小事，要把群众大大小小的事办好。”① 伴随着社会主要矛盾的变化，人民在物质文化需要得到基本满足之后，对于美好生活的需要日益广泛。基层社会治理的成效，关系人民幸福安康、社会和谐稳定、国家长治久安。党建引领基层社会治理涉及千家万户和长治久安，既是坚持人民至上执政理念的具体实践，也是走好新时代群众路线的具体行动，其根本出发点和落脚点都是为了增强百姓的获得感、幸福感、安全感。

二、主要做法

2020 年以来，黄石市深入学习贯彻习近平总书记视察湖北重要讲话和指示批示精神，全面贯彻落实党的十九届四中、五中、六中全会精神，落实湖北省委十一届七次全会和湖北省第十二次党代会精神，紧密结合黄石实际，坚持党的领导、重心下移、力量下沉、资源下沉，大力推进重点领域、关键环节改革，努

① 习近平：《坚持新发展理念打好“三大攻坚战”　奋力谱写新时代湖北发展新篇章》，《人民日报》2018 年 4 月 29 日。

力打造党建引领基层社会治理的“黄石样板”。

（一）实施过程

一是凝聚改革共识。市委坚持将党建引领基层社会治理作为“一号课题”，市委常委会带头落实“思想引领、学习在先”机制，传达学习习近平总书记关于党建引领基层社会治理的重要论述和视察湖北重要讲话及指示批示精神，深刻把握推进市域治理现代化的政治意义和现实需要，并督促全市各级党组织通过党委（党组）中心组学习、支部主题党日等形式传达学习，真正把党建引领基层治理的要求传达到全市 7000 多个支部、14.9 万多名党员。

二是找准改革方向。聚焦加强城市基层社会治理主题，市委、市政府领导班子成员带队，相关市直部门负责人参与，深入基层一线开展调查研究。在此基础上，召开市委十三届十一次全会，明确市域治理现代化总体思路，制定下发 6 个配套规范性文件，既保证落实街道机构设置人员编制、社区工作者薪酬待遇四岗十八级等规定动作，又创新推进居民议事协商、选派“第一书记”、打造“全科社工”等自选动作，形成了具有鲜明黄石特色的党建引领基层社会治理的政策矩阵。

三是压实改革责任。坚持领导示范引领，市委、市政府主要负责同志带头挂点基础薄弱社区，及时下沉报到并调研指导党建引领基层社会治理工作。市委主要领导先后就党建引领基层治理作出 8 次批示，并开展专题调研。坚持专班协调推进，建立党建引领基层治理协调推进专项工作机制，下设 5 个专班，实行专班推动、专人负责，分步实施、稳扎稳打。坚持部门联动，督促各牵头单位实行项目管理、挂图作战，先后召开推进会、调度会等 30 余次，印发工作通报、简报、提示 43 期，形成层层抓落实的工作格局。

（二）主要做法及成效

一是做强街道主轴。构建党委领导、党政统筹、简约高效的街道管理体制，出台《关于深化街道管理体制改革　推进基层减负扩能的实施意见》，推动街道从“行政末梢”加速向“治理枢纽”转变。规范设置“四办三中心”（党政办公室、社会事务办公室、平安建设办公室、经济服务办公室，党群服务中心、社区网格管理综合服务中心、综合执法中心），市区两级调剂行政编制 58 个、事业编制 338 个，推动 19 个街道大工委实体化运作。制定《向街道放权赋权工作方案》，赋予街道“五项实质权力”（街道规划参与权、街道综合管理权、对区域内事关群众利益的重大决策和重大项目的建议权、对继续实行派驻体制的机构负责人的人事考核权和征得同意权），指导做好赋权放权事项有效承接工作，印发“两清单一目录”（街道赋权事项指导清单、街道通用权责清单、街道行政执法事项目录），各街道认领 74 项通用权责清单，对 263 项赋权事项指导清单实现应领尽领。抓实“街道吹哨、部门报到”机制，制定《关于建立“街道吹哨、部门报到”机制的实施意见》等 6 个文件，加快推进“黄石社会治理一体化信息平台”建设，推动数据互联互通，切实增强街道统筹领导能力和组织动员能力，让街道成为联结辖区内各领域党组织的坚强“轴心”。

二是做优城乡社区。制定《关于新时代社区减负增效工作的指导意见》，落实社区服务事项准入制度，厘清社区法定工作事项，明确 29 项不应由社区承担的工作事项、35 项不应由社区出具的证明事项清单，规范社区考核评比，让社区有更多精力抓党建、抓治理、抓服务。开展住宅小区物业用房和社区用房清理，共清理 2012 年以来城区住宅项目 135 个，移交“两房”面积 4.18 万平方米；投入 1.3 亿元，新建扩建 146 个社区党群服务中心；巩固深化党员群众服务中心挂牌问题整治工作成果，进一步规范社区党员群众服务中心图牌标识和活动室设置。充分发挥社区“大党委”作用，做实“大党委”联席会议制度，选优配强 160 个城市社区“大党委”，协调解决服务居民事项 1800 多件，推动下沉党组织与社区党组织互联共建，切实增强社区党组织的堡垒聚合作用，让社区真正成为居民最放心、最安心的港湾。

三是做实小区网格。出台加强城市社区居民小区（网格、楼栋）党组织建设的实施意见，推动治理触角向小区楼栋延伸，成立小区（网格）党支部 1263 个、楼栋党小组 4580 个，配齐“两长五员一户”。列支 500 万元基层党建专项经费，支持小区党组织建设等工作。开展社区物业党建联建“百日攻坚”行动，564 个城区住宅小区实现物业服务全覆盖，业委会和物业企业党组织应建尽建。落实市委党建引领社区物业服务专题会交办事项，推动出台 8 项物业管理服务等方面的规范性文件。制定出台《黄石市居民议事协商工作指引》，全面推行“六民”（民事民提、民事民议、民事民决、民事民办、民事民评、民事民约）工作法，建立小区议事平台 1079 个，建成 292 个小区“红色驿站”，解决居民急难愁盼问题 2400 余个，全面激活基层治理“神经末梢”。比如，黄石港区坚持“红色驿站”建设与网格服务站建设相结合，将清理出的 4279 平方米社区用房和

7081 平方米物业用房移交社区，先后投入 150 多万元，打造出了包括天方社区“邻家小栈”、大码头社区“汇馨晓屋”在内的“红色驿站”30 多个，同步设立网格服务站点。建成以来，网格服务站每周平均收集小区居民诉求 100 件次以上，真正实现了“民有所呼、我有所应”“岗在网格、责在连心”。

四是做活新兴领域。坚持将新业态、新就业群体纳入基层治理，把党建覆盖到最活跃的地方。出台关于进一步加强和改进商圈（楼宇）党建工作的意见，推动万达、摩尔城等 14 个较大规模商圈（楼宇）党组织全覆盖，吸纳周边 65 家新业态企业，1911 家市场主体“融圈入群”。组建电子信息、总部经济等产业链党建联盟，全市 100 余家重点企业、科研院所“加盟”，3314 余名骨干党员覆盖在产业链关键岗位，以高质量党建引领黄石 12 条重点产业链高质量发展。开展“暖‘新’八送”行动，新建“暖蜂驿站”40 余个，发布全城免费开放的 215 个服务阵地，搭建面向新就业群体的“半小时便民休憩圈”，把基层“最活跃地带”打造成“最坚强阵地”。

五是做足下沉服务。总结用好疫情防控经验做法，持续选派 110 名县级干部担任城区社区“第一书记”。全覆盖组建机关企事业单位下沉工作专班，落实 1 ～ 2 人全脱产在社区服务，成立工作队 757 支。结合民警、律师、医生进社区（小区）活动，选派 280 名民（辅）警、412 名片区医生、209 名律师下沉社区提供上门服务。制定《黄石市深化新时代志愿服务工作助力基层社会治理实施方案》《黄石市志愿服务激励嘉许办法（试行）》，组建“8+N”志愿服务队伍，构建“群众点单—所站派单—志愿者接单—群众评单”的闭环工作模式，全市注册志愿者达 44 万余人，志愿服务组织 2100 多个。2021 年 10 月 24 日，王明林志愿服务队授旗仪式在黄石港区新时代文明实践中心举行。2022 年 3 月 4 日，王明林志愿服务站暨户外职工爱心驿站揭牌仪式在黄石摩尔城广场举行。在湖北师范大学、湖北理工学院等院校建成“青马驿站”实践基地，注册基层治理志愿者 600 余人，开展志愿服务时长达 4000 余小时，为党建引领基层社会治理储足“生力军”。

三、经验启示

基层是国家治理的“神经末梢”，直接决定着社会治理的成效，影响着国家治理体系和治理能力现代化。新时代，要坚持党建引领，把党的建设和党的领导贯穿基层治理全过程、各方面，不断将党的政治优势、组织优势转化为基层治理优势，切实打通服务群众的“最后一公里”。

（一）必须把党建引领贯穿基层治理全过程各方面

近两年来，黄石市委保持强烈的答题意识，以党建引领为主题主线，围绕做强街道、做优社区、做实网格、做活治理，坚持以上率下、凝聚共识、瞄准方向、共同发力，不断推动组织体系有效嵌入治理体系。这些生动实践启示我们，只有党的各级组织都健全、都过硬，形成上下贯通、执行有力的严密组织体系，党的领导才能“如身使臂，如臂使指”，党建引领才能在基层治理中站在高处、挺在前面、贯穿其中、提供支撑，党建引领基层治理才能有魂、有序、有力、有效。坚持党建引领，是由党的领导地位、基层党组织的职责使命、基层治理的现实条件所决定的，必须突出主线、纲举目张，发挥党组织在基层治理中总揽全局、协调各方的引领作用。

（二）必须把共同缔造理念贯穿基层治理全过程各方面

黄石市牢固树立以人民为中心的理念，以西塞山区陈家湾社区“左邻右里”议事中心为载体，探索建立“六民”工作法，与共同缔造“决策共谋、发展共建、建设共管、效果共评、成果共享”的“五共”方法高度契合，真正把群众发动起来、组织起来，做到“主意大家拿、办法大家想、事情大家做”，在全市上下形成了全民参与、上下一体、共同缔造的浓厚氛围。这些生动实践启示我们，党建引领基层治理必须坚持共同缔造理念，坚持共谋、共建、共管、共评、共享，引导人人参与、人人尽力、人人共享，形成“多元共治、多方受益”的良好局面，构建党组织统一领导、各类组织协同、广大群众参与的共建共治共享治理格局。

（三）必须把“我为群众办实事”贯穿基层治理全过程各方面

社会治理的核心要义是让群众得实惠，黄石在推进基层社会治理过程中，各级党组织主动了解群众所思所想所盼，定期分析研判群众反映最强烈的痛点堵点，通过深化推进小区物业管理服务全覆盖，社区用房和物业用房清理，发挥社区第一书记和下沉党员作用，凝聚新业态、新就业群体等力量，为群众解决了一批急难愁盼的问题，居民群众的幸福感、获得感和安全感持续提升。这些生动实践启示我们，党建引领基层社会治理必须把落脚点落在为民办实事上，要把群众的满意度作为检验治理成效的第一标准，结合“下基层、察民情、解民忧、暖民心”实践活动继续推深做实，真正让群众成为基层社会治理的参与者、建设者、受益者。

（四）必须把建章立制贯穿基层治理全过程各方面

黄石市坚持党建引领、协同共治，不断完善政府搭台、企业和社会组织唱戏、社会各界多元参与机制，不断完善社区居委会、业委会和物业服务企业“三方联动”机制，不断整合运用城市社区党组织书记、社区工作者、志愿者“三支队伍”，不断优化改进建立机关企事业单位党员干部常态化下沉机制，不断完善吸引新就业群体融入基层社会治理机制，让治理观念更加深入人心、治理成效更加显著。这些生动实践启示我们，党建引领基层社会治理必须坚持在探索中实践，在实践中总结，坚持问题导向、举一反三，建立健全长效机制，及时总结好经验、好做法，推动党建引领基层社会治理在黄石落地见效。

【思考题】

1. 如何畅通“堵点”打通共同缔造“最后一公里”？
2. 如何推动“我为群众办实事”形成长效机制？

“一主引领、两会协同、五方共联”
党群共同缔造美好生活

——荆州市沙市区东苑社区“125”小区治理模式的探索实践

荆州日报社　熊　丹　邓　颖
荆州广播电视台　魏梦霞　匡月晴

【引言】 党的十八大以来，以习近平同志为核心的党中央坚持以人民为中心的发展思想，大力推进基层治理体系和治理能力现代化建设，推动社会治理重心向基层下移，构建党组织领导的共建共治共享的城乡基层治理格局，确保人民安居乐业、社会安定有序。社区是城市治理体系的基本单元，习近平总书记十分重视社区工作，多次到社区考察调研、指导工作。2022 年 6 月 28 日，习近平总书记在湖北武汉考察时强调：“社区是城市治理体系的基本单元。我国国家治理体系的一个优势就是把城乡社区基础筑牢。要加强社区党组织建设，强化党组织的政治功能和组织功能，更好发挥党组织在社区治理中的领导作用，更好发挥党员先锋模范作用。要把更多资源下沉到社区来，充实工作力量，加强信息化建设，提高应急反应能力和管理服务水平，夯实城市治理基层基础。”①

【摘要】 2020 年 7 月，荆州获批全国市域社会治理现代化第二期试点地区。2022 年 1 月，沙市区申报的《探索建立“一楼两长”制度　做强社区微治理》，入选全国改革 2021 年度案例，成为湖北省入选的唯一案例。全面建、重点创，沙市区以朝阳街道东苑社区沙市花园为试点，探索实践出“一主引领、两会协同、五方共联”的“125”小区治理新模式，让沙市花园从“问题小区”变成“幸

①《习近平在湖北武汉考察时强调把科技的命脉牢牢掌握在自己手中　不断提升我国发展独立性自主性安全性》，《人民日报》2022 年 6 月 30 日。

福花园”，为改善基层治理“蹚”出一条新路径。

【关键词】 共同缔造；基层治理；东苑社区

一、背景情况

荆州市沙市区大力推动小区（网格）精细化治理，积极传承和弘扬“沙市老姨妈精神”，充分用好机关企事业单位下沉党员干部和社区志愿者两支力量，全面推行“一楼两长”制度（每个楼栋配备一名党小组组长、一名楼栋长），建立“三进”（组织进小区、党员进楼栋、服务进家门）机制，扎实推进党建引领小区治理。建强街道“心脏”，疏通网格、楼栋“血管”，坚持共建共治共享，1862 名楼（门）栋党小组组长，4583 名楼（门）栋长，覆盖居民楼（门）栋 5327 栋，组织进小区、党员进楼栋、服务进家门，打通了社区治理“最后一公里”。2020 年 7 月，《沙市区小区党组织、楼（门）栋党小组建设管理暂行办法》《关于进一步加强沙市区楼（门）栋长队伍建设的通知》发布。沙市区全面打破隶属关系和管理壁垒，整合机关企事业单位下沉党员、社区无职党员、物业服务企业党员等资源，以小区为单位建立党组织，全面激活基层党支部“微细胞”。全区范围内，共 13567 名各级机关企事业单位在职党员下沉报到，1862 名下沉党员主动担任楼（门）栋党小组组长。

沙市区朝阳街道东苑社区地处城郊接合部，属于混合型社区，有 3366 户、6810 人，呈现社区人口多，居民结构类型多、外来人口多、困难群众多、老年人多的“五多”特点。由于居住人口集中，人员结构复杂，东苑社区公共服务一度严重滞后，基层治理出现了一些突出问题：社区工作者角色定位不清、各社区治理主体沟通不畅、多元主体共享意识薄弱等等。

为适应城市基层治理发展需要，有效破解“小区治理”难题，东苑社区党委积极探索党建引领下的小区治理新方式，充分发挥党组织作用，建强社区党委、小区党支部、楼栋党小组“三级战斗堡垒”。社区还从下沉党员中推荐党小组组长，从热心居民中推选出楼栋长，“一楼两长”覆盖小区所有居民楼，赋能社区自治，化“无管”为“共管”。2019 年，东苑社区多方争取资金，启动 1100 平方米的闲置地下室改建工程。2020 年 10 月，在社区、物业、业监委员会的努力下，曾经臭气熏天的垃圾间焕然一新，东苑社区直播间、儿童之家功能室、家风驿站、共享休闲室、志愿服务站等各种功能室一应俱全，各类形式多样、丰富多彩的文体活动接连开展，社区、物业、业监委员会三方联系愈加紧密，成为小区凝聚人心、服务群众的主阵地。

二、主要做法

为适应城市基层治理新形势，推动破解“小区治理”难题，在沙市区委、区政府的坚强领导和区委政法委、组织部等部门的大力指导下，东苑社区在沙市花园小区成功实践了“125”小区治理新模式。“1”就是一主引领，小区党组织发挥主心骨作用，主导推动小区治理；“2”就是两会协同，小区业委会、监委会协同配合参与治理；“5”就是五方联动，网格员、下沉干部、党员居民志愿者、物业公司、民辅警五方力量联动参与治理，打通基层治理末梢。“一主引领、两会协同、五方共联”，探索了一条以居民小区为治理对象，以党组织、党员、居民群众、党政警群各方力量为治理主体，以“五治融合”为治理抓手的基层治理新路子。

（一）突出一个主心骨，强化党组织政治引领功能

社区大力夯实队伍保障，从加强党员干部队伍建设入手，充分发挥党组织战斗堡垒和党员先锋模范作用，通过党组织政治引领、党员模范带头，实现党对小区治理的全面领导。

（1）做强社区“大党委”。以党员为轴，压紧压实工作责任。社区吸纳社区民警、物业公司负责人、下沉党员担任社区“大党委”兼职委员，充分整合各方治理力量，聚焦邻里矛盾纠纷调解、疫情防控等工作，主动服务群众，进一步增强社区党委统筹协调能力。

（2）突出党组织“头雁”作用。以组织覆面，建好建强战斗堡垒。组建社区党委（社区民警进党委）、小区党支部、楼栋党小组三级战斗堡垒，选优配强党员中心户，树立榜样力量，不断扩大“红色基因”在小区的有效覆盖面。社区党委现有 8 个党支部、29 个党小组，其中沙市花园小区就有党小组 6 个、党员 46 名，实现组织架构全覆盖。

（3）凝聚参与合力。以活动为载体，促党员树新风。社区通过开展“党员敲门”“家园卫士”等活动，积极推动社区下沉党员、社区志愿者、社区民辅警

等人员与小区治理有机联结。通过走访活动，深入开展下基层、察民情、解民忧、暖民心实践活动，上门搜集居民存在的困难和问题，及时解决群众关心的急事难事，厚植群众基础。

（二）搭建“两会”连心桥，强化群众组织自治管理功能

“小物业”牵动“大民生”。针对物业小区普遍存在的“业主、业委会、物业服务企业”三方矛盾长期难以化解等问题，在朝阳街道党工委指导下，东苑社区党委协助小区对业委会进行重新改选，探索成立小区业主监督委员会，吸纳一批来自各行各业的优秀居民代表进入业委会、监委会，监督物业公司运行。

（1）创新设置监督委员会。坚持“自己人管自己事”，吸纳一批来自各行各业的优秀居民代表进入业委会、监委会。监督委员会主要参与业主委员会监督和协助物业管理企业的工作，对财务公开、专项资金筹集使用、小区资产资源开发利用、小区公共设施维护、维修和更新、规章制度落实等情况进行监督。构建监委会与业委会双向监督、双向互通的协同治理模式。

（2）坚持“两会协同”共治。小区制定《业委会、监委会内部管理条例》等制度规范，以杜绝不作为、慢作为、乱作为的现象发生，为社区治理提供制度保障。“两会协同”把基层党建工作与小区治理有机融合，把群众呼声与基层党建工作的着力点有机融合，用党建这根“红线”把小区网格员、业监委会、物业公司、小区业主、党员志愿服务等贯穿起来，为基层治理打造“主心骨”，做到民有所呼，我有所应。

（3）建立业主集中审议机制。用居民评价倒逼工作落实，每季度的物业公司、业委会、监委会三方会议，小区监委会审核物业费收支情况、业委会经费使用情况和其他事项，公开接受居民咨询与监督；每年末召开小区业主大会，总结通报业委会、监委会全年工作完成情况，听取居民代表意见。业委会和监委会的成立，进一步促进了小区物业服务质量和办事效率的提高，物业和业主关系越来越融洽和谐，小区 300 多户居民房屋漏水、楼栋外墙面损坏等居民反映强烈的问题迎刃而解，群众满意度不断提升。

（三）设立警民联调站，强化政法力量法治保障功能

深入学习新时代“枫桥经验”，积极探索“警地共解”矛盾纠纷化解工作法，充分吸纳退休民警、律师等参与联调联控，搭建社区民警、人大代表、律师、

司法力量等交流平台，用警民联调站支撑起社区法治“平安网”。一是设立小区警民话坊，定期开展“小区说事”，将群众身边的“扯皮事”“闹心事”化解在小区，推动中心任务警社互动、风险隐患警地共解、矛盾纠纷警民联调。二是完善万勇代表工作室职能，坚持每周二上午固定接待选民，努力协调解决选民反馈的问题。截至2022年，万勇工作室共接待选民137人次，电话和微信1500多条。三是推动警社互动共解，试点推行社区民警兼任社区党委委员，充分参与社区中心工作，共同推动风险隐患排查整治，提高矛盾纠纷调处成功率。截至2022年12月，已成功调解情感纠纷、噪音扰民、追缴残疾人补贴等10多起矛盾纠纷，办结率满意率均达到100%。

（四）开办家风储蓄所，强化文明家庭德治教化功能

社区家风银行紧紧围绕“清廉家风促进党风政风”这一主线，通过党员带头、群众参与、存储家风、评选家风、展示家风等方式，推动形成居民家风共建共享的良好格局。“家风银行”秉持“只存家风不存钱”的宗旨,通过“存储”“借贷”“理财”“返利”四项主营业务，引导广大居民立家规、传家训、树家风，推动更多家庭重拾好家风、重视好家风。

（1）举办家风活动,汲取精神力量。“家风银行”开行以来,先后开展了“优良家风促行风”“传承好家训，培育好家风”“书法传家风，墨宝话家训”等六场主题活动，前来参观或参与家风活动的居民达到300余人。社区居民们通过分享自家好家风家训，畅所欲言，直击心灵，让更多家庭互相学习、互相借鉴，营造了崇廉尚洁、以德治家的浓厚氛围。每个季度，东苑社区还会组织居民开展一次“家风银行”存储、评选活动，评选出清廉家庭和最美家庭，然后将评选出的优良家风，用书签、漫画、书法等群众喜闻乐见的方式呈现出来，赠送给“储户”们。

（2）推出家风产品，增强参与热情。“家风银行”推出了“以清廉家风促进党风政风”“经典诵读”“好家风我先行”等为主题的理财产品，储户可凭存折按需“购买”,用来参与家风家训交流活动。只要来“家风银行”开户的居民，还能获得一次全家福拍摄机会以及家风系列书籍、乡村振兴一日游等实实在在的返利。家风银行以“德”攒“分”，换“分”得“利”的形式，提高了社区居民的参与感和获得感，让他们在受到家风熏陶的同时也得到实惠。

（3）打造家风阵地，营造文化氛围。为了打造好“家风银行”，东苑社区前

后投入近 10 万元对家风阵地进行提档升级，设置了演讲台、“廉、义、礼、孝”文化墙、家风家训储蓄柜、家风家训传承作品展示区等特色区域，推动社区居民形成睦邻友好、孝老爱亲的好家风，涵养向上向善、贡献共享的社区好民风，打造和谐共处的文明社区。

截至 2022 年 12 月，“家风银行”共吸引“储户”200 余人，存储辖区党员居民家庭家风家训小故事 180 余则、辖区居民清廉家风书画作品 20 余幅，还有荆州北一小学生家风系列作品 100 余例。家风银行成为清廉家庭建设、文明细胞建设、和谐小区建设的重要载体，实现廉政建设、文明创建和基层治理 3 项工作的深度融合。

（五）织密一楼两长群，强化人技同防协同共治功能

东苑社区党委从下沉党员中推荐党小组长，从居民中招募楼栋长，实现“一楼两长”全覆盖，并择优充实进入业委会，监督物业公司运行。

（1）探索“七员服务”机制，提升基层组织力量。“七员”即居民信息管理员、政策法规宣传员、社情民意联络员、矛盾纠纷调解员、帮困解难服务员、邻里活动组织员、社区治理监督员。通过“七员服务”，解决好居民群众的操心事、烦心事、揪心事，积极推进小区民生实事项目建设，主动回应居民群众急难愁盼问题。

（2）用好两个平台，健全基层治安防范机制。用好社区网格员“社管通”、民警“警务通”两个平台，将社区民警执法力量与社区网格员工作力量相结合，切实发挥好“网”覆盖面广，“警”威慑力强的优势，提升基层社会治理智能化、精细化水平，更好地促进网格、警格融合，强化人技同防协同共治功能。

（3）筑牢安全防线，夯实基层社会治理根基。社区重视提升居民群众安全感，通过加大投入，增设小区监控设施，实现小区治安无死角，累计为居民调取监控 80 余次，实现天网与地网有效衔接，人防与技防共同发力。社区持续推动安全生产、反诈宣传等活动深度融入网格，为居民群众提供全方位安全保障。2020 年以来，沙市花园实现了电诈、盗抢“零发案”。

社区从下沉党员中推荐出 5 名党小组组长，从热心居民中推选出 26 名楼栋长，“一楼两长”覆盖 8 栋居民楼，协助社区党委调解矛盾纠纷 10 余起，解决了 300 余户居民房屋漏水、外墙脱落等问题。2020 年以来，小区没有出现一例信访件，实现了大事不出小区、小事不出楼栋，做到了矛盾不上交、服务不

缺位。

三、经验启示

沙市区把社区治理作为城市发展的重要切入点，用足“一楼两长”管理的实践经验，以优化小区自治结构为突破口，加强社区基础设施建设和服务创新，发动群众决策共谋、发展共建、建设共管、效果共评、成果共享，突破了原有工作方式的局限，形成了社会协同上的创新做法。东苑社区在沙市花园的治理探索试点，形成了点上的突破，又进而带动了相关制度的持续创新完善。“一主引领、两会协同、五方共联”，撬动各方资源全面融入小区、沉入楼栋，让组织动起来、把人用起来、让资源涌进来，有效推进小区管理由“乱”向“治”、处置速度由“慢”向“快”，推动小区治理的效率变革，实现党群共同缔造美好生活，其工作思路和方法措施，为其他城市推进城市社区治理提供了有益经验启示。

1. 先行先试先创，立好基层治理“主心骨”

2021 年 6 月 7 日至 9 日，习近平总书记在青海考察时指出：“社区治理得好不好，关键在基层党组织、在广大党员，要把基层党组织这个战斗堡垒建得更强，发挥社区党员、干部先锋模范作用，健全基层党组织领导的基层群众自治机制，把社区工作做到位做到家，在办好一件件老百姓操心事、烦心事中提升群众获得感、幸福感、安全感。”① 社区党组织越是坚强有力，社会稳定的奇迹就越有保障。沙市区东苑社区积极探索党建引领基层治理有效路径，夯实主心骨，汇聚向心力，把党的组织和职能嵌入到基层每一个细胞，为基层治理增添核心力量，提供根本支撑。按照每名楼（门）栋长服务 30 ～ 50 户标准，每个楼栋配备 1 名党小组组长、1 名楼栋长，真正使党组织成为基层治理的“主心骨”。“一楼两长”已成为参与治理、服务居民、维护和谐的重要力量。沙市区还统一制作“一楼两长”公示牌，将楼（门）栋党小组组长、楼（门）栋长姓名、联系电话等信息在各楼（门）栋醒目位置予以公示，方便居民联系。统一为楼（门）栋长配备一件马甲、一个应急包、一份名册本、一个工作牌、一个袖章等“五个一”标识，增强社会辨识度，打消居民顾虑，让居民放心接受上门服务。社区治理要全面打破隶属关系和管理壁垒，充分挖掘调动一切资源，充实社区

①《习近平在青海考察时强调坚持以人民为中心　深化改革开放深入推进青藏高原生态保护和高质量发展》，《人民日报》2021 年 6 月 10 日。

基层治理力量，全面激活基层党支部“微细胞”。在“引领”上下功夫，整合机关企事业单位下沉党员、社区无职党员、物业服务企业党员等资源，做到党员居住在小区、奉献在小区、服务在小区。在“招募”上下功夫，多措并举招能人，严格标准招对人，优先从党员、老干部、老战士、老专家、老教师、老模范及退伍军人、居民代表、志愿活动积极分子中，招募协调能力好、邻里关系好、会做群众工作的“两好一会”居民，充实基层治理力量。

2. 共建共治共享，下好综合治理“一盘棋”

党的二十大报告强调指出，要“建设人人有责、人人尽责、人人享有的社会治理共同体”①。构建共建共治共享治理格局的创新路径，是一项系统性工程，需要建立共建制度，进行“事前”的制度性安排；建立共治机制，在“事中”多元主体联建联动社区事务处理；促进共享实现，共同享有“事后”治理成果。为了示范带动更多居民决策共谋、建设共管、效果共评、成果共享，凝聚起强烈的“家园意识”，沙市区独创“小数点”工作法，推动市域社会治理在沙市走深走实。立足小岗位、小事情、小矛盾，将社会治理任务细化分解为直达部门、直达群众、直达目标的“小事情”，将主体责任自上而下落实到“小岗位”，将可能影响国家政治安全、社会稳定、群众安宁的“小矛盾”预防到位，确保一旦触发预警机制，能够快速应对、有效解决。突出群众认可指数、满意指数、幸福指数，与下基层、察民情、解民忧、暖民心实践活动结合起来，深入一线全面收集掌握群众关心关切的具体事项，对照示范区创建具体要求，从 3 个维度制定可量化、可打分的评价指标，切实将其运用在社会治理工作中。狠抓落脚点、关键点、闪光点，把社会治理触角延伸到社区、小区、楼栋乃至个人，严格按照“横向到边全覆盖、纵向到底无缝隙”原则，摸清每项工作任务涉及的责任部门、关键要素和重要环节，按照“全面建、重点创”的要求，打造“一镇（街）一品牌、一行业一特色”，将好的方式方法固化为长效制度，确保务实管用能用。

3. 法治德治智治，织密社会治理“一张网”

沙市区以小区党组织和“一楼两长”为纽带，积极推广“沙市老姨妈”志愿服务精神，建立区党员志愿者协会、分会、服务队网络，3430 名骨干党员志愿者示范带动近 11.9 万名志愿者参与志愿服务。积极探索建立以精神嘉奖为主、物质奖励为辅的激励机制，建立楼（门）栋长积分管理制度，每月按照“基础

①《高举中国特色社会主义伟大旗帜　为全面建设社会主义现代化国家而团结奋斗——在中国共产党第二十次全国代表大会上的报告》，《人民日报》2022 年 10 月 26 日。

积分＋绩效积分”对楼（门）栋长进行积分管理，积分可兑换成生活物资，极大调动了楼（门）栋长的工作积极性。坚持法治德治智治，多方联动“一张网”，加强网格化服务管理平台建设，构建以诉求解决、主动服务和群防群治为重点的综合化网格工作模式，真正让网格服务“动”起来。发挥“法治”保障作用，善于运用地方立法权，建立系统完备、科学规范、运行有效的地方性法规规章，通过完善的法律法规强化政府与社区治理主体之间的各自职责，强化基层政府的综合管理能力，实现社区自治的有效运行，增强市域社会治理定力；发挥“德治”教化作用，大力开展各类文明创建和道德楷模选树活动，完善社会力量参与基层治理激励政策，通过协商自治、邻里互助、环境美化、公益慈善等活动，培育社区公共精神，增强社区家园意识，促进市域社会治理内力；发挥“智治”支撑作用，统筹推进智慧城市、智慧社区基础设施、系统平台和应用终端建设，加强基础数据共享，建立健全向社区推送数据机制，推进社区市政基础设施智能化改造和安防、消防系统智能化建设，推动门禁管理、停车管理、高空抛物监测等设施智能化升级，打造市域社会治理动力。

【思考题】

1. 党建引领社区治理的着力点应该在哪些方面？

2. 在社区基层治理中，如何充分撬动各方资源，让组织动起来、把人用起来、让资源涌进来？

3. 在共同缔造美好环境和幸福生活方面，本案例有哪些方法可以学习借鉴？

“数智”赋能　助力政务环境优化

——襄阳市“全生命周期”政务服务创新改革的实践与探索

中共襄阳市委党校　黄婷婷

【引言】 党的二十大报告提出，“深化简政放权、放管结合、优化服务改革”“完善产权保护、市场准入、公平竞争、社会信用等市场经济基础制度，优化营商环境”。①《“十四五”规划和2035年远景目标纲要》明确提出：“将数字技术广泛应用于政府管理服务，推动政府治理流程再造和模式优化，不断提高决策科学性和服务效率。”② 以中国式现代化统领政务服务改革的思路、方法、举措，以数字技术赋能政务服务，大力推行“全生命周期”政务服务创新改革，从以服务供给者为中心向以服务接受者为中心的行政理念转变为改革主线，以自然人和法人整个生命周期中的核心事项关切为服务清单，以“高效办成一件事”、让企业和群众“最多跑一次”为效能评判，奋力推进政务服务高质量发展。

【摘要】 为破解群众“办事难、办事慢、多头跑、来回跑”等问题，湖北省襄阳市坚持以人民为中心的发展思想，加快推进政务服务运行标准化、服务供给规范化、企业和群众办事便利化，聚焦增强均衡性、可及性重大命题，大力推进基本公共服务普惠化均等化一体化；坚持创新驱动发展，加快政务服务数字化转型，不断推进“一网通办”改革突破创新，全面推动“一事联办”重点改革事项落地；坚持以企业和群众视角界定“一件事”，率先探索推行“全生命周期”政务服务创新改革，为地方政府深化行政体制改革，进一步增强政务服务

①《高举中国特色社会主义伟大旗帜　为全面建设社会主义现代化国家而团结奋斗——在中国共产党第二十次全国代表大会上的报告》，《人民日报》2022年10月26日。

②《中华人民共和国国民经济和社会发展第十四个五年规划和2035年远景目标纲要》，新华社2021年3月12日。

效能提供了可供参考的解决思路。

【关键词】“数智”赋能；全生命周期；政务服务

一、背景情况

随着行政审批制度改革、“放管服”改革、“互联网＋政务服务”的深入推进，襄阳市政府紧密对接中央的改革要求、对接群众的服务需求，不断推进政务服务改革，持续转变政府职能，减少对市场的干预，提升服务效能。由于改革涉及民生的方方面面、涉及部门繁多、内容事项庞杂，改革任务十分烦苛，困难仍然不少。

（一）主动改革意识淡漠，畏难情绪不少

一些部门领导干部思想仍未“破冰”，主动改革意识不强，存在畏难情绪，消极被动，推卸责任，抱着“多一事不如少一事”的想法。如某些部门认为襄阳市政务服务不能和上海等大城市比，比上海办事效率低一点是正常的。也有个别部门存在遇到问题不担当、不作为、不站在群众角度思考的问题。又如某乡镇政务大厅门口贴着“今日下乡，明日再来”，某街道政务大厅门口张贴“只收现金、自备零钱”。

（二）信息支撑功能薄弱，数据质量不高

一些网办系统、基础数据库等支撑“一网通办”的主体架构还不完善，惠企便民高频事项涉及的大量数据还局限在“壁垒”里、“休眠”在档案中，没有在办事流程中“合起来、活起来、跑起来”。一是部分垂管信息系统数据未落地襄阳，应用场景缺乏数据支撑。例如人才落户智能秒批需要比对的教育部学历信息无法获取。二是部分部门数据未整合、质量不高，影响群众网上办事的体验感。例如自规（不动产）、住建（房管）、民政、公安四家部门存在不动产、住房、婚姻登记的身份证号缺失、错误及身份证号与姓名不相符；不动产登记信息与公安人口户籍信息姓名不一致；婚姻登记信息与公安人口户籍信息不一致等问题；部分数据归集难度较大。三是前期保存的一些纸质档案不完整，手工书写不规范、不清晰，无法电子化入库。例如公安部分文书档案和不动产部

分土地登记档案年代久远，数量庞大，数字化难度较高。

（三）专业人才和设施紧缺，服务能力不足

一是“只进一扇门”未完，部分乡镇人社、医保、公安、市场监管、退役军人等部门的高频事项未进驻政务服务大厅，群众办事仍需“东奔西跑”；二是专业化人才紧缺，部分县市区仍未成立大数据中心，普遍缺乏熟悉互联网、大数据的专业技术人员，存在“不会用网、不愿用网”的问题；乡村两级政务工作人员流动性强，“一窗通办”工作落实效果差。三是基层硬件设施不齐，部分乡镇（街道）、社区（村）未通电子政务外网，特别是乡村两级高拍仪、电子证照扫码枪等信息化终端设备匮乏，经费保障不足。

二、做法与成效

襄阳市行政审批局坚持创新驱动发展，加快政务服务数字化转型，不断推进“一网通办”改革突破创新，全面推动“一事联办”重点改革事项落地，坚持以企业和群众视角界定“一件事”，率先探索推行全生命周期服务改革，进一步提升了政务服务质效。

（一）解决方案

归集整合事项，构建“全生命周期”集成化服务体系。以企业群众办成“一件事”为目标，聚焦个人、企业全生命周期每个阶段涉及的事项，梳理出“企业群众需求”与“政府事项”之间的关系，按照自然人的年龄和各年龄段的需求，将个人全生命周期分为出生、上学、就业、婚育、置业、救助、就医、退休、身故九大阶段；按照企业的发展阶段，将企业分为商事登记、员工招聘、生产经营、企业注销四大阶段，以“阶段—主题—情景”为框架，通过逻辑匹配、流程优化、环节合并、资源整合、信息共享、扩容延伸等方式，将复杂业务集成“一件事”，依托湖北政务服务平台推动 167 个主题事项线上“一网通办”，真正实现“一表申请、一次提交、一链办理、一次办结”。

强化技术赋能，全面夯实政务服务“数字底座”。倾力打造“汉江云”品牌，统筹华为、移动、电信、联通算力资源体系，汇聚各类政务信息资源达 9.36 亿条。完成市县两级政务事项数据目录梳理编制工作，上报目录 1.8 万条，初步建设完成全市六大基础库、12类主题库，为“一网通办”提供数字化、网络化、智能化支撑。探索“RPA+AI”技术，突破“一窗通办”改革瓶颈，使用RPA智能机器人简化工作流程，实现数据从统一受理平台自动录入，推送到部门业务办理系统，提升企业群众办事的体验感。

协同联动部署，建立“全链条”式政务服务机制。坚持市县乡村联动，推动基层政务服务场所提档升级，将“窗口集成”升级为“线上线下服务集成”，推动平台、资源、服务向基层下沉，形成全市线上线下统一的政务服务标准化体系；上线全市政务服务地图，覆盖全市2700多个政务服务场所，提供名称、地址、联系电话、上下班时间和实景图等相关信息，群众通过高德地图、百度地图、腾讯地图等各类导航App都可进行查询；设立“网办引导员”，协助群众通过湖北政务服务网、“鄂汇办”App及自助终端设备在线申请办理事项；在全市设置139个“办不成事”反映窗口，为企业群众提供兜底服务；建立“12345热线＋纪检监察监督”联动机制，开发便民服务“群众评”系统，实现部门联动联调、信息互享互通、问题线索及时移送，切实解决群众反映的突出问题。

（二）实施过程

1. 聚焦群众视界，整合主题事项清单

2021年7月19日，襄阳市发布《襄阳市关于以“高效办成一件事”为目标全面推行全生命周期政务服务的实施方案》（以下称《方案》），坚持以企业和群众视角界定“一件事”，率先探索推行全生命周期服务，极大压缩办事环节、流程和材料，进一步推动政府职能转变和行政体制改革创新，真正实现让企业和群众“只跑一次”或“一次不用跑”。

（1）自然人全生命周期涵盖了九大阶段共25件高频“一事联办”事项，例如“新生儿落户一件事”“幼儿园入园一件事”“义务教育阶段入学一件事”“我要办理就业登记”“职工失业一件事”“军人退役一件事”“婚育户一件事”“购买新房一件事”“特困人员救助一件事”“慢性病规定病种申报一件事”“职工退休一件事”“居民身故一件事”等。

（2）法人全生命周期涵盖了四大阶段共29件高频“一事联办”事项，例如“企业开办一件事”“我要开旅店”“我要开物流公司（货运）”“我要办一级以下医疗机构（诊所除外）”“我要开快递网点”“我要开民宿”“小餐饮店证照联办”“小杂食店证照联办”“餐饮服务证照联办”“设置大型户外广告审批一

件事”“企业与员工解除终止劳动合同一件事”“纳税缴费一件事”“企业注销一件事”等。

2. 聚焦功能优化，提升政务服务能级

襄阳市大力推进“一网通办”重点改革工作，推动网上服务系统重构、优化业务流程、减轻办事负载，进一步优化政务功能，实现服务能级跃升。

（1）推进“三通”（系统通、网络通、数据通）建设，打造政务服务快捷通道。推进“一网通办”改革工作，实现“三通”是基础。2021 年年底，全市“一网通办”改革快速推进，已完成市县两级人社、医保、自规、住建、公积金、市场监管 6 个部门 16 个自建业务系统与省统一受理平台对接，完成市公积金、不动产业务专网与电子政务外网整合，乡镇（街道）、村（社区）政务外网专线联通率分别达到 97.3%、90.02%，完成 62 类 235 万本证照数据的全量归集，实现 11 个自建业务系统与电子证照平台对接，提供证照对外共享服务调用达 60 余万次，市场主体和群众办事便利度明显提高。

（2）开展简政增效，打造政务服务轻便跑车。襄阳市行政审批局在全市开展“减审批，推进流程再造”专项行动。一是减事项。大力推进简政放权，市本级下放依申请及公共服务事项 70 项；开展“证照分离”改革全覆盖试点工作，直接取消审批 25 项、审批改为备案 5 项；督促各县（市、区）、开发区印发县乡村三级事项清单，严禁超清单审批和各种变相审批。二是简流程。市县两级“减时限、减材料、减跑动、减环节”缩减比例分别达到 86%、39%、99%、66%。其中“减材料”压缩比例全省第一，“减时限”压缩比例超越上海市的 59.8%。三是避超时。将“减时限”与“超时办件”问题关联起来，强力推进“超时办件”专项整治，在统一受理平台设置“超时未受理”及“办结超时”短信提醒功能，确保企业群众在承诺时限内拿到审批结果。

（3）实施机制举措，打造政务服务舒心站点。大力推进“一窗通办”改革，推行“无否决权”工作机制，全市按照“前台综合受理、后台分类审批、统一窗口出件”的模式，大力推进市、县、乡、村四级综合受理窗口建设，倒逼各级政务部门衔接管理制度、整合办事流程，推进各部门间协同作战、集成服务，推动群众办事从“找部门”向“找政府”转变。市、县、乡、村四级政务服务大厅均设置了无差别综合受理窗口和分领域综合窗口，均可通过统一受理平台受理群众办件。到 2021 年底，市、县、乡三级政务服务大厅的 689 个综合受理窗口已全部推行窗口“无否决权”工作机制，“有事必办、一窗通办”的金牌服务已全面覆盖。

3. 聚焦用户体验，拓宽政务服务渠道

为增强群众的办事获得感、体验感，襄阳市坚持用户体验导向，在政务服务更高效、更便捷、更精准上下功夫，大力推行“一次办、掌上办、智能办、就近办、跨域办”，从“能办”向“好办”、“方便办”转变。

（1）扎实推进“一次办”。大力推进线上“综合受理平台”和线下综合窗口建设，市本级756个事项实现“无差别受理”。开设“老年人服务专区”，为老年人提供一对一“一站式”服务，增强老年人的办事获得感。创新推出自然人和企业全生命周期“一事联办”集成服务，上线“新生儿落户”“军人退役一件事”“退休一件事”等主题事项76个，共办理1.2万件。

（2）扎实推进“掌上办”。按照“掌上优先、应上尽上”的原则，累计上线公租房信息查询、社保卡服务、医保参保查询等561个事项，实现了高频事项“指尖办”。截至2022年上半年，共办理各类事项87万件。开通首个湖北省内公积金全程掌办大厅，实现全市公积金业务19个高频事项“掌上办”“随时办”。

（3）扎实推进“智能办”。在湖北省率先创新推出无人工干预“智能秒办”，涉及人社、医保、公积金、不动产、公安、民政、税务等第一批共63个单个高频事项。不动产登记实现水电气过户一体化，申请资料由部门间信息共享平台获取，签订合同、交税、产权登记和水电气过户，全流程由系统自动审核办理，即时办结。

（4）扎实推进“就近办”。完成市、县两级政务大厅24小时自助服务区建设，开发全市自助服务平台，累计上线内资公司变更登记、职工参保登记、对客货运输车辆的年度审验等254个高频事项。市级人社、医保等首批58项高频事项实现在城区试点街道和社区“就近办”。在各县（市、区）政务服务场所共投放305台自助设备，方便企业群众“自助办”。推动“政银合作”，将全市建设银行、农业银行营业网点的自助机进行升级改造，可办理公积金、社保等60多个政务事项。

（5）扎实推进“跨域办”。推进襄阳、十堰、随州、神农架等27个县（市、区）签订合作协议，开发上线政务服务跨域通办平台，第一批涉及医保、社保、就业、交通、公积金、不动产等与群众生活密切相关的356项高频政务服务实现网上异地通办，数量居湖北省内三大城市圈首位。深化“跨区域通办”，市本级及11个县（市、区）分别与深圳、东莞、温州、南阳等城市签订合作协议，61个高频事项实现“跨省通办”。

4. 聚焦营商环境，助力企业减负增效

（1）以重点领域改革为突破口，着力破解投资项目审批落地难题。一是深化区域性统一评价改革。按照“两个全覆盖”的要求，完成水土保持方案、洪水影响、地震安全、环境影响、文物保护等 3 个批次 14 万亩 9 个专题统一评价，大幅降低了企业成本。全市已有 73 个、总投资约 445 亿元的项目免费享受区域性统一评价改革成果，改革经验在全国复制推广。二是推行项目审批集成服务。针对投资主体从形成项目投资意愿到项目竣工发证的全生命周期，梳理出项目落地、规划许可等 6 个“一件事”。三是将改革成果转化为推动高质量发展的动力。将告知承诺制、提前审查制、并联审批制作为全市新增工业项目行政审批的常态，在符合国土空间规划的前提下，最大限度优化审批流程，提高审批效能，压缩项目从签约到开工的时间，降低企业用地成本，确保工业项目在交付土地前完成开工所需的全部行政审批事项，实现“五证同发”。

（2）以惠企政策落地为支撑，助推企业发展跑出“加速度”。一是推行惠企政策“网上办”。建成湖北省首家惠企政策兑现平台襄阳“政策通”，将原来 10 个环节变为现在的大数据分析比对、提交拨付 2 个环节，实现惠企政策“一网汇集、精准推送、智能兑现”；实现惠民政策全量“一屏尽览”、资讯信息“一键匹配”、服务事项“一网通办”。截至 2022 年 1 月，全市“无申请兑现”事项达 255 项，共兑现资金总额 4.25 亿元，7993 家企业直接受益。二是开展精准服务“面对面”。以企业“办成一件事”为标准，优化工作流程，精准制定政策，针对企业用地、用房、人才引进等问题，精准服务，制定一企一策、一业一策“服务包”。深入工业园区、大数据产业园区进行政务事项现场咨询、办理服务活动，积极出谋划策，分类解决企业发展中遇到的困难和问题。三是强化宣传推广“全覆盖”。结合“千名干部进千企”工作，主动上门把《襄阳市应对疫情惠企政策重要问题解答》《2020—2021 年惠企政策汇编》等宣传资料送到企业手中，向企业介绍金融支持、就业补贴、税收优惠、社保减免等各项优惠政策，并与企业一起逐项研究，帮助企业“应享尽享”。

5. 聚焦“办不成事”，兜底保障群众办事

为进一步提高政务服务能力，在市民服务中心 10 个业务专区和综合受理窗口共设置 11 个“办不成事”反映窗口，为办事群众因遇到线上线下提交申请材料而未能实现成功受理审批，或多次往来办事窗口未能解决问题等难点堵点，找到了“出口”，兜底保障群众办事。一是成立办事专班助力解决疑难杂症。工作专班由市行政审批局管理科室牵头，派驻市民服务中心窗口单位首席代表为成员。对于办理事项本身复杂，涉及跨部门跨行业等特殊情形，而群众又无法按照要求提供资料，导致事项无法办理等问题，工作专班采取联席商议制，协调沟通商讨解决方案。同时对于“办不成事”的成因进行全方位分析研判，为优化营商环境科学决策提供参考依据。二是规范办理时限流程形成工作闭环。“办不成事”反映窗口在受理群众诉求后，引导群众填写登记表格，按照受理、分类、转办、办结、反馈的办理流程形成工作闭环。对确因法律法规和政策限制办不了的事项，3个工作日内答复，并做好解释沟通工作；涉及单个部门的疑难事项，5个工作日内反馈办理结果；涉及跨部门的疑难复杂事项，10个工作日内反馈办理结果。

（三）工作成效

襄阳市全生命周期政务服务改革，在全国《IOMM-G数字政府建设水平和运营效果成熟度标准》评估中，荣获先进级（4级）认证，是全国首批、湖北首个获此荣誉的市（州）。企业和个人两个“全生命周期”政务服务改革荣获“第二届（2021）全国政务服务软实力·数字化实践优秀案例”。为地方政府深化行政体制改革，推进政务服务优化提供可供参考的解决思路。

1. 对准了群众需求，提升了政务服务精度

自2021年7月以来，襄阳市积极探索，先行先试，全力推进全生命周期政务服务改革，立足数据赋能，紧密围绕“高效办成一件事”思路，站在企业和群众视角界定“一件事”，通过梳理事项，归集清单，为群众提供精准服务清单，让群众办事。截至2022年1月，拓展整合“居民身故一件事、新生儿落户一件事、军人退役一件事”等76个主题事项，并已全部在湖北政务服务网上线，全市累计办理各类“一件事”主题事项11681件，上线数量和办件量全省领先。

2. 简化了办事程序，提升了群众办事效度

推行全生命周期政务服务改革以来，襄阳市大力推进“一网通办”改革，全力精简了办事负载，全面优化了业务流程，线上实现了简便申请、快速办结、免费邮寄“一次不用跑”的目标，线下实现了让群众和企业从以前跑“多门”、办“多事”、跑“多窗”、跑“多次”到现在跑“一门”、办“一事”、找“一窗”、跑“一次”的办事便捷目标，实现了群众和企业以前办事“填多表，多套资料，多次提交，多次办结”到现在“填一表，一套资料，一次提交，一次办结”的转变，审批效率大幅提升。群众通过“办不成事”反映窗口解决“难办、不好办”等问题，推进业务部门进一步优化流程、精减材料，实现“未诉先办”，群众的获得感和幸福感明显增强。

3. 优化了营商环境，提升了企业发展动能

襄阳市针对投资主体从形成新项目投资意愿，到项目竣工发证全生命周期过程中涉及的行政许可、公共服务、中介服务等事项，梳理出“项目落地一件事”“规划许可一件事”“图纸审查一件事”“施工许可一件事”“水电气接入外线工程一件事”“验收发证一件事”6个“一件事”，推行“多规合一”“多审合一”“多测合一”“多验合一”改革，项目审批效率大幅提升。2022年2月27日，比亚迪襄阳产业园项目签约33天、土地摘牌刚2天就实现“五证同发”。2月28日，吉利“硅谷”项目实现“五证同发”，从启动洽谈到签约落地仅用39天时间，从签约到一期投产仅用2个月时间，创造了洽谈时间最短、落地速度最快的招商引资新纪录。

三、经验启示

（一）坚持人民至上价值引领，增强政务服务新体验

围绕党的二十大报告提出的“坚持以人民为中心的发展思想。维护人民根本利益，增进民生福祉，不断实现发展为了人民、发展依靠人民、发展成果由人民共享，让现代化建设成果更多更公平惠及全体人民”。[①] 政务服务要以切实保障人民权益为改革的出发点和归宿。一是根据企业和群众的需求，提供精准化服务。政务服务改革需要对民众和企业使用政务服务的数据进行深入挖掘与开发，通过大数据技术对政务服务历史记录数据进行分析，绘制出用户的政务服务需求画像，这将有助于识别用户的行为特征、习惯和使用模式，以便提供针对性的服务。二是注重以用户为中心的价值宣传，借助有效的传播形式和媒介渠道进行广泛的信息告知，着重从心理层面使民众愿意接纳“一网通办”，从被动使用转为主动使用再到习惯化使用。三是以人民至上的权利逻辑超越以管理

①《高举中国特色社会主义伟大旗帜　为全面建设社会主义现代化国家而团结奋斗——在中国共产党第二十次全国代表大会上的报告》，《人民日报》2022年10月26日。

至上的任务逻辑。政府通过“一网通办”从用户的“需求清单”出发为其提供服务，实现以机构为中心向以用户为中心的价值理念转变，从用户的利益诉求层面、心理认知层面转向权利价值层面的维护。

（二）坚持创新思维破解难题，转变政务服务强作风

围绕党的二十大报告“……创新才能把握时代、引领时代”的要求，① 一是不断“破”思想之“冰”。把改革作为展现干部作为、检验干部作风的试金石和赛马场，进一步强化拼、抢、实的作风。鼓励干部与企业家正常交往，按照“三个区分开来”的要求，切实为担当者担当、为负责者负责、为干事者撑腰。让干部放下包袱，放开胆子，甩开膀子，尽情地干，自豪地干。二是不断“突”发展之“围”。分批次组织各地各部门负责改革工作的领导干部到上海等经济发达地区交流培训、挂职锻炼、跟班学习。建立领导干部联系服务企业工作机制，选派一批干部到重点企业开展驻企服务工作，让干部了解企业的真实疾苦和需求。各地各部门主要领导要定期到各级政务服务大厅排查工作落实情况，看看网络是否通畅，人员和事项是否进驻，综合受理是否落实，“最多只跑一次”是否做到了，在亲身体验中找到优化办事流程和服务环境的突破口和着力点。三是不断“造”头雁之“势”。探索建立牵头部门奖励激励机制，支持各地、各部门、各单位探索创新应用场景，发挥各部门的创新精神和向上沟通协调能力，抓好改革试点推广，推动相关经验转化为全省乃至全国标准。对主动改革创新、成效显著的，在“高效办成一件事”考核和年终目标考核中予以加分，在全市上下形成激励有功者、严惩无为者的良好导向。

（三）坚持数据赋能技术支撑，促进政务服务高效率

围绕二十大报告“加快建设网络强国、数字中国”要求，② 把加强数字政府建设作为基础性和先导性工程，统筹构建数字政府“四梁八柱”。一是从技术应用层面看，政府应在“一网通办”的业务规划、集成和运营方面重点下功夫。政府加强在购买、维护软硬件设备上配置足够的注意力，保证相关基础设备设施的日常购置与完善，及时更替陈旧设施，弥补软硬件设施潜在的技术漏洞。二是从技术推新层面看，健全技术人才的吸纳、培养和考核机制。政府应

①②《高举中国特色社会主义伟大旗帜　为全面建设社会主义现代化国家而团结奋斗——在中国共产党第二十次全国代表大会上的报告》，《人民日报》2022 年 10 月 26 日。

投入足够资金，加强人才梯队建设，建立常态化的人才引进、培养机制，为“一网通办”改革提供充足、专业的人力资源保障。在对技术人员的激励和监管上，要完善激励约束机制，健全专业人才评价考核机制，不仅要看重专业技术水平，也要考察其道德水准、是否遵守技术规范，坚决清退利用专业技术滥用数据、数据造假等违背技术伦理行为的人员。三是从保障数字弱势群体权益层面看，深度消解数字鸿沟，赋权增能。以用户为中心的改革理念，要求改革从多个角度消解数字鸿沟的负面影响，以保护技术应用中处于弱势地位群体的原则提供向其倾斜的公共服务，赋权增能精准帮扶，尽可能做到技术适配。

（四）坚持打造多元应用场景，满足政务服务新变化

围绕二十大报告“深化简政放权、放管结合、优化服务改革”要求，[①] 加快构建规范高效便利的一流政务环境。一是进一步推进“数据通”。市直相关部门要加强与省直业务部门对接力度，推动垂管业务系统数据落地；加强高频电子证照和公共数据归集力度，特别是线下纸质证照的归集，为群众办事“免提交”提供有力保障；坚持“以用为要”，加强数据的全生命周期的闭环管理，不断提高公共数据的质量和利用率，深入挖掘数据价值，为政府决策服务，为产业发展赋能。二是进一步推进“流程通”。加大环节精简和流程优化再造，强化跨部门协同，强化前台的综合和后台的整合，依托全生命周期服务理念，围绕法人、自然人不同时期“一件事”的申请条件、申报方式、受理模式、审核程序、发证方式、管理架构等进行流程再造，推进“一次办”改革提速。三是进一步推进“渠道通”。紧紧围绕用户体验，增强智慧功能，提高网上办理的比重，加大宣传力度，让“网上办、掌上办”上升为一种习惯、一种规范，能在线上办的，就不要在线下办，真正意义上做到有求必应，无事不扰。加快落实“一企一档”“一人一档”建设，更多地为企业、为个人提供定制化、个性化的政务服务，使“一网通办”成为企业群众掌握政策的平台、反映问题的通道、发展壮大的宝典。

（五）坚持夯实基础补齐短板，增强政务服务新能力

习近平总书记在湖北武汉东湖高新区左岭街道智苑社区考察时强调：“要

---

①《高举中国特色社会主义伟大旗帜　为全面建设社会主义现代化国家而团结奋斗——在中国共产党第二十次全国代表大会上的报告》，《人民日报》2022年10月26日。

把更多资源下沉到社区来，充实工作力量，加强信息化建设，提高应急反应能力和管理服务水平，夯实城市治理基层基础。”① 一是不断完善基层政务服务体系。加快推进街道办事处和经济发达镇行政体制改革，落实街道和经济发达镇政务服务中心人员、编制、经费和大厅硬件保障。暂未设置政务服务中心的乡镇要加强服务场所建设，由乡镇政府一名副职兼职分管。二是不断提升基层政务服务能力。根据企业和群众办事需求，推进综合窗口改革，建立基层综合窗口“一窗受理”政务服务模式，由“行业窗口”向“全科窗口”转变，实行无差别受理、办理。三是不断夯实基层政务服务基础。将政务服务自助终端向乡镇（街道）、村（社区）、超市、卫生服务站等人流密集点延伸，提供办事预约、审批服务、查询打印、便民缴费等不间断政务服务。

【思考题】

1. 政务部门的信息支撑功能为什么薄弱？数据质量为什么不高？
2. 全生命周期的政务服务创新改革有哪些优势？

①《习近平在湖北武汉考察时强调　把科技的命脉牢牢掌握在自己手中　不断提升我国发展独立性自主性安全性》，《人民日报》2022 年 6 月 30 日。

智慧城市建设助推城市治理精细化

——湖北省老河口市探索智慧城市建设新模式

中共老河口市委党校

刘阳春　吴彩云　甘　露　陈　凌　朱　涛

【引言】 2016年10月9日下午，中共中央政治局就实施网络强国战略进行第三十六次集体学习。习近平总书记在主持学习时强调，以推行电子政务、建设新型智慧城市等为抓手，以数据集中和共享为途径，建设全国一体化的国家大数据中心，推进技术融合、业务融合、数据融合，实现跨层级、跨地域、跨系统、跨部门、跨业务的协同管理和服务。① 在党的二十大报告中，习近平总书记又进一步指出："加快建设网络强国、数字中国"，并7次提到"数字化"相关内容，意蕴深刻，对新时期深化推进新型智慧城市建设、深入落实国家大数据战略具有重大而深远的意义。

【摘要】 近年来，老河口市贯彻落实党的十九大精神和习近平总书记考察湖北重要讲话精神，深入执行党中央关于信息化和大数据发展工作的方针政策和决策部署，积极抢抓新一轮信息技术创新革命的重大历史机遇，坚持新发展理念，走"生态优先、绿色智能"之路，积极谋划推进新型智慧城市建设，建设数字政府、发展数字经济、构建数字社会，奋力推动老河口市在湖北省建设全国构建新发展格局先行区战略和"襄阳都市圈"战略中走在高质量发展前列。

实际工作中，老河口市依托襄阳国家自贸区建设和省域副中心城市建设机遇，融入长江经济带和汉江生态经济带绿色发展战略，以"绿色智能、产城融合"为特点推进新型城镇化。通过"北斗＋时空信息云平台"服务应用示范建设，建立了政务、民生、产业三大示范体系，推动了老河口市城市治理的精细化、公

① 习近平：《加快推进网络信息技术自主创新　朝着建设网络强国目标不懈努力》，《人民日报》2016年10月10日。

共安全的敏捷化、城市规划的科学化、城市生活的便捷化，充分发挥了智慧城市服务功能。

【关键词】 智慧城市；数字政府；统筹时空要素

一、背景情况

老河口市位于湖北省西北部，汉水中游，南水北调中线工程丹江口大坝下游，东依中原，西依武当，北枕秦巴，南眺荆襄；处襄渝要道，秦楚通衢，扼鄂、豫、川、陕四省要冲。全市辖10个乡镇办，面积1043平方千米，总人口53万。老河口历史悠久、人杰地灵，是春秋名将伍子胥的故里，汉相萧何的封地，《黄河大合唱》词作者、诗人张光年故乡，抗战时期第五战区李宗仁长官司令部驻柿6年之久。老河口市交通便利、四通八达。老河口机场是全国五大军用机场之一。汉江水运上抵陕西、下达武汉，汉丹、襄渝铁路在此交汇，汉十高速、老宜高速、新316国道、302省道穿境而过。

近年来，老河口市委、市政府增强"四个意识"，坚定"四个自信"，做到"两个维护"，团结带领全市人民，坚持稳中求进工作总基调，积极应对经济下行和新冠疫情带来的不利影响，凝心聚力，克难奋进，砥砺前行，推动了经济社会高质量发展，先后荣获全国新型城镇化质量百强县市、全国社会治理创新典范城市、中部地区县域经济百强县市、湖北省文明城市、湖北省科技创新先进县市、湖北省森林城市、湖北省双拥模范城市等殊荣。

老河口市坚持五大发展理念，着眼于生产空间集约高效、生活空间宜居适度、生态空间山清水秀，更新规划理念，创新建设管理模式，统筹城乡发展，落实生态优先、绿色发展，把生态文明理念融入新型城镇化全过程，尊重自然规律，强化生态保护，守住生态红线，推动形成绿色低碳的生产生活方式和城市建设运营模式，全力打造汉江生态经济带绿色明珠城市。

为贯彻落实《国家新型城镇化规划（2014—2020年）》，有关推进智慧城市建设的目标和重点任务，响应《湖北关于做好国家智慧城市建设试点工作的通知》，2014年，老河口市积极抢抓新一轮信息技术创新革命，大胆实践，编制《智慧老河口总体方案》，启动智慧老河口建设，并较好利用国家大政方针，积极争取地市级、湖北省和国家有关部门的财政支持。"智慧老河口"建设被列入全国第三批国家智慧城市试点、全国首个县级智慧城市时空信息云平台试点。2016 年 12 月，老河口市以“产城融合、绿色智能”成功申报第三批国家新型城镇化综合试点。2017 年 10 月，智慧老河口时空信息云平台建设试点通过国家验收，成为全国范围内首个通过国家验收的县级城市。先后荣获 2017 年中国智慧城市示范城市、2018 年中欧绿色和智慧城市奖、2019 年全国十大智慧城市典型地区实践（县级市类别）、2021 优质投资环境城市、2022 数字中国创新大赛大数据赛道一等奖等殊荣。老河口市推进城市智慧化运行被国家发改委作为新型城镇化试点示范典型案例推广；社区智慧治理北斗网格码服务平台在福州举行的全国第一届网格化模式理论与标准研讨会上，作为典型案例交流；北斗网格码社区服务平台建设经验被湖北省政府办公厅 2022 年第 40 期《政务要情》刊发。

智慧老河口在建设模式、运营模式和服务模式上进行的有益探索，以及在智慧城市建设中取得的成熟经验，对全国中小型城市智慧城市建设具有较好的推广价值和借鉴作用，已经成为老河口市一张亮丽的名片，其推进工作真实展现了老河口市改革创新的发展风貌和积极落实国家政策的成果，是习近平新时代中国特色社会主义思想关于高质量发展理念在湖北省的生动实践。

二、主要做法

智慧老河口建设通过政府全面组织实施、汇聚智慧城市建设领先技术、多方整合和利用资金、公司参与运营和管理等措施，有效解决智慧城市建设中遇到的资金、技术、运营、维护、人才队伍等一系列问题，形成老河口独具特色的建设模式、技术模式、服务模式和运营模式，对中小城市智慧城市建设具有良好的借鉴意义。工作中，智慧老河口坚持高点规划，立足实际，总结经验，通过利用新型信息技术、以“全域一体”理念为基础，围绕 1 个中心（政务云—数据中心），建成覆盖面广、支撑能力完善的信息化基础设施，打造 2 个平台（“时空大数据云平台”和“城市运营服务平台”），在政务、民生、产业等方面进行了有益的探索，取得了明显成效，初步实现了强政、惠企、便民。

（一）统筹谋划和逐步推进

1. 注重顶层设计

按照“总体设计、基础先行、业务驱动、分步实施”的思路，智慧老河口建设周期为3期，每期制定“三年行动计划”。智慧老河口一期于2016年4月建成，信息化基础设施初步建成，开展了政务、民生、产业三大类14个应用示范。部署了政务资源目录服务系统、智慧城管、智慧社管、智慧规划、智慧应急、“农博士”平台、智慧儿童安全监护、平安校园、“掌上老河口”等应用系统。智慧老河口二期于2016年12月启动，以信息传输网络、公共数据库、公共信息交换平台等基础建设为重点，推进22个信息化项目，包括“基础地理数据采集、不动产登记平台、政务协同办公系统、地政一张图、智慧国土、信用汇集系统、精准扶贫大数据平台、政务服务云平台、多规合一信息平台、安全生产监督管理平台、智慧查违、智慧环卫、财税大数据分析系统、智慧医疗”等，以信息化、智能化手段助推老河口市成为“功能完善、服务精细、智能高效”的精致城市。智慧老河口三期制定形成《数字政府暨智慧老河口三期建设三年行动计划（2019—2021年）》，聚焦突破大数据、云计算、人工智能、区块链等领域，壮大智能制造，发展循环经济，培育北斗产业，打造“智行隆中”老河口示范先行区。不断丰富智慧老河口数据中心，形成“深化应用、完善提高”的智能化服务体系。

在智慧老河口推进过程中，探索制定各项标准规范：《老河口市政务信息资源共享交换管理办法》《老河口市智慧城市时空信息服务平台管理制度》《老河口市智慧城市时空信息云平台数据规范》《智慧城市时空信息云平台服务接口规范》《老河口市政务信息资源共享管理暂行办法和政务信息系统整合共享方案》《老河口市推进公共信息资源开放实施方案》等一系列文件，为工作顺利开展提供了有力保障。同时，在智慧老河口初期评审、中期评估等过程中邀请龚健雅、李德仁、王家耀等院士专家咨询团队为智慧老河口建设把脉定向、明确思路，提供智力支持。

2. 创新机制体制

从机构设置、资源共享、数据汇聚、运维管理形成了一整套具有老河口特色的体制机制，实现了智慧老河口建设技术规范和可持续应用模式。

一是成立机构，创新体制。成立了由市委书记为组长的领导小组，实现了顶层设计的高位决策，建设推进的上下联动。定期召开部门联席会议和智慧城市专题会，研究解决智慧城市推进过程中出现的具体问题。从 2014 年来出台了 20 多份专题会议纪要，完善建设发展战略、资金和人才、资源整合、信息共享，有力地促进了智慧老河口建设；成立了政府直属单位老河口市智慧城市与信息化促进中心，在 2019 年 3 月机构改革中更名为“老河口市大数据中心”，从体制上赋予大数据中心统筹全市智慧城市与信息化建设，推动跨行业、跨部门的互联互通和政务数据资源依法依规共享、开放、利用等职能。2022 年 3 月在原老河口市大数据中心的基础上，组建老河口市城市运行管理中心，同时设立乡镇、街道城镇运行管理中心。

二是采用 PPP 模式，创新建设运营机制。智慧老河口建设采用 PPP 模式，引入社会资本方成立“老河口智慧城市投资运营公司”全面负责智慧城市的顶层规划、建设与运营。采用 TOT+BOT 模式，把一期已建成的项目委托项目公司运营，把二期继建项目授权给项目公司建设、运营。政府从建设者、管理者转变为监管者、使用者，提高了财政资金使用效率。通过项目运营，有效地利用社会资本，帮助管好、利用好政府数据资源，挖掘增值服务，大大提高了政府工作效率，减少了行政成本，推动了政府职能转变。

3. 统筹时空要素

通过时空信息云平台，建设以时空数据管理、应用与服务的时空信息软件服务平台，通过功能扩展和接口服务，形成智慧老河口公共服务体系，成功探索出一条集智慧城市建设、管理、服务、运营一条龙的技术路径，有效解决了智慧城市建设数据标准不统一、系统建设分散、难以集成、无法形成统一服务的难题。

4. 融合北斗技术

基于智慧老河口时空信息云平台和湖北省高精度位置服务平台，建设老河口市亚米级高精度导航一张图和北斗网格码一张图，开发平台的导航位置服务功能，拓宽时空信息云平台建设新方向。基于北斗统一时空基准，实施了一批北斗示范应用项目，助推北斗产业发展，开启湖北省北斗技术应用新思路，为国产北斗技术的推广应用作出了有益的探索。

5. 产学研用结合

在项目建设过程中，加强与高校、科研院所、企业的合作，通过应用牵引，加快推动地理信息技术科研成果的转化和落地，促进科研单位、高新企业和应用单位的交流和联合，推动湖北地信科技有限公司、武汉梦芯科技等地理信息行业的发展。建立各类北斗终端及传感器在老河口的试用，推动了北斗产业链的发展。实施“小汉口”人才计划，吸引大学生到老河口市实习创业，为智慧老河口建设提供绵长后劲。

（二）实际成效

1. 基础设施支撑有力

智慧老河口数据中心落成，扩容提质。政务云建设，是建设数字政府，实现政务资源整合、业务系统部署的重要保障。智慧老河口是省内县级市唯一的数据中心政务云，建成了安全自动监测、数据自动备份、信息安全坚实可靠、不间断供电的“中心机房”。拥有150平方米市级机房、100平方米多功能三级视频会议室、300平方米集城管社管调度、应急指挥、视频监控、12345政府热线办理为一体的指挥中心，为资源整合、业务系统快速落地提供了良好的物理场地。

电子政务外网全域覆盖，五级联通。构建了纵向贯通省、市、县、乡、村五级，横向覆盖全市各部办委局、乡镇办、村（社区）电子政务外网，已融合15个垂直系统业务，接入老河口市400多家单位、300多条链路，20多个单位电子政务外网到桌面。为政务信息互联互通、共享利用和全省“一张网”建设提供传输通道。

网络基础设施逐步完善。移动网络基本实现4G全覆盖，5G网络开始在中心城区和重点区域谋划部署，“5G+工业互联网”应用工程建设正在逐步推进；互联网出口带宽提高到1T，全市实现光纤宽带“村村通”，初步完成“百兆到户、千兆到楼、T级出口”的目标；城乡重点公共场所实现WiFi热点部署，为市民提供免费无线接入服务。

初步构建城市物联网框架。围绕智慧老河口指挥中心，完成视频监控、卡口数据接入；构建基于北斗/GPS的智能公交定位终端网络和老河口市公交智能调度系统；建设1个北斗连续运行卫星跟踪站，构建城市物联网基础设施、管理系统、应用支持等基本框架。

城市公共基础数据库基本建成，投入服务。智慧老河口政务云汇集了基础地理信息库、人口库、法人库、证照库、建筑物库五大类覆盖不同尺度、不同来源、不同类别的基础数据库。根据应用需要，建设了规划、国土、不动产、安监、城管、政务服务等专题数据库，实现不同部门异构系统间资源共享和业务协同，为城市建设管理、公共服务、政府决策等提供丰富数据。

2. 城市治理逐步精细化

智慧城管。通过融合物联网、北斗定位、人工智能等技术的智能摄像头自动抓拍识别和网格员巡查拍照，将城管事件生成为电子工单，分派给职能部门闭环处理，形成高位监管、高效处置、部门协同的“大城管”格局。平台自上线以来平均每月接收各类案件 800～1000 件、网格员自行处理案件达 700 多件，处置率达到 90% 以上。

智慧环卫。借助信息化手段建立一套涵盖环卫基础设施、人员、车辆、公厕、处置终端等八大子系统的环卫平台，实现了环卫工作的科学化调度、可视化管理、可量化考核。研发“智慧公厕”小程序，“微信扫一扫，市区公厕全知道”，为市民生活出行提供便利。

智慧查违。利用卫星遥感和无人机航飞技术，定期获取监测区影像数据，比对出相邻时间段内地表变化差异图斑，锁定违法建设证据，配合研发的“图斑处理”系统和“移动端查违”App 软件，有效抑制了城市建成区违建蔓延势头，让违建无处遁形。2018 年启动至今（截至 2022 年 10 月），已开展 11 期疑似违建图斑监测、外业实地核查和违法建筑处置工作。共发现疑似违法建筑 6631 处，核查后拟定违建 844 处，已拆除 600 多处。其中仅在 2019 上半年就拆除城市规划区违法建筑 1.5 万平方米。对违法建筑的发现、取证、处置已形成了一套完整的流程，违法建筑的治理取得了一定成效。从最新的监测结果可以发现疑似违建图斑数量逐步减少，违建比逐步下降，新建违法建筑几乎为零。

智慧规划。多规合一信息平台，针对现行各项规划自成体系、分头管理、难以协调、相互矛盾的现状，将国民经济和社会发展规划、城乡规划、土地利用规划、环境功能规划等融合到一张图上，消除差异，实现“多规合一”和“一张蓝图干到底”。平台自 2017 年上线以来共录入项目案件 279 项，其中多规办 7 件、规划局 212 件、国土局 34 件、发改局 26 件。每年利用该平台召开 10 余次规委会为规划项目落地选址，实现了科学管控“三类空间”，严守生态红线和基本农田保持线。提高了政府空间治理能力和项目落地效率，落实了生态优先、绿色发展理念。

视频资源共享系统。整合全市 6000 余路视频资源，其中公安视频 600 个、雪亮工程 2000 多个、蓝天卫士视频探头 115 个、单位及社会视频 3000 多个，以及在汉江老河口段和铁路沿线摄像头 50 个，建成全方位、实时智能的视频资源共享系统，让城市装上了“智慧之眼”。利用信息化手段，落实“共抓大保护、不搞大开发”，助推平安城市建设，打赢“蓝天碧水保卫战”和全国文明城市创建。

3. 数字政府初步建成

政务信息共享交换平台。接入包括不动产、财税、政务服务、卫生、城管、发改等本级各行政机关政务信息。不动产登记平台自上线以来已办理不动产证书及不动产证明 10 万余份；城镇不动产数据库已整合完成 30762 宗国土数据和 149198 户房产数据工作；政务服务平台共录入 5281 项事项，进度位列襄阳第一；以不动产、财税数据、政务服务为切入口，逐步实现政务信息全部接入、统一认证、互联互通。上连襄阳平台，实现与省、国家政务数据的共享交换。以信息化大数据推动数字政府建设，助推数字经济发展。

政务协同办公系统。实现 PC 端、移动端一体化的公文流转、消息处理，提高了沟通和办公效率，已覆盖 139 家部门及 1.2 万名公职人员，2018 年 1 月上线至今累计流转公文超过 60 万件，并于 2022 年 3 月完成信创替代，实现了无纸化办公、智能办公和移动办公。

政务服务云平台。以建设高质量民众和市场主体服务体系为原则，深化“互联网 +”放管服改革，搭建智慧老河口政务服务云平台，全市 45 个行政服务部门统一上平台，推进“网络通、数据通、业务通”，与全省“一张网”深度对接，解决服务百姓和市场主体“最后一公里”问题。

“无申请兑现”线上平台。为更大力度推进“高效办成一件事”，全力以赴优化营商环境，老河口市在 2021 年率先上线了“无申请兑现”线上平台。平台累计线上发布 8 个政策文件、45 个惠企事项，颗粒化后 103 个兑现事项。2022 年 10 月启动首批“申请类”惠企政策梳理上线，打造成惠企政策“一屏尽览”线上平台，目前已通过平台累计兑付资金 6521.51 万元，惠及 1675 家企业和个人，让“真金白银”直达企业。

4. 产业民生应用萌发壮大

安全生产监督管理平台。整合形成一张覆盖全市安监领域的动态监管网和完整、集中、可追溯的安全生产大数据体系，为应急管理部门提供实时动态监管服务，为企业提供各类安全服务，实现政企双向互动沟通，促进化工产业有序、稳定、健康发展。

不动产登记信息平台。形成不动产登记“一窗受理、并行办理”模式，推进“互联网 + 不动产登记”，依法依规与有关部门互通共享不动产审批和登记信息，压缩时间，提高效率，提升不动产登记质量，优化营商环境，增强企业和群众改革获得感。

构建循环经济产业体系。依托智慧老河口平台，编制产业发展规划，推动信息化和工业化深度融合。老河口市循环经济产业园被国家商务部、财政部命名为国家区域性大型再生资源利用基地，经济开发区成功创建省级园区循环化改造示范点和湖北长江经济带绿色发展示范平台，实现了以信息化引领和带动产业化和绿色化发展。

北斗产业落地生根。在北斗建设和示范应用方面，围绕时空大数据与云平台，部署了包括全国首款北斗智能学生证、智能井盖、北斗农机亚米级终端等一批示范应用，实现北斗高精度导航图、北斗 CORS 网、北斗终端的联动服务与应用，为下一步智慧旅游、智慧出行、智慧物流等北斗示范产业快速落地提供良好土壤。

建设“智行隆中”老河口示范区。积极推进“智行隆中”老河口示范区建设，发挥东风公司在智慧汽车、智慧出行、检验检测方面的优势和智慧老河口良好的平台优势，先行在老河口市规划建设新能源汽车产业园示范区，助推智慧出行、物流、无车承运人、环保执法在老河口市快速落地，打造智慧交通标杆，吸引上下游产业在老河口集聚。

三、经验启示

智慧老河口项目的建设，是智慧城市的成功实践，产生了一些可供借鉴的经验。

（一）突出开放共享，云化海量资源

顺应开放共享时代潮流，通过“全城一体”网络构架，利用云计算、大数据等新一代信息技术，基于时空信息与大数据云平台，赋予了各类静态资源互联可交互、弹性可伸缩、云化可分享、灵动有智能的新特性，实现了海量存储资源和近 1000 种服务发布的云端部署、科学分配、高效利用，极大提高了数据中心软硬件支撑潜力和发布服务支撑能力，打造了丰富的多领域、多部门、多层级共享公共信息资源渠道，实现了多层次、多粒度、多行业应用的联通互动，形成了集约、统筹、共享、协同的政府信息化项目建设新模式和优化资源配置的

新机制。

（二）突出产业促进，释放城市潜能

围绕老河口市三大产业发展规划，依托智慧基础设施，发挥促进带动作用，联合市直部门力量，推动大数据、物联网、云计算和北斗导航等技术广泛运用于农业、制造业、服务业等传统产业和新兴产业领域，有效促进了市工业园区智能化建设、“互联网+”农业突破性发展、电子商务跨越式迈进，夯实了信息化产业发展基础，积淀了智慧城市相关产业人才储备，带动了市场主体观念革新，进一步提高了城市产业支撑保障能力，提升了城市管理水平，拔高了城市发展格局，释放了城市发展潜能。

（三）突出惠及民生，回应群众期待

以加速智慧城市建设让人民群众拥有更多获得感为根本出发点，践行群众路线思考，把握惠民、利民、便民原则，回应群众的期待和需求，积极推进以“一窗服务到底、一卡方便到底、一网覆盖到底”为核心的“互联网+政务服务”。通过建设行政服务云平台、智慧城管、智慧社管、河口“一卡通”、北斗智能学生卡、“掌上老河口”App、“农博士”App等一批群众用得上、用得好的应用项目，让信息和数据打通群众办事“最后一公里”，让智慧网格覆盖全市域，让一卡通方便每一个市民，让居民和企业少跑腿、好办事、不添堵，不断提升政务服务水平、城市管理水平、民生保障水平和群众满意度。

（四）突出机制创新，凝聚建设合力

为有效化解信息化建设头绪多、协调难、专业性强的问题，创新形成了“市委书记挂帅、部门协同、专人实施、多方共建”的组织结构和工作机制，成立了由市委书记任组长、市长任副组长、部门负责人为成员的智慧城市建设工作领导小组，统筹全市智慧城市建设及各领域信息化重大事项；成立了市智慧城市与信息化促进中心，专职负责智慧老河口及全市信息化项目建设；在多方努力下，形成了国家、湖北省与老河口市三级共建机制，有效凝聚了国家“千人计划”专家、湖北重点院校博士等高端人才力量，为智慧老河口建设提供了强有力支撑；同时，通过创新采取PPP模式运作后续项目，与社会资本方签订了15年合作协议，唤醒政府数据资源，挖掘增值服务，形成“时空信息云平台+”智慧城市应用前景，实现企业经济效益和政府社会效益长期共赢，为智慧城市发展建设注入了绵长后劲。

【思考题】

1. 老河口智慧城市建设对其他县级市有何借鉴意义？
2. 老河口智慧城市建设取得的成绩主要有哪些？
3. 老河口智慧城市建设在体制机制上是如何创新的？

让孩子“有园上”“上得起”“上好园”

——湖北省支持公益普惠性幼儿园发展，破解“入园难”“入园贵”

中共湖北省委直属机关工作委员会党校　邓洪洁

【引言】在相当长一段时间里，我国学前教育较其他教育阶段发展相对滞后，导致“入园难”“入园贵”成为社会热议的民生难题。党的十八大以来，习近平总书记高度重视学前教育事业，多次作出重要指示，要求办好学前教育。党的十九大报告强调要“办好学前教育”，把实现“幼有所育”作为“七有”民生问题之首。党的二十大报告进一步指出要强化学前教育普惠发展。破解民生发展难题、满足民众民生需求，让孩子“有园上”“上得起”“上好园”，是各级政府责任的题中之义。

【摘要】从20世纪末到21世纪初，学前教育领域“不平衡不充分”的结构性矛盾开始显现，“入园难”“入园贵”问题成为民众反映普遍的民生难题，这一难题主要表现为幼儿园总量不多、公办园明显不够、民办园良莠不齐、优质园严重不足等方面的矛盾。出现这些问题的原因在于长期一段时间里学前教育法律地位不明确，导致管理体制和投入体制不顺，政府责任不清，难以建立健康的学前教育管理秩序。

为破解“入园难”“入园贵”难题，党中央、国务院在党的十八大前后出台了一系列支持、规范学前教育发展的政策、文件，明确了构建以公办园和普惠性民办园为主体的学前教育服务体系，以政府为主导，积极引导和扶持民办幼儿园提供普惠性服务的学前教育发展思路。按照中央要求，湖北省连续实施了3个学前教育三年行动计划，通过扩资源，强普及，确保“有园上”；调结构，增普惠，确保“上得起”；建机制，提质量，力保“上好园”。经过10年努力，学前教育实现了基本普及，“入园难”问题基本得到解决。同时有效保障了绝大多数幼儿享受普惠性学前教育，家庭的学前教育支出逐渐回落到合理区间，

“入园贵”问题基本得到缓解。

湖北省解决学前教育领域的民生难题的经验对于做好当下民生工作具有重要启示，一是必须坚持基本民生的普惠方向；二是政府要肩负起发展民生的主导作用；三是解决民生问题要坚持真抓实干，以改革创新的举措推进工作；四是做好民生工作要坚持以人民为中心的发展思想。

【关键词】入园难；入园贵；公益普惠性幼儿园

一、背景情况

学龄前时期是儿童身心发展的重要阶段。实现“幼有所育”，以合理费用让孩子们就近入园、入优质园，承载着无数家长的关心期盼，事关千家万户的切身利益。习近平总书记强调，要加强对基础教育的支持力度，办好学前教育。这是在发展中补齐民生短板的内在要求，也是满足人民日益增长的优质教育需求的应有之义。然而，从20世纪末到21世纪初，学前教育领域“不平衡不充分”的结构性矛盾开始显现，入公立幼儿园难、入优质幼儿园难、入民办幼儿园贵等“入园难”“入园贵”问题成为民众反映普遍的民生难题，这一难题主要表现为“四不”：

一是幼儿园总量不多。2011年全国幼儿园数为16.7万所，学前3年毛入园率仅为62.3%，近40%适龄儿童未入园。幼儿园数量缺口大，幼儿园“大班额”现象普遍，特别是中西部农村地区、少数民族地区、留守儿童集中地区学前教育普及程度及教学质量整体偏低。

二是公办园明显不够。20世纪90年代初，随着国有企业剥离办社会职能、机关事业单位后勤社会化以及集体经济的瓦解，公办性质幼儿园发展受到巨大冲击，或关停并转，或出租甚至出售，园所数量出现断崖式下跌（如图1所示）。公办性质幼儿园陷入了办园体制与管理体制不明、无人管理现象突出的困境。

三是民办园良莠不齐。在公立幼儿园绝对数量锐减的同时，民办幼儿园迎来了发展的黄金时期。一段时间里，民办园在幼儿园总数量中占比逐年上升，并超过公办园成为主导力量。但由于投资渠道不同、办学经验、师资力量、硬件条件等千差万别，民办幼儿园在办学条件、设施设备、活动场地、师资队伍等方面发展良莠不齐。

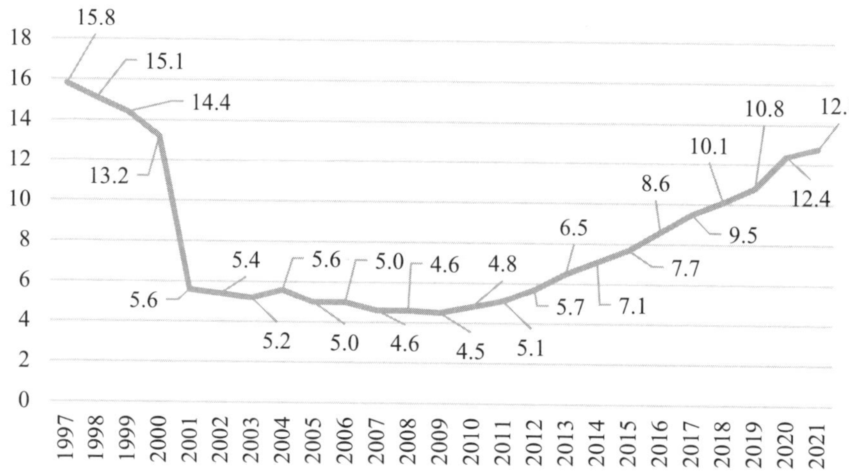

图 1　公办性质幼儿园数量变化情况（1997—2021 年）

资料来源：中华人民共和国教育部官方网站历年教育统计数据

四是优质园严重不足。国家统计局社科文司 2018 年就学前教育开展专项调研，对相关教育主管部门、702 所幼儿园和 5787 名幼儿家长进行了访谈或问卷调查。调查显示，优质幼儿园特别是优质公办园数量较少，尤其部分地区公办园和优质民办园招生主要面向本地户口幼儿，制约了外地籍随迁子女的受教育机会，部分收入偏低的家长只能选择价格较低、质量较差的幼儿园。

学前教育领域出现的这些问题，是一个系统性问题，它并非缘于学前教育内部，而是立法缺失、责任不清、投入不够等问题在学前教育领域的集中体现。

从法律身份地位来看，我国学前教育法律地位不明确，导致管理体制和投入体制不顺。当下，我国《学前教育法》被纳入立法计划但尚未出台，在《国家中长期教育改革和发展规划纲要（2010—2020 年）》（以下简称《纲要》）颁布前，学前教育一直未被真正纳入国民教育体系，从而导致政府对学前教育的投入极为有限，2012 年之前中央政府每年投向学前教育的经费仅占 GDP 的比例不到 0.1%。2018 年，学前教育财政性经费仅占全国财政性教育经费的 4.80%①（如图 2 所示）。而同年，初等教育、中等教育和高等教育财政性经费分别占全国财政性教育经费的 32.34%、30.31% 和 20.40%。

① 从国外情况看，学前 3 年毛入园率在 80% 以上的国家，公共教育经费中学前教育支出占比平均为 9.67%，毛入园率在 60% ～ 80% 的国家，占比平均为 7.73%，OECD 国家占比平均约为 13%。2018 年，中国学前教育毛入园率已达到 81.7%。

图 2　中央财政投入学前教育经费情况（2010—2018 年）

资料来源:《中国教育统计年鉴》

第二，从政府管理体制来看，政府职责不明确、责任约束机制不健全导致政府对学前教育的职责不到位。在《纲要》颁布前，我国一直倡导两条腿走路的办园方针，即国家办学与集体、群众办学并举，各级政府并不明确自己举办学前教育的主导地位，中央政府也没有建立对地方政府的约束性监督机制。学前教育怎么办，取决于地方政府的自身认识程度。同时，由于学前教育不属于义务教育，于是20世纪80年代以后，一些地方政府对学前教育的发展不够重视、支持，出现了甩包袱、减投入，将幼儿教育推向市场的做法。在系统管理、经费投入缺失的情况下，学前教育发展出现失范现象，入园难、入园贵问题日益突出。

第三，从财政投入体制来看，学前教育的经费投入缺乏统一的制度安排，导致投入体制不顺、成本分担机制不健全。一方面，2010 年《关于当前发展学前教育的若干意见》出台以前，各地学前教育财政投入基本没有纳入当地财政经费预算制度，仍以专项经费的形式进行投入，这种“非制度性经费”难以保障公办幼儿园获得稳定长效的财政支持；另一方面，2018 年以前，多数省份公办园生均公用经费或生均财政拨款标准并未建立，企事业单位、集体办园和普惠性民办园补助标准不完善，学前教育投入保障机制缺乏导致学前教育成本的大部分由家庭承担，模糊了政府在成本分担机制中的主导作用。

二、主要做法

（一）解决方案

为破解“入园难”“入园贵”问题，党的十八大前后出台了一系列支持、规范学前教育发展的政策、文件。2010 年 6 月，中央政治局审议并通过指导全国教育改革和发展的纲领性文件《国家中长期教育改革和发展规划纲要（2010—2020 年）》。该纲要将学前教育独立纳入了现代国民教育体系，并提出基本普及学前教育。为配合该纲要的贯彻实施，2010 年 11 月，国务院发布了《关于当前发展学前教育的若干意见》，该意见提到，坚持公益性和普惠性，坚持政府主导，社会参与，公办民办并举的办园体制，各级政府要将学前教育经费列入财政预算。2018 年 11 月《中共中央　国务院关于学前教育深化改革规范发展的若干意见》发布，提出按照实现普惠目标的要求，公办园在园幼儿占比偏低的省份，逐步提高公办园在园幼儿占比，到 2020 年全国原则上达到 50%。鼓励社会力量办园。政府加大扶持力度，引导社会力量更多举办普惠性幼儿园。

在党中央、国务院的统一部署下，湖北省委、省政府高度重视学前教育事业的发展，采取有力措施推动学前教育的进步。2010 年，省委、省政府出台了《湖北省中长期教育改革和发展规划纲要（2010—2020 年）》，提出了明确政府职责和重点发展农村学前教育的要求。2011 年，湖北省政府出台了《湖北省人民政府关于进一步推进学前教育改革与发展的意见》，对学前教育领域的重点问题进行部署。在此基础上，从 2011 年到 2018 年，湖北省政府先后出台了 3 个有关支持学前教育发展的 3 年行动计划等专门规划，指出了不同阶段学前教育的发展原则、发展目标和主要举措，并要求各地结合实际，及时调整修订本地学前教育 3 年行动计划。在这些文件政策的指导下，湖北省确立了破解“入园难”“入园贵”问题的解决方案，包括坚持政府主导，依法落实政府发展和监管学前教育的责任；坚持科学规划，优化幼儿园布局和学前教育资源配置，着力保基本、补短板、促公平；坚持公益普惠，明确“公办民办并举、以公办幼儿园为主”的发展指导思想，进一步提高公办学前教育整体服务能力，积极引导和扶持民办幼儿园提供普惠性服务。

（二）实施手段

在政府主导、社会参与、公办民办并举的办园体制思路指导下，湖北省主要采取以下方式加快学前教育改革与发展。

1. 扩资源，强普及，确保“有园上”

围绕破解“入园难”问题，确保“有园上”就是要千方百计增加或者拓展学前教育的资源供给，增加各类幼儿园总体数量。从 2011 年开始，湖北省政府持续实施 3 期学前教育 3 年行动计划，通过支持公办园和民办园并举的思路，着力扩大幼儿园数量，保证学龄前幼儿能够就近就读幼儿园。主要通过 3 种方式扩大幼儿园数量：一是政府主导新建改扩建公办园，资源向农村倾斜。政府主导兴办公办园，必须解决兴办主体、资源保障等重点问题。为此，湖北省首先是明确公办园兴办主体，按照学前教育“以县为主”的管理体制，明确规定县级人民政府负责行政区域内的学前教育规划、布局调整、公办幼儿园的建设和各类幼儿园的管理。其次，理顺幼儿园经费投入体制，从 2011 年开始，湖北各级政府将学前教育经费列入财政预算，以县级政府为主导，增加学前教育的投入。再次是保障兴办幼儿园的建设用地，各级政府将幼儿园用地统一纳入各地土地利用总体规划，优先保障和满足幼儿园合理用地需求，并分步建设规划中的公办幼儿园，同步配齐基本的保教、生活设施。最后，针对学前教育力量薄弱的农村地区，通过新改扩的方式，确保每个乡镇都有一所独立建制、财政拨款、园舍独立、质量较高、能发挥辐射带动作用的公办乡镇中心幼儿园。二是鼓励社会力量办园，政府予以政策支持。解决“入园难”的问题，扩充幼儿园容量，仅靠政府的力量是不够的，必须也要依靠社会力量兴办民办园。而社会力量是否有积极性参与兴办幼儿园，关键在于政府的政策引导。为引导社会力量更多举办普惠性民办园，加大对民办园的扶持力度，各级政府根据实际情况出台相应的扶持措施，如政府主导出台普惠性民办园认定管理办法，对各类民办园中收费低于一定标准的幼儿园，通过政府购买服务、财政专项资金支持、无偿提供土地使用权、安排贴息贷款、减免租金、补贴运转经费、派驻公办教师、免费培训教师等方式帮助其扩大办学规模。三是积极挖潜扩增量，规范小区配套园。省政府鼓励各地采取多种途径挖掘潜力，利用闲置资源举办公办园，鼓励支持街道、村集体、有实力的国有企事业单位举办公办园。2011 年出台的《湖北省人民政府关于进一步推进学前教育改革与发展的意见》明确规定，中小学布局调整后的富余教育资源和其他富余公共资源，优先改建成幼儿园。在省政府的统一部署要求下，在城市、城区进行旧城改造、新区建设和城中村改造时，必须按规定规划和预留幼儿园建设用地。同时，建立教育用地国土资源、规划、教育部门联审联批制度，城镇小区配套幼儿园建设与小区建设同步规划、同步设计、同步交付使用，推动落实城镇小区配套建设幼儿园政策。通过这些途径，学前教育资源总量和公益普惠覆盖率都实现了快速提高。

2. 调结构，增普惠，确保“上得起”

围绕破解“入园贵”问题，确保“上得起”就是要调整幼儿园类型结构，确保公益普惠性幼儿园在幼儿园总量中占绝大多数，使幼儿园的入学费用在普通家庭能够承受的范围之内。公益普惠幼儿园是指向社会提供普惠性学前教育公共服务的幼儿园，包括公办园（含公办性质园）和普惠性民办园。为确保学前教育“上得起”，湖北省主要从以下 3 个方面着手：一是扩大公益普惠性幼儿园总体规模。2018 年出台的《湖北省第三期学前教育行动计划（2018—2020 年）》提出了我省公益普惠性幼儿园的发展目标，即到 2020 年，基本建成广覆盖、保基本、有质量的学前教育公共服务体系。全省城市公办幼儿园和普惠性民办幼儿园覆盖率达到 80% 以上，其他地方入园幼儿基本享受普惠性服务。为实现这一目标，各级政府采取各种手段千方百计扩大公益普惠性幼儿园办学规模和学位容量，包括扩充公立幼儿园办学容量；利用闲置国有、集体资产新改扩建公立幼儿园、扩充公立幼儿园入园学位；强力推进“万个公办幼儿园学位扩充”项目，大力扩充公办园总体数量和学位容量；积极扶持普惠性民办园发展；将提供普惠性学位数量和办园质量作为奖补和支持的重要依据，鼓励民办园提供多形式、多层次的学前教育服务，满足家长不同需求等。二是明确公益普惠性幼儿园收费标准。对于公办园的收费标准，全省公办幼儿园保育费、教育费、住宿费实行政府定价，根据生均培养成本、当地经济发展水平、居民承受能力，以及财政投入等实际情况制定公办幼儿园生均经费标准，以充分发挥公办园保基本、兜底线、引领方向、平抑收费的主渠道作用。对于普惠园的收费标准，明确将其定位为“非营利幼儿园”，完善认定标准，突出“公益普惠、限价保质”的原则，实行最高收费“限价”政策。同时，省物价局发布新版湖北省幼儿园收费管理实施细则，明确幼儿园收费项目，明令禁止通过自立项目收费、擅自提高收费标准、分解收费项目、重复收费、扩大收费范围等方式收取费用，以实施行政处罚的方式禁止不明码标价公示收费项目的，或超过同一地区、同一期间、同一档次、同一类型平均收费合理幅度牟取暴利的行为。三是加大对公益普惠性幼儿园的奖励补助。通过对公益普惠性幼儿园进行政策补贴、实行优惠政策等方式分担幼儿园办园成本。各地根据实际制定了公办园生均财政拨款标准，出台普惠性民办园认定标准、普惠性民办幼儿园生均奖补标准及其他扶持政策，采取政府购买服务、以奖代补、贷款贴息等方式，引导和支持民办幼儿园发展。在具体的政策执行上，对公益普惠性民办园执行优惠政策，如各地民办幼儿园的水、电、气价格，按照居民水、电、气价格执行等，通过降低民办园的办园成本达到降低其收费标准的目的。

3. 建机制，提质量，力保“上好园”

政府负责是学前教育健康发展的题中之义。为规范促进学前教育的发展，湖北省强调发挥政府责任，一是理顺管理体制，形成推动学前教育发展的工作合力。进一步建立了“省市统筹，以县为主，县乡共管”的学前教育管理体制，落实县级政府主体责任，发挥乡镇政府作用。以县为单位编制幼儿园 10 年布局规划和建设项目规划，健全教育部门主管、有关部门分工负责的工作机制。推动形成县、乡、村 3 级学前教育网络。建立省、市、县 3 级学前教育联席会议制度，统筹协调本地区学前教育改革发展，形成工作合力。二是强化履责机制，促使各级政府在推动学前教育发展过程中履职尽责。强化考核监督，将各级政府努力实现“广覆盖、保基本”“公益性、普惠性”“化解入园难”等方面的工作目标具体化，完成情况作为考核评估重要依据。开展学前教育普惠发展专项督导，督导结果作为考核县级党政主要领导教育实绩的重要依据。强化社会监督，建立学前教育信息公开制度，发挥社会舆论监督作用。强化激励问责，实施学前教育工作推进奖励计划，从 2011 年起，全省开展“学前教育工作示范县（市、区）”创建工作，对符合条件的县（市、区）予以授牌，对在学前教育工作中成绩突出的先进单位和个人予以表彰。同时，对推进学前教育发展举措不得力、3 年行动计划完成不好和安全措施不到位的县（市、区）及其主要领导予以批评，并进行问责。三是担起监管职能，发挥各级政府在提升学前教育质量中的功能作用。首先，在办园资质、入园审批等方面，省教育厅制定了《湖北省学前教育机构审批管理办法（试行）》等规范性文件，对学前教育机构成立资质、审批管理办法、办园基本标准、保教设备配备标准、区域活动等进行明确，加大对无证办园的整治力度。同时对招生收费等各环节作出规定并严格执行，统一指导、规范普惠性民办园健康发展。其次，在具体的保教育儿环节，规范幼儿园保教行为，开展幼儿园年检，出台了《湖北省民办学校年检办法（试行）》，由省教育厅组织领导，各地教育局具体实施，建立年检结果和整改情况公示平台并接受社会监督，将政府监督和社会舆论结合起来，促使普惠性民办园"办园有资质、师资有保障、收费有底线、管理有规范、保教有质量、社会有声誉"。再次，在提升保教育儿的质量上，各地根据《湖北省学前教育机构审批管理办法（试行）》《省教育厅　省人民政府教育督导室关于印发〈湖北省幼儿园办园水平认定标准〉的通知》等文件精神，建立起幼儿园办园等级评估制度，对于评估结果的运用，根据"按质定级，按级收费"的原则，将幼儿园等级评估和复核结果作为办理收费许可证、确定收费标准的主要依据，同时作为教育部门确定各种学习交流、表彰奖励及参与其他相关活动的参考依据，以此来为进一步规范幼儿园办园行为，提高保教质量。四是建设支撑体系，提高学前教育的师资队伍力量。在学前机构从业人员从业资格上，全省落实从业人员准入制度，出台幼儿园各类教职员工岗位任职资格培训、考核和认定制度的意见，对学前教育机构从业人员分级全员培训，每 5 年一个周期，完成对全部幼儿园全体教职工的全员培训。在人员编制标准上，明确要求学前教育机构配齐配足幼儿园各类教职工，出台公办幼儿园机构编制标准、督促民办幼儿园按标准配备教职工，确保满足幼儿园正常保教需求。在教职工待遇保障上，明文要求保障教师待遇和合法权益，制定符合学前教育实际、有利于幼儿园教师专业发展的职称评价标准，出台民办幼儿园教职工年度最低收入指导标准，落实学前教育教职工工资待遇。

（三）主要成效

经过 10 年砥砺奋斗，湖北省学前教育发展进步显著。

一是学前教育实现了基本普及。根据湖北省 2021 年教育事业数据显示，2021 年全省共拥有幼儿园 9527 所，比 2011 年增加 4857 所，增长 104%；全省幼儿园在园幼儿数达到 178.5 万人，比 2011 年增加 46 万人，增长 35%；学前 3 年毛入园率 91.1%，高于全国平均水平 3 个百分点，比 2011 年增长 34%。经过 10 年努力，"入园难"问题基本得到解决。

二是有效保障了绝大多数幼儿享受普惠性学前教育，家庭的学前教育支出逐渐回落到合理区间。全省公办幼儿园数量从 2011 年的 1045 所增加至 2021 年的 2700 所,公办园数量的增加有利于发挥其在学前教育领域兜底线、保基本、平抑物价、引领方向的作用。全省办园结构趋向合理,公办园和民办园占比分别为 28%、72%,其中超过 80% 的民办园为普惠性幼儿园,截至 2021 年,全省共有普惠性幼儿园 7627 所,普惠园在园幼儿占比为 83.2%。经过 10 年努力,“入园贵”问题基本得到缓解。

三、经验启示

党的十八大以来,以习近平同志为核心的党中央把保障和改善民生摆在更加突出的位置,在社会建设方面更加强调以民生为重点。党的二十大更是把“提高人民生活品质”作为民生工作的重要目标,要求“深入群众、深入基层,采取更多惠民生、暖民心举措,着力解决好人民群众急难愁盼问题”。结合湖北省推进公益普惠性幼儿园改革的实践,给予我们如何做好民生工作如下启示。

必须坚持基本民生的公益普惠方向。民生事业不是一般商品,不遵循市场交换的一般规则。享受民生福祉,尤其是享受基本民生,是每一个合法公民的权利。例如接受学前教育,不能只是少数人的专利,也不能因金钱、权力、社会阶层等因素而产生过大分别。只有坚守了这一点,社会阶层才可能不被固化,贫困的代际传递才可能被打破。因此,突出基本民生的公益普惠性,是确保民众具有平等的发展机会、发展能力的前提和基础。针对学前教育领域的发展不平衡不充分问题,湖北省委、省政府坚决贯彻党中央、国务院的决策部署,直面矛盾和问题,通过加大政府投入的方式,按照政府主导、社会参与、公办民办并举的办园体制思路的指导,结合省情分阶段确立发展目标,确保了绝大多数幼儿和家庭享受到公益普惠的学前教育服务,逐步解决了“入园难”“入园贵”问题。

政府要肩负起发展民生的主导作用。坚持政府主导,落实政府责任,是做好民生工作的基本保障,也是由我国的基本制度、基本国情决定的。政府履行民生事业兴办中扮演主要角色,从本质上讲,体现的是立党为公、执政为民的精神,是人民政府履职尽责的本分。湖北省学前教育的发展正是建立了“省市统筹,以县为主,县乡共管”的学前教育管理体制,明确了以县级行政区划为单位制定幼儿园布局规划,将普惠性幼儿园建设纳入城乡公共管理和公共服务设施统一规划，才逐渐构建起覆盖城乡、布局合理、公益普惠的学前教育公共服务体系，推动了学前教育事业的发展。一旦政府在公共事业、民生工作中缺位或错位，就会出现事业、工作发展无序或艰难的情况，因此政府必须在发展民生工作中起主导作用。

解决民生问题要坚持真抓实干，以改革创新的举措推进工作。伴随着经济发展和社会生活水平的提高，人民群众对多样化、高质量的公共服务需求越来越强烈，单靠政府力量难以解决所有难题。在学前教育领域，政府兴办的公办园主要发挥“兜底线、保基本、平抑物价、引领方向”的作用，而其他民间力量的参与和贡献则能满足民众更多样、更高层次的需求。湖北的公益普惠幼儿园建设过程中注重利用多方资源和力量，将现有的优质民办园转变为公益普惠园，通过财政补贴、以奖代补等形式支持其发展，既缓解了“入园难”“入园贵”的民生难题，也有利于民办园自身的健康发展。

做好民生工作要坚持以人民为中心的发展思想。民之所望，施政所向。坚持以人民为中心不仅要体现在治国理政理念上，而且要转化为施政的具体举措。这就要求我们在着力解决好发展不平衡不充分问题的基础上推出更多民生工程、实施更多惠民举措，更好地满足人民在经济、政治、文化、社会、生态等方面日益增长的需要。面对人民群众在学前教育领域的民生诉求，湖北省连续实施了 3 个学前教育 3 年行动计划，着力构建以公办园和普惠性民办园为主体的学前教育服务体系，在近 10 年的时间里，极大改善了湖北省学前教育的面貌，不仅解决了人民群众最关心最直接最现实的利益问题，而且使民生事业发展跃上一个新台阶，形成了可复制可推广的经验，彰显了热爱人民、服务人民，坚持人民至上的立场和感情。

【思考题】

1.“入园难”“入园贵”民生难题的产生有哪些原因？

2. 湖北省支持公益普惠性幼儿园发展的举措有哪些？

第五篇

生态文明建设

坚决守住流域安全底线

——流域河湖长制的武汉探索

中共湖北省委党校（湖北省行政学院） 鲁长安

【引言】 全面推行河湖长制，创新河湖管理体制机制，破解复杂水问题，维护河湖健康生命，是习近平生态文明思想在治水领域的具体体现。湖北省第十二次党代会强调，治荆楚必先治水。水的问题，表象在江河湖库，根子在流域。党的二十大提出，持续深入打好碧水保卫战，统筹水资源、水环境、水生态治理，推动重要江河湖库生态保护治理，基本消除城市黑臭水体。当前，要统筹抓好发展和安全两件大事，坚决守住流域安全底线。

【摘要】 统筹流域综合治理，全面推行河湖长制，是坚守构建新发展格局安全底线的时代要求。武汉市作为长江经济带重要城市，瞄准幸福河湖，坚持以长江大保护为担当，坚持综合治理、系统治理、源头治理思路，探索推行流域河湖长制改革，持续推进流域水环境治理，深入推进“三长联动”（完善以官方河湖长为主导的治理管护责任体系、健全以民间河湖长为中坚的全社会参与体系、建立以数据河湖长为重点的全要素支撑体系），强化河湖长履职尽责，打通河湖长制责任落实“最后一公里”，以久久为功的韧性，以只争朝夕的劲头奋力推动河湖长制在江城武汉落地生根、开花结果。

【关键词】 武汉；流域河湖长制；“三长联动”；流域安全

一、背景情况

保护河流湖泊，事关人民群众福祉，事关中华民族长远发展。我国新老水问题交织，水资源短缺、水生态损害、水环境污染十分突出，水旱灾害频发。河湖水系是水资源的重要载体，也是新老水问题体现最为集中的区域。河湖管理保护涉及上下游、左右岸、不同行政区域和行业，十分复杂。构建健康河湖体系，必须深刻把握和贯彻落实习近平生态文明思想，以“节水优先、空间均衡、系统治理、两手发力”的新时代治水方针为导向，以长江共抓大保护、不搞大开发为规矩，以不断满足人民日益增长的优美生态环境需要为目标，牢固树立绿色发展理念，推动河湖长制深入实施，持续发力打赢碧水保卫战，为社会提供更多优质生态产品。

习近平总书记强调，生态环境是关系党的使命宗旨的重大政治问题，也是关系民生的重大社会问题。① 他提出，要还给老百姓蓝天白云、繁星闪烁的景象。② 进入新时代，“河长制”成为中国生态文明建设的新实践。2016 年底，中共中央办公厅、国务院办公厅印发《关于全面推行河长制的意见》，明确提出在 2018 年底全面建立河长制。“每条河流要有‘河长’了”③——2017 年元旦前夕，习近平总书记在新年贺词中说。2018 年 6 月底，河长制提前在我国全面建立，千万条哺育着中华儿女的江河有了专属守护者。近年来，在党中央、国务院的坚强领导下，水利部与各地区各部门共同努力，推动解决了一大批长期想解决而没有解决的河湖保护治理难题，我国江河湖泊面貌发生了历史性变化，人民群众的获得感、幸福感、安全感显著增强，河湖长制焕发出勃勃生机。责任体系全面建立；工作机制不断完善，国家层面成立由国务院分管领导同志担任召集人的全面推行河湖长制工作部际联席会议，建立完善河湖长履职、监督检查、考核问责、正向激励等制度，形成了一级抓一级、层层抓落实的工作格局。推动建立长江、黄河流域省级河湖长联席会议机制，各地探索建立上下游左右岸联防联控机制、部门协调联动机制、巡（护）河员制度、民间河长制度、社会共治机制，形成了强大工作合力；河湖面貌持续向好；全民关爱河湖意识显著增强。近年来的实践充分证明，全面推行河湖长制完全符合我国国情水情，是江河保护治理领域开创性的重大政策举措，是具有强大生命力的重大制度创新。

武汉是湖北省省会，地处华夏之中，承东启西接南转北，是长江经济带核心城市、全国重要的工业基地、科教基地和综合交通枢纽。武汉依水而生、因水而兴，一城秀水半城山，素有“江城”“百湖之市”美誉。长江、汉江等丰富的水资源禀赋形塑了武汉的城市形态、城市生活和城市产业。全市国土面积

①② 习近平:《推动我国生态文明建设迈上新台阶》,《求是》2019 年第 3 期。

③《习近平 2017 新年贺词：充满温暖而催人奋进的力量》，人民网 2016 年 12 月 31 日。

8569 平方千米，其中水域面积 2117 平方千米，占市域面积的 24.7%。境内湖泊 166 个，长度 5 千米以上河流 165 条。

随着经济社会的快速发展，武汉市水安全、水环境、水资源问题呈现叠加状况。为解决这一系列问题，武汉市委、市政府在推动河湖管理保护方面进行了大胆探索和改革。2011 年，武汉市在全国首创试行湖长制；2015 年，报请省人大常委会审议通过，武汉市人大常委会公布施行《武汉市湖泊保护条例》，将“湖长制”纳入地方性法规，这些探索都为在全市范围内全面推行河湖长制打下了基础。2017 年以来，武汉市认真落实党中央、国务院和湖北省委、省政府决策部署，全面推行河湖长制，构建责任明确、协调有序、监管严格、保护有力的河湖管理保护机制。2018 年，探索推进官方、民间、数据河湖长“三长联动”。2019 年，开展清源、清管、清流“三清”行动，启动了南湖、汤逊湖、北湖、巡司河、黄孝河、机场河“三湖三河”流域水环境治理，全市 65 个黑臭水体基本消除。劣Ⅴ类湖泊数量从 2017 年的 52 个逐渐减少，2021 年首次实现历史性“清零”，水环境流域治理初见成效。武汉市针对治水工作中存在的重水体轻陆域、重末端轻源头、重点源轻面源现象，学习借鉴先进城市以河湖长制引领水环境治理的工作经验，坚持综合治理、系统治理、源头治理思路，创新推行流域河湖长制改革，以市长、市总河湖长签发市总河湖长 1 号令形式高位推动实施。

二、主要做法

武汉市委、市政府积极践行“节水优先、空间均衡、系统治理、两手发力”的治水思路，高度重视全国水生态文明城市建设试点工作，把生态文明理念融入治水的各个方面、各个环节。

（一）坚持党政主责，狠抓责任覆盖

严格落实党政领导特别是主要领导负责制为主的河湖长责任制要求，参照省级河湖长设置，市委书记任市第一总河湖长，市长担任市总河湖长，并兼任长江流域市级流域河湖长。填补河湖长制覆盖区域空白，将全武汉市域（水域加陆域）划分为“1+16”个流域。“1”指的是长江流域，涵盖全市域；“16”指的是府澴河流域、汉江流域等 16 个子流域。16 个子流域面积之和即为长江流域面积，也就是武汉市全市域面积。由 17 位市领导担任市级流域河湖长，市委、

市政府 15 名领导席位全部领责，市人大、市政协的主要领导各领责一个流域，并与省级河湖长进行了对应。同时，为每一名市级流域河湖长明确一个工作联系部门，配备“三级助理”（一名工作联系部门分管负责人、一个责任处室和一名联络员），协助市级流域河湖长开展工作。突破有河湖的区域才设置河湖长的束缚，在非临水区域街道和村（社区）增设河湖长，打通了河湖长制责任落实“最后一公里”。

（二）坚持以上率下，狠抓履职担当

市委、市政府主要领导带头履职，省委常委、市委书记、市第一总河湖长多次巡查调研长江、府澴河、南湖水环境治理工作，督办流域水环境治理重点工作，审定市级流域河湖长名单。市长、市总河湖长签发市总河湖长 1 号令，多次对河湖长制工作进行专门批示，并定期开展河湖巡查督导工作。同时，为加强河湖长履职考核，将河湖长制工作列入市管领导干部述职述廉内容。2022 年一季度，全市四级河湖长巡查履职 14737 次（市级 37 次、区级 346 次、街道级 1928 次、村级 12426 次），发现并解决问题 923 个。

（三）坚持流域治理，狠抓水质提升

坚持目标和效果导向，以中央巡视反馈问题整改为契机，谋划实施一批水质提升工程项目，强力推进湖泊水质提升。2021 年，166 个湖泊（实际监测 164 个）中，水质为Ⅱ类的有 2 个，Ⅲ类的有 30 个，Ⅳ类的有 92 个，Ⅴ类的有 40 个。与“十二五”末相比，湖泊优良水质个数增加 26 个，湖泊劣Ⅴ类水质个数减少 37 个，首次实现劣Ⅴ类湖泊全面清零。狠抓“三湖三河”等重点流域水环境治理。南湖、汤逊湖、北湖、黄孝河机场河、巡司河、东沙湖、汉阳六湖等流域计划总投资 682.14 亿元，2021 年计划投资 99.05 亿元，实际完成投资 110.68 亿元。2022 年计划投资 81.2 亿元，一季度已完成投资 19.8 亿元。

（四）坚持源头管控，打通“最后一公里”

河湖问题在水里，污染在岸上，根子在源头。针对河湖水环境治理工作中普遍存在重建设轻管理，重末端轻源头的现象，武汉市探索以面源污染管控为重点，整合街道（乡镇）资源和力量，配强河湖长制工作人员，保障工作经费，夯实基层流域河湖长制。以南湖流域、黄孝河机场河流域为试点，结合街道城管精细化工作和执法力量下沉实际，健全责任网格体系，完善问题处理机制，以整治雨污水井（雨水口）堵塞、污水漫溢、污水散排现象以及餐饮排档、生鲜菜场、洗车店等违规排水为突破口，从源头减少污染排放，加强基层河湖长履职考核，打通流域河湖长制落实“最后一公里”。

（五）坚持样板引路，狠抓示范建设

2020年，按照国家统一的示范河湖建设标准，进一步完善东湖湖长制责任体系，健全制度体系，扎实推进“一湖一策”落实、管理范围划定、信息平台建设等基础性工作，克服疫情影响，完成示范建设项目42项，形成特色做法和典型经验，高分通过示范河湖建设达标验收，成为全国首批示范河湖，也是唯一入选的城中湖。2021年，继续推进“示范建设行动”向纵深开展，推选汤菱湖（东湖的子湖之一）在全省开展首批健康河湖试点，同时在江汉区开展西湖、菱角湖健康评估试点。通过示范引领，推进武汉市河湖长制工作提质增效。

（六）坚持开门治水，狠抓“三长联动”

建立数据河湖长智慧服务系统，建立面向市、区、街、村四级河湖长的一体化办公体系，上线运行“河湖长”App移动办公平台。通过“河湖长”App移动办公平台，各级河湖长日常巡河湖、履职监督、考核评估、分析统计等工作实现“一网打尽”，快捷高效。建立健全河湖问题技术发现机制，运用无人机、视频监控、卫星遥感等科技手段，对重点河湖水域岸线、河湖水质进行动态监控，对围垦河湖、侵占岸线、非法设障等违法行为采取高压严打。构建民间河湖长参与监督河湖长管护工作平台，2021年，市、区共招募“民间河湖长”679名，河湖保护志愿者队伍突破5000人，设立3座民间河湖长驿站，定期组织开展民间河湖长培训，开展“十佳民间河湖长”评选活动。2022年，继续招募128名民间河湖长。搭建对话交流平台，组织召开官方与民间河湖长的座谈会和共同巡河湖活动，促进良性互动，实现开门治水、社会共治。

“十四五”期间，武汉市将坚持以习近平生态文明思想为指导思想，践行新时期治水理念，坚定不移落实共抓长江大保护，全力推进流域水环境治理，深入推行流域河湖长制，奋力推动长江经济带高质量发展，努力推进水环境治理工作迈上新台阶。

一是深入贯彻水环境流域治理理念。坚持流域治理、综合治理、系统治理、源头治理方针，统筹水安全、水环境、水生态、水资源，全力推进环保督察反馈问题整改，大力推进重点流域水环境治理，巩固拓展前期水环境治理攻坚成果，接续攻坚，继续实施一批标志性、示范性水环境治理工程，打造一批具有全国示范价值的美丽河湖。

二是不断完善流域河湖长制体系。持续完善流域河湖长制责任体系，织密水环境治理保护责任屏障，确保不同层级河湖长在水环境治理中分层发力、各负其责。做实做强基层流域河湖长制，特别是加强非临水区域面源污染管控，实现源头减污，打造长江经济带上水生态文明建设的“武汉样板”。

三是全面落实污水处理提质增效新要求。坚持“因城施策”，科学确定污水处理和雨水收集处理路径和规模，因地制宜推进雨污分流改造，大力实施初雨治理、清污分流和源头精细化雨污分流，形成一批综合治理的样板。坚持“补短强基”，继续推进污水收集处理提质增效工作，推进污水处理厂及配套管网新改扩建，加大排水管网缺陷修复和运行维护；全面提升城镇污水收集处理信息化水平，打造雨污同治的坚实底盘。坚持“精准科学”，按照规划推进雨水调蓄池及雨水处理设施建设，提高污染治理的针对性、科学性、有效性。

四是切实加强河湖生态保护和修复。持续加强河湖空间管控，落实湖泊保护总体规划和详细规划，持续推进退垸（田、渔）还湖工程、河湖“清四乱”行动。巩固黑臭水体治理成效，持续推进河湖水质提升，推进湖泊水质“灭劣减Ⅴ保Ⅳ增Ⅲ”，进一步提升湖泊水质达标率和优良率。重点加强河湖生态修复和保护，加强河湖水系连通、生态补水、生态修复，维护生物多样性，努力构建健康、稳固、多样的河湖水生态系统。

武汉城市的发展史，就是一部治水史。独特的水文化优势，使“大江大湖”成为武汉的城市符号。秉承以水定城、以人为本的理念，通过水生态文明城市试点建设，将武汉的水资源、水生态、水环境承载能力作为城市建设与发展的刚性约束，武汉正找准历史定位，步步为营，久久为功，力争所实现的水生态文明建设目标经得起历史的考验。

下一步，武汉市将持续推进水生态文明建设，严格按照《武汉市水生态文明建设规划》，高点站位擘画“一核、两轴、四片、百湖”的水生态建设总格局：打造中心城区为水生态文明建设核心区，依托长江和汉江两条生态轴带，构建大东湖、大汉阳等四片生态水网，全面保护市域范围内 166 个湖泊，确保水生态文明建设“一个城市一张蓝图绘到底”。2020 年，构建水生态安全屏障，实现“水安、水清”；至2030年，重构大江大湖大武汉的水生态空间格局，实现“水净、水美”；至2049年，全面建成国内外知名的滨水生态绿城，实现“水优、水名”。加快打造人、水、城和谐共处的“东方水城”，打造长江经济带上水生态文明建设的“武汉样板”。

三、经验启示

（一）坚持高位推动、全面建立责任体系是河湖长制落地见效的关键

作为一座因水而生、因水而优的城市，武汉的水域面积占市域总面积的1/4，境内有5千米以上的河流165条，列入保护名目的湖泊166座。水资源丰富，随之而来的水环境问题也不断增多。2011年，武汉尝试为湖泊设“长”，在全国率先试行湖长制；2015年修订的《武汉市湖泊保护条例》将“湖长制”上升为地方性法规。2017年，国家全面推行河湖长制，武汉迅速开启全面推行河湖长制的全新行动。根据湖北省《关于全面推行河湖长制的实施意见》，武汉高位推动，成立市河长制工作领导小组，并在全省率先出台工作方案。对照要求，立足实际，武汉先后建立健全了河湖长制工作会议、信息报送和共享、考核和激励等规定性制度，以及河湖长巡查、联合执法、投诉举报受理等创新性制度。党政“一把手”抓，一竿子到底，市、区、街道（乡镇）三级河湖长携“军令状”上阵，覆盖全市范围内流域面积50平方千米以上的58条河流很快有了“健康守护人”。早在2017年底，武汉市就全面建立市、区、街三级河长制湖长制体系，初步形成“首长治水责任链”。水体边，竖起欢迎市民参与监督的河湖长制公示牌；牌子上，水体名称、简介以及各级河湖长的姓名、电话等信息一目了然。

（二）坚持部门联动、齐抓共管探索“三长联动”是河湖长制发挥作用的保障

“三长”，即官方河湖长、民间河湖长、数据河湖长。“三长联动”，建立程序化的河湖问题联动管理机制，充分调动官方资源、民间智慧、科技力量联动解决河湖治理管护中的复杂问题。“三长联动”是推进河湖长制从“有名”向“有实”“有能”转变的抓手。以数据河湖长为媒介，推动官方、民间河湖长在决策

管理上联动，提升官方、民间河湖长互动的便捷性。在问题管理上联动，形成发现、反映、解决问题的工作闭环，调动官方资源、民间智慧、科技力量联合解决河湖治理管护问题。“三长联动”是推动河湖长制从“群众看”向“群众干”转变的平台。社会参与、多元共治是现代化城市治理的重要特征，河湖长制工作更是如此。治水工作中“政府干、百姓看”的问题依然比较突出，推行“三长联动”是推动河湖长制走向社会共治转变的平台。“三长联动”是推进河湖长制信息化现代化的重要载体。数据河湖长作为保障，整合了水质监测、卫星遥感、视频监控等信息资源，加速了河湖长制信息化，加快了河湖长制工作现代化，提升了河湖管理高效化便捷化水平。随着河湖长制的推进，武汉的河湖治理已经形成了横向到边、纵向到底的网络。河湖长制从“有名有责”到“有实有效”，武汉市河湖长＋朋友圈日益壮大，守护河湖的“朋友圈”越来越大。除了职能部门，全市还有5000多名河湖志愿者活跃在河湖保护一线，其中市级“民间河湖长”106位，区级“民间河湖长”573位。2021年6月，东湖生态旅游风景区探索建立“河湖长＋”联动机制强化河湖保护，在武汉全市率先联合检察机关建立“河湖长＋检察长”协作机制。2021年11月，省人民检察院、省河湖长制办公室联合印发《关于建立“河湖长＋检察长”协作机制的指导意见》，决定在全省建立“河湖长＋检察长”协作机制，以充分发挥公益诉讼检察工作在水生态文明建设中的重要作用。这是深入推进河湖长制浓墨重彩的一笔。“十四五”期间，武汉市将更加尊重河湖自然规律，更加注重流域的系统性，强化流域统筹、区域协同、部门联动，不断完善流域河湖长制责任体系，压实各级河湖长责任，确保不同层级河湖长在水环境治理、河湖管理保护中分层发力、各负其责、各尽其职。

（三）坚持问题导向、流域治理有的放矢是完善河湖长制的努力方向

2019年，武汉市“三清”行动拉开序幕。强力“清源”，开展全市河湖流域排水户调查登记，摸清底数，对各类违法排水行为依法予以查处并督促整改。强力“清管”，建立全市雨污管网“一张网”，加快全市建成区管网混错接改造，推进雨污分流、隐患修复和清淤减污。强力“清流”，重点推进河湖岸线违法建设整治、河湖水域岸线垃圾清理、河湖生态空间恢复。“三清”行动的目的是为了系统治污。水里的问题，根子在岸上。聚焦新时代治水思路，就要从岸上找答案。武汉市以“三清”行动为抓手，全面推进河湖长制向纵深发展。在2019

年开展监测的30个河流断面中，水质优良（Ⅲ类及以上）的断面较2018年上升4.1个百分点，无劣Ⅴ类水质断面。水质为Ⅱ类和Ⅲ类的湖泊比例较上年有所上升。2019年11月，在水岸同治中实现生态蝶变的东湖入围“全国示范河湖”评选，成为首批17个示范河湖中唯一的一座城中湖。2020年，武汉市吹响流域治理“冲锋号”，以问题导向攻坚“三河三湖”。武汉市南湖、北湖、汤逊湖和黄孝河、机场河、巡司河共涵盖流域面积接近500平方千米，涉及汉口、武昌地区最为核心和人口密集的区域，流域特征多样，问题复杂。“三河三湖”是武汉永葆一江清水、攻坚水环境最难啃的“硬骨头”。武汉市围绕污水体系提质增效，全国在建规模第一的合流制溢流污染强化处理设施群、中部地区第一座地下净水厂等工程快马加鞭。在黄孝河CSO调蓄池项目全力开挖土方之时，金桥大道永旺门前的铁路桥地下净水厂也加速“跑”入主体施工阶段。在“三河三湖”治理频传捷报的过程中，武汉积极构建河流管护“信息闭环、工作闭环、责任闭环”，逐渐形成河湖长制成员单位牢固确立“一盘棋”观念，拧成一股绳、劲往一处使，齐心协力，形成齐抓共管的良好局面。2020年7月1日，长江汉江武汉段开启10年常年禁捕。为巩固禁捕退捕成效，市农业局全面推行禁渔水域“岸线长”责任制，并将长江禁捕退捕工作纳入河湖长制考核体系。根据“月考”水质检测结果，生态环境部门还会要求不达标的水质监测断面查污染源，制定整改方案。如今，长江武汉段11个跨区考核断面综合污染指数较过去全部同比下降，水质均实现好转，长江武汉段两个“国考”断面杨泗港、白浒山水质达到Ⅱ类，优于国家考核目标。

（四）坚持人民至上、健全群众参与社会监督机制是河湖长制是否完善的检验标准

创新河湖长制，坚决守住流域安全底线，这就要坚持以人民为中心，把人民群众对水环境的满意度作为检验水环境工作的根本标准。为此，既要通过宣传教育强化人民群众生态环境意识，又要充分发挥人民群众的主体作用，畅通公众参与渠道，建立社会监督机制。近年来，武汉充分发挥集中力量办大事的制度优越性，强化河湖长制的组织领导和统筹协调作用，形成了推动河湖保护治理的强大合力。全社会关心参与河湖保护治理的氛围日益浓厚，河湖长制共治共建共享新格局正逐步形成，全市水环境稳步向好，越来越多人享受到家门口的绿色福利。一组数据见证着武汉河湖长制的落地生根——2018年以来，武

汉全市共设立4级河湖长2538名，各级河湖长年均巡查总数达8万余次；785个小微水体纳入河湖长制管理，1057个河湖“四乱”问题完成整改销号；165条河流、166座湖泊、262座水库完成划界工作；市、区选聘民间河湖长1145人，河湖保护志愿者突破5000人；“河湖长巡查”App“打卡”达28万余人次……自从2021年5月武汉发布市总河湖长第1号令以来，全市各级各部门、各级河湖长牢固树立“绿水青山就是金山银山”理念，全面深化水环境流域治理，全面推进湖泊水质提升，全面施行流域河湖长制，新增流域河长湖长近2000名，履职触角从水域向陆域逐步延伸，共同将武汉河湖打造成造福人民的幸福河湖，为建设现代化武汉提供良好的水环境支撑。

【思考题】

1. 武汉市探索推行流域河湖长制改革有哪些创新？
2. 武汉市探索推行流域河湖长制改革有哪些经验启示？

打造生态文明建设的“十堰样板”

——十堰市创建国家生态文明建设示范市的实践探索

中共十堰市委党校　姜　楠
十堰市生态环境局　蓝劲松

【引言】“生态兴则文明兴，生态衰则文明衰”①，“生态文明建设是关系中华民族永续发展的千年大计，必须站在人与自然和谐共生的高度来谋划经济社会发展。”② 党的十八大以来，习近平总书记高度重视生态文明建设，曾在多个重要场合反复提及，并强调要“全方位、全地域、全过程开展生态文明建设”③。习近平总书记在党的二十大报告中指出：“尊重自然、顺应自然、保护自然，是全面建设社会主义现代化国家的内在要求。”④

【摘要】党的十八大以来，以习近平同志为核心的党中央把生态文明建设纳入中国特色社会主义“五位一体”总体布局和“四个全面”战略布局，推动中国绿色发展，建设美丽中国。作为国家南水北调中线工程核心水源区、国家重要战略水源地、秦巴山区生物多样性保护区、国家功能区限制开发区，十堰市高举生态文明大旗，牢固确立“生态立市”发展战略，坚决打好打赢污染防治攻坚战，扎实推进产业转型和高质量发展，大胆探索生态文明体制机制建设，着力构建生态文明社会行动体系，使得绿色执政能力不断增强、绿水青山颜值不断提高、金山银山成色不断提质、市民生态自觉不断加强、人民群众获得感

① 习近平：《在十八届中央政治局第六次集体学习时的讲话》，《人民日报》2013 年 5 月 24 日。

② 习近平：《国家中长期经济社会发展战略若干重大问题》，《求是》2020 年 10 月 31 日。

③ 习近平：《坚决打好污染防治攻坚战　推动生态文明建设迈上新台阶》，《人民日报》2018 年 5 月 20 日。

④《高举中国特色社会主义伟大旗帜　为全面建设社会主义现代化国家而团结奋斗——在中国共产党第二十次全国代表大会上的报告》，《人民日报》2022 年 10 月 26 日。

不断提升，着力打造生态文明建设的“十堰样板”，并于2019年荣获“国家生态文明建设示范市”称号，探索了一条具有十堰特色的生态文明建设实践之路，对全省乃至全国的生态文明建设起引领、示范作用。

【关键词】 生态文明建设；示范市；十堰样板

一、背景情况

十堰地处湖北省西北部、秦巴山区腹地、汉江中上游，位于鄂豫陕渝四省（市）毗邻地区，在中国“雄鸡”版图中处于“鸡心”部位。全市辖四县一市三区，土地面积约2.4万平方千米，总人口约320万，武当山、丹江水、汽车城是十堰市的3张城市名片。

作为国家南水北调中线工程核心水源区、国家重要战略水源地、秦巴山区生物多样性保护区、国家功能区限制开发区，十堰承担着确保“一库碧水永续北送”的政治使命，是我国北方四省市和湖北人的“水缸”，是中部地区的“绿肺”，是我国内陆深处阻止沙尘暴南下和酸雨北上的最后一道屏障，是名副其实的生态“调节器”和生态“心脏”，在全国全省的战略地位非常重要。

十堰具有重要的生态地位和生态功能，肩扛特殊的生态责任和生态使命，生态是十堰的命根子，是十堰天大的事。同时，十堰压力叠加、负重前行，面临三大挑战：一是“政治关”——承担着确保“一库碧水永续北送”的政治使命；二是“生态关”——生态系统脆弱，环境门槛提高，保护难度增加；三是“经济关”——协同推进生态环境高水平保护和社会经济高质量发展任务艰巨。

党的十八大以来，以习近平同志为核心的党中央从中华民族永续发展的高度出发，直面中国之问、世界之问、人民之问、时代之问，坚持用马克思主义之“矢”去射新时代生态文明建设之“的”，大力推动生态文明理论创新、实践创新、制度创新，创造性提出一系列富有中国特色、体现时代精神、引领人类文明发展进步的新理念新思想新战略，形成了习近平生态文明思想，为新时代我国生态文明建设提供了根本遵循和行动指南。

近年来，十堰市一丝不苟贯彻落实习近平生态文明思想，牢固树立“生态优先，绿色发展”“绿水青山就是金山银山”的发展理念，坚定不移地把生态作为十堰首要功能、把保护环境作为十堰首要职责、把确保“一库碧水永续北送”

作为十堰首要担当、把绿色发展作为十堰高质量发展的根本大计，奋力创建国家生态文明建设示范市，采取最扎实有力的举措推进生态文明建设。通过全市人民的艰苦奋斗，十堰市于2019年成功获得“国家生态文明建设示范市”的“金字招牌”，并逐步形成了经济社会高质量发展、环境质量高水平保护、人民群众高品质生活的多赢局面，成绩突出，来之不易，经验宝贵，不断前行，未来可期！

二、主要做法

（一）牢固确立“生态立市”发展战略

早在1997年，十堰市委、市政府就把生态建设摆到城市建设的突出位置，提出用十年左右时间，将十堰建设成为中国中央腹地的“生态城”，成为西部大开发生态环境保护的典范，将生态城的标准概括为“生物资源得到有效保护，自然资源得到合理利用，环境污染得到有效控制，规划管理做到科学有序，经济社会保持协调发展，人与自然达到高度和谐”。

为处理好城市建设与生态环境的关系，1997年到2000年间先后三次修订《十堰市经济社会发展战略》和《十堰市环境生态规划》，并全面实施百二河综合治理、神定河污水处理厂等一大批污染治理工程，全面推进生态城建设。

在全市上下的不懈努力下，2000年成功创建全国生态示范区，2003年《鄂西北山区国家级生态功能保护区建设规划》开始实施，2008年全面启动国家环保模范城市创建，2009年提出建设国家级生态经济示范区。

党的十八大以来，十堰市认真贯彻落实习近平新时代中国特色社会主义思想，高举生态文明大旗，大力实施“生态立市”战略。

2012年，中共十堰市委四届六次全会明确提出坚持“生态立市”，推进产业生态化和生态产业化。

2013年，湖北省委、省政府提出“生态省”创建目标后，十堰立即行动，率先在全省提出创建“生态市”的目标，提出“外修生态，内修人文”的理念，明确“在生态文明建设和转型跨越发展上走在全省前列”的发展战略，提出坚持生态立市、产业强市、文明兴市，建设生态十堰、人文十堰、创新十堰、开放十堰、幸福十堰的发展定位，并被确定为全国生态文明建设试点城市。

2014年，十堰市启动国家生态文明建设示范市创建，组织编制《十堰市创建国家生态文明建设示范区（生态市）规划》，并通过原国家环保部专家组评审；被原国家环保部、国家发展改革委确定为全国重点生态功能区示范城市，被国家六部委确定为全国生态文明先行示范区。

2015年，十堰市委、市政府正式将生态文明建设示范市创建与国家环保模范城市、全国文明城市、国家森林城市和国家卫生城市创建一起列为“五城联创”工作部署，由市五城联创指挥部统一调度、协调，并成立5个分创办强力推进创建工作。

2016年，聘请中国城市规划设计研究院等国内外知名设计机构联合编制了《十堰2049远景战略规划》，描绘了十堰未来30年乃至更长时间的转型发展蓝图，注重留白、留绿、留空间，建设生态、人文、新经济的绿色家园。

2018年，十堰市获得全国“绿水青山就是金山银山实践创新基地”称号。

2019年，十堰市成功举办中国生态文明论坛十堰年会，获得“国家生态文明建设示范市”的“金字招牌”。

2021年，中共十堰市委五届十一次全会提出建设“现代新车城，绿色示范市”的发展战略，进一步统一思想，凝聚共识；同年，市第六次党代会明确提出将“绿色发展示范市”作为今后5年的奋斗目标之一；《十堰市国民经济和社会发展第十四个五年规划和2035年远景目标纲要》出台，提出“绿色发展”战略。

2022年6月，湖北省第十二次党代会高瞻远瞩、寄予厚望，赋予十堰新的目标定位，支持十堰建设“绿色低碳发展示范区”，市委、市政府主要领导多次强调，要抢抓重大机遇，率先实现绿色崛起。

多年的生态文明建设探索实践中，十堰始终坚持了“生态立市”战略的指引地位，牢固树立了“生态优先，绿色发展”“绿水青山就是金山银山”的发展理念。

（二）坚决打好打赢污染防治攻坚战

1. 打好碧水保卫战

2013年以来，十堰以丹江口库区内的神定河、犟河、泗河、剑河、官山河这5条不达标河流治理作为“头号工程”推进水污染整治，全市上下不等不靠、千方百计筹措资金20多亿元，按照“水清、河畅、岸绿、景美”的要求，编制了5条河流综合治理“一河一策”实施方案，开展五河综合治理工程，探索建立了“截污、清污、减污、控污、治污”综合治理体系，组织开展了声势浩大的“保水质、迎调水，百日攻坚”行动和“清水行动”。经过多年攻坚克难，5条不达标河流已全部消劣，“五河治理”成为全国治污典范。

2. 打好蓝天保卫战

蓝天白云是人们对“美丽中国”最朴素的理解。全面落实“大气十条”，打出一套“组合拳”。累计淘汰或改造燃煤锅炉392台1218.78蒸吨，两家热电厂建成深度脱硫、脱硝设施。完成全市162座加油站、2座储油库和79辆油罐车油气回收改造任务。全市煤炭消费量下降到180万吨标煤，占全市能源消费总量的22.78%，连续6年下降。强化机动车尾气达标排放，累计淘汰黄标车21973辆。大力推广清洁能源公交，新能源和清洁能源公交车占比达84.5%。划定中心城区高污染燃料禁燃区，运用高空摄像头、无人机等加大秸秆禁烧巡查力度，秸秆综合利用率达92.6%。

3. 打好净土保卫战

土壤污染防治关乎老百姓的“米袋子”和“菜篮子”。不断强化土壤污染管控和修复，实施生活垃圾处置资源化，安全处置各类危险废物，让群众吃得放心、住得安心。制定《十堰市土壤污染防治行动计划实施方案》，对1183个农用地点位土壤污染状况进行详查。加强耕地保护，划定永久基本农田，实施移土培肥项目，守住303万亩耕地“红线”。与东风公司联手历时6年，斥资1.18亿元，将填埋在库区的1725.5吨含多氯联苯的危险废物“零事故、零污染”地安全转移处理，是迄今为止我国数量最多、耗资最大的含多氯联苯危险废物转移处置工程。

4. 打好“绿满十堰”大会战

习近平总书记指出：“山水林田湖是一个生命共同体，人的命脉在田，田的命脉在水，水的命脉在山，山的命脉在土，土的命脉在树。”① 开展全民全域植树造林，管住斧头、绿化山头、护好源头。推进天然林保护、退耕还林、长江防护林、石漠化治理、生态公益林等重点工程，实现全域“灭荒”和“绿化达标”，全国绿化委员会授予十堰市“全国造林绿化十佳城市”。开展精准灭荒、石漠化治理和城区裸露山体治理，十堰城区绿化覆盖率达40%以上、绿地率达38%，人均公园绿地面积达到16平方米。建成省级以上国家森林公园14个、

---

① 习近平：《关于〈中共中央关于全面深化改革若干重大问题的决定〉的说明》，新华社2013年11月15日。

国家湿地公园6个、地质公园9家、风景名胜区5处、各级生态公益林81.7万公顷。

5.打好农村人居环境整治攻坚战

实施农村环境综合整治整县推进。全面开展农村环境综合整治，占比达到83.7%，整治覆盖面位居湖北第一，整治力度全国少有，让越来越多的乡村“望得见山，看得见水，记得住乡愁”。开展农业面源污染治理试点，推进畜禽养殖污染整治，推广“种养沼”一体化生态循环养殖模式，初步探索了一条整治农村人居环境的新路子。实施“厕所革命”，从景区扩展到全域，从城市扩展到农村、农户，实现资源化利用厕所粪污、畜禽养殖废弃物，以显著成效荣获“2016年全国厕所革命先进市”。

（三）扎实推进产业转型和高质量发展

正确处理“绿水青山”与“金山银山”、建设“现代新车城”与建设“绿色生态市”的关系，以经济社会发展全面绿色转型为引领，完整准确全面贯彻新发展理念，通过推动产业转型升级、优化能源结构、减污降碳协同、创新绿色金融等一系列措施，努力把十堰市的生态优势变为经济优势。一方面，做好“减量”，先后投资100多亿元，对污染企业实行“关、停、并、转”，关停高污染高耗能企业500多家，拒批不符合环保政策的项目145个，完成清洁生产审核企业53家；另一方面，做强“增量”，贯彻落实好绿色发展理念，正确处理好建设汽车城与生态城的关系，实现经济效益与生态效益同步提升，走产业转型和绿色发展之路，其中，十堰市三张城市名片的持续“擦亮”就是最好见证。

1.武当山：践行“两山”理念，发展全域旅游

武当山风光秀丽、历史久远、人文璀璨，历史底蕴极为厚重，丰富多样的生态资源和高价值的生态产品是实现绿色发展的最大优势。近年来，武当山积极践行“两山”理念，大力发展全域旅游，充分发挥旅游资源优势，延长武当山旅游产业链，以文旅农融合推动旅游供给侧结构性改革，形成了文旅农多业态融合发展的新态势，旅游产业多点开花。以武当山为龙头的旅游路线串联起了十堰的绿水青山和金山银山，形成了体系完整的森林康养产业格局，创建了7家国家级森林康养试点基地，打响了“康养”品牌，已打造形成“武当文化+生态”、三产融合发展的“复合业态产业”和“筑巢引凤 盘活资源”等新模式。2020年，武当山成功创建为湖北省首批省级全域旅游示范区。

2. 丹江水：农夫山泉“点水成金”

丹江口水库是南水北调中线工程水源区的优质水源地，经丹江口大坝蓄水，调入北京、天津、河北、河南等广大北方地区，润泽着北方亿万人民，十堰因此成为北方“水缸”，享有“中国水都、亚洲天池”的美誉。为了服务南水北调中线工程，丹江口围绕一库好水做文章，探索发展“水经济”，大力实施水资源利用及水产业发展行动计划，把水资源优势转化为经济发展优势，初步走出了一条生产、生活、生态“共赢”的“两山”转化新路径。农夫山泉自2003年落户丹江口，被丹江口优质丰沛的库区水源、呈天然弱碱性的水质特性、秀丽的山川生态美景所吸引，不断在丹江口扩能增产，先后建设了农夫山泉湖北丹江口有限公司、农夫山泉湖北丹江口（新城）饮料有限公司、农夫山泉湖北丹江口（均州）饮料有限公司，建成世界先进的饮用水生产线21条，产品涵盖农夫山泉已有的全部产品系列，并仍在进行扩能建设。此外，农夫山泉湖北丹江口有限公司在2018年经过改造，已经和丹江口大坝一同成为AAAA级工业旅游新宠。丹江口成为农夫山泉最具发展潜力和华中地区最大的饮用水生产基地。2022年上半年，农夫山泉共入库税收达3.27亿元，占全市税收总量比重达32.7%，成为丹江口最具发展潜力的第一纳税大户，解决就业岗位1400多个。

3. 汽车城：新能源车走绿色转型路

十堰因车而建、因车而兴，是驰名中外“东风车”的故乡，被称为“车轮上的城市”。十堰新能源汽车产业起步于2015年，虽起步较晚，但发展势头迅猛、起点高。一是高位推动，出台《十堰市新能源与智能网联汽车产业发展若干支持政策》《十堰市新能源汽车推广应用行动计划》等政策，与东风集团签订“十四五”战略合作协议，推动“东方风起”计划和科技创新“跃迁行动”在十堰落地。二是龙头带动，依托东风商用车、东风小康等整车，推动整零协同发展，通过引导本地企业转型升级和招商引资，涌现出东风力神、十堰猛狮、东实大洋电驱、亚新、万润、远景动力、正威新材料等多家新能源汽车关键零部件研发生产企业，新能源汽车产业链基本形成。三是创新驱动，企业数字化水平不断提高，智能网联水平不断提高。全市汽车及零部件企业关键工序数控化率达到45%，入选国家、湖北省智能制造示范项目19个。四是强基固本，编制发布了《十堰电池汽车充换电设施布局规划》，基础设施不断完善，截至2021年底，全市累计建成充电站138座，公用和专用充电桩1569个。经过短短几年发展，以东风商用车、东风特商、东风小康、易捷特、三环汽车等企业为主的新能源整车研发及生产格局已经形成，产业链逐步完善，产业规模迅速提升，产品结构明显优化，新能源汽车产业取得了长足发展。

（四）大胆探索生态文明体制机制建设

全面加强党对生态文明建设的领导，十堰市委、市政府着眼于解决生态文明建设面临的深层次矛盾，加大改革力度，在创新生态文明体制机制建设上大胆探索、先行先试。

1. 建立高规格的环保领导机构

在全国、全省率先出台落实环保“党政同责、一岗双责”责任制，成立市委书记任第一主任、市长任主任、8个市委常委任副主任的高规格环境保护委员会和十堰市生态文明建设指导委员会。在有限的机构编制条件下，专门配备了一名环境保护委员会专职副主任，设立专门人员协调督办，从制度上保证了机构的正常运行。

2. 构建大环保工作格局

2013年，出台了《关于加强环境保护重点工作创建国家环保模范城市的意见》，并从2013年起每年安排2500万元环保专项资金支持环境监管能力建设；2014年，出台了《十堰市环境保护“一票否决”制度实施办法》;2016年，出台了《十堰市环境保护“党政同责、一岗双责”责任规定和考核办法》《十堰市生态文明建设目标评价考核办法》等，建立了以“绿色GDP”为导向的生态文明考核机制，全面压实环境保护责任。

3. 开展生态文明系列创建

十堰市委、市政府将创建国家生态文明建设示范市、全国文明城市、国家卫生城市、国家环保模范城市、国家森林城市为主要内容的“五城联创”作为全市生态文明建设的总抓手，持续开展生态文明系列创建。

4. 建立生态环境法治保障体系

2016年，全国人大赋予设区的市地方立法权，十堰抢抓机遇，相继出台了《十堰市中心城区山体保护条例》《十堰市生态文明建设条例》《十堰市扬尘污染防治条例》等地方性法规。持续保持生态环境执法高压态势，建立了环境执法与刑事司法衔接制度，全市环境执法和生态环境公益诉讼工作均被确立为全国典型。

5. 建立生态环境第三方合作机制

充分发挥市场作用，引入专业机构，实施环境保护“党政同责、一岗双责”责任制第三方考核和农村环境综合整治项目第三方验收，在全省率先实行工业污水第三方处理，实现了污染治理的专业化、产业化、集约化。

（五）着力构建生态文明社会行动体系

大力推进生态文明宣传教育，动员全民参与生态文明建设，构建生态文明社会行动体系。

1. 设立生态文明日

2014 年 12 月 12 日，南水北调中线工程正式通水，为进一步开展生态文明宣传教育，营造生态文明建设社会氛围，动员全体市民广泛参与生态文明建设活动，设立 12 月 12 日为十堰市“生态文明日”。该节日在全国仅有两个地级市设立，此后每年均围绕其组织一系列主题宣传活动。

2. 强化环境信息公开

抓牢传统媒体话语权和主导权，在十堰广播电视台开设《十堰环保周刊》电视节目，推出“十堰环保”App，开通十堰环保“双微”，不断拓展网络宣传阵地。2018 年，“十堰环保”微信影响力名列全国“市县级环保政务新媒体”前 20 名。

3. 策划开展系列宣教活动

组建“习近平生态文明思想宣讲团”，进学校、进社区、进机关、进企业、进农村开展宣讲，广泛普及生态文明理念。围绕世界环境日、世界水日、国际生物多样性日等重点时段，策划开展“环保一日游”、万人徒步公益行、中小学生环保夏令营、环保“大 V”十堰行、“美丽中国”系列宣讲、“水——生命之源”摄影展、“生物多样性”科普讲座、青年环保沙龙、演讲比赛等系列活动。经过多年的宣传教育，生态文明理念已深入人心，市民对生态文明知晓度和满意度分别达到 91.84% 与 94.94%，形成了人人参与、共建共享的生态文明建设行动体系。

三、实际成效

（一）绿色执政能力不断增强

在推进生态文明建设进程中，全市各级党委、政府和有关部门先行先试、大胆探索，以深化改革为根本，探索生态文明制度创新，坚持以绿色发展论英雄，把生态环境保护纳入干部履职尽责管理，通过建立最严格的生态环境保护制度和绿色发展机制，引导各级党委、政府追求“绿色 GDP”、干部形成“绿色政绩观”、企业形成“绿色生产观”、居民形成“绿色消费观”，促进广大干部群众积极学绿色理论、循绿色路径、干绿色项目、争绿色作为，形成了一批卓有成效的制度成果，提供了强有力的体制机制保障。这些符合十堰市情、顺应环保大势的体制机制探索，切实增强了各级党委、政府的绿色执政能力，践行了十堰人的绿色担当。

（二）绿水青山颜值不断提高

实现了青山常在、绿水长流、空气常新的“生态红利”和“绿色福利”。全市地表水水质总体为“优”，丹江口水库常年保持Ⅱ类标准，水源地 17 座县级以上集中饮用水水源地水质均达到Ⅲ类以上，达标率 100%，丹江口水源地入选首批“中国好水”。全市共建成城乡生活污水处理设施 116 座，建成生活垃圾集中处理设施 42 座，环境基础设施日趋完善，污染物有效处理，污水处理能力和污染处理设施的密度位居全国地级市前列。中心城区环境空气质量优良天数比例为 94.8%，8 个县（市、区）环境空气质量均达到国家二级标准。全市划定生态红线 7844 平方千米，占全境面积的 33%，森林覆盖率达 73.29%，林地面积、森林面积、活立木蓄积 3 项指标居全省前列，素有“华中药库”和国家“生态命门”之称，绿色已成为十堰最亮丽的底色。

（三）金山银山成色不断提质

产业结构变“新”、发展方式变“绿”、经济质量变“优”，实现了保护与发展、百姓富与生态美的有机统一。一是形成了以现代汽车及装备制造为主的绿色制造工业。乘用车从小到大，商用车迈向中高端，新能源车快速成长，开创了“商乘并举、油电并重”新格局。二是形成了以武当山和丹江口水库为主的全域生态旅游业。A 级以上景区总数达 85 家，汉江休闲观光带、城郊生态游憩带、竹房绿色度假带、大武当健康养生区基本建成。服务业对经济增长贡献率达 53.8%。三是形成了以秦巴山区特色农业产品为主的现代农业。打造了武当道茶、丹江口翘嘴鲌、房县黑木耳、竹山绿松石等 26 个国家地理标志产品。四是创建国家高新区取得重大进展。新增高新企业 205 家，高新技术产业增加值占地区生产总值比重的 19.6%。税收占地方一般公共预算收入比重稳定保持在 70% 以上。三次产业结构由“十二五”末的 12.1∶48.9∶39 优化为 8.5∶43.9∶47.6。2017 年 6 月 4 日，《人民日报》头版头条刊发新闻《找到生态和发展最大公约数　湖北跑出转型发展新纪录》，开篇以十堰为例，并称“十堰是湖北的缩影”。

（四）市民生态自觉不断增强

通过各种形式的宣传教育及绿色示范系列创建，引导和激励了更多集体和个人主动参与生态文明建设，全市上下生态文明理念更加深入人心，越来越多的企业认识到加强生态环境保护符合自身长远利益，依法排污治污、保护生态环境的法治意识和主体意识正在形成，市民贯彻落实习近平生态文明思想的行动自觉也在不断增强。丹江口市被命名为全国第四批“两山”实践创新基地，竹溪县、郧阳区、陨西县创成国家生态文明建设示范县，8 个县（市、区）创成省级生态文明建设示范县；全市创建生态乡镇 148 个、生态村 1610 个，创建绿色学校 168 所、绿色社区 89 个、绿色机关 177 个、绿色企业 91 家、绿色家庭 1116 个。

（五）人民群众获得感不断提升

以人民群众需求为导向，以环境美起来、口袋鼓起来为最终目的，推动解决了一大批涉及群众切身利益的环境顽疾，使十堰生态安全屏障更加牢固、生态环境风险安全可控，切实增强了人民群众的获得感、幸福感，群众满意度进一步提升，市民对生态文明建设满意度达到 90% 以上。各类公园、景区、室外科普基地建设力度加大，建成各类街头游园、社区游园、山体游园 70 多处，为人民群众提供了更多优质生态产品，增加了休闲、科普、养生、娱乐的好去处。实施农村环境综合整治，农村人居环境改善明显，依托绿水青山，发展生态旅游、生态农产品和现代服务业，鼓励创新，增加就业，增加了中低收入群众的收入。

全市城镇常住居民人均可支配收入超过3万元，农村常住居民人均可支配收入超过1万元，相较“十三五”初期分别增长25.89%、27.42%。

四、经验启示

（一）坚持政治引领

始终坚持心怀生态环境保护“国之大者”，始终坚持把生态文明建设作为一项重大政治责任，始终坚持把贯彻落实好习近平生态文明思想作为重大政治任务。要把确保“一库碧水永续北送”的政治使命扛在肩上、放在心上、抓在手上，凝聚生态共识，解放思想，科学规划，以思想之变引领行为之变，以观念之变推动发展之变。十堰地处山区，但观念不能局限在山区，要“跳出十堰看十堰”，把十堰放在全国、全球的大背景下进行审视考量，不断增强做好生态文明建设工作的政治自觉、思想自觉和行动自觉。习近平总书记强调，小康全面不全面，生态环境质量很关键。良好生态环境是最公平的公共产品，是最普惠的民生福祉，民生是最大的政治。要勇于担当，彰显绿色之为，仅靠个别人或者一届班子的努力是不行的，要深入推进生态文明建设，一张蓝图绘到底，一年接着一年干，一任接着一任干，一代接着一代干，“功成不必在我，功成必定有我”。

（二）坚持保护优先

人不负青山，青山定不负人。环境就是民生，青山就是美丽，蓝天也是幸福，绿水青山就是金山银山，保护生态环境就是保护经济社会发展的潜力和后劲。绿水青山既是自然财富、生态财富，又是社会财富、经济财富。不能因为经济发展遇到一点困难，就开始动铺摊子上项目、以牺牲环境换取经济增长的念头，甚至突破生态保护红线。要保持加强生态文明建设的战略定力，越是困难挑战加大，越要向绿色转型要出路，向绿色创新要动力，树立大局观、长远观、整体观，不能寅吃卯粮、急功近利。

（三）坚持绿色发展

“绿色决定生死。”创新、协调、绿色、开放、共享的新发展理念，是关系我国发展全局的一场深刻变革，绿色低碳发展是当今时代科技革命和产业变革的鲜明特征，是推动经济社会高质量发展的重要引擎。要在思想上真正重视绿色发展，才能在行动上将绿色理念与经济发展结合好、实施好。要举生态旗，打生态牌，明确绿色发展方向，加快推动绿色低碳发展，优化产业布局，升级传统产业，壮大新兴产业，实现节能减排，促进产业生态化和生态产业化，不断强化长远意识和发展意识，增强绿色发展的主动性和责任感。

（四）坚持改革创新

"小智治事，大智治制。"① 体制机制出活力、出动力，也释放潜力和创造力。体制机制建设是推动生态文明建设和生态环境保护事业发展的根本保障，制度越完善，落实越有力，成效越显著。以生态文明建设为抓手，以改革创新为契机，通过体制机制的"理顺""打通"和"整合"，进一步明确职责、强化职能、增强能力，找准痛点、打通堵点、补上断点、解决难点，破除体制机制障碍，深化生态文明建设体制机制改革创新，形成高质量发展的不竭动力。

（五）坚持全民参与

生态环境保护、生态文明建设，始终要坚持为了人民、依靠人民、造福人民、成果由人民共享的理念，把美好的生态环境与群众的获得感、幸福感和安全感直接挂钩，形成最大公约数。生态文明建设的动力源自全民参与，成效在于全民参与，必须充分调动各方积极性和能动性，坚持政府主导、社会共治、全民参与，要有更多元的参与、更主动的作为、更精准的治理、更开放的机制、更创新的意识，最终生态环境保护成果才能全民共享，生态文明建设才能赓续发展。

【思考题】

1. 十堰市是如何践行习近平生态文明思想的？哪个环节或要素最为关键？
2. 结合所在地方、部门的发展实际，谈谈"十堰样板"的借鉴意义？
3. 十堰市创建国家生态文明建设示范市的历程，还有哪些经验和启发？

---

① 习近平：《中国发展新起点　全球增长新蓝图——在二十国集团工商峰会开幕式上的主旨演讲》，《人民日报》2016 年 9 月 5 日。

山沟沟里出现湖北第一个淘宝村

——湖北郧西“淘宝村”现象对乡村振兴的启示

中共郧西县委党校课题组

【引言】2020年4月，习近平总书记在决胜全面建成小康社会、决战脱贫攻坚的关键时刻，在陕西省柞水县金米村考察时指出，电商不仅可以帮助群众脱贫，而且还能助推乡村振兴，大有可为。① 一个有趣的现象：即便是偏僻的农村，若搭上电商这列“数字快车”，便会快速实现创业创富，实现旧貌换新颜。郧西县涧池乡下营村便是个鲜活的例子。

【摘要】

全面建成小康社会，最突出的短板在农村；全面小康的根基在产业，产业是乡村振兴生机活力所在。2014年阿里巴巴发布的《中国淘宝村研究报告（2014）》中，首次出现了湖北的第一个“淘宝村”——湖北省十堰市郧西县涧池乡下营村。

郧西“湖北淘宝第一村”现象——涧池乡下营村电子商务的实践——生动印证了习近平总书记所强调的电商“大有可为”，对助推脱贫攻坚服务乡村振兴具有深刻的借鉴意义。

2015年郧西县被确定为全国首批电子商务进农村综合示范县。郧西抢抓国家、省、市大力促进电商扶贫的政策性机遇，按照“政府引导、企业主体、市场运作”的原则，不断强化农村电商网络基础和农村电商人员培训，全县电商应用与发展走上“快车道”，探索出一条为郧西农业增效、农民增收、产业扶贫、乡村振兴的新途径。

【关键词】淘宝村；电子商务；脱贫攻坚；乡村振兴

---

①《“陕西要有勇立潮头、争当时代弄潮儿的志向和气魄”——习近平总书记陕西考察纪实》，《人民日报》2020年4月25日。

一、背景情况

阿里巴巴集团研究中心利用阿里电子商务平台交易数据研究农村电子商务发展时，发现了一个奇特的现象，即“淘宝村”。根据阿里巴巴集团研究中心的定义，“淘宝村”的认定有以下 3 条原则：就交易场所而言，经营场所在农村地区，以行政村为单元；从交易规模而言，电子商务年交易额达到 1000 万元以上；就网商规模而言，本村活跃网店数量达到 100 家以上，或活跃网店数量达到当地家庭户数的 10% 以上。

我国最早的一批“淘宝村”出现在 2009 年，主要有江苏睢宁县东风村、河北省清河县东高庄、浙江省义乌市青岩刘村。2013 年底，全国“淘宝村”数量为 20 个。2014 年阿里巴巴发布的《中国淘宝村研究报告（2014）》中，首次出现了湖北的第一个“淘宝村”——湖北省十堰市郧西县涧池乡下营村。当时，全国已发现的 211 个“淘宝村”仍主要集中于浙江、广东、福建、江苏等沿海省份。下营村是当时中西部首批 4 个“淘宝村”之一（另有四川 2 个、河南 1 个）。除“淘宝村”外，国内还有 19 个“淘宝镇”。一个镇、乡或街道出现的淘宝村大于或等于 3 个，即为“淘宝镇”。基于已发现“淘宝村”的分布情况，2014 年全国已涌现 19 个“淘宝镇”（浙江 6 个、广东 5 个，福建、江苏、山东、河北各 2 个）。

地处鄂西北大山深处的郧西县是全国 14 个集中连片贫困地区秦巴山区贫困县，也是国家新阶段扶贫开发工作重点县、全省 9 个深度贫困县之一。县域面积 3509 平方千米，辖 18 个乡镇（场、区），总人口 50.42 万。全县建档立卡贫困人口 49416 户 149400 人，贫困村 84 个，易地扶贫搬迁总规模 25942 户，70928 人。建档立卡初期，贫困发生率为 32.7%。贫困人口多，贫困程度深，是湖北省脱贫攻坚的“硬骨头”。

郧西县涧池乡下营村是全县 84 个重点贫困村之一，地处偏僻，交通不便。339 户村民中有贫困户 179 户 617 人，贫困发生率超过 40%。脱贫攻坚战中，村里充分挖掘当地绿松石资源，发展电商扶贫，2017 年整村出列。2019 年，下营村有 139 户近 700 人从事电商，开设网店 500 余家，全村销售额已突破 2 亿元。

这个山沟沟里的村庄，如何走上电商之路？何以能跻身全国“淘宝村”之列？

二、主要做法

电子商务的发展，改变了产品链条上的利益分配关系，缩减了价值链中间环节，增加末端节点价值分配，给消费者和商家都带来便利和好处。因此，村民网商可以打破传统的市场信息传递障碍，使村民自身成为市场主体，直接与市场消费者对接。

2008 年，一根网线让下营村村民通过开淘宝店，将十堰特色产品——绿松石成功外销到全国各地。2014 年下营村通过网络销售绿松石突破 3000 万元，网店数量达 66 家，被阿里巴巴评定为“湖北淘宝第一村”。

2015 年郧西县被确定为全国首批电子商务进农村综合示范县。郧西抢抓国家、省、市大力促进电商扶贫的政策性机遇，按照“政府引导、企业主体、市场运作”的原则，不断强化农村电商网络基础和农村电商人员培训，加快推进电子商务进农村示范工程、农村电商物流配送、地方农特产品品牌培育和网络销售及地方农特产品质量溯源体系建设，着力破解电商扶贫农产品上行难度大、物流配送体系不够健全、农村缺乏电商人才等制约瓶颈，全县电商应用与发展走上“快车道”，电商已成为郧西农业增效、农民增收、产业扶贫的新途径。

（一）加大电商政策扶持力度

逐步完善电商体系建设，加大政策扶持力度，筹措资金，对达标企业及个人相关建设及运营费用予以补贴。一是支持县级营运服务中心、乡镇综合服务站、村级电商服务网点及物流体系建设，对其固定资产及运营费用给予补贴。二是支持农村电子商务培训体系建设，给予达标的免费培训合作企业相应培训补贴，相关人员需外出参加电商培训的据实全额补贴。三是支持农产品电子商务供应链体系建设，对新开发地方特色农产品、农产品质量保障体系建设、农产品溯源系统建设、农产品冷链仓储等项目建设及农产品生产加工诚信企业给予奖励或补贴。四是支持农村电子商务营销服务体系建设，对年单品线上自营销售超大额、跨境网上销售地方特色农产品等给予补贴。现在，郧西已建成一个县级电商运营服务中心，一个综合性电商服务平台——郧西天河电商城，18 个乡镇服务站，216 个村级服务网点，100 余家农业合作社，1200 余家网店的电商运营、供货、营销服务体系。

（二）加速基础设施完善普及

交通、电信等基础设施的提速和普及为网商发展提供了初步的支撑条件，下营淘宝村发展历程，也是基础设施的逐步完善过程。一是积极搭建电商平台，同步推进电商运营中心、特产馆、孵化中心、培训中心和电商物流服务网站建设，电商服务网点覆盖率达85%。二是迅速优化农村网络通信、交通、物流运输等基础设施配套，实现行政村网络覆盖率达90%以上，物流发货“零延迟”“零阻隔”。三是以“湖北淘宝第一村”电商品牌为依托，加速建设电商孵化中心，培育壮大电商经营主体，扩大电商经营覆盖范围，将电商打造成强村富民的新引擎。

（三）加强电商人才队伍培养

制定了《电子商务人才培训工作方案》，采取多渠道培养、壮大电商人才队伍。一是依托县电子商务培训中心、县职教中心、县就业中心和民生职业技术学校，建立了郧西县电子商务培训基地，分层分类培育电商发展实用人才。二是依托涧池乡“淘宝村”建立电子商务培训实践基地，并从十堰市职业技术学院等专业培训机构聘请高级电商讲师为学员授课。三是多次组织学员到湖北米纳电商公司及京东集团十堰基地进行培训学习，提升电商发展水平。四是选送骨干人才赴北京、杭州等地观摩研修，邀请阿里研究院专家和大学教授现场传授电商营运方式方法，提升电商发展水平。仅2019年，全县就培训电商人员800余人次，直接和间接带动创业就业370余人。

（四）加快地域特色产业打造

郧西“淘宝村”的主营产品为绿松石，但有限的绿松石资源对今后大规模发展电商业务带来了很大的局限性。郧西依托种植业和养殖业地域特色，积极打造开发特色农产品，拓展电商发展空间。引导鼓励电商优秀带头人与贫困户签订合作协议，打造农产品网售联盟，采取“农户散养加工，电商统一销售”的模式，将土鸡、土猪肉、马头羊、茶叶、蜂蜜、红薯粉等农特产品通过电商平台畅销全国，助农增收。2020年“淘宝村”2亿元电商收入中农特产品销售额占比30%以上，带动贫困户62户245人，人均年增收3000元以上。

现今，全县开设网店1200余家，其中淘宝天猫店800余家、京东店20余家、苏宁店 3 家，从事电商企业 60 余家，电子商务正在为郧西的乡村振兴注入巨大活力，让更多群众搭上“数字快车”。

三、经验启示

郧西“淘宝村”在农村自发式产生、裂变式生长、包容性发展，充分解决了当地劳动力就业，甚至吸收了大批外来劳动力，增加了农民收入，加快了农民脱贫致富的步伐，对实现巩固拓展脱贫攻坚成果同乡村振兴有效衔接具有借鉴意义。

（一）高度重视党建引领是推进乡村振兴的有效保障

郧西积极探索“支部 +”“党员 +”“能人 +”党建引领电商发展新模式，创新“1+X”一人带多人的帮带方式，全面激发电商创业致富热情。通过实施信息网络村村通工程、普及智能手机终端，为农村电子商务的发展破除了互联网通道障碍。以下营村电商发展为契机，培育电商发展实用人才，通过实施“返乡创业三年行动计划”，引导 1500 多名外出农民工、大学生、在外成功人士返乡从事电商创业。

截至 2020 年 12 月，已累计培训电商人员 33870 多人次，直接和间接带动创业就业 19600 多人，其中农村留守妇女 7450 多人，大学生回乡创业 880 多人，解决残疾人就业 70 多人，为县域经济发展起到良好带动作用。

靠电商发家致富的下营村，眼光还不仅仅局限于此。如今，下营村在党建领头雁、“全国脱贫攻坚先进个人”刘廷洲的带领下，逐渐由电商业务向生态旅游行业拓展。由此，电子商务、生态农业、乡村旅游已经成为下营村经济增长、实现乡村振兴的新引擎。

（二）大力推进产业化是助推乡村振兴的必然路径

乡村振兴战略，产业发展是基础，电子商务在刺激农村消费、推动农业升级、助力精准扶贫、促进农业发展方面发挥着重要作用，是乡村振兴战略的重要抓手。

“淘宝村”都有其主营产品，在主营产品的带动下形成一个产业集群。下营村在发展电商扶贫产业中，通过搭建电商创业园、淘宝协会、电子商务培训基地等平台，不断延伸产业链条，带动了相关服务业的发展，包括原材料、配件、包装、物流快递、代运营、培训等，由主营绿松石特色资源逐渐延伸到茶叶、红薯粉、蜂蜜、土鸡等农特产品，进而间接促进了生态旅游、休闲度假、养生养老等产业的发展，形成了“以电商产业为主导，乡村旅游为辅助，创业孵化为补充”的发展模式，新兴业态实现了“多点开花”，构建起了由电子商务驱动的地方特色产业新经济圈。

郧西县还努力扶植了一些带动力强、产业链长的产业，充分利用城乡土地价值差异，尽可能把土地价值转化为农户实际收益。同时，鼓励扶贫龙头企业、互助合作组织、经纪人和农户采纳网络销售渠道，把附加值高的特色优势产品纳入网销，最大程度规避贫困地区面临的“小农户应对大市场”的不足和缺陷。“淘宝村”的七夕美人茶合作社负责人王华建就是回村创业的带头人之一，专业合作社吸纳了全村 80 多名村民参与，线下采摘加工茶叶、线上推销，一个月就发货 5000 千克茶叶。

同时，“淘宝村”还启动了美丽乡村建设，就势造景、就地取材，注重将本地的民俗风情、自然资源、生态景观、农业特产等进行融合发展，连点成线，连片成面，形成“郧西特色”。下营村连续多年举办了“七夕荷塘音乐节”“莲藕美食文化节”“旅游年货节”等旅游文化活动，吸引游客超过 130 万人次，旅游收入达到 6600 多万元，带动当地村民实现居家致富、宜居宜业。曾是穷乡僻壤的下营村，变成了“国家森林公园乡村”“全国乡村治理示范村”。

在乡村振兴战略的引领下，当前下营村正在大力推进乡村旅游和民宿建设，把村庄打造成为集旅游观光、乡村采摘、民俗体验、电商示范于一体的“中国最美淘宝村”。

（三）大力促进返乡创业是推动乡村振兴的必然选择

人聚则商聚、人兴则财兴。郧西实施“返乡创业三年行动计划”，引导 200 余名外出农民工、大学生、在外成功人士返乡从事电商创业，做大做强电商板块。促进农民返乡创业和就近就业，不断带动当地经济和社会的发展，使一些传统乡村显现出小城镇的雏形。

近年来，农民工大量进城带来了严重的农村空巢问题，妇女儿童和老人成为农村人口的主体。而现在的“淘宝村”不仅吸引了外出打工的农民工回乡，一些农村复转军人、低学历人群和残疾人也有了用武之地。同时，“淘宝村”

大量的人才缺口还吸引了外地人来农村就业。下营村 500 余家网店开办者多是“70 后”“80 后”“90 后”妇女、转业军人，村里从事电商的人中有女性 300 多人。2015 年至 2019 年，下营村电子商务协会分别荣获“郧西县三八红旗集体”“十堰市三八红旗集体”“湖北省三八红旗集体”“全国三八红旗集体”等称号。

再者，村子里的众多农民与现代信息结合后，能够产生飞速的聚变反应，为解决郧西当前“三农”问题带来了新的思路。其一，农村电子商务在业务形态上，已向在线交易拓展；组织化方面，由零散农户网上售卖土特产发展到以村镇为单位的产供销产业群，农村电子商务快速缩短了农业现代化的周期；其二，农村电子商务使得广大农民转变思想、知识创富、积极地参与到了现代化的进程之中，平等分享到了现代化的成果，是推动郧西统筹城乡发展、助推乡村振兴的有效途径。

（四）不断完善配套服务是推进乡村振兴的重要抓手

2015 年，郧西县被确定为全国第一批电子商务进农村综合示范县，此后该县建设了 600 余平方米的电商孵化中心，配备了标准的电商设备，帮助入驻孵化企业做好网络营销策划、网页编辑制作、企业产品推广等。

入驻企业还可享受“九免”服务，即免费提供场地和商品展示、办公场所、办公设备、技术咨询、水电费用、网络技术更新、拍照制作宣传、营销活动支持、网点物流配送。中心先后 90 多次深入全县规模企业、农业产品生产企业、旅游企业等洽谈合作，加大与企业之间的沟通与交流，支持企业通过电商孵化，实现网上销售。通过中心孵化企业 50 多家、个体 1520 余家。

通过农村电商服务网点建设，直接和间接带动了周围老百姓农产品销售，增加了农村百姓的收入。2015 年至今，郧西已在农村开设电商网点 230 家，有网络购物行为的农村人口同比增长 50%，全县 700 多个农特产单品，已有 90 多个具备网上销售资质。其中开设网店建档立卡贫困户 12320 多家、残疾户 80 多家，电子商务直接和间接带动贫困户 3860 户 13250 人，人均年增收 1300 多元。

通过基础设施建设，农村水电气路等实现到村入户全面覆盖，通过通信消盲工程建设，行政村及 20 户以上集中居住区域已基本实现 4G 网络全覆盖，全县 18 个乡镇（场、区）的 286 个行政村通光纤和 4G 的比例均超过 90%，基本实现了城乡“同网同速”。2019 年 12 月下营村在全省率先开通了 5G 信号，网店迅速发展到 500 多家，村民开始了网上直播销售，特别是受疫情影响，消费者的需求自线下转至线上，也为淘宝村直播等新兴业态带来发展机遇。

互联网鼓起了村民的荷包，更改变了村民的观念。通过电子商务拉近乡村与城市间的距离，不失为一条“弯道超越”的飞速发展之路。

涧池乡下营村在发展电商过程中，解放思想，主动求变，从“农民”变成“网民”，由“线下”推到“线上”，将昔日的穷山沟打造成了“产业欣荣、人文和谐、风景别致”的美丽乡村新样板，实现了村容村貌焕然一新，人文氛围向上向善，经济社会和谐稳定。

2021 年中央一号文件明确提出“实施数字乡村建设发展工程”，深入推进电子商务进农村和农产品出村进城，推动城乡生产与消费有效对接。习近平总书记在党的二十大报告中也强调，加快发展数字经济，促进数字经济和实体经济深度融合。数字经济的蓬勃发展为电商行业注入了新的活力，郧西将在新发展理念指引下，持续深耕电商产业，运用互联网、大数据、云计算、人工智能、区块链等技术赋能传统产业，开启服务乡村振兴、实现电商高质量发展、农民高质量生活新一轮的实践探索，让绿色低碳成为高质量发展的普遍形态。

【思考题】

1. 地方政府在推动电子商务发展的过程中应该起到什么作用？
2. 制约农村电商健康发展的因素有哪些？应该如何解决？

荆州打造“万里长江、美在荆江”新画卷的探索和启示

中共荆州市沙市区委党校　许露阳

【引言】长江是中华民族的母亲河，也是中华民族发展的重要支撑。习近平总书记在党的二十大报告中指出，“中国式现代化是人与自然和谐共生的现代化。人与自然是生命共同体，无止境地向自然索取甚至破坏自然必然会遭到大自然的报复。”①“共抓大保护、不搞大开发。”② 习近平总书记亲自部署长江保护工作、推动长江经济带发展。2018年4月25日，考察长江，视察湖北，亲临荆州，实地查看长江沿岸生态环境和发展建设情况，他说：要设立生态这个禁区，我们搞的开发必须是绿色的、可持续的。③ 长江经济带发展事关重大，每一步都要稳扎稳打。2018年4月26日，在武汉召开的深入推动长江经济带发展座谈会上，习近平总书记为新形势下长江经济带发展指路定向：“长江经济带应该走出一条生态优先、绿色发展的新路子。”④

【摘要】长江流经荆州483千米，全省岸线约一半在荆州，造林任务占全省的70%以上。荆江两岸涉及两省五市23个县，交界水域多。省内，荆州与宜昌、咸宁、武汉江段相连；省外，荆州与湖南岳阳隔江相望。党的十八大以来，习近平总书记多次亲临长江考察调研，主持召开座谈会并发表重要讲话，为推动长江经济带发展把脉、开方。

①《高举中国特色社会主义伟大旗帜　为全面建设社会主义现代化国家而团结奋斗——在中国共产党第二十次全国代表大会上的报告》，《人民日报》2022年10月26日。

②《习近平在安徽考察时强调　坚持改革开放坚持高质量发展　在加快建设美好安徽上取得新的更大进展》，新华网2020年8月21日。

③《习近平乘船考察长江》，新华网2018年4月25日。

④《习近平在深入推动长江经济带发展座谈会上的讲话》，《人民日报》2018年6月14日。

牢记嘱托，顺应期待。2018 年 7 月 27 日，中共荆州市委五届六次全体（扩大）会议审议通过了《中共荆州市委关于牢记嘱托担当作为加快推动荆州高质量发展的决定》，提出努力打造“万里长江、美在荆江”新画卷的目标。奋力绘就“万里长江、美在荆江”新画卷，也纳入荆州“十四五”时期乃至 2035 年远景发展蓝图。

5 年来，荆州市全面做好生态修复、环境保护、绿色发展“三篇文章”，加快打造长江大保护荆州示范带，建设生态文明先行示范区，从顶层设计上强化绿色引领，从制度衔接上坚持生态优先，从举措落实上推进绿色发展，从地方立法上保障治理有力，顺势展开长江大保护的荆州作为，树立起守护“一江清水向东流”的荆州担当，探索出新时代长江治理的实践与经验启示。

【关键词】 共抓大保护；不搞大开发；生态优先；绿色发展；新时代长江治理；万里长江；美在荆江

一、背景情况

荆州，地处湖北中南部，长江中游、江汉平原腹地，总面积 1.41 万平方千米，常住人口 523 万人，共辖 2 个市辖区、4 个县级市、2 个县，是国务院公布的首批 24 座国家历史文化名城之一、中国优秀旅游城市、国家园林城市、重要的综合交通枢纽和长江港口城市。

长江中下游，“九曲回肠”之地见荆州。荆州拥有长江径流里程 483 千米，占湖北长江干流里程近一半，占整个长江中下游近四分之一，所辖 8 个县市区全部依江而立，是湖北乃至长江中下游地区长江大保护的主战场之一。“荆江”是长江中部从枝江到洞庭湖口一段的别称，因古城荆州而得名。

治荆楚必先治水，治水首在治江，治江关键在荆江。曾经河流纵横、湖泊密布的荆州，从 20 世纪 50 年代末以来，湿地面积急剧缩减、水质急剧下降、水禽和天然鱼类剧减，水生植物繁殖大受影响。到了 20 世纪 80 年代，荆江内外已是生态系统警钟频频：化工企业围江、码头砂石漫天、轮船肆意排放、水质持续恶化。

党的十八大以来，习近平总书记多次亲临长江考察调研，主持召开座谈会并发表重要讲话，“共抓大保护、不搞大开发”的指示振聋发聩，这是国家战略，也是沿江人民的共同意志，更成为荆州人民的坚定承诺。如何护好绿水青山，走向生态文明？面对这一无法回避的长远和现实课题，荆州的抉择是从“靠江吃江”到“靠江护江”。

2016 年 9 月，《长江经济带发展规划纲要》出炉，保护和修复长江生态环境被列在首要位置。作为长江中下游地区径流里程最长的区域，荆州市理所当然地成为湖北长江大保护的主战场。一场从发展理念到发展方式的全面深刻变革，在荆江两岸激荡开来，并深入进行。

2018 年 4 月 25 日，习近平总书记乘船考察荆州，在荆江岸边指示：“长江经济带发展事关重大，每一步都要稳扎稳打。”① 总书记还特别指出，“荆州很美，看起来很漂亮！”② 牢记嘱托、感恩奋进，由此新时代长江大治理开始唱响荆江两岸。

2018 年 7 月 27 日，中共荆州市委五届六次全体（扩大）会议召开，提出努力打造“万里长江、美在荆江”新画卷，全面做好生态修复、环境保护、绿色发展“三篇文章”，加快打造长江大保护荆州示范带的治理目标。

5 年来，牢记嘱托，顺应期待，荆州市委、市政府将建设生态文明、推进绿色发展视为关系市民福祉、关乎荆州未来的长远大计，融入高质量发展宏伟蓝图。从顶层设计上强化绿色引领。全面对接《湖北长江经济带生态保护和绿色发展总体规划》，争取更多“荆州元素”纳入总体规划。完善生态保护和绿色发展总体规划，调整沿江产业规划布局。从制度衔接上坚持生态优先。将生态文明建设目标纳入考评体系，加强环保审计，执行环保“一票否决”，严格环境准入。落实河湖库长制，全面推进河湖库长制体系建设，实行河（段）负责制，建立市、县、乡、村四级河湖库长制体系，实行一河一策。从举措落实上推进绿色发展。全面对接长江大保护九大行动，务实重行抓落实。推进绿满荆楚行动，践行湿地公园保护制度。开展项目清理，推行负面清单。从地方立法上保障治理有力。围绕落实长江保护法，加快推进生态环境保护地方立法，先后颁布施行湖北省首个“一湖一法”地方性法规，制定《荆州市长湖保护条例》等 5 部地方性法规，出台《荆州市扬尘污染防治条例》《荆州市餐饮服务业油烟污染防治条例》等“四梁八柱”法治体系。

5 年来，荆州顺势展开长江大保护的荆州作为，树立起守护“一江清水向东流”的荆州担当，成功创建全国绿化模范城市和湖北省森林城市，获批全国

①②《习近平乘船考察长江》，新华网 2018 年 4 月 25 日。

第二批生态文明先行示范区创建城市，跻身生态文明建设“国家方阵”。“生态优先、绿色发展”开创了荆州发展的新局面，以质量论英雄、以效益论英雄、以能耗论英雄、以环境论英雄，使荆州加快步入高质量发展轨道，“万里长江、美在荆江”的新画卷徐徐展开。

二、做法与成效

必须坚持绿水青山就是金山银山的理念，坚持山水林田湖草沙一体化保护和系统治理。① 荆州市坚定不移践行习近平生态文明思想，完整准确全面贯彻新发展理念，落实“生态优先、绿色发展”要求，拓展“两山”理念转化通道，努力打造“万里长江、美在荆江”新画卷。近年来，按照《湖北长江经济带生态保护和绿色发展总体规划》，努力克服疫情、汛情等带来的不利影响，让美丽荆州、绿色崛起成为荆州高质量发展的重要底色，成为湖北高质量发展重要增长极。

（一）坚持问题导向，打造人水和谐的生态屏障

1. 依法治江，狠抓整改长江经济带生态环境突出问题

2018 年以来，深入实施长江大保护和绿色发展“双十工程”，扎实推进中央和省级环保督察反馈问题整改，荆州做到彻底而不留余地，坚决防止同类问题在同一地区再次出现、在不同地区反复出现的情况发生。2020 年 7 月 1 日，落实长江“十年禁渔”决策部署，荆州率先对 483 千米长江干流、93 千米长江故道、22 个水生生物保护区全面实施，比农业农村部规定时间提前半年开始执行。同时，实施长江经济带生态环境突出问题专项整治，明确整改目标、措施、责任单位和时限要求，每月调度整改进展情况。目前，长江干线已关停拆除 340 处非法砂石码头，复绿 267 处，腾退岸线 55 千米，造林 87.56 万亩，“关改搬转”沿江化工企业 63 家，对 1824 个入河排污口开展溯源和分类整治。在长江流域重点部位实施“天网工程”，安装摄像头 186 个对全江段在线监管，全市 4309 艘国网锁定退捕渔船全部上岸，25693 艘涉渔“三无”船舶被拆解、封存。近 5 年来，荆州以最严标准、最大力度执法，深入推进打击长江流域非法

①《中共中央关于党的百年奋斗重大成就和历史经验的决议》，《人民日报》2021 年 11 月 17 日。

捕捞、非法采砂、涉稀土、涉野生动物、涉危险废物犯罪等系列专项行动，严打涉江突出违法犯罪，有效遏制长江流域涉江违法犯罪活动。共查处各类生态环境违法案件 85 件、下达处罚决定书 51 件，罚款金额 8920 万元，问责各级党员干部 273 人，查处非法捕捞 854 件，开展省际、市际、县际跨区域联动执法 91 次。荆州江陵“10·16”生态环境损害赔偿案等 3 起案件被评为 2020 年度全省生态环境损害赔偿典型案例，被生态环境部予以通报表扬。公安部在荆州召开现场会推介经验。

2. 系统护江，大力实施生态环境保护修复

为守护长江母亲河，近年来，荆州市全力推进长江大保护十大标志性战役和长江经济带绿色发展十大战略性举措，直接投入长江大保护资金达 400 多亿元。全面开展护水、护渔、护砂、护林、护法、护民“六护行动”，以长江荆江段及洪湖等重要湖泊湿地为核心，完成《长江荆江段及洪湖山水林田湖草沙一体化保护和修复工程实施方案》，2022 年 6 月成功入围国家级山水林田湖草沙一体化保护和修复工程项目。持续开展野生动物保护，建设中华鲟长久性保护基地，启动并完成第一阶段全市水产养殖种质资源普查，体检江豚 34 头，输出江豚 7 头，放流中华鲟子二代 3000 尾、四大家鱼 1700 万尾，推动长江珍稀濒危物种种群恢复。切实推进国土绿化，2018 年以来，荆州市累计完成造林 178.28 万亩，森林蓄积量增加到 0.1041 亿立方米，水清、岸绿、河畅的长江绿色生态廊道正在形成。建设“荆江生态文化”科普教育示范基地，开展以“长江大保护，绿色共成长”为主题的生态环保科普教育活动，厚植保护长江生态环境的理念。

3. 创新守江，统筹推进生态环境污染治理“4+1”工程

一是全面推进城镇污水垃圾处理。实施主次干道雨污分流改造，完成雨污分流管网改造。以城乡生活垃圾统筹治理为重点，扎实开展城乡存量生活垃圾大整治，持续推进城乡生活垃圾收运体系建设，城镇生活垃圾收集、转运形成完善的封闭体系，城乡生活垃圾无害化处理率达到 100%。二是持续开展农业面源污染治理。先后制定印发化肥、农药减量增效行动实施方案、畜禽养殖废弃物资源化利用三年行动实施方案和水产养殖尾水治理五年行动方案，全市化肥、农药使用量比 2020 年分别下降 1.03 和 7.6 个百分点，规模养殖场粪污处理设施装备配套率达到 98.73%，大型规模养殖场配套率 100%，畜禽养殖粪污资源化利用率达到 93.96%。三是深入推进化工污染治理。按照“散乱污”企业综合整治工作方案，采取关停取缔、升级改造、整合搬迁整治原则，清理整顿和发证登记共8371家排污单位，持续推进沿江化工企业“关改搬转”，全市沿江1千米内化工企业已全部完成“关改搬转”。四是扎实开展港口船舶污染治理。13个3000吨以上码头完成岸电设施智能化改造，9处垃圾接收专用码头全部建成，666艘船舶生活污水收集处置设施全部改造达标，每年接收转运船舶垃圾、油污水等13867吨。五是有效推进尾矿库污染治理。按照《湖北省加强长江经济带尾矿库污染防治实施方案》要求，对全市4座尾矿库开展污染防治成效复核，加强尾矿库在线监测，并与省应急管理厅综合信息平台互联互通，提升安全监管信息化水平。

（二）聚焦协同增效，全力推进绿色高质量发展

1. 加快推进绿色产业发展，让绿色广泛联动

提升企业“含绿量”。制定实施《荆州市工业企业技术改造三年行动方案（2021—2023年）》，财政兑付2020年技改奖励资金1.23亿元，推动传统产业升级改造，节能减排。推进城市“创新量”。制定实施《荆州市创建国家创新型城市实施方案（2021—2023年）》，优化产业布局，规划建设以长江大学为核心的荆州科技创新大走廊，荆州区成功入选第三批湖北省创新型县（市、区）建设单位名单。推动文化旅游“带流量”。深挖文化、旅游、生态三者融合潜能，依托楚文化、三国文化、长江文化、红色文化、湿地文化等文化品牌，塑造“千年古城、灵动荆州”城市形象，建设全国知名旅游目的地和长江经济带旅游名城，相继建成方特东方神画、园博园、荆州海洋世界、郢都文化园等大型旅游项目，新晋全国十大热门旅游榜首城市，入选第二批国家文化和旅游消费试点城市。

2. 全力推进绿色发展示范试点，让绿色增量赋能

一是奋力打造长江经济带绿色发展示范区。按照生态空间、生产空间、生活空间绿色协调有机融合的要求，深入推进长江经济带发展“双十工程”，加快构建以市场为导向的绿色技术创新体系、绿色质量标准体系，促进绿色技术、绿色资本、绿色产业有效对接，让荆江两岸的盎然绿意和创新源泉竞相涌动。二是推动荆州纪南文旅区创建省级绿色发展示范区。编制《荆州纪南文旅区创建长江经济带省级绿色发展示范区实施方案》，推进纪南文旅区绿色发展示范建设，近年来，纪南文旅区稳扎稳打、砥砺前行，集中力量啃硬骨头、打攻坚战，有效开展生态环境保护和治理，成功入选联合国2030可持续发展最佳实

践典范样板。三是加快推动建立生态产品价值实现机制。在全市开展生态产品价值实现机制探索，支持各县（市）区积极结合本地实际，探索绿水青山转化为金山银山的实现路径，打造荆州大米、荆州小龙虾、荆州双低优质油菜、淹水鱼、洪湖藕、沙市小胡鸭、石首“荆楚老河”有机鱼、荆州区大北湖“人放天养”生态鱼加工和文旅区文旅产业发展助推生态产品价值实现等典型案例。

3. 持续推进高水平对外开放，让绿色充分释放

利用“水优势”。荆州不断完善综合交通运输体系，建成沙公高速杨家厂至孟家溪段、监利至江陵高速东延段、洪湖赤壁长江大桥等“两路一桥”，计划建成过江通道 6 座，谋划建设李埠长江公铁大桥、监利至华容公铁大桥、观音寺长江大桥 3 个过江通道。荆州煤炭铁水联运储配基地一期工程正式开港，完成煤炭铁水联运首航。做好“水文章”。深度参与全省港口资源整合，划转标的 20 个，总资产 34.8 亿元、净资产 15.78 亿元，资产总数全省第二。成功取得 8、9 类危化品港口运营资质，荆襄物流配送中心（一期）、监利港区容城新洲码头建成营运。松西河航道、松虎航线整治工程、内荆河航道、公安柳梓河疏浚工程和石首藕池河疏浚工程加快推进。开拓“水资源”。积极招引中远海运、上港集团等物流头部企业，2022 年 7 月已开通“荆州—上海”直达航线，荆江上最大的游船“君健号”也正式启航。荆州市发挥荆州港江汉平原重要交通枢纽和对外开放水运口岸辐射作用，主动融入“国内大循环为主、国内国际双循环相互促进”发展新格局，通过线上线下结合的参展方式，全方位指导企业积极恢复市场。先后组织企业参加广交会、上海进博会、武汉数字交易会、东莞加博会、泸州中外地标博览会等展会，意向成交好于预期。荆州进一步扩大国家级汽车零部件、纺织外贸转型升级基地品牌效应，体育、精细化工等品牌培育也正稳步推进，进一步推动外贸发展。

（三）完善体制机制，深化共抓大保护制度保障

1. 构建做实更高层面区域共治机制

一是协调推进洞庭湖流域水环境综合治理。2018 年以来，荆州市和湖区流域内的湖南省岳阳市、常德市、益阳市、长沙市望城区“四市一区”政协，一年召开一次洞庭湖生态经济区政协主席联席会议，一年一个主题，一年一部《荆州共识》，持续发力、共同守护一湖碧水，并有效推进全链条产业发展。2021 年《荆州共识》落实落地，“四市一区”文旅产业呈现高质量发展态势。2021 年

9月，在长江中游三省协同推动高质量发展座谈会上签署了《洞庭湖生态经济区五市深化协作工作方案》。2022年8月13日至14日，洞庭湖生态经济区政协主席联席会议第四次会议，又发布了“致力绿色发展　共建洞庭粮仓”益阳宣言。二是推动“宜荆荆恩”生态环境联保联治。与宜昌、荆门、恩施，就大气、流域、土壤、生态修复、信息共享、监管执法、示范共创、协作机制8个方面，共同签署了《“宜荆荆恩”城市群生态环境联保共治合作协议书》，与长江沿线城市一道坚持“共抓大保护、不搞大开发”，以守护一江清水永续东流的政治担当，把保护和修复长江生态环境摆在压倒性位置，走出了一条生态优先、绿色发展之路。通过近几年的系统治理，荆江、清江干流水质总体保持Ⅱ类标准，江豚在长江繁衍生息，“宜荆荆恩”江段各美其美，展现了良好的人与自然和谐共生景象。三是建立“四湖流域”水质考核补偿机制。“四湖流域”面积11547平方千米，水资源丰富，是湖北省重要的农业生产基地。荆州财政每年筹资7000万元设立生态补偿基金，按每月断面水质监测考核情况，实行“不达标或水质下降扣缴”“达标或水质改善奖励”，倒逼各地加强生态修复和环境保护。

2. 积极探索管根本管长远的岸线管理模式

完善长江岸线管理荆州治本之策，在全省开创长江大保护的荆州治理新模式。一是扎实推进河湖库长制。努力建设造福人民的幸福河湖，督促市、县两级河湖长巡查履职，常态化规范化开展河湖清“四乱”行动，深化河湖划界确权，进一步完善共治机制。实现5千米以上河流、184个湖泊、114座水库“河湖库长制”全覆盖，聘用“民间河湖长”，全市9个河湖、35个单位入选省级示范河湖（单位）。二是在全省首创长江岸线管理员制度。2018年10月，荆州在全省率先创新推行“长江岸线管理员制度”，把原长江河道堤防管理员、防洪员转化为长江岸线管理员，出台荆州市长江岸线管理员实施办法，岸线管理员既巡查长江沿线水体、堤防工程、洲滩禁牧、水域禁渔、非法捕捞情况，又监督长江岸线违法建筑物、固体废物污染、绿化等情况。长江干流岸线，每隔1～2千米就安排一名岸线管理员常年守护，已有572名长江岸线管理员织密织牢岸线管理保护网。三是探索以市场化运作为主的造林绿化多元投入机制。撬动民间资本25.6亿元，推进长江岸线应绿尽绿。荆州城区采取政府购买服务方式，对长江岸线过往船舶垃圾和污染物实行免费清运。大力培育秸秆综合利用市场主体，鼓励发展秸秆收储企业，打造秸秆禁烧和综合利用“荆州样本”，连续六年综合排名全省第一，牢牢守住“荆州蓝”。

3. 不断完善统筹协调机制

一是严格落实“党政同责、一岗双责”，全面扛牢绿色责任。项目化、清单化、具体化推进中央生态环境保护督察反馈问题整改工作，确保整改任务按期完成，做到整改一个、解决一类、规范一方，切实提升整改工作实效。二是建立完善工作机制，全力提升绿色颜值。建立由市长江办统筹协调、行业主管部门指导监督、县（市）区抓任务落实的工作机制，结合市直部门职能精准分工、细化落实，按照年初制定的各项目标任务，有力推进长江经济带各项工作落实落地。启动科技特派员工作机制，组织林业专家编制《造林绿化技术手册》，指导县市区“树应栽哪里、树应怎样栽、树应怎样管”。三是强化资金保障，全速推进绿色发展。争取中央预算内长江经济带发展方向资金 1.16 亿元，支持生态环境系统整治、湿地保护修复等重大项目建设。争取省预算内长江大保护和绿色发展专项资金 1125 万元，支持长江岸线整治、河流湖泊湿地生态修复和禁捕退捕能力项目等建设。优化信贷资源配置，大力支持绿色农业、绿色交通、节能减排、新能源和资源循环利用等绿色行业发展，主动对接绿色信贷融资需求，推动区域绿色经济发展。截至 2021 年 9 月末，全辖绿色贷款余额 212.34 亿元，同比增幅 60%。

5 年来，荆州转型赶超、加快复兴，奋力绘就“万里长江、美在荆江”新画卷，地区生产总值增长近千亿元、人均突破 5 万元。荆江两岸发生巨变，荆州成功创建国家级卫生、森林、绿化模范、节水型城市，入选全国第二批城市黑臭水体治理示范城市，获批全国生态文明先行示范区创建城市。“十四五”期间，荆州还启动实施 72.15 亿元长江中游荆州段山水林田湖草生态保护修复工程，持续开展 51.5 亿元水环境综合治理项目等，推进长江高水平保护提质。

5 年来，长江荆州段全域水质由Ⅲ类提升到Ⅱ类；“国考”断面地表水水质达标率由 78.6% 提升到 92.9%，四湖总干渠全面消除劣Ⅴ类断面；县级以上饮用水源水质达标率稳定在 100%。全市大气主要污染物 PM2.5 平均浓度下降了 38.3%、PM10 平均浓度下降了 36%，优良天数比例上升了 22.6 个百分点，达到 89.8%，“荆州蓝”成常态。

5 年来，荆州市和 6 个县（市）先后获得国家森林城市和省级森林城市称号，荆州森林城市群建设成为全国长江中游平原湖区的样板和湖北唯一。荆州长江两岸市域森林覆盖率达 36.69%、湿地保护率达 46.39%，中心城区建成 123 千米滨水绿道，串联 51 个口袋公园，城区人均拥有绿道长度 1.25 千米，绿道覆盖率达 91%；生物多样性不断丰富，江豚种群数量由 70 头增至 100 余头，麋鹿种群数量由 550 头增至 1100 头，野生鸟类增至 144 种。如今，“一城活水、满城清水”“开门见新绿、推窗闻鸟鸣”人与自然和谐共生的生态美景已经成为荆州市民的日常。在党的二十大精神指引下，“以水为媒、以水塑形、以水促产，未来荆州要靠流域综合治理而崛起”。荆州正加快实施山水林田湖草沙一体化保护和修复工程，踔厉奋发、勇毅前行，奋进建设江汉平原高质量发展示范区新征程，奋力绘就新时代“万里长江、美在荆江”新画卷。

三、经验启示

荆州在打造“万里长江、美在荆江”新画卷征程和战役中，把握了历史逻辑和自然规律，积累了宝贵经验，探索了新时代促进人水和谐的治理新路径。

（一）必须始终坚持党对长江保护治理的领导，坚持党的创新理论引领——这是推动长江生态、长江经济带高质量发展的根本遵循

习近平总书记高度重视长江母亲河的保护，党的十八大以来，站在实现中华民族永续发展的高度，亲自擘画的长江经济带战略，把生态修复确定为长江经济带建设的首要课题，中华民族母亲河永葆生机活力有了路线图、总抓手，运用“两山”理论实现了发展与保护的协调统一。习近平总书记十分牵挂、高度重视湖北的发展，党的十八大以来，先后 5 次到湖北考察调研，推动湖北高质量发展，以荆州为代表的长江经济带城市发展变化显著，生动诠释新发展理念的蓬勃生机。回顾 10 年来面临的生态退化、污染严重等困难局面，以习近平同志为核心的党中央，在“推动绿色发展，促进人与自然和谐共生”的征程中，坚持绿水青山就是金山银山的理念，坚持山水林田湖草沙一体化保护和系统治理，全方位、全地域、全过程加强生态环境保护，生态文明制度体系更加健全，污染防治攻坚向纵深推进，绿色、循环、低碳发展迈出坚实步伐，生态环境保护发生历史性、转折性、全局性变化，我们的祖国天更蓝、山更绿、水更清。这正是党的二十大报告所总结的，这一切来自党中央集中统一领导，也为实现第二个百年奋斗目标，以中国式现代化全面推进中华民族伟大复兴奠定了坚实的绿色根基。

（二）必须始终坚持发扬中国特色社会主义制度的强大优势，坚持系统谋划、整体推进——这是推动长江生态、长江经济带高质量发展的根本保障

习近平总书记强调，“一定要给子孙后代留下一条清洁美丽的万里长江！”①《中华人民共和国长江保护法》作为我国首部流域法，2021 年 3 月 1 日起实施，是长江流域保护和治理发展史上的里程碑，开启了全面依法护江的新纪元，为实现长江流域的高质量发展提供了法律遵循。坚持生态优先、绿色发展战略定位，突出共抓大保护、不搞大开发基本要求，从长江流域系统性和生态系统整体性出发，正确把握整体推进和重点突破的关系，从“谋一域”到“谋全局”，变“被动地”为“主动地”，规定具有针对性的特别制度措施，加强长江流域生态保护修复、综合治理，规范各类生产生活、开发建设活动，促进资源合理高效利用，推动长江流域绿色发展，维护长江流域水安全、生态安全，最终实现人与自然和谐共生的现代化。实践证明，只有把握好新时代中国特色社会主义思想的世界观和方法论，认真贯彻落实习近平生态文明思想和习近平总书记在全面推动长江经济带发展座谈会上的系列重要讲话精神，才能努力克服疫情、汛情等带来的不利影响，攻坚克难求突破，落实落地见成效。

（三）必须始终坚持以人民为中心，坚持共治共享、共同缔造——这是推动长江生态、长江经济带高质量发展的关键之举

人民立场是中国共产党根本政治立场，是马克思主义政党区别于其他政党的显著标志。长江大保护不仅关系到长江流域生态保护和绿色发展，而且关系到党和国家工作大局，关系到中华民族伟大复兴战略全局，更关系着占据全国“半壁江山”的人口、GDP、水资源。“水兴则邦兴，水安则民安。”党的十八大以来全面推进蓝天、碧水、净土保卫战，构建流域水质总体优良、生态流量充足、生物多样性有效保护的新格局保“一江清水向东流”，让人民群众“喝上干净水”；推动空气质量持续好转使“蓝天常在”，让人民群众“呼吸新鲜空气”；守护一域净土，让人民群众“吃得放心、住得安心”，解决了一大批关系民生的生态环境问题，不断满足人民日益增长的生态环境需要。荆州市画好同心圆、下好一盘棋、打好整体仗，最大限度地发挥和调动各级各部门及全体荆州人民的积极性，做到了蓝图共同绘制、整治一体推进、成果全面共享。各大战役各

①《习近平在东洞庭湖国家级自然保护区考察时的讲话》，《人民日报》2018年4月25日。

负其责又精密配合，由此观之，用体制机制促使，将荆州乃至长江中下游、江汉平原人民形成利益共同体、责任共同体和命运共同体，是构建新发展格局、促进高质量发展的制胜之道。

（四）必须始终坚持稳扎稳打、久久为功，坚持一张蓝图干到底——这是推动长江生态、长江经济带高质量发展的成事之要

习近平总书记强调："推动长江经济带发展，既是一场攻坚战，更是一场持久战，我们要坚定信心、咬定目标，苦干实干、久久为功，为实施好长江经济带发展战略而共同奋斗。"[①] 经过沿江省市和有关部门共同努力，长江经济带发展才取得来之不易的阶段性成效，这也是党的二十大报告中"大力推进生态文明建设""党和国家事业取得历史性成就、发生历史性变革"。党的二十大对我国全面建设社会主义现代化国家进行了部署，其中"推动绿色发展，促进人与自然和谐共生"作为重要内容，指出"尊重自然、顺应自然、保护自然，是全面建设社会主义现代化国家的内在要求"。推动长江经济带发展涉及经济社会发展各领域，是一个系统工程，不可能毕其功于一役。保护与发展，要做好顶层设计，要有"功成不必在我"的境界和"功成必定有我"的担当，一张蓝图干到底，以钉钉子精神，脚踏实地抓成效，积小胜为大胜。要从体制机制和政策举措方面下功夫，做好区域协调发展"一盘棋"这篇大文章。要对实现既定目标制定明确的时间表、路线图，稳扎稳打，分步推进，形成合力进行系统性保护才能推动长江经济带高质量发展，共同推进经济社会发展全面绿色转型，实现"人与自然和谐共生"的美丽荆州、美丽湖北、美丽中国的愿景。

【思考题】

1."共抓大保护、不搞大开发"和"生态优先、绿色发展"的内涵是什么？

2. 如何正确把握整体推进和重点突破的关系，全面做好长江生态环境保护修复工作？

3. 修复长江生态环境涉及哪些至关重要的因素？

4. 在"共抓大保护"的过程中，如何更好地激发群众共同参与，实现美好环境和幸福生活共同缔造？

①《习近平在深入推动长江经济带发展座谈会上的讲话》，《人民日报》2018年6月14日。

实施湖泊退出承包　人放天养净水富民

——石首市湖泊治理的做法与启示

中共石首市委党校　孙大发

【引言】 党的十八大以来，以习近平同志为核心的党中央把生态文明建设摆在全局工作的突出位置。2016年1月18日，习近平总书记在省部级主要领导干部学习贯彻党的十八届五中全会精神专题研讨班开班式上指出："要坚定推进绿色发展，推动自然资本大量增值，让良好生态环境成为人民生活的增长点、成为展现我国良好形象的发力点，让老百姓呼吸上新鲜的空气、喝上干净的水、吃上放心的食物、生活在宜居的环境中、切实感受到经济发展带来的实实在在的环境效益，让中华大地天更蓝、山更绿、水更清、环境更优美，走向生态文明新时代。"① 党的二十大报告中指出，尊重自然、顺应自然、保护自然，是全面建设社会主义现代化国家的内在要求。必须牢固树立和践行绿水青山就是金山银山的理念，站在人与自然和谐共生的高度谋划发展。②

【摘要】 为深入贯彻党中央、国务院关于生态文明建设的有关要求，加强湖泊生态环境保护，实现河湖功能永续利用，通过实施湖泊退出承包经营，提前终止合同，石首市、乡两级政府拿出重金补偿承包主，经过艰苦谈判、激烈博弈，彻底斩断投肥养鱼利益链条，坚持把生态效益放在首位，实行人放天养，清水养鱼，让湖泊回归自然，再现碧波粼粼的湖泊风光，湖泊健康状况持续好转。在坚持生态优先的前提下，兼顾经济效益，产量减少，效益倍增，石首治湖经验引发关注，多地来此学习取经，荆州市全域推广石首市湖泊治理经验。石首市

①《习近平在省部级主要领导干部学习贯彻党的十八届五中全会精神专题研讨班上的讲话》，《人民日报》2016年5月10日。

②《高举中国特色社会主义伟大旗帜　为全面建设社会主义现代化国家而团结奋斗——在中国共产党第二十次全国代表大会上的报告》，《人民日报》2022年10月26日。

铁腕治湖，收回全市湖泊承包权，根治投肥养鱼顽疾，坚定不移走生态优先、绿色发展之路，书写了长江生态环境保护的石首作为。

【关键词】湖泊退出承包；人放天养；石首市

一、背景情况

石首位于长江中下游荆江河段，北部属江汉平原，南部为洞庭湖平原的延伸，东及北毗邻监利、江陵两县；南部丘陵居多，与湖南省华容、南县、安乡等县市接壤，西邻公安县。“一江贯东西，两河穿南北，版图分五块，四面皆环水。”形象勾勒出了石首的地理概貌，也赋予了石首特有的湿地水乡气质。素有“九曲回肠”之称的荆江横贯石首全境长达 90 多千米，加上湖泊点缀其间、库沟港堰塘星罗棋布，共同构成了“水韵石首”。全市自然面积 1427 平方千米，现有湖泊 44 个，面积 90.74 平方千米。其中千亩以上湖泊 20 个，面积 12.65 万亩，占湖泊总面积的 92.9%。2016 年二季度水质监测显示劣Ⅴ类水质湖泊 16 个。经实地调查，水质下降的主要原因之一是湖泊承包主追求利益最大化，投肥养殖屡禁不止。

20 世纪 90 年代开始，该市境内湖泊的经营权一直对外发包从事渔业养殖。为追求产量，很多承包主投肥、投粪养殖，加之农药、化肥等农业生产污染和湖泊周边养猪场、养鸡场粗放直排，导致湖泊水质持续恶化。对此，石首市委、市政府决定收回全市 44 个湖泊承包权，杜绝投肥养鱼，根治这一顽疾。

从 2015 年开始，石首出台《石首市湖泊保护行动方案（2015—2017 年）》，将 44 个湖泊、90.74 平方千米水面全部纳入保护范围，明确部门主管责任和属地管辖责任，实行湖泊保护周巡查制度，确保湖泊数量不减少、面积不萎缩、水质不恶化。石首市财政每年安排专项资金 300 万元以上，重点开展湖泊勘界、“退坝还湖”行动和“清水养鱼”试点，已埋设湖泊界桩 1501 个，退坝 7 处，恢复湖泊 320 亩。

2016 年 1 月 14 日，石首市政府召开第一次常务会议确立了目标、时间表和路线图。“要实现水变清、湖变美，人与湖和谐相处的目标，保护与开发相结合，走出一条生态效益与经济、社会效益相结合的道路。”为进一步根治投肥养鱼顽疾，2016 年 12 月 12 日起，石首市委、市政府统一部署，水产、水利、纪检、财政等多部门展开联合行动，与湖泊经营方展开多轮艰苦谈判，并对其固定资产投入进行了审计，要求经营方必须终止任何生产性投入、必须加大起捕销售力度，确保按时移交经营权。

同时，石首市政府作出决定，2017 年 3 月前将对全市 44 个湖泊全部取消承包合同，并同步实施拆坝还湖、关停不达标畜禽养殖场、打击非法养殖排污等行动，确保湖泊逐步回归自然。另外，石首市委、市政府要求，要依法核定收湖的必要成本，完善湖泊保护考核机制，按照湖长、场长负责制，实行必要的奖补措施，对积极完成和支持湖泊回收工作的人员进行奖励。

起初，大部分承包主抵触情绪都很大，为了收回一个韩高湖，就先后进行了几十轮谈判，极为艰难。为提前终止合同，政府拿出重金补偿承包主。每个湖均经历了成鱼起捕销售、固定资产清产核资、鱼种过秤等环节。一次次艰苦谈判，一场场激烈博弈。一年多时间，石首彻底告别湖泊承包经营。

2017 年实施湖泊退出承包经营，实行人放天养、清水养殖，第四季度监测结果显示：湖泊水质Ⅲ类 2 个、Ⅳ类 10 个、Ⅴ类 7 个、劣Ⅴ类 1 个，呈现好水增多趋势。全市 44 个湖泊退出承包经营，市乡两级政府共耗资 3000 多万元补偿款。

二、做法与成效

以推进河湖长制为抓手，落实湖泊退出承包经营权，处理好保护与开发的关系。

（一）深入实地调查全域覆盖

通过对湖泊开展调查，全市 44 个湖泊中，38 个湖泊对外承包进行水产养殖，占湖泊总数的 86.4%，占湖泊面积的 82.4%。从承包期限来看一般承包期 5 ～ 20 年，有的承包期限达 50 年。年收取总承包费 851.37 万元，其中大部分湖泊承包费分年缴纳，少部分湖泊承包费一次性缴纳。通过与承包主交流，发现投肥养鱼一本万利，且取证难度大，违法处罚成本低。以鸭子湖为例，该湖原为石首市东升镇的饮用水源地，实施农村饮水安全工程后，干部群众放松了对投肥养鱼的监督，承包主每年投肥资金逾百万元，两年内水质从Ⅲ类下降到劣Ⅴ类。

（二）结合河湖长制全面推进

在充分调查研究、反复征求意见的基础上，石首市出台了《石首市湖泊退出承包经营实施方案》，为湖泊退出承包提供了有力的工作依据和方法。召开湖泊退出承包经营动员会议，市委书记要求以河湖长制为抓手落实好湖泊退出承包经营，做到全市“一盘棋”，要从辩证的角度处理好湖泊退出承包经营问题，痛下决心斩断利益链，处理好保护与开发的关系。

（三）实行大员上阵强力推动

市长主持召开湖泊退出承包经营专题会议，听取了水利、水产、环保等部门意见，对湖泊退出承包经营进行了再安排、再部署，要求不折不扣完成该项工作任务。市分管领导多次组织市农办、市水利局、市水产局、环保局负责人及工作专班到各地实地调查，现场研究解决湖泊退出承包存在的难点问题，为湖泊退出承包经营工作提供了强大的组织保证和领导力量。

（四）抓好以点带面整体促进

在湖泊收回承包经营权工作中，国营湖泊起步早、推动快，建立了一套较为完善的工作程序和运行机制，为各乡镇办区湖泊退出承包提供了借鉴经验。要求做到“三个一律”：一是一律停止生产性投入，加大起捕与销售力度；二是一律无条件终止发包承包、收回经营权，由权属单位自主经营管理；三是一律无条件实行人放天养、清水养鱼，恢复生态养殖环境。完成退出承包经营要达到“三个条件”：一是要接管湖面，二是要移交固定资产，三是要签订补偿协议书。从细节上具体到律师函发送、固定资产评估、成鱼起捕、鱼种回购、审计、公示、签订补偿协议、付款等各个环节。在程序上做好“工作责任压实、全面开展清产核资、妥善处理成鱼和鱼种”，确保了国有湖泊有序退出承包经营，其成功经验也为各乡镇办区湖泊退出承包经营起到了促进作用。

（五）严格检查验收强化督办

组建由纪检、审计、财政、水利、水产等部门分管人员参加的工作专班，对退出承包经营进行检查验收。检查验收涵盖每一个工作环节，具体到每一项工作流程，包括固定资产补偿、鱼种回购、成鱼起捕、签订终止承包协议、湖泊退出承包经营后期管理等，要求被检查对象提供合同原件、承包款收据、资产评估清单、补偿凭据等相关佐证资料。市政府督办室对实施湖泊退出承包经营进度较慢的高基庙镇、桃花山镇、东升镇进行了工作督办。

（六）加大经费投入强化保障

2017年，市财政列支专项经费1247万元用于湖泊保护工作，其中实施湖泊保护三年行动年度工作经费400万元，国营渔场退出承包经营847万元（国有渔场收回湖泊经营权解决固定资产补偿479万元、终止国有湖泊经营权实行人放天养资金328万元、杨波坦故道网箱拆除补贴40万元），确保专款专用。

（七）探索运行机制强化管理

为进一步巩固收回湖泊经营权的成果，科学开发利用湖泊资源，维持湖泊健康可持续发展，通过对秦克湖、白莲湖等地进行实地调研，力求进一步理顺湖泊管理体制，谋划湖泊健康运行和可持续发展机制，出台了《石首市关于加强湖泊收回经营承包权后运行管理的意见》。

石首市在全省率先收回44个湖泊经营权，实现人放天养、清水养殖；同时拆坝还湖5000余亩，大力修复湖泊生态。通过一系列举措，取得了明显的成效。一是水质发生了持续好转。湖泊变美了，久违的白鹭、黑鹳等珍稀鸟类重新回到石首。扁草、菹草、黄丝草、轮叶黑藻……漫步上津湖边，能数出十来种水生植物。这些水草是水质晴雨表，恢复“自由身”后，湖泊健康状况持续好转。二是取得了更好的经济效益。生态优先，红线不可触碰，在此前提下兼顾经济效益，成效斐然。天然放养的鱼肉质极佳。已注册“荆楚老河”商标，打造有机鱼品牌，以直营店形式销售。产量不大，价值倍增。三是产生了较大的社会影响力。荆州市水利局总工程师黄泽华介绍，荆州市全域推广石首做法，同时要求各县市区实行“退田还湖、退渔还湖、退垸还湖”等政策。石首治湖经验成为可复制、可推广的经验。

三、经验启示

通过市委、市政府铁腕治湖，石首在全省率先收回44个湖泊经营权，实现人放天养、清水养殖，使原本水质持续恶化、生态功能几近丧失的湖泊重新回归自然，得以休养生息，产生了更大的社会效益和经济效益。加强河湖整治，保护水资源，石首走出高质量发展新路。

（一）坚持生态优先的发展思路

要全面贯彻落实习近平总书记视察湖北重要讲话和指示批示精神，完整准确全面贯彻新发展理念，坚持走生态优先、绿色发展为导向的高质量发展道路，引领经济高质量发展。习近平指出："环境就是民生，青山就是美丽，蓝天也是幸福，绿水青山就是金山银山。"① "在生态环境保护上，一定要树立大局观、长远观、整体观，不能因小失大、顾此失彼、寅吃卯粮、急功近利。"② "我们要牢固树立绿水青山就是金山银山理念，坚定不移走生态优先、绿色发展之路。"因此，首先要正确处理开发与保护的关系，统筹好经济发展和生态环境保护建设的关系。河川之危、水源之危是生存环境之危，民族存续之危，保护江河湖泊，事关人民群众福祉，事关中华民族长远发展。其次，湖泊的生态功能必须摆在首位，经济效益必须服从于生态效益。石首水资源丰富，但伴随经济社会快速发展，水生态频频亮起"红灯"，有相当一部分群众"守着河湖没水吃"。湖泊之所以治不好，根子在于一味追求经济利益。从短期看，投肥养鱼有更好的经济效益，但是导致湖水恶化，走的是一条不可持续的路子。从长远看，我们更应该坚持生态优先，保护好水资源，追求质量效益。

（二）坚持人民至上的发展理念

要牢固树立坚持以人民为中心的发展理念。民生无小事，民生关系到人民最关心最直接最现实的利益问题，必须把增进民生福祉作为发展的根本目的。习近平总书记指出，"生态环境是关系党的使命宗旨的重大政治问题，也是关系民生的重大社会问题"③，"我们要积极回应人民群众所想、所盼、所急，大力推进生态文明建设，提供更多优质生态产品，不断满足人民群众日益增长的优美生态环境需要"。④ 因此，我们必须维护好群众最关心、最直接、最现实的水生态利益，以实际行动回应群众关切。一泓清水，几弯小河，都曾是人们安放乡愁的地方。44 个湖泊收回后实行人放天养，不让一粒肥料入湖，生态效益

①②《在省部级主要领导干部学习贯彻党的十八届五中全会精神专题研讨班上的讲话》，人民出版社 2016 年版，第 19 页。

③④ 习近平：《推动我国生态文明建设迈上新台阶》，《求是》2019 年 1 月 31 日。

真正被放在了首位。入湖鱼苗数量和品种都进行了严格控制，放入的多是鲫鱼、鳜鱼、黄颡鱼等有利于生态修复的种类，鱼儿生长期不进行任何人工干预。打造的生态有机鱼，为老百姓提供了优质的生态产品。湖泊健康状况持续好转，使过去逐渐灭绝的水鸟、田螺、河蚌也多了起来。鱼翔浅底、鸟鸣枝头、水草丰茂的景象再次出现在人们的视线中。

（三）坚持全面推行河湖长制

首先，河湖整治是一项复杂的系统工程，全面推行河湖长制，就是要牵住主体责任这一牛鼻子。要通过层层压紧压实责任，严格落实责任清单，以“河湖长”这一“关键少数”带动其他“绝大多数”，切实做到守土有责、守土负责、守土尽责，在高层推动、部门联动中形成“齐抓共管”的良好局面。其次，保护生态环境必须依靠制度、依靠法治。习近平总书记指出：“只有实行最严格的制度、最严密的法治，才能为生态文明建设提供可靠保障。”① 制度的生命力在于执行，关键在真抓，靠的是严管。我们要全面推行河湖长制，才能协调各方力量，形成一级抓一级、层层抓落实的工作格局，解决好河湖管理保护中的突出矛盾和问题。2016年监测数据显示，石首全域44个湖泊，面积90.74平方千米，半数以上是五类或劣五类水质。石首市委第一时间出台《石首市关于全面推行河长制的意见》，制定《石首市实施河长制工作方案》。石首市成立河湖长制办公室，明确了责任科室和专班工作人员。石首市委书记任市级第一总河湖长，市长任市级总河湖长，其他相关市领导任副总河湖长，全市共明确市级河湖长20人，乡镇级河湖长158人。书记、市长多次组织召开全面推进河湖长工作会议，分别到担任河湖长的长江石首段、藕池河巡查，并主持召开现场办公会，要求石首市、乡镇两级河湖长全面进岗到位、履职尽责，实现河湖领域全覆盖。

（四）充分发挥党委的坚强领导作用

生态环境保护能否落到实处，关键在领导干部。一些重大生态环境事件背后，都有领导干部不负责任、不作为的问题，都有一些地方环保意识不强、履职不到位、执行不严格的问题，都有环保有关部门执法监督作用发挥不到位、强制力不够的问题。收回湖泊承包经营权是一项比较棘手的工程，比如，由于过

---

①《在十八届中央政治局第六次集体学习时的讲话》，《人民日报》2013年5月24日。

去一些特定的历史原因，黄田湖几经转让转包，成为难啃的硬骨头。市委、市政府成立了以市委书记任指挥长，市委常委、常务副市长、副市长、公安局局长、人民检察院检察长、人民法院院长任副指挥长，市委组织部、纪委监委、生态环境和保护局、水利和湖泊局、自然资源和规划局、农业农村局、高基庙镇人民政府等 20 家相关单位主要负责人为成员的黄田湖治理指挥部。市委书记多次听取和指导黄田湖治理工作，并要求本着依法依规和关怀民生并重的原则进行治理；市长亲自赴荆州与农行主要领导沟通协调通过诉讼途径解除原转让合同事宜；市委副书记主动承担了农口各项工作任务，便于专班负责人集中精力开展收湖工作。市委常委每天坐镇指挥部，研究部署治理工作，统筹协调解决工作中遇到的困难和问题。在重大斗争一线，充分发挥了市委的坚强领导作用和敢于攻坚克难、敢于担当有为的精神品质。

（五）坚持把做好群众工作放在首位

做好群众工作，贵在找准服务点。找准服务点，即要解决群众最关心、最直接、最现实的利益问题。在收湖过程中，始终坚持从群众利益问题入手，妥善做好渔场居民安置、就业培训、医保社保等相关工作，用足最低生活保障、临时生活救助和城乡医疗救助政策，采取就业援助、就学帮助等各种措施，保障群众不因收湖发生临时性、突发性生活困难，以实际行动把群众工作做到老百姓的心坎上，最终使承包户群众由“要我搬”变为“我要搬”。做好群众工作，成在创新工作法。一是坚持运用法治思维和法治方式推动收湖，坚持“一把尺子量到底”，不让先搬的吃亏，不让“老实人”吃亏，不让后搬的得到“便宜”。二是坚持部门联合化解矛盾纠纷，联合相关职能部门，形成多部门快速反应、联合行动的收湖模式，全力做好辖区各类纠纷的排查化解工作。三是坚持典型带动渔民自退，积极引导党员干部、能人和骨干户带头自退“创典型”，带动渔民和谐自退“学典型”，形成了“党员带动亲属、亲属带动群众”的良好格局。四是坚持着力解决长远生计，通过就业服务指导和出台就业补助政策，帮助渔民二次就业、创业。收回湖泊承包经营权，涉及承包方的补偿问题和渔场渔民的后续生活保障问题，处理不当，容易引发群体性事件。所以，石首市委领导成立专班和专门的群众工作组。群众工作组每天上门宣讲政策、法律法规和当前市委、市政府的收湖决心，做群众工作，逐一上门与承包方或原渔场职工座谈沟通，并收集汇总整理诉求，组织谈判协商。市委、市政府出于对渔场职工的关怀，为原渔场职工依法解决相关合理诉求问题。

【思考题】

1. 如何正确处理开发与保护的关系？
2. 如何正确看待短期与长远的发展之间的关系？

化工企业高质量发展的“宜昌样本”

——以兴发集团化工产业转型为例

中共宜昌市委党校　熊　珊

【引言】党的二十大报告指出：高质量发展是全面建设社会主义现代化国家的首要任务。发展是党执政兴国的第一要务。没有坚实的物质技术基础，就不可能全面建成社会主义现代化强国。要推动国有资本和国有企业做强做优做大，提升企业核心竞争力。宜昌位于长江中上游接合部，是长江流域生态敏感区，境内兴山县、秭归县、夷陵区、长阳土家族自治县和五峰土家族自治县均属于三峡库区水土保持生态功能区，承担着维护长江、三峡库区生态的重任。长江航道穿城而过，使得宜昌拥有便捷的东西水运优势，焦柳铁路赋予了宜昌南北货运大动脉优势。同时宜昌磷矿资源丰富，是长江流域最大的磷矿基地、全国八大磷矿基地之一。境内丰富的磷矿资源储量和便利的长江水运条件，使得宜昌化学工业起步早、发展快，并成为宜昌首个突破千亿的支柱产业之一。随着化学工业的快速发展，宜昌化工产业沿江密集分布，同时安全环保压力日益突出，对长江生态安全构成潜在威胁。2016 年 1 月 5 日，习近平总书记在重庆召开推动长江经济带发展座谈会，提出长江是中华民族的母亲河，要走生态优先、绿色发展之路，要把修复长江生态环境摆在压倒性位置，共抓大保护，不搞大开发。① 近年来，宜昌坚持高质量发展，坚决落实习近平总书记重要指示精神，为推进全市化工产业转型升级和长江经济带高质量发展探索出新路。其中，兴发集团化工产业转型是宜昌化工产业实现高质量发展的一个典型案例。2018 年 4 月 24 日，习近平总书记视察长江经济带，首站来到兴发集团宜昌新材料产业园，察看化工企业搬迁、改造以及码头复绿情况。

---

①《习近平：走生态优先绿色发展之路　让中华民族母亲河永葆生机活力》，《人民日报》2016 年 1 月 8 日。

【摘要】 兴发集团是兴山县属国有企业，也是全国最大的精细磷化工企业。从修建水电站、兴办黄磷厂，到公司上市，形成“矿电化”一体模式，再到走出去发展飞地经济不断壮大，依托创新发展、开放发展公司逐渐形成了良好的发展态势。但公司产品比较初级，资源消耗比较严重，“三废”排放量较高，长江岸线化工企业排污口呈泛滥之势。面对“化工围江”困境，宜昌市政府加强顶层设计，高位推进；兴发集团主动加快产业绿色转型升级，微观治理。通过推进技术不断突破，持续加强创新体系及能力建设实现创新发展；通过不断延伸产业链，优化产业布局，实现协调发展；通过关、改、搬、转，全过程实现清洁生产，循环利用，实现绿色发展；通过不断走出去，融入国内国际双循环发展格局实现开放发展；通过社企共建实现共享发展。在坚持高质量发展道路上，兴发集团经营业绩实现逆势增长。科技创新引领化工产业转型升级，始终围绕产业链促进化工产业发展壮大，政府支持与企业反哺相得益彰是企业行稳致远、成为成功样本的关键因素。

【关键词】 化工企业；兴发集团；转型升级；高质量发展

一、背景情况

兴发集团地处湖北省宜昌市兴山县，是兴山县属国有企业，也是全国最大的精细磷化工企业，三峡库区最大的移民迁建企业，现有 1 家上市公司、51 家子公司，总资产 500.53 亿元，员工 1.3 万人，位居中国企业 500 强第 475 位，中国化工企业 500 强第 41 位，湖北省百强企业第 17 位。从一个县办化工厂到全国最大的精细磷化工企业，兴发集团是怎样一步一步实现蜕变的呢？

（一）艰苦起步：从修建水电站到兴办黄磷厂

俗话说靠山吃山，靠水吃水。兴山县境内高山峡谷众多，全县有 3580 个山头、156 条大小河流且磷矿资源富集。20 世纪 70 年代，当改革的春风唤醒沉睡的大山时，身处大山深处的兴山人才明白：高山流水、脚下泥土都是致富的宝藏。兴山县委、县政府果断决策：水电起步，矿山突破。从此 18 万兴山人民扎根深山峡谷，筑水坝，穿隧洞，建电站。举全县之力修建猴子包电站，开启兴山县和兴发集团工业发展之路。1974 年，位于兴山西部装机 8200 千瓦的猴子包电站开建，1978 年第一台机组发电，1981 年电站全线竣工，标志着兴山工业实现零的突破。电站的建成至关重要，为日后兴发集团的发展提供了必不可少的能源基础。1984 年在兴山县平邑口的河滩上开工建设了兴山第一台黄磷电炉，这个位于长江一级支流香溪河畔的小黄磷厂，即兴发集团的前身诞生了。这是兴发集团的第一代生产基地——平邑口化工厂，它开启了兴山县化工产业发展之路。

（二）初露头角：从公司上市到“矿电化”一体模式形成

1995 年，三峡工程开工建设，兴发集团第一代生产基地平邑口化工厂位于三峡水库淹没线以下，企业必须搬迁。兴发集团提前完成了三峡库区移民迁建技改工程，分别在白沙河和刘草坡建设了第二代化工园区，通过搬迁“强身健体”，将搬迁技改与环境保护、高附加值产品相结合，新上了 4 个国家“星火计划”项目、10 个技改项目，产品品种、质量、生产规模和技术水平实现了脱胎换骨，在全国磷化工行业初露头角。1999 年，兴发集团争取到三峡湖北库区移民搬迁企业的唯一一个上市指标，6 月 16 日在上海证券交易所成功上市，增强了公司综合融资能力，推动兴发集团建立和完善了现代治理体系，加快同国际化先进管理模式接轨。电力、矿山、化工作为兴山县的支柱产业，彼此之间互为链条，上下游互补，但各自是相互独立法人主体，受自身实力所限，难以形成发展合力。1999 年 12 月，兴山县委、县政府正式决定组建宜昌兴发集团有限责任公司，作为母公司，对水电、矿产、化工三大产业实施整合重组，在全国首创“矿电化”一体模式，将磷化工行业竞争由产品时代推进到产业链时代，形成集团化运作模式。2000 年，一座花园式的化工园在白沙河正式建成，成为三峡库区经国家验收合格的科技型企业，规模扩大了 3 倍，生产能力和装备技术居全国领先水平。

（三）发展壮大：走出去，既要金山银山又要绿水青山

2002 年，兴发集团大力实施“走出去”战略，步入了开放式发展快车道，有序构筑立足宜昌、面向全国、走向世界的发展格局。先后在湖北保康、南漳、神农架、猇亭、宜都、远安以及重庆、江苏、新疆、贵州、河南、内蒙古建立生产基地；在美国、巴西、德国、阿根廷、越南等国家和中国香港地区设立区域营销平台，产品远销 113 个国家和地区，基本确立了兴发集团在全国同行业中的主

导地位。其中位于猇亭的第三代化工园区——兴发集团宜昌新材料产业园和位于宜都市的宜都兴发绿色生态产业园占据了全集团的大半壁江山。拥有精细磷化工产品 12 个系列 184 个品种，年生产能力 150 万吨，五钠等 7 个磷酸盐产品销量全球第一，草甘膦、黄磷等产销量全国第一，电子级新材料填补了国内空白，60% 的主导产品出口亚欧美非等 40 多个国家和地区，与宝洁、陶氏化学、联合利华等世界 500 强企业建立了战略合作关系。2017 年实现销售收入 355 亿元，利税 13.5 亿元，确立了兴发集团在行业中的主导地位。兴山县实现了企业搬出去，红利飞进来。

（四）矛盾凸显：生态优先，绿色发展

随着产业规模的持续扩大，化工产业带来的环境压力也持续增长。这一时期国内大多化工企业都沿长江密集分布，宜昌的化学工业也和全国化学工业一样爆发式增长，发展速度快。此时，宜昌市的化工产值呈逐年增加的态势（见表 1），占到湖北化工产值的三分之一。但化工产品主要集中于产业链的上游，精细化工占比较低，同时环境压力持续增大，"三废"排放量较高（见表 2），尤其是很多污水直接排入长江，长江岸线化工企业排污口呈现泛滥之势，化工企业和园区也出现了大量的磷石膏堆积区，为长江生态环境埋下了安全隐患，"化工围江"态势严峻。

表 1　2012—2016 年宜昌市化学工业产值和地区生产总值

单位：亿元

年份	化工产业产值	地区生产总值
2012 年	1211.53	2508.89
2013 年	1393.26	2818.07
2014 年	1588.33	3132.21
2015 年	1748.56	3384.8
2016 年	1906.29	3709.36

资料来源：《宜昌绿色化工产业发展报告 2022》

表 2　2012—2016 年宜昌市“三废”排放量、工业固体废物综合利用率和空气优良天数

年份	工业废水排放量（万吨）	工业二氧化硫排放量（吨）	工业烟（粉）尘排放量（吨）	工业固体废物综合利用率（%）	空气优良天数（天）
2012 年	20635	65349	15083	46.52	348
2013 年	18419	55077	13998	47.90	311
2014 年	17763	5969	23993	62.88	176
2015 年	18130	72771	30060	26.27	252
2016 年	5919	25996	14959	25.26	247

资料来源:《宜昌绿色化工产业发展报告 2022》

2016 年 1 月 5 日，习近平总书记在重庆召开推动长江经济带发展座谈会，明确提出要把修复长江生态环境摆在压倒性位置，共抓大保护，不搞大开发。

面对经济发展与环境保护的两难选择，习近平总书记提出：“保护生态环境、建立统一市场、加快转方式调结构，这是已经明确的方向和重点，要用‘快思维’、做加法。而科学利用水资源、优化产业布局、统筹港口岸线资源和安排一些重大投资项目，如果一时看不透，或者认识不统一，则要用‘慢思维’，有时就要做减法。”① 这“一快一慢”告诉我们经济发展与环境保护之间应该怎样取舍。

面对长江大保护的重要任务，兴发集团主动扛起“共抓大保护，不搞大开发”的重大政治责任和历史使命，用好长江经济带发展“辩证法”，全面推动“关停、转型、搬迁、治污、复绿”五大工程，加快产业绿色转型升级，用实际行动全面贯彻落实共抓大保护精神，再次主动作为，实现华丽转型。

二、主要做法

（一）政府加强顶层设计，高位推进

面对长江宜昌段生态环境的严峻形势，宜昌市委、市政府高度重视，在长江沿岸率先启动化工企业搬迁整治和化工产业转型升级工作，出台了一系列相关政策、举措规范化学工业绿色发展。制定实施《宜昌化工产业专项整治及转

①《习近平:走生态优先绿色发展之路　让中华民族母亲河永葆生机活力》,《人民日报》2016 年 1 月 8 日。

型升级三年行动方案》《宜昌市化工产业专项整治及转型升级分类实施方案》，编制出台《宜昌市化工产业绿色发展规划（2017—2025年）》《姚家港化工园总体规划（2017—2030年）》《宜都化工园总体规划（2017—2030年）》等多项化工发展规划，引领化工产业向高端化、精细化、绿色化发展，化工产业的发展进入全面转型升级阶段。

2017年以来，宜昌市134家沿江化工企业纳入“关改搬转”的范围，分类推进“关改搬转”，对不符合规划、区划要求，通过改造仍不能达到安全和环保要求的34家企业，实施关停退出；对7家企业根据企业意愿实行转产；对不在合规化工园区内，安全、环保风险较低，经评估认定通过改造能够达标的36家企业，按照准入条件经评审后搬迁进入枝江、宜都化工园；对已在合规化工园区内，经评估认定，通过改造能够达到安全环保标准的57家企业，实施全面改造升级，不仅安全环保达标，而且要求工艺、自动化水平全面提升。

通过配套政策支持企业搬迁入园。一方面，沿江1千米内禁止新建化工项目和化工园区，沿江15千米范围内一律禁止在园区外新建化工项目；另一方面，加大政策扶持和争取力度，积极争取省政府专项资金、地方债券、投资基金等政策支持。从2018年开始，市级财政每年设立2000万元的磷石膏综合利用专项补助资金，2020年增加到4500万元，大力推进磷石膏综合利用；设立1亿元工业技术改造专项补助资金，优先支持化工企业技术改造升级。市政府从污染物排放总量指标调剂、强化用地保障、用能权有偿使用、专项资金支持等方面制定扶持政策，从2018年开始，市财政3年内安排5亿元专项资金支持化工企业“关改搬转”。

（二）企业加强微观治理，实现转型升级

1. 全过程实现清洁生产，实现绿色发展

源头清理，“拆、退、关、淘”。“拆”：兴发集团主动拆除沿江设备设施，累计拆除沿江装置32套，资产价值高达13.58亿元。“退”：累计投资1.2亿元修复绿化已拆除腾退的900米岸线，削减污染物排放30%。“关”：整体关闭兴山古夫后河、神农架阳日化工厂。“淘”：淘汰落后磷酸盐装备总产能14.85万吨/年，实现机械化、大型化、智能化升级。

末端控制，变废为宝。针对长江沿岸污水直排口泛滥的问题，位于长江岸边的兴发集团宜昌新材料产业园封堵全部直排口，扩能改造污水处理装置，达

到实际需求的1.5倍，所有废水集中处理达标后进入市政二次污水处理系统；将“四废”吃干榨尽，综合利用率在95%以上；外排废水有机磷含量控制在0.2毫克/升以下（国家标准0.5毫克/升），废气二氧化硫含量控制在5毫克/立方米以下（国家超低排放标准35毫克/立方米）。实施生态修复，建设美丽化工、绿色矿山、生态水电，5家矿山被评为绿色矿山，多个园区获评循环经济和资源综合利用示范基地。

过程净化，集成循环。针对化工行业废弃物污染问题，兴发集团集中建设大园区，充分利用各大园区不同产品间的共生耦合、衍生衔接关系，围绕资源利用最大化目标，引进、创新生产工艺，综合利用水电热资源，让每一个产品的副产物都是下游产品的原材料，让每一克资源都转化为企业产品和效益，最终形成环环相扣、链链生金的“兴发魔环”，构建绿色生产体系，实现清洁生产，循环利用。

2. 全产业链推进转型升级，优化产业布局实现协调发展

近三年公司累计投资51.5亿元，大力开发微电子、有机硅新材料等高端产业技术，推动化工产业向产业基础高级化、产业链现代化的方向转变。依托国家级企业技术中心、国家博士后科研工作站、国家级实验室等创新平台，先后开发食品级、医药级、电子级等各类产品15个系列591种，主导和参与制订国际、国家、行业等各类标准65个，形成了“资源能源为基础、精细化工为主导、关联产业相配套”的良好发展格局。

主营板块包括矿山、磷硫化工、硅化工、除草剂、肥料、电子化学品。其中，矿山开采产能达到415万吨/年，在湖北率先实现矿山开采自动化和机械化；硫磷化工包括黄磷、精细磷酸盐、次磷酸钠、有机磷阻燃剂等系列产品的生产；硅化工包括有机硅单体、硅橡胶、密封胶、硅油等系列产品；除草剂主要是草甘膦原药及水剂、颗粒剂；肥料主要包括磷酸一铵、磷酸二铵等；电子化学品主要包括电子级磷酸、电子级硫酸、电子级蚀刻液，电子级双氧水等产品。

3. 持续加强创新体系及能力建设，实现创新发展

公司始终把科技创新作为发展的第一动力，深入完善创新体系并提高自主研发能力，传统化工企业加速向现代科技型企业跨越转型。

提档升级创新平台。2021年公司研发中心建成投用，配置8000万元研发仪器设备，可同时容纳500人开展研发工作。2021年湖北三峡实验室获批组建，已进入实质性运行阶段。2021年实现七大中心合署办公，包括有机硅新材料国家地方联合工程研究中心、湖北省绿色除草剂工程技术研究中心、湖北省精细磷化工工程技术研究中心、宜昌市中低品位磷矿梯级利用工程技术研究中心、硫化工及衍生物工程技术研究中心、磷矿安全高效开采与分选工程技术中心、新型催化材料工程研究中心。

加强机制运行保障。2021 年公司全年研发费用支出 8.62 亿元，在国内化工企业中位居第 19 位。还出台了研发技术人员管理办法，明确研发团队薪酬、选拔、考核、晋升等政策，实行 1—7 级研发人员竞聘制，年薪酬标准上浮 50% 以上。完善科技奖励政策，新修订《科技成果奖励办法》，科技进步奖奖金和专利奖励额度大幅提升。

补强壮大研发力量。聘请了 4 名科学家、13 名技术顾问，引进了“双一流”本科、硕士研究生 39 名，各生产单位也抽调了优秀人员加入研发团队。到 2021 年底，公司共有研发人员 1285 人，其中博士 6 人，硕士 114 人。公司还与中科院深圳先进技术研究院、中科院过程工程研究所签订了《战略合作框架协议》，开展磷酸铁（锂）、有机硅新材料等关键领域技术攻关，投资经费 1.19 亿元。

4. 全方位寻求合作，实现开放发展

通过前期走出去，搭建合作平台和扩大“朋友圈”。借助直接融资，做强主导产业。1999 年上市以来，累计发行股票 8 次，募集资金 81 亿元，融资频率居湖北上市公司前列。2018 年在资本市场募集资金 26.8 亿元，2020 年 11 月底非公开发行股票，募集资金 7.92 亿元用于微电子新材料项目开发，为未来发展赋能。坚持以商招商，壮大配套产业。先后引进浙江金帆达、上海百金集团、台湾三福、贵州瓮福、台湾侨力等优势企业，集成技术、资金、市场、人才等要素资源，形成了优势互补、互利共赢的合作发展新格局。与宝洁、陶氏化学、联合利华等全球 500 强企业建立长期合作伙伴关系。

5. 积极践行企业社会责任，实现共享发展

兴发集团始终坚持让发展成果惠及百姓职工，助力社企共建。对内关心关爱职工，近几年公司上调社保、医疗保险、公积金及年金缴纳标准，2021 年公司人均年收入达到 11.13 万元，较 2020 年上涨 32.97%。对新进大学生提高安家费标准，给予“双一流”本科生 12 万元、硕士生 20 万元、博士生 50 万元的安家费。为解决职工住房问题，投资 4403 万元对兴发小区进行加装电梯等改造升级，为职工推出团购房，发放购房补贴等，累计解决职工住房 3869 套。

全力支持乡村建设。出资 5000 万元建立乡村振兴基金支持兴山乡村建设，累计投资700多万元用于兴山县水月寺镇树崆坪地下水厂安全饮水工程，出资38.7万元帮助172户村民实现自来水入户，投资近200万元修建兴山县水月寺镇茅草坪村700立方米蓄水池，解决农民饮水问题。2021年投资10万元帮助该村加装防护栏，投资30.44万元安装农户亮化灯100盏，投资10多万元为村民送春节慰问物资等。

三、主要成效

2020年，在全球经济下行的背景下，兴发集团经营业绩实现逆势增长，全年实现销售收入405亿元，利税12.01亿元，出口创汇5.91亿美元，分别同比增长3.5%、18.38%、13.07%。2021年兴发集团营业收入236.07亿元，同比增长28.88%。归属于上市公司股东的净利润42.47亿元，同比增长583.58%。归属于上市公司股东的扣除非经常性损益的净利润44.87亿元，同比增长609.87%。

兴发集团成为宜昌唯一入选中国企业500强的化工企业。按照“精细化、绿色化、高端化、国际化”的发展思路，依托国家级企业技术中心、国家博士后科研工作站、国家级实验室等创新平台，不断开发新工艺、新产品，向全球产业链和价值链高端迈进。其主要产品在同行业中位居领先水平。

矿山机械化开采全面覆盖，电站实现远程监控、无人值守，建成世界一流食品级精细磷酸盐生产基地，构建了“矿电化”一体和“采选加”结合的产业链竞争优势。硫磷化工中，磷化工产品全国门类最全、品种最多，高端磷酸盐品质国际领先，次磷酸钠等产品产销量全球第一。黄磷清洁生产工艺被国家工信部作为典型经验全行业推广。硅化工中，大力推进磷硅融合发展，建成有机硅单体40万吨/年装置，配套形成110胶8万吨/年、107胶7万吨/年、密封胶3万吨/年、硅油1万吨/年、纳米碳酸钙5万吨/年的规模。其中单体生产填补湖北空白，多项关键工艺指标达到国际先进水平，主导和制定气相法二氧化硅国际标准，107胶、110胶两种特种硅橡胶打入美国市场。

除草剂草甘膦农药：草甘膦产能18万吨/年，规模全国第一、世界第二。绿色高效合成新工艺攻克行业重大环保难题，并率先解决了生产不连续、能耗高等难题，成本控制和清洁生产水平国内领先，是全国首批通过草甘膦环保核查的四家企业之一。

磷肥产业：围绕资源综合利用主线，打通湿法、热法双线工艺，建成集选矿、湿法酸精制、肥料生产于一体的矿化肥产业链条，被授予“全国中低品位磷矿石综合利用示范基地”称号。

电子化学品：电子级磷酸、硫酸、混配系列产品突破国外技术封锁，8万吨/年的生产规模居于行业之首，品质国际一流，成为国内外多家半导体企业的稳定供应商。其中高纯黄磷提纯精馏技术从源头上解决了我国电子化学品制备的杂质难题，电子级磷酸关键技术荣获2019年度国家科技进步二等奖；电子级硫酸对接国际标准，实现向国内12英寸晶圆厂稳定供货；年产3万吨的电子级氢氟酸项目将有效填补国内高端电子级氢氟酸生产的空白，实现高端电子级氢氟酸的国产化。电子级磷酸的国内市场占有率在80%以上，建成国内最大的电子化学品生产基地，稳定供应长江存储、台积电等芯片制造企业。

兴发集团陆续开发电子级、医药级、食品级等主导产品13个系列，精细产品产能超过每年150万吨，实现高新技术产品出口创汇，产品覆盖全球100多个国家和地区。2021年4月24日，湖北电子化学品专区在兴发集团宜昌新材料产业园启动建设，这是全国第二个、中部地区第一个电子化学品专区。到2021年底，兴发集团已形成了“资源能源为基础、精细化工为主导、关联产业相配套”的产业格局。

在以兴发集团为代表的化工企业转型升级带领下，宜品精细化工占化工产业产值的比重由2017年的18.6%提高到2021年的40%以上；磷石膏综合利用率由2018年的20.4%提高到52.3%，化工产业含金量、含绿量、含新量不断提升。依托以兴发集团为代表的化工企业高质量发展，化工产业名副其实地成为宜昌的当家产业，正在加快向精细化工革命性裂变，向打造中国精细磷化中心奋斗。

四、经验启示

（一）科技创新引领化工产业转型升级

兴发集团的几次裂变升级都与坚持科技创新密不可分，无论是从第一代黄磷厂到第二代白沙河化工园区，还是宜昌新材料产业园建成、三峡实验室成立，都是通过坚持创新，依托技术改造转型升级，打造产业竞争优势。兴发集团坚持创新在发展全局中的核心地位，充分依靠科技驱动，在自主创新上实现新突破，推进产业结构高端化。大力推进磷化工与有机硅新材料、微电子新材料等产业融合发展，打造循环经济产业链条。依靠科技创新不断推进产品向高端化发展，微电子新材料产品俏销韩国、日本等发达国家，成为全国具有较强竞争力的电子新材料生产企业和供应商；多个领域化工产品稳居全国第一、世界第二，成本消耗和清洁生产达到国内领先水平。

（二）始终围绕产业链促化工产业协调发展壮大

兴发集团之所以能有现在的规模和成就，与企业始终围绕自主产品的上下游延长产业链，通过循环经济着力强链延链补链的做法密不可分。公司充分结合现有基础条件和资源优势，着力优化化工产业结构，推动产业高端化、精细化、循环化、绿色化、国际化发展，例如优化提升磷化工产业链，严格控制传统磷肥不增量，推动产品向水溶性铵盐、钾盐等产品方向发展，向高端专用肥方向延伸。着力发展磷精细化工新材料产业，重点发展电子级磷酸和食品级、医药级磷酸盐及高端化学品，促进阻燃剂、高分子材料助剂等磷系新能源材料加快发展。再比如延伸硅化工产业链，循环利用草甘膦生产中产生的大量副产物氯甲烷，利用硅粉和氯甲烷进行化学反应生产有机硅单体，为下游产品提供原材料。兴山平邑口园区也是依托这一产业链的延伸，引进了相关的科技创新企业，如君邦、科林、卡乐尔等新材料科技有限公司，这些企业布局紧密，节约运输成本，又互为上下游，形成了产业集群发展态势，提高了产业竞争力。

（三）政府支持与企业反哺相得益彰

兴发集团的成长与蜕变离不开宜昌市政府和兴山县政府的大力支持。面对厂房淹没，兴山县政府支持兴发搬迁，组建集团公司，实现矿电化一体模式。面对生态环境严峻挑战，宜昌市为破解“化工围江”问题，支持化工企业绿色转型，出台了一系列政策规划，始终坚持政府推动与市场主导相结合，从污染物排放总量指标调剂、用地保障、用能权有偿使用、专项资金支持等方面推动化工企业搬迁入园和转型升级，用产业扶持、土地利用、职工安置等配套政策促进化工产业转型升级。加大政策扶持和争取力度，积极争取省政府专项资金、地方债券、投资基金等政策支持。从财政政策、投资政策、土地政策、人口政策等方面支持化工企业转型升级。企业的发展离不开政府的支持，政府为企业发展搭建平台、提供舞台、充实保障、提供要素支撑，同时，企业发展壮大了也为社会尽到企业责任，减轻政府负担，二者相互支撑，相得益彰。

宜昌市第七次党代会之后，兴发集团提出了“千亿兴发、世界一流、冲刺400强”目标，市委、市政府也表示，举全市之力支持兴发集团做强做优做大，打造世界一流的精细化工企业。保护长江生态是企业必须坚守的社会责任，也需要全流域的化工企业并肩携手，共同绘就“为长江留白、为发展增绿”的生态画卷。兴发集团也将牢记习近平总书记嘱托，感恩奋进再出发，坚定不移地践行“生态优先、绿色发展”理念，以更大的责任和担当，用实际行动守护一江清水、两岸青山，在高质量发展的道路上行稳致远。

【思考题】

1. 兴发集团成长发展历程中，有哪些值得学习借鉴的经验？
2. 从本案例中可以获得哪些高质量发展的启示？

绿水青山就是金山银山

——黄柏河流域综合治理的创新实践

中共宜昌市委党校　佘平飞

【引言】 党的二十大报告指出：必须牢固树立和践行绿水青山就是金山银山的理念，站在人与自然和谐共生的高度谋划发展。湖北省第十二次党代会提出，要坚决守住流域安全的底线，统筹流域综合治理，推动四化同步发展。这要求流域发展要坚持绿水青山就是金山银山的理念，要把人与自然和谐共生作为谋划发展的出发点、落脚点。流域高质量发展，要站在人与自然和谐共生的高度，更加注重综合治理、系统治理、源头治理，更加注重制度创新，推动流域生态产品价值实现。

【摘要】 黄柏河是宜昌境内长江中游左岸的一条一级支流，承担着宜昌城区、夷陵区及枝江等地200万人生活用水和工业用水、东风渠灌区近100万亩农田灌溉的重任，供水区域内的经济总量约占全市的80%，是宜昌名副其实的“母亲河”。流域内磷矿资源丰富，其东面是长江流域最大的磷矿基地。因磷矿开采、农业面源污染、沿途乡镇生活污水处理滞后，黄柏河流域水质恶化，2013年流域内两座水库相继爆发水华，直接威胁宜昌市供水安全。

党的十八大以来，宜昌市坚持生态优先、绿色发展，深入贯彻落实习近平总书记“把修复长江生态环境摆在压倒性位置，共抓大保护、不搞大开发”的要求，通过源头管控磷矿生产，综合执法改革加强水生态环境监管，生态立法依法保护，水质“约法”试点生态补偿，推进流域综合治理，转型绿色发展等创新流域治理举措，破解水生态保护与磷矿发展的矛盾，完善生态文明制度建设，推进黄柏河流域综合治理与生态保护，取得了明显成效。2017年以来，黄柏河流域干流和水库水质逐年提升，水生态明显好转，再次呈现出山清水秀、白鹭翩飞的美丽景象，保障了宜昌人民用水安全，实现一河清水入长江。2018

年流域治理经验被写进中共湖北省委《关于学习贯彻习近平总书记视察湖北重要讲话精神　奋力谱写新时代湖北高质量发展新篇章的决定》，向湖北全省推广。黄柏河流域综合治理成为宜昌乃至湖北践行习近平生态文明思想的典范，生态优先、绿色发展的理念更加深入人心，推进流域绿水青山持续转化为金山银山。

【关键词】 黄柏河流域；综合治理；创新实践

一、背景情况

黄柏河作为长江的一级支流，发源于宜昌市夷陵区的黑良山，东、西两条支流于夷陵区黄花镇两河口汇合，在葛洲坝左岸三江引航道汇入长江。东支流自上而下分布玄庙观、天福庙、西北口、尚家河 4 座大中型水库；西支分布有一些小水电站，东、西支流共有大小 35 座水电站；流域内另有东风渠、东山运河 2 座人工引水工程。黄柏河全长 162 千米，流域面积 1902 平方千米，流经夷陵区的樟村坪、雾渡河、分乡、黄花、小溪塔，远安县的嫘祖、西陵区的窑湾 7 个乡镇（街道），承担着宜昌城区及夷陵、枝江等县市区 200 万人生产生活用水、宜东东风渠灌区 100 万亩农田灌溉的重任，供水区域经济总量约占全市的 80%，被誉为宜昌市的“母亲河”。

黄柏河流域蕴藏丰富的磷矿资源，流域内累计探明磷矿资源储量 11.37 亿吨，其东支流域上游是长江流域最大的磷矿基地，有亚洲最大的单体磷矿矿床。20 世纪 70 至 80 年代这里开始采矿，磷矿开采企业集聚，2013 年有磷矿采选企业 53 家，磷矿石产量达到 2500 多万吨。丰富的磷矿资源是宜昌千亿元化工产业的基石，磷矿开采也是当地政府的支柱产业和群众脱贫致富的重要依托。

随着经济社会发展，流域内磷矿资源开发强度不断增大、城镇化进程不断加快，黄柏河流域水生态环境面临很大压力。2013 年 5 月中下旬，东支上游的玄庙观、天福庙水库相继发生大规模水华，两座水库水体出现异常，库首水面几乎全部呈现酱油色或墨绿色。《关于黄柏河流域库区水华事件的情况报告》表明，经取样分析，两座水库水体总磷总氮超标，水体中度营养化，因藻类繁殖发生水华现象。宜昌市政府随后组织专班对污染来源进行拉网式调查，调查发现黄柏河流域尤其是东支在水源保护方面存在突出问题：矿山涌水、废水均未经处理或处理未达标而直排入河；矿山矿渣乱堆乱放或直接侵占水库库尾水域，大量矿粉随雨水进入河道；人口聚居区均无污水、生活垃圾处理设施，生活污水直排河道；流域内矿山企业沿河分布，普遍存在侵占河道现象，降低了水体自净能力；黄柏河源头地区地下水位迅猛下降，地表水源干涸；小水电站密布，枯水期旱季河道断流、干涸现象普遍；河道乱采滥挖、水库围栏抬网、投肥养殖屡禁不绝、畜禽养殖随意排放等。《关于黄柏河东支流域天福庙及玄庙观水库水华事件的调查报告》调查结论表明：磷矿分布集中的天福庙水库上游干支流的水体被污染，主要是总氮总磷排放量超出水体纳污能力。而磷矿采选企业排污及矿区生活污染是影响流域水体的主要原因，农业面源污染以及规模化养殖也是影响流域水质的重要因素。黄柏河流域作为宜昌市饮用水源来源地，为何会生态环境问题突出？

多年以来磷矿企业发展方式粗放，以开采卖出磷矿石为主，环保意识不强，缺乏自律。黄柏河流经的夷陵区樟村坪镇、远安县嫘祖镇以磷矿开采为支柱产业，分乡镇西北口水库库区通过养殖业、休闲旅游业发展地方经济，水资源保护无疑会限制地方发展，而且生态保护必然要求更大的环保投入，责任与收益的不对称不平衡，导致地方保护水生态环境的积极性不高。因此，流域内发展与保护的矛盾日益尖锐。

同时，流域多头管理弊端日益凸显。《从分散到集中的效能转变——记湖北省宜昌市黄柏河流域水资源保护执法体制创新》一文指出，“对同一条河流，水利部门的标准是水源地保护标准，其他部门的标准是污水排放标准。即便是达标排放，仍然对水源地保护有很大的影响”。其次“九龙治水水不治”，水资源保护由水利部门管，水污染防治由环保部门管，农业面源污染防治由农业部门管，船舶污染防治由港航部门管；市县两级各部门都有相应的执法队伍……黄柏河污染了，到底应该归谁管？

黄柏河流域的保护缺乏相应法律地位的支撑。早在 1999 年，宜昌市政府发布了《宜昌市黄柏河流域水资源保护管理办法》(简称《办法》)，明确划定了流域饮用水源一级、二级保护区，并制定了“禁止新建、扩建与供水和保护水源无关的建设项目”等限制性规定，但在实际中几乎没有执行。调查发现当时流域内已有的采矿选矿企业，大部分都是在 1999 年《办法》颁布后新建的项目。制度不能得到落实的一个重要原因，是宜昌市在省级备案的 16 个饮用水源地，除官庄水库外并不包括黄柏河流域东支及其他水库，因此黄柏河流域保护既缺乏上位法律支撑，《办法》的限制性规定又严格限制了地方发展，缺乏可操作性，最终涉及水源保护区的限制性规定几乎成为一纸空文。

黄柏河水污染了，该怎么办？黄柏河事关数百万群众的用水安全，毋庸置疑必须从严保护。但要保护好水，困难重重，磷矿开采的问题首先就绕不开。“喝水”还是“开矿”似乎成了两难选择。“矿要开，水要好”，黄柏河流域生态保护如何解决这个两难问题？黄柏河流域如何实现绿水青山就是金山银山的绿色发展？

二、做法与成效

（一）源头管矿开启流域整治

2013 年 9 月，宜昌市政府制定出台《黄柏河东支流域及官庄水库水源地 2013 年综合整治工作方案》，由水利部门牵头正式启动黄柏河水污染治理。综合整治涉及企业及地方发展的利益，涉及市县两级执法监督，不仅需要企业配合，还需要水利、国土、环保、农业、海事、安监等部门以及县乡地方政府支持配合，难度显而易见。经过半年的综合整治，取得了一些成效，但非法排污、超标排污、非法采砂、投肥拦网养殖等问题难以根本铲除。

一些磷矿企业对于磷矿开采污染水质的结论颇有异议，提出“磷不溶于水”论调。为进一步分析黄柏河流域磷矿开采对于水质以及水环境容量的影响，有针对性地制定黄柏河流域治理与保护政策措施，2014 年以来，宜昌市水利水电局（现为宜昌市水利和湖泊局，下同）等相关部门会同流域沿线远安县、夷陵区，既联合开展专项整治，又以科学研究为基础，实施工程治理及生态修复项目。

2014 年宜昌市水利水电局委托武汉大学、武汉工程大学开展《磷矿开采对黄柏河东支环境的影响研究》课题。该研究专门针对磷矿对东支流域水环境的影响进行了专业分析，研究结果表明，磷矿企业点源废水排放对黄柏河上游的玄庙观、天福庙水库总磷污染的影响最大，提出了对磷矿开采控制总量等建议。2015 年宜昌市水利水电局在黄柏河流域天福庙水库开展生态浮岛净化等三项试验性工程及库尾底泥清淤等水体末端治理工程，取得一定成效，但治标不治本。试验结论建议必须要加强污染源头管控，印证了课题研究结论。

其后，水利、环保、国土等部门为科学治理黄柏河水环境还开展了大量的调查监测和基础研究工作，先后完成了宜昌磷矿采矿方法对黄柏河东支水环境影响和对策、黄柏河流域水生态补偿机制研究等5项课题研究，积极探索科学治理黄柏河的方法。根据科学研究结论和建议，结合当时宜昌实际和国内磷矿产业发展实际，2014年12月，宜昌市政府出台《关于加强黄柏河东支流域磷矿开发利用环境监督管理的意见》，制定了4项重要举措：一是决定实行磷矿项目审核、磷矿开采总量控制与东支流域监测断面水质挂钩；二是实施黄柏河东支流域磷矿项目分类审核、联合审核、减量审核制度；磷矿矿业权总量和开采总量只减不增，停止审核30万吨/年以下的采矿项目，逐步关闭15万吨/年以下的采矿项目；三是实行磷矿企业污染物排放总量控制，并按要求督促企业安装水质实时在线监测设施；四是加强对东支流域水环境及磷矿企业的动态监管，加快推进黄柏河流域水环境保护综合执法，成立综合执法机构，在综合执法机构组建之前，由水利部门牵头，环保、国土等部门参加，开展联合执法。

与此同时，宜昌市政协高度重视推动黄柏河流域保护，围绕“黄柏河流域开发与综合利用”，分别就推进西北口库区安置移民与生态保护问题、黄柏河流域水资源优化配置问题、水污染防治问题、管理体制问题进行专项调研，形成4项专题报告，召开专题协商会。2015年1月，政协宜昌市第五届委员会第十八次常委会通过了1号建议案——《科学处理黄柏河水生态保护与磷矿开发关系的建议案》，提出了科学分析磷矿开采对黄柏河水环境的影响、推行磷矿开采地方环保技术规范和标准、统一黄柏河流域水生态保护控制标准、推进水生态系统保护、强化监督管理责任5条建议。该建议案引起了宜昌市委、市政府的高度重视，随后印发了《科学处理黄柏河水生态保护与磷矿开发关系建议案办理工作方案》。由此，黄柏河流域开启了综合治理的序幕。

（二）综合执法改革破解“九龙治水”

长江经济带发展战略实施后，湖北把修复长江生态环境摆在压倒性位置，宜昌也加快了黄柏河流域水环境保护综合执法改革步伐。

2015年初，宜昌市学习上海自贸区综合执法改革经验，以此为契机，市政府决定启动黄柏河流域水资源保护综合执法改革试点。2015年6月底，宜昌市编委印发了《宜昌市黄柏河流域水资源保护综合执法局主要职责内设机构和人员编制的规定》，工作经费全额纳入财政预算，配备了基本的执法装备。黄柏河流域水资源保护综合执法改革取得了实质性进展。2015年9月，打破行政区划、部门分工的黄柏河流域水资源保护综合执法局（以下简称“黄柏河综合执法局”）正式组建，与宜昌市水利水电局一个机构、两块牌子，下设黄柏河流域水资源保护综合执法支队（以下简称“黄柏河综合执法支队”）。水利水电局局长兼任黄柏河综合执法局局长，并设1名专职副局长兼任支队长。该局主要负责黄柏河流域水资源保护、水资源管理综合执法、水环境综合整治等职能。

2016年市政府制定出台《黄柏河东支流域水环境综合治理实施方案（2016—2020年）》，从推动水资源保护地方立法、继续推进综合执法改革、磷矿开采总量控制、严格项目审批、环境治理修复、严格执法监督等方面配套，为黄柏河的综合治理进一步明确思路。

2016年11月7日，湖北省政府批复，授权同意黄柏河综合执法局在黄柏河东支流域部分区域集中行使行政处罚权。根据《关于在黄柏河流域开展相对集中水资源保护行政处罚权工作的通知》，从2017年1月1日开始，黄柏河综合执法局在黄柏河东支流域集中行使涉水行政执法权，原水利、环保、农业、渔业、海事等部门行使的包括6项行政监督检查、96项行政处罚、14项行政强制职能在内的116项涉水行政执法权一次性划转黄柏河综合执法局，初步建立了实施综合执法的制度体系。按照综合执法重心下移的要求，黄柏河综合执法局还在夷陵区和远安县设立了两个基层执法点，每个执法点安排5人长期驻守，专人专片、网格化管理，做到“守在河边、一线执法、现场管控”。体制机制理顺了，执法效率大大提高。综合执法仅8个月，流域水质就明显好转，这让社会各界对黄柏河的治理有了更大的信心和底气，磷矿不仅能开采，也能管好。

根据职能和执法权限，黄柏河综合执法局开展了流域内磷矿企业涉水事项普查，督促引导各企业排污口安装水质实时在线监控设施，改造或新建磷矿污水处理设施，结合全市开展的碧水保卫“迎春行动”“清流行动”“清四乱”和扫黑除恶等专项行动，黄柏河流域全面取缔违法排污口、非法采砂、河库围栏围网和投肥投粪养殖以及不达标的畜禽养殖场。两年里，综合执法共查处水利、环保、渔业行政违法案件74起，强制拆除库区非法捕捞抬网、拦网、网箱59处，责令关闭矿井1处，责令企业停产整改1起，责令拆除非法采砂场6处、畜禽养殖场4处，拆除非法旅游码头1处，在全流域产生了强大的震慑力和影响力。

（三）生态立法依法保护

随着黄柏河流域综合执法工作的稳步推进，夷陵区、远安县大力支持流域内综合治理，水库围网养殖、河道非法采砂、矿山废水直排等问题逐步得到解决，综合治理取得了明显成效，但水质改善状况尚不稳定，仍有诸多现实问题有待解决。

2016年，宜昌获得地方立法权。利用这一契机，黄柏河综合执法局及夷陵区人大代表呼吁尽快立法，依法保护好黄柏河。宜昌市人大立法委员会高度重视，将立法保护黄柏河列为2017年度人大立法计划。经过宜昌市人大等有关部门将近一年的努力，2017年11月29日，《宜昌市黄柏河流域保护条例》（以下简称《条例》）获得湖北省十二届人大常委会第三十一次会议表决通过，2018年2月16日起正式施行。

围绕解决侵占河道、水资源过度利用、河道断流、磷矿污染、生活污染等流域保护实际问题，《条例》确立了要建立分区保护、河长制和联席会议、生态补偿、社会监督和信息公开等流域环境保护制度，为流域资源管理和污染防治执法提供充足的法规依据。

分区保护是《条例》的重要制度设计，划定了流域核心区、控制区和影响区，制定负面清单和违规处罚措施。核心区基本覆盖了东支流域磷矿企业所在地，磷矿企业新建选矿项目受到严格限制。

《条例》统一并提高排放标准。《条例》规定严于国家标准的地方水污染物排放标准，流域水体水质必须达到《地表水环境质量标准》Ⅲ类水质（含总磷≤0.2毫克/升），其中核心区水体水质必须达到Ⅱ类水质（含总磷≤0.1毫克/升）。这促使流域内磷矿企业排污不仅要达标排放，还要提标升级至少达到地表水Ⅲ类标准。

《条例》固定规范治理经验。从立法层面将行之有效的综合治理经验规范固定下来，如实施磷矿开采总量和矿业权总量控制，排污总量控制，实施排污实时在线监测；明确在全流域建立河长制和流域保护工作联席会议制度，实行跨部门综合执法等。

《条例》实施后，磷矿开采总量控制更加严格，环保要求更高，监管得到加强，磷矿生产从生产排污口到入河口实现全面在线监测，水质保护执法得到法律有效支撑。但另一方面，磷矿开采规模变小，导致地方财政收入锐减；发展水产养殖、畜禽养殖也受到严格限制，对地域经济社会发展造成较大影响。下游要“喝水”，上游要“吃饭”，这一直是水源保护中亟须解决的矛盾。如何破解黄柏河流域水生态环境保护与地方发展的矛盾？

（四）水质“约法”实施生态补偿

2017 年 9 月初，当时宜昌市委主要负责的同志专题调研督导黄柏河流域环保问题时，提出“要大力推进生态补偿机制改革创新，按照‘谁污染、谁治理、谁受益、谁补偿’生态补偿原则，推进夷陵区、远安县以水质‘约法’，共同设立环境补偿基金”。

按照这个既调动县区政府和磷矿企业治污积极性，又避免因河流跨区域造成的治污职责不清、相互推诿扯皮的思路，宜昌市积极推进生态补偿制度改革创新，借鉴学习新安江流域生态补偿试点经验，充分调研、反复论证，2017 年 12 月 7 日，宜昌市政府印发《黄柏河东支流域生态补偿方案（试行）》（以下简称《补偿方案》），试行期为 2018—2020 年①。从 2017 年 12 月开始，在黄柏河流域东支支流设置 18 个生态补偿水质监测断面，每旬开展水质监测，严格实施水质“约法”，建立水质达标与磷矿开采指标、生态补偿资金“双挂钩”生态补偿机制。

以流域稳定达到Ⅱ类水质为目标，市级财政每年专项列支 1000 万元②生态补偿资金，夷陵区、远安县每年分别缴纳 700 万元和 300 万元水质保证金。全市磷矿开采实施总量控制，每年按计划分配给磷矿开采区县，总量当中预留 100 万吨用于生态补偿奖励。

考核主要针对县区政府，考核年度内夷陵区和远安县Ⅱ类水质达标率 A 分别达到规定目标值及以上，且与上年度比水质均有改善（即改善指数 K 为正），则为完成目标任务，可按比例获得磷矿开采奖励指标、保证金退还、市政府资金补偿。若有不达标的县区，则保证金扣缴不予退还，还要削减磷矿开采计划指标，削减指标、奖励指标均给予达标县区。

对于地方来说，当时市政府预留的 100 万吨奖励开采指标，相当于 4 亿元产值。各县区非常在意补偿份额，更担心本县区份额被削减。对于磷矿企业来说，水质就是磷矿开采指标。根据补偿方案，若监测断面水质连续 2 次或连续 6 个检测周期累计超标 3 次，相关企业下半年开采指标削减 30%；连续 6 个检测周期累计超标 4 次，相关企业下半年度开采指标削减 60%；严重的将停止下

①《补偿方案》试运行了一年，2018 年底结合试运行情况对方案当中水质达标率 A 的目标值和 K 值为负的情况的具体运用进行了适当修改完善，出台了新的生态补偿方案。

② 2021 年补偿方案进行修正，生态补偿金减为 500 万元。

半年开采指标。

磷矿开采指标激励目的，就是以流域水质倒逼地方政府加强监管，倒逼企业严控排放、提标升级，打造绿色矿山，推进矿产资源节约与综合利用。位于樟村坪镇的湖北某化工有限公司黑良山磷矿，由于污水排放连续 3 次不达标，2018 年上半年一直处于半停产状态，磷矿开采指标被削减。在水质和经营压力面前，黑良山磷矿自划“红线”，优化污水处理工艺，先后投资 550 余万元引进安装两套废水一体化处理设备。2019 年 4 月，第三方水质检测机构对该矿排放废水进行监测，结果符合地表水Ⅲ类标准。因此说起生态补偿机制，该公司负责人感受很深。

环保力度与企业发展休戚相关，企业也逐渐把环境保护与安全生产并列为发展底线，保护水资源意识日渐增强。“以前我们三天两头地催，企业能拖就拖。现在不用催，企业主动建污水处理设施。”原黄柏河综合执法支队执法人员①说。

水质“约法”，生态补偿以明确的奖罚措施，激励涉磷企业主动投资安装废水在线监测设备，新建、改扩建井下废水沉淀池 66 个，矿仓封闭改造 14 处，矿区安装生活污水微动力处理装置 42 套，硬化工业场地 4.4 万平方米、渣场治理覆土复绿 11.1 万平方米，倒逼黄柏河流域内县区、企业等各利益相关方相互监督、相互制约，形成县区配合、政企融合的工作合力，短期内相对稳定解决了磷矿开发与水质保护的矛盾。现有磷矿企业，多数实现了污水排放稳定达到地表Ⅲ类水质要求，部分企业达到Ⅱ类水质。

根据 2018—2020 年三年考核情况来看，黄柏河东支流域每年Ⅱ类水质达标率和水质改善指数均高于考核目标值，共计兑现夷陵区、远安县生态补偿资金共计 1594 万元和 906 万元，磷矿开采奖励计划 182.46 万吨和 110.25 万吨。2017 年以来黄柏河河流水质改善明显，连续大幅提升，且持续向好。2021 年Ⅲ类水质达标率 100%，Ⅱ类水质达标率为 98.18%。

（五）统筹推进流域综合治理

黄柏河流域的综合治理是一项系统工程。综合执法和生态补偿的实施，流域水质改善取得明显成效，但要长效稳定落实、发挥作用，依然离不开各方的

① 2019年由于机构改革，黄柏河综合执法支队从市水利和湖泊局整体转隶市生态环境局，2020 年 7 月底更名为宜昌市流域水生态保护综合执法支队（简称“市流域执法支队”），除继续履行黄柏河综合执法职责外，另外还履行柏临河流域的综合执法职责。

通力配合，标本兼治。河长制作为工作平台、组织机构发挥了重要作用。

2017 年 5 月，宜昌市全面推广建立河湖长制，黄柏河流域所在的夷陵区列入全国全面推行河长制信息化 16 个试点县（区）之一，黄柏河流域全面建立“四级”河长组织体系，明确市级、县级、乡级、村级河长共 42 人，建立河长“定期巡查 + 定向督办”的常态化工作制度，做到及时反映问题、及时应对处理问题。

以河长制为平台，推动地方落实黄柏河的各项治理和保护措施，形成工作合力。宜昌市黄柏河河长办 2018 年组织编制了《宜昌市黄柏河治理保护工作方案》（一河一策），完成干流 162 千米河道划界，制定《黄柏河流域生态保护与利用控制性规划》，核定黄柏河流域纳污能力，提出限制纳污总量意见。加强流域内水电站生态流量泄放管理，流域内梯级水库及 35 座水电站全部落实了生态流量泄放。全流域分段分库落实保洁员，河库保洁实现全覆盖。

按照山水林田湖草系统治理的思路，市县两级筹措资金 15 亿元实施黄柏河流域产业转型、水资源保护、生态修复、污水治理、河道整治等一批重点项目。玄庙观、天福庙水库实施底泥生态疏浚，流域建成 11 处水质自动监测站。整治重点河段 35 千米，清淤疏浚河道 50 千米，岸线植树 66 万株，流域森林覆盖率稳定在 70% 以上。其中黄柏河湿地生态保护项目被纳入国家第三批山水林田湖草生态保护修复试点工程，成为宜昌市和湖北省的生态修复示范工程。

流域属地政府以更大力度美化人居环境。流域内 8 个城镇污水处理厂建成并投入使用，新建乡村集中式生活污水处理设施 10 处，基本实现居民集中生活区污水处理设施全覆盖。樟村坪镇利用长江大保护 PPP（即政府和社会资本合作模式）项目，率全区之先试点垃圾热解气化项目；整合镇级财力 500 万元，成立垃圾清运公司，建立垃圾废旧回收点 14 处，创建“让垃圾早日回家”服务品牌。嫘祖镇结合农村人居环境整治“百日攻坚”行动，完成 1500 多座户厕、农村公厕、乡镇公厕改建或建设任务。

全员动员，践行生态文明理念。深入推进绿色创建活动，开展城乡垃圾分类试点，开展含磷洗涤用品专项整治和质量抽查，黄柏河流域核心区所有商超门店下架含磷洗涤用品。培育绿色理念从娃娃抓起，夷陵区组织专家编写《生态小公民》，开设《生态小公民》课堂，将生态教育纳入中小学生的“开学第一课”和“必修课”。宜昌市各相关部门推进生态文明理念“六进”，营造自觉践行生态文明理念的浓厚氛围。

（六）促进流域绿色转型发展

通过多年的努力，黄柏河流域综合治理与生态保护成效显著：

一是水质明显提升，流域稳定保持Ⅱ类水质。以前山清水秀、白鹭翩飞的黄柏河又回来了。

二是社会影响扩大。流域综合治理与改革成果被中央电视台、《人民日报》、新华社、《经济日报》、《湖北日报》、《三峡日报》等中央、省、市主流媒体多次报道。流域治理经验被写进中共湖北省委《关于学习贯彻习近平总书记视察湖北重要讲话精神　奋力谱写新时代湖北高质量发展新篇章的决定》向全省推广；创新黄柏河流域综合治理体系荣获第二届湖北改革奖；入选湖北省第一批法治政府建设示范项目和全省美丽河湖优秀案例；被编入水利部《全面推行河长制湖长制典型案例》；被授予“全国第二批法治政府建设示范项目”荣誉。

三是黄柏河流域实施综合治理以来，有力促进了流域内各级干部发展理念的转变，推进流域内绿色转型发展已成为流域发展底色。

流域内着力调整优化农业结构，推进农业产业转型升级。发展生态农业，减少面源污染，实施技术减排，推广有机肥替代化肥，提倡物理防治、生物天敌防治措施，推动农药减量增效。远安嫘祖镇发展茶叶种植家庭农场，夷陵区樟村坪镇大力发展果树种植和康养产业，雾渡河镇发展猕猴桃种植助力脱贫致富，流域西支分乡镇、黄花镇依托环百里荒乡村振兴试验区发展乡村旅游和生态种养殖业。

流域内着力发挥自然资源优势发展“生态+”产业。夷陵区樟村坪镇是磷矿重镇，又是黄柏河源头所在，境内同时又有省级西塞国森林公园、圈椅淌国家湿地公园等响亮名片。樟村坪镇充分发挥生态旅游优势，当地磷矿企业通过转型升级，发展高山避暑、特色民宿、生态旅游、生态渔业等新业态，千余村民吃上“旅游饭”，2019年获授牌“全国森林康养基地试点建设乡镇”。远安县嫘祖镇发挥自然资源优势，融“旅”于茶、桑等特色产业，推进全域旅游、景区化建设。

流域内各级着力支持磷矿企业创建绿色矿山，提高矿产资源综合利用率，减少对资源环境的破坏，流域内已创建国家绿色矿山16家。地上，绿树成荫，鲜花盛开，一派山水田园风光；地下，VR管控，机械采矿，几乎无人下井作业……建设绿色智慧矿山，湖北三宁矿业有限公司挑水河磷矿，建设磷矿“采选充”

一体化项目，向机械化、自动化、信息化、智能化高新技术矿企迈进。该企业自主研发的“采选充一体化”绿色开采与智能管控集成技术获得全国绿色矿山科学技术奖一等奖，被国家和省级自然资源部纳入先进适用技术推广目录。宜昌市委、市政府发文要求全市矿山企业全面推广这种集全层开采、坑口选矿和尾矿充填于一体的闭合循环的绿色生态开采模式。

2020 年 4 月宜昌市组织编制出台《宜昌市黄柏河流域经济社会发展专项规划》，黄柏河流域将以转变经济发展模式、实现绿色转型为目标，加快推动质量、效率、动力变革，补齐发展短板，推动充分发挥“林海水源磷山”生态优势，流域内乡镇产业发展逐步由磷矿开发为主向生态农业、旅游观光、生态康养、绿色矿业等转型升级，促进生态资源保护开发和生态产业绿色发展，打造“山清水润城秀村和”的绿色生态廊道。

三、经验启示

（一）坚持绿水青山就是金山银山，正确处理经济发展与水生态环境保护的关系

黄柏河流域既有山清水秀、良好生态环境优势，拥有的丰富磷矿资源又是宜昌磷化工产业发展的重要基石。宜昌市政府在黄柏河流域治理过程中，通过科学研究磷矿开采规律、分析研判磷矿污染治理特点，针对流域存在的系列问题，实施源头管控治污，综合执法改革破解流域多头管理问题，生态立法依法依规实施保护，尤其以实施水质监测与磷矿开采指标挂钩的生态补偿制度为关键，有效协调水生态保护与磷矿发展的关系，最终实现“矿要开，水要好”的结果。2022 年受疫情及国际局势的影响，磷矿价格高涨，以磷矿为发展基础的宜昌精细磷化工产业实现华丽转型，黄柏河流域综合治理打下了良好基础，彻底扭转、更新了人们对生态环境、自然资源的认识，生态环境就是自然资本，以保护促进生态环境实现增殖，而不是破坏生态环境使其贬值，实现保护与发展的良性循环，是实现绿水青山就是金山银山的转化的基础。

（二）坚持改革创新，完善制度建设，以最严格的制度、最严密的法治保护生态环境

黄柏河流域蝶变之路启示我们，践行“两山”理念，要向改革创新要动力。黄柏河发生大面积水华时，宜昌打破思想禁锢、突破原有发展模式，系统梳理水质恶化的原因，突出重点、抓住要害，创造性地开展流域生态治理，以解决黄柏河流域水生态环境领域的突出问题，坚持完善生态文明制度建设，坚持用严密制度、最严密法治保护生态环境。在《条例》的顶层设计下，最终建立起一套立法引领、河长制、综合执法制度、生态补偿制度等制度相互配合的黄柏河流域保护工作管理体制，有效守住了黄柏河流域水环境和水生态安全的底线。

黄柏河流域试点实施生态补偿制度，是破解流域保护和磷矿发展矛盾关键的环节，以符合流域特有实际的经济激励和行政激励手段相结合的方式，倒逼各方形成治理合力，也有效调动各方参与保护的积极性，实现流域综合治理目标。但从建立生态补偿作为黄柏河长效保护机制来实施，目前生态补偿机制还存在补偿范围面窄、补偿主体单一、补偿标准低、补偿考核指标仅考虑水质、补偿效果有待量化评估等问题，生态补偿制度在可持续地推进流域绿水青山转化为金山上还有待进一步完善。

站在人与自然和谐共生的高度谋划发展，绿色发展道阻且长，但行则将至。黄柏河流域片区是湖北省以流域为底图单元统筹流域综合治理，省级确定的宜昌 5 个二级流域片区之一，高度重视继续统筹推进流域综合治理来探索绿水青山就是金山银山的转化新路径，是黄柏河流域未来的重要课题。持之以恒，久久为功，黄柏河绿色发展之路会越走越宽。

【思考题】

1. 黄柏河流域综合治理实践中我们是如何践行习近平生态文明思想的？

2. 如何认识黄柏河流域创新建立生态补偿制度，破解生态环境保护与经济发展的矛盾？

3. 如何继续完善黄柏河流域的生态补偿机制，守住流域安全底线，促进绿水青山转化为金山银山？

美丽乡村的罗田样板

——湖北省罗田县燕窝湾村践行“两山”理论的实践与启示

中共罗田县委党校　冯旻舒

【引言】2005年8月15日，时任浙江省委书记习近平同志到湖州天荒坪镇余村村考察时，首次提出“绿水青山就是金山银山”的科学论断。随后又在多个场合反复重申了这个论断，并不断扩充其丰富内涵，最终得出了“我们既要绿水青山，也要金山银山。宁要绿水青山，不要金山银山，而且绿水青山就是金山银山”①的伟大结论。2017年10月，党的十九大把“两山”理论写入《中国共产党章程》，成为全党全社会的思想共识和行动指南。2018年5月，在第八次全国生态环境保护大会上，习近平总书记作了重要讲话，明确提出生态文明建设六项重要原则，“绿水青山就是金山银山”作为其中最为重要的一项原则，为我国新时代推进生态文明建设提供了根本遵循。2022年10月，党的二十大报告再次强调：必须牢固树立和践行绿水青山就是金山银山的理念，站在人与自然和谐共生的高度谋划发展，为新征程上推进中国式现代化建设指明了方向。

【摘要】燕窝湾村位于大别山南麓的湖北省黄冈市罗田县骆驼坳镇，面积6.81平方千米，辖13个村民小组，393户，1402人。2010年时村级负债近百万元，人均收入不足1000元，是大别山区典型的深度贫困村。

2011年起，在罗田县委、县政府的大力支持下，在回乡能人徐志新的带领下，燕窝湾村转变发展思路，深入贯彻“两山”理论，不断创新探索“绿水青山就是金山银山”理论转化的新路径。围绕建设美丽乡村，坚持生态修复与环境治理双管齐下，大力整治村容村貌，系统推进湾落改造，积极开展河道治理、

①《弘扬人民友谊 共同建设“丝绸之路经济带” 习近平在哈萨克斯坦纳扎尔巴耶夫大学发表重要演讲》，《人民日报》2013年9月8日。

湿地改造、安全饮水工程、荒山复绿，筑牢生态环保基础；坚持绿色发展道路，紧扣发展乡村旅游这条主线，充分利用资源优势，积极推进一产休闲农业、二产农副产品加工及园林建设、三产乡村旅游与森林康养为主体的特色产业加快融合，搭乘数字经济快车，大力发展电商产业；坚持党建引领，创新“七个联合”的“村企共建”党建模式，实现村与企业资源共享、优势互补、融合发展，积极探索发展村级集体经济高质量发展道路；坚持统筹谋划、连片振兴，建立燕儿谷联合党委，充分整合资源、综合统筹协调，着力构建燕儿谷片区六个村“联组织、联规划、联产业、联治理、联生态”的主体联合，不漏一村，不漏一户，以先富带后富，共奔富裕路。

通过十余年的努力，燕窝湾村探索出了一条“绿水青山转化为金山银山”的有效路径和模式，打造了以燕窝湾村为首的宜居宜业宜游宜养的燕儿谷片区，推动了生态农业与生态旅游高质量发展，实现了产业兴旺、生态宜居、乡风文明、治理有效、生活富裕的目标，推进了巩固拓展脱贫攻坚成果同乡村振兴有效衔接，极大地提升了群众的获得感和幸福感。

【关键词】 生态文明；“两山”理论；美丽乡村

一、背景情况

燕窝湾村位于大别山腹地南麓，因三面环山、形似燕窝而得名。过去的燕窝湾村有 3 个特点。一是穷。2011 年以前，大批青壮年外出打工，留下的村民以种地为生，靠天吃饭，收入低且不稳定。因此燕窝湾村曾被列为湖北省建档立卡旅游扶贫重点村，是方圆百里出了名的“国定”贫困村，至 2014 年仍有建档立卡贫困户 132 户 397 人。二是脏。过去的燕窝湾村，近八成田地无人管，全村无一条水泥路，河塘沟渠布满垃圾，一到夏季蚊蝇肆虐，生态环境遭到破坏，村容村貌目不忍睹。三是乱。过去的燕窝湾村是个矛盾多、难管理的“问题村”，党组织软弱涣散，村“两委”、党员和群众之间沟通不畅、矛盾颇多，整个村子一盘散沙。村干部为民服务意识弱、组织协调能力差，在群众中威信不高。久而久之，村民“有事办不成骂干部、办事不顺心告干部”成了常态，导致村里的书记无人敢当，镇里干部不愿来，燕窝湾成了“厌人湾”。

2011 年，党员徐志新响应黄冈市委、市政府“一派两聘”号召，回村担任“第一书记”，从一个大城市律师事务所高级合伙人，转身变为小山村脱贫致富带头人。当时，摆在燕窝湾村面前有两条路：一个是以牺牲环境为代价，在村里办厂，发展见效快的化工产业；另一个就是发展见效可能比较慢，但是能保护生态环境的乡村旅游。经过深入思考，大家一致认为，要贯彻习近平总书记的“两山”理论，挖掘燕窝湾丰富的山水资源，吃生态饭，走长远的绿色发展之路。于是在罗田县委、县政府的支持下，第一书记徐志新用自己的半生积蓄创立了燕儿谷生态观光农业有限公司，创新“七个联合”的村企联建机制，开始带领村民探索生态优先的脱贫致富路。

经过十余年的努力，燕窝湾村从国定贫困村变为了“小康村”，完成了从昔日贫困落后的“厌人湾”到人人想去的“羡人湾”的华丽转变，不仅荣获了“湖北省休闲农业与乡村旅游示范点”“湖北省旅游名村”“湖北省文明村”等省级“金招牌”，捧回了“国家森林乡村”“全国乡村旅游重点村”“全国文明村”“全国乡村治理示范村”等多项“国字牌”荣誉，还多次登上央视新闻，入选了世界旅游减贫案例。2016 年 10 月，时任中共中央政治局委员、国务院副总理汪洋亲临燕窝湾村调研视察，对燕窝湾村的发展模式给予了充分肯定。2022 年 8 月，中共中央政治局委员、全国人大常委会副委员长王晨率全国人大常委会执法检查组莅临燕窝湾村进行《中华人民共和国乡村振兴促进法》贯彻实施情况执法检查工作，检查组查看了燕窝湾村人居环境整治、特色农产品种植和农旅融合发展等方面取得的进展，了解了村民生产生活情况，鼓励村民们再接再厉，坚持绿色发展之路，继续巩固拓展脱贫攻坚成果，大力推进乡村振兴各项工作。

二、主要做法

绿色生态是罗田最亮丽的名片，在罗田县委、县政府的领导下，在回乡能人徐志新的带领下，燕窝湾村紧扣“两山”理论，立足生态优势，深耕绿色资源，聚焦产业生态化和生态产业化，深入推进农旅融合、文旅融合，将生态优势成功转化为经济优势，绿水青山里淌出了源源不断的金山银山。

（一）着力生态建设，绘就美丽乡村新画卷

过去的燕窝湾村是罗田县有名的贫困村，因为贫穷，近七成的青壮年人都离家外出打工，近八成土地撂荒。山上杂草丛生、荆棘密布，出门道路坑洼不

平，采石场养鸡场乱建乱丢，猪圈茅厕乱堆乱排，河塘沟渠臭不可闻，生态环境破坏严重。

2011 年开始，在镇政府的大力支持下，在回乡能人徐志新的带领下，燕窝湾村“宁要绿水青山，不要金山银山”，生态保护与环境治理双管齐下，用了整整 6 年时间来整治修复生态环境。第一步开展源头治理，3 家养鸡场、3 家采石场是村里的金疙瘩，但污染也最大。因此，首先关停养殖场和采石场，彻底切断污染源。第二步，修复生态，重点对村里河道、水塘进行清淤、疏浚、截污、固岸等生态治理，治理河道 5 千米，改造湿地 300 亩，整治鱼塘 88 口。同时，开挖两个人工湖，打通水塘与人工湖的水系，让死水流动起来。第三步，开展湾落整治，帮助村民修缮院落 380 家，修建公共厕所 30 座，修建村组公路 25 千米，解决安全饮水 5800 人。第四步，整体设计，复绿增绿，专门聘请中国地质大学旅游发展研究院编制《罗田县燕窝垸村旅游扶贫规划》（编制此规划时，村名为“燕窝垸村”，后更名为“燕窝湾村”），把景区规划、村庄规划与产业规划相结合，将村民的土地尽数流转过来，推进了 1200 亩坡地退耕还林，所有通村通组的路旁种上行道树，实现了村在景中、景在身边。同时，按绿色景观化、景观特色化、特色产业化思路，大力发展苗木产业，陆续种下了 200 多万株树苗，荒山重新披上了绿衣。

经过 6 年的努力，2016 年底燕窝湾村绿化覆盖率超过 90%，喜鹊、斑鸠、白鹭等各种鸟类也越来越多，山更绿了，水更清了。燕窝湾村也由过去的“厌人湾”蜕变成为远近闻名、网络知名、人人慕名的生态花园。燕窝湾村的绿色产业扶贫经验，得到全国绿化办公室的高度肯定与推广，先后获得“湖北省十佳示范农庄”“湖北省宜居村庄”等荣誉称号。第一书记徐志新还成为黄冈市首位获得湖北省环境保护政府奖的个人。

（二）践行绿色发展，构建产业发展新格局

燕窝湾村生态环境保护与建设在取得巨大成就之时，也为燕窝湾颇具地方特色的产业模式转化奠定了基础。燕窝湾村“两山夹一沟，十种九难收”，仅靠发展传统农业很难获得较高的经济效益，但是修复后的生态环境却为燕窝湾村带来了新的发展机遇。近年来，燕窝湾村围绕罗田“生态立县、旅游强县”的发展举措，瞄准建设美丽乡村的发展目标，坚持集体经济与民营经济同步发展，紧扣发展乡村旅游这条主线，充分利用“两山夹一沟”的特色地形，积极推进

一产休闲农业、二产农副产品加工及园林建设、三产乡村旅游康养与农村电商为主体的特色产业加快融合，将“绿水青山”的生态资源优势成功地转化成了“金山银山”的产业优势。

坚持休闲养老观光研学教育为方向发展旅游业，打造茶梅园、玉兰园、桂花冲、樱花园等特色苗木基地，修建池塘、河道，形成山水相连的自然景观；建设乡愁广场、乡村工匠学校、人工湖、外婆桥、徐家老屋、燕归园、百里森林康养步道等特色人文景点；推出农耕体验、非遗康养、户外拓展等多种乡村旅游的“新玩法”，配套新建了农家旅馆 12 家、农家乐 45 家、旅游观光服务站点 10 处，观光旅游风生水起，“农养”“农旅”“农文”“农教”等多种业态融合发展、互促互进、全面开花。2021 年，燕儿谷接待游客 38 万人次，旅游综合收入达 7000 万元。

大力发展电商产业。2021 年 8 月，受疫情影响，燕窝湾村大批农产品滞销。为了解决这一难题，燕窝湾村选择搭乘数字经济快车，在村里建起了一座 600 平方米的电商助农直播基地，开始了电商直播产业的探索。2022 年中央一号文件提出深入推进电子商务进农村和农产品出村进城，推动城乡生产与消费有效对接。借助“农村电子商务”政策东风，2022 年 2 月，燕窝湾村成立了黄冈市北纬 30° 乡村电商有限公司，打响了黄冈乡村第一书记助农直播品牌，形成了“基地 + 主播 + 供应链”的闭环模式，不仅进一步推动了农产品标准化、规模化生产，也帮助本地农产品打开了更广阔的市场。截至 2022 年 6 月，燕窝湾村打造的抖音助农直播间粉丝达 40 万人，围观人数累计 1.3 亿人次，带货金额超过 3000 万元，提供固定员工和临时工岗位 600 多个，带动了更多村民分享发展红利。

（三）坚持党建引领，充分发挥第一书记作用

建设美丽乡村，实现乡村有效治理，夯实乡村振兴基层基础，必须充分发挥党建引领作用。2011 年，在镇政府的指导下，回乡能人、燕窝湾村第一书记徐志新提出“联合党建、联合决策、联合规划、联合投资、联合办公、联合环保、联合双创”的“村企共建”党建模式。2013 年，湖北燕儿谷生态观光农业有限公司和燕窝湾村成立了村企联合党支部，公司董事长徐志新担任联合党支部第一书记，联合党支部书记被聘为公司副总，双向交叉任职，统一思想认识，不仅激发了燕窝湾村全体党员群众的干事创业热情，还充分发挥了党建引领作用，

团结带领全村群众探索发展村级集体经济道路。

一方面，以村企联合党支部为引领，党员带头，全体村民积极配合，推动土地流转、资本入股，村集体经济从负债百万元增长到 35 万元，村民人均收入从 11 年前的不足 1000 元增长到现在的 16300 元，让村民实现了资源变资产、资金变股份、村民变股东的华丽蝶变。另一方面，抓基层治理队伍建设。整合人力、物力、组织资源，建立网格化党小组，推动成立了环保理事会、五老和谐会、红白理事会、发展理事会、文化理事会、平安联防队“五会一队”群众自治组织，形成了“环境卫生有人管，矛盾纠纷有人调，红白喜事有人办，先进典型有人推，文化活动有人抓”的良好工作局面。

如今，燕窝湾村以村党委为核心的村级治理体系扎实有力，过去一盘散沙的局面不复存在，党员干部个个扛责上肩、人人身上有干劲，老百姓说话有人听、难事有人管。人与自然和谐共生，人与人之间和谐相处。近年来，燕窝湾村党支部相继获得“全国先进基层党组织”“全省党建工作示范单位”等荣誉称号。

（四）携手共谋发展，积极推进示范区建设

一枝独秀不是春，百花齐放春满园。为了带动周边村落共同发展，同时把绿色发展之路走远走宽，2017 年 8 月，在镇政府的大力支持下，燕窝湾村、骆驼坳村、郭家河村等 6 个村携手连片振兴，成立以“资源联合、产业联办、文化联创、民心联心”为主要内容的燕儿谷片区联合党委。2021 年开始，大力推进燕儿谷片区“两山”理论实践示范区建设，以建设国家级“两山”理论实践示范区为总体目标，围绕“一村一品”发展思路，重点打造四大品牌：一是打好燕窝湾村“养心”牌，建设乡村旅游与电商直播网红村；二是打好骆驼坳村“养生”牌，建设研学教育与地标优品体验村；三是打好郭家河村“养身”牌，建设诗画田园与宜养宜居示范村；四是打好叶家圈村“养肺”牌，建设山水观光与传统民俗体验村。通过打造生态物质产品、提升生态调节功能、搭建生态补偿平台、提高生态资源价值，着力打造巩固脱贫攻坚成果同乡村振兴有效衔接的先行区和样板区。通过示范区建设，燕儿谷片区的生态更美了，产业更旺了，乡风更好了，治理更强了，生态效益、经济效益和社会效益都得到了极大的提升。

绿水青山在，金山银山来。十年磨一剑，燕窝湾村通过党建引领、生态优先、能人带头、村企共建，成功走出了一条“两山”理论转化的成功路径。

三、经验启示

燕窝湾村十年巨变不是凭空想出来的，不是等政策等来的，而是在党的领导下、在回乡能人的带动下，燕窝湾村民同心协力、攻坚克难的成果。总结燕窝湾村美丽乡村建设的经验启示，可以用以下几点来概括。

（一）坚持“绿水青山就是金山银山”的发展理念

党的二十大报告提出，“必须牢固树立和践行绿水青山就是金山银山的理念，站在人与自然和谐共生的高度谋划发展”。燕窝湾村的成功，关键在于找对了路，坚持在践行“两山”理念的实践中“点绿成金”。燕窝湾村转变发展思路的第一仗就是生态修复、环境整治这个硬仗，而且这一仗坚持了 10 年，从最初的 6 年整治到后期发展绿色产业，无论遇到什么困难、遇到什么样的阻碍，都没有放弃生态优先这个发展原则。人不负青山，青山定不负人。良好的生态环境不仅破除了燕窝湾村背负多年的贫困“枷锁”，还走出了脱贫致富、乡村振兴的新路径，推动了“绿水青山”的高颜值加速转化为“金山银山”的高价值。绿色是乡村最大的发展优势，振兴乡村一定要把这个最大优势充分发挥出来。要切实贯彻习近平总书记“两山”理论，对标党的二十大精神、中央一号文件精神和省市县委工作要求，把绿色发展、可持续发展理念贯彻到日常工作中，围绕“山”“水”做好文章，实行最严格的环境保护制度，坚持山水林田湖草沙一体化保护和系统治理，持续加强人居环境整治，加快推动产业结构调整优化，为建设幸福家园和美丽乡村打下良好基础。

（二）坚持充分发挥基层党组织战斗堡垒作用

燕窝湾村旧貌换新颜离不开燕窝湾村党支部、燕儿谷片区联合党委的坚强领导，离不开基层党组织的战斗堡垒作用。燕窝湾村党支部和燕儿谷片区联合党委精心谋划、科学统筹，探索建立了“七个联合”的发展机制，以村企共建为核心，激发、整合了政府有形之手、市场无形之手和村民勤劳之手的智慧和力量，将地域相邻、功能互补、产业集聚的党支部联合起来，实现强村带弱村，先富帮后富，最终走上共同富裕之路。乡村振兴要想取得实效，一定要把党的领导优势转化为基层治理效能。要积极贯彻落实党的二十大精神，“抓党建促乡村振兴”，以党建为引领，充分发挥基层党组织的战斗堡垒作用与党员的先锋模范作用，不断探索适合本地的“党建 +”模式，通过积极推进人居环境整治、乡风文明建设、生态产业发展等工作，推动农村全面进步、农民全面发展，让老百姓的获得感、幸福感、安全感更加充实、更有保障、更可持续。

（三）坚持发挥能人带头作用

党的二十大报告指出，“人才是第一资源”，要“实施更加积极、更加开放、更加有效的人才政策，引导广大人才爱党报国、敬业奉献、服务人民”。乡村要振兴，人才是关键。燕窝湾村能发生今昔两重天的巨变离不开大批回乡能人的支持。据统计，在罗田县委、县政府的号召下，在燕窝湾村第一书记徐志新的带动下，2011 年至 2021 年间，燕窝湾村共吸引了 160 余名能人回乡创业，为燕窝湾村的发展提供了有力的人才支撑。人才振兴是乡村振兴的关键，要继续坚持推进能人回乡“千人计划”，强化能人回乡政策支持，优化能人回乡发展环境，落实能人回乡政策服务，不断增强“回乡”吸引力。要继续加强对在外能人信息的摸排力度，找准动员对象，进一步挖掘回乡潜力，用心用情做好上门对接工作，努力让人才感受到家乡求贤若渴的诚意。要千方百计再引一批专家、学者、企业家回乡资智资政、引商引资、投资兴业，不断扩大家乡的朋友圈，引进更多的优质资源和高端要素，助力家乡建设热潮、共创美好未来。

（四）坚持整体化设计，强化因地制宜

乡村振兴，规划先行。无论是燕窝湾村内规划还是燕儿谷片区建设，都坚持了立足长远，聘请专业团队进行整体化设计。同时也根据区位条件、发展基础、资源状况和乡风民俗的差异，做到了因地制宜。党的二十大报告提出，要“统筹乡村基础设施和公共服务布局，建设宜居宜业和美乡村”。这就要求，在推进美丽乡村建设时，一定要充分尊重自然发展规律，立足本地实际，因地施策，不同的地点选择不同建设模式，宜农则种、宜工则建、宜游则游，不搞脱离实际的瞎指挥，不搞违背规律的乱建设。把景区规划、村庄规划与产业规划结合起来，统筹推进环境整治、产业布局、旅游规划、乡风文明建设等工作。坚持一体化布局，深挖优势，发扬特色，因地制宜，才能走符合自身实际的高质量发展路子，才能建成宜居宜业和美乡村。

【思考题】

1. 推进乡村振兴，如何平衡经济发展与生态保护的关系？
2. 在生态优先的美丽乡村建设中，如何提升老百姓的幸福感、获得感？
3. 在美丽乡村建设中，如何充分调动人民群众参与的积极性和主动性？

擦亮城市　造福人民

——孝感老澴河综合治理的创新探索

中共孝感市委党校　罗　念

【引言】 习近平总书记在2020年11月12日考察江苏滨江片区时强调指出:"建设人与自然和谐共生的现代化,必须把保护城市生态环境摆在更加突出的位置,科学合理规划城市的生产空间、生活空间、生态空间,处理好城市生产生活和生态环境保护的关系,既提高经济发展质量,又提高人民生活品质。""生态环境投入不是无谓投入、无效投入,而是关系经济社会高质量发展、可持续发展的基础性、战略性投入。"① 因此,城市发展要贯彻落实习近平总书记关于城市建设的重要论述,加大生态环境保护方面的投入,系统解决"城市病",促进经济社会高质量发展。

【摘要】 老澴河因穿孝感城区而过,孕育、滋养着城市的根脉,被称为孝感的"母亲河",记载和见证着澴川大地的历史变迁。然而,随着工业化与城镇化发展,老澴河水污染严重,沿线历史文化古迹几近消失,沿岸城区面貌破旧,失去了灵秀、古韵和生机,成了孝感城市的污点。

为满足孝感人民治理老澴河的迫切愿望,提高孝感城市品位,2017年11月,孝感市委、市政府启动老澴河综合治理工程,围绕"治污、安居、发展"三大目标,以"空间再造、功能再造、环境再造和基层治理再造"为重点,更新理念、科学规划、创新机制、争资融资、系统建设,集中资源对老澴河进行生态修复和城市修补。老澴河综合治理工程规划面积约4.5平方千米,总投资155亿元,经过艰苦奋斗比规划的5年提前2年完成。

老澴河综合治理取得了显著的成效,老澴河涅槃重生,成为孝感老城区的

---

①《习近平在江苏考察时强调贯彻新发展理念构建新发展格局　推动经济社会高质量发展可持续发展》,《人民日报》2020年11月15日。

新名片和创新创业热土。老澴河综合治理是中小城市超前谋划，加大对城市生态环境投入，内外兼修推动城市由粗放式发展向内涵式提升转变的优秀样本，显著提升了城市的功能和群众幸福指数。老澴河综合治理为城市生态环境保护积累了宝贵的经验。一是要创新价值，坚持以人民为中心，贯彻新发展理念，走人与自然和谐共生的城市发展道路。二是要提升能力，提高城市环境治理的源头治理能力、系统治理能力和依法治理能力。三是要扩大支持，广泛动员各方力量支持和参与城市建设，尊重和保护人民群众利益。

【关键词】 城市生态环境保护；综合治理；机制创新

一、背景情况

流经湖北孝感的澴河发源于鄂豫交界的灵山，流域面积 4100 平方千米，是孝感人民的“母亲河”。1959 年 10 月，为了彻底根除澴河水患，澴河孝感城区段实施了改道工程，留下了西起河口澴河东大堤，东至三军台槐荫河口，全长 8.6 千米的澴河故道，称为“老澴河”。老澴河是早期的航运水道，支撑着城市的发展，承载着城市的文脉，见证了孝感的历史变迁。

但是改道后的老澴河，河水不再流动，航运功能丧失。随着孝感工业化、城镇化进程加快，老澴河沿岸聚集的企业和居民不断增多，大量工业废水和生活污水直接或间接排入河里，日积月累，造成河流严重污染。两岸居民反应强烈，“到处都是污水，一年 12 个月，9 个月都是臭气熏天，靠河一边的窗户从不敢打开”。

历史上，孝感市委、市政府曾经多次治理过老澴河水体，但是条件有限，就水治水，边治理边污染，效果不好。为改善老澴河水体污染情况，2010 年启动“澴河、滚子河、老澴河”三河连通工程，老澴河的连通工程在 2016 年竣工，让老澴河死水变为活水，污染程度有所缓解。但是污染在河里，根源在岸上，要根治老澴河污染问题，就要解决岸上的问题。2011 年孝南区启动老澴河治理试点，治理河流长度为 1 千米，但是由于资金缺乏，征迁难，安置难，第一步征迁都难以完成。

孝感城市前期“粗放式”快速发展方式，还给老澴河沿岸带来了系列“城市病”，如沿岸基础设施问题、历史文化遗存问题、公共服务问题等，这些问题在老澴河流域集中突显、累积放大，导致老澴河流域成为孝感的城市污点、创建硬伤和引资黑洞，制约着孝感城市发展的转型。

（一）无灵秀：老澴河的生态之痛

由于城区人口增加，城市管网设施不健全，老澴河作为孝感城区主要的纳污河流，水体污染严重，水质常年处于劣Ⅴ类，部分河段基本丧失水体自净功能。加之管理、修复措施相对滞后等原因，老澴河沿河绿化不足，水生态系统遭受严重破坏，自然岸线萎缩，水网堵塞断连，河道淤积，河床抬高，最窄的河道只有 25 米。曾经属于一级河流的老澴河失去了她的灵秀，成了污水横流的“伤心河”、充斥恶臭的“龙须沟”，河流与城市相映成趣的辉煌不再。

（二）无生机：老澴河的人居环境之痛

老澴河未改道前是航运河道，是孝感城市最繁华的地带，两岸居住了大量的人口。但是随着孝感城市发展的东扩，老澴河所处的南城面貌破旧，一直处于城镇化早期状态，无规无序，房屋散杂，与东城形成鲜明对比。老澴河沿岸居民区公共设施和服务也不足，比如交通路网不健全，教育医疗、文化体育、休闲娱乐等无配套，满足不了居民的生活需求。此外，由于管理不到位，乱搭乱建、乱倒乱丢等问题层出不穷，露天厕所、散点垃圾堆污水口等严重污染老澴河，生活生态空间格局失衡，整体环境脏乱差，追求良好居住环境的居民渐渐搬走，老澴河沿岸的生机渐渐消失。

（三）无古韵：老澴河的区域发展之痛

老澴河区域发展的动能严重不足，历史文化资源几近消失，追忆往昔，老澴河沿岸有宋太祖沽酒抒怀的西湖酒馆，城隍潭舟楫川流的古码头，人来车往履痕碾槽的西湖桥，翰墨飘香、文脉潮涌的文昌阁。如今，老澴河当年曼妙的倩影再难寻觅。老澴河的区位资源挖掘不足，老澴河穿城而过，正处于连接东西、贯通南北的关键位置，但是这种区位应发挥的城市功能体现得不明显，甚至是缺失。再加上老澴河优质的水生态资源变成“负资产”，整个老澴河呈现出衰败的面貌。

老澴河的问题年年都是孝感“两会”的焦点问题，得到了孝感市和孝南区的高度重视，但是老澴河沿岸要发展，首先要腾出空间，尤其是要给河流生态保护和城市功能完善留出空间，这其中面临的征迁安置规模都将是孝感历史之最，并且后期的治污、建设等任务资金需求极大，孝感市和孝南区经济发展体量和财政收入有限，资金瓶颈明显。

二、主要做法

治理老澴河一直是沿岸居民多年来的迫切期望，更是孝感老城区更新升级的迫切需求。习近平总书记指出："建设人与自然和谐共生的现代化，必须把保护城市生态环境摆在更加突出的位置。"[①] 抓城市生态环境保护，就是抓住了经济社会高质量发展的"火车头"。2017 年，孝感市委、市政府顺应群众呼声，集中资源对老澴河进行综合治理，修复水生态环境，修补城市功能。

（一）迎难而上、谋划突围，科学设计老澴河综合治理

老澴河综合治理涉及面广，群众关注度高，孝感市委、市政府多次召开老澴河综合治理专题会议，主要领导多次专题调研，着力破解难题，对老澴河综合治理进行顶层设计。

1. 一种理念护生态

孝感市委、市政府主动适应社会主要矛盾转化新形势和城市高质量发展新要求，坚持以人民为中心，贯彻新发展理念，充分认识到治理老澴河，保护城市生态环境代表着城市发展的方向，必须要及时主动谋划，以功成不必在我的境界提高站位。

在新发展理念的指导下，第一，坚持一分为二和用发展的眼光看问题，在前期谋划阶段充分研判了老澴河综合治理的有利与不利、优势与困难、机遇与风险，确立了老澴河在城市中的定位，即串联周边多个城市功能片区的"景观轴"，交流互动展示城市空间的"会客厅"，市民观景、停留、休闲、交往场所的"亲水带"和承接城市更新和焕发城市活力的"新片区"；第二，坚持抓住主要矛盾和矛盾的主要方面，确立了老澴河"治污、安居、发展"三大目标，抓住重点和关键，将资源优先投入到生态修复和征收安置工作中；第三，坚持科学把握事物之间的联系，吃透国家、本省的政策，充分考虑孝感实际，确定了"党委

① 《习近平在江苏考察时强调贯彻新发展理念构建新发展格局　推动经济社会高质量发展可持续发展》，《人民日报》2020 年 11 月 15 日。

领导、政府主导，市级统筹、各级协同，市场运作、综合平衡”的工作方针，为规划、建设和管理工作提供了科学指引。

2. 一个规划统开发

规划引领城市发展，规划的水平就是政府的水平。孝感市政府组织专班深入调查研究，提出要提高政治站位抓规划，明确老澴河综合治理规划的定位是“空间再造、环境再造、功能再造、基层治理再造”，要求规划有效融合“生产、生活、生态”空间，打造“宜居、宜业、宜游”的生态之城，强调充分发挥规划的引领作用，坚持一张蓝图绘到底。

老澴河综合治理的规划范围合理、特色明显，突出了水体生态修复，强化了基础设施配套，提升了绿地景观品位，传承了地方历史文脉，优化了拆迁安置布点，做到了一套规划统开发。第一，核算收支定方案，在规划范围上，精准编制三套方案，最终统筹考虑资金投入以及老澴河综合治理的目的，选择了中等方案。第二，统筹完善原规划，在透彻研究原规划利弊的基础上，明确了新规划不违背原规划大原则，实事求是进行优化，满足绿地、截污、拆迁还建、人文景观等要求。第三，衔接好上位规划，新规划充分衔接了孝感市各类城市规划，并吸纳过去老澴河改造规划编制成果，与现有其他片区控规相统筹，突出水体生态修复，最终确定老澴河综合治理的总体规划。

3. 一套班子管全局

老澴河综合治理是一个系统工程，项目关联密度高、紧密性强，必须创新机制，赋能推进。老澴河综合治理成立高规格的指挥部，以市委书记任政委、市长任指挥长，一名市级领导干部具体负责统筹指挥工作，指挥部下设综合办公室及建设、征收、资金 3 个工作组，并由 3 名市级领导任主任和组长，相关成员单位主要负责人任副组长，实行扁平化管理，工作职责和分工明确，构建了市区一体、专班运作的非常规动员组织体系。

指挥部负责综合治理建设工程统一指挥调度执行权，主要领导亲自抓、分管领导具体抓、相关领导协同抓、工作专班专项抓。市指挥部建立月例会和督查通报机制，协调联动和容缺办理机制，考评奖惩机制、征收拆迁“五必查五必核”机制、党建引领机制，优化工作机制，激发工作合力，确保项目顺利推进。

老澴河综合治理指挥部还延伸各级配套工作体制，优化市指挥部 26 个成员单位职能和办组、专班职责耦合，负责管理服务、组织落实。尤其是抓紧对重点工作的落地落实，发挥关键作用。第一，征迁安置工作，压实属地党委、政府责任，孝南区“三街一乡”13个社区成立房屋征收拆迁分指挥部和工作专班，参加人员达500多人，负责征收拆迁工作。第二，项目建设工作，澴川国投整合参建各方力量，组建400多人的管理队伍，成立了由代建、总包造价、设计、分包、劳务公司等组成的联合项目部。第三，争资融资工作，向上争资，采用多部门抱团策划模式，争取中央和省级各类项目资金；做足融资，申请银行贷款和融资授信；同时加强财政预算补贴、开发盈余滚动投入，满足老澴河综合治理的资金筹措和使用。

4. 一项模式抓建设

老澴河综合治理建设任务共涉及八大类105个项目，包括土地征收、房屋拆迁、安置区建设、截污治污、市政道路、河道整治、景观建设、商业开发。对所有建设项目实施“五化管理”模式，“五化管理”包括工作目标化、目标项目化、项目工程化、工程责任化、履责考核序位化。工作目标化是指强化“找准方位、明确方向、细化目标”的责任担当；目标项目化是指培养“寻找载体、找准路径、配置资源”的科学精神；项目工程化是指构建“规划书、施工图、进度表”三位一体的推进机制；工程责任化是指建立“一个主体责任、多方协调配合、全程督导督查”的保障体系；履责考核序位化是指营造“真抓实干、创新争优、激励约束”的创业环境。要定目标、定项目、定主体、定责任、定工期、定序位、定机制。

纳入“五化管理”之后，依据规划，老澴河综合治理采用PPP模式、政府购买服务模式、自主开发模式建设。按照整体规划、滚动投入、总体平衡、有序推进的总体原则安排建设时序，突出拆迁安置优先，拆建同步，安置优先；重大节点项目优先，对治理范围内的水系路网、功能片区等项目优先建设。

老澴河综合治理的建设模式充分发挥了“政府管总、企业主建、资源整合”的优势，压减了建设空挡，工地高峰时120多座塔吊、6000多人同时开工，保证了工程建设质量和效率，老澴河综合治理工期比规划的5年提前了2年多完成。

5. 一套制度兜保障

将制度建设贯穿于老澴河综合治理的各个环节，存在制度空白的及时完善，在执行制度时坚持一把尺子量到底，有力保障和推动了各项工作。第一，跨任期项目法治保障。2017年市人大常委会作出《关于保障和促进老澴河综合治理的决定》，确保工期跨任期的老澴河综合治理始终保持高位推进，实现截污治污，防洪排涝，生态修复，幸福宜居的目标。第二，完善征收安置相关制度。出台《市人民政府关于加强孝感城区国有土地上房屋征收与补偿工作的通知》《市人民政府房屋征收管理办公室关于印发孝感城区国有土地上房屋征收与补偿操作流程的通知》等文件，理顺市区用地及征地事权，统一补偿标准，规范征收流程。第三，建设管理制度创新。制定《老澴河综合治理项目管理手册》等30余项管理制度，确保建设工程安全、高效。第四，改革审批模式。设立“绿色通道”审批模式，拟争资项目“即来即批”，同步开展规划、设计、地勘、征地、拆迁等工程的立项、规划许可、施工许可等手续。第五，完善监督检查相关制度。市指挥部制定了会议、督察督办等管理制度，出台《建设工程常态化监督检查方案》《项目建设联络员制度》等，做到责任到事、到人、到时限。设计部门建立老澴河综合治理全过程审计监督制度，成立征收拆迁资金及沿线工程跟踪审计组。澴川国投严格按照“三重一大”议事决策规则执行招投标管理、合同签署、资金调度等重大事项，经常性开展廉政教育活动。

（二）以民为本、征收安置，人民群众从“要我拆”变为“我要拆”

为了腾出发展空间，提升城市品质，完善城市功能，让居民有共享的公共场所，孝感市委、市政府决定对老澴河片区进行征迁。为了顺利完成征收安置任务，孝感市委、市政府坚持以民为本，技术协同，依法依规。

1. 做实摸排调查

征迁安置任务十分复杂艰巨，老澴河综合治理征迁量非常巨大，由于年代久远，大部分都是民房，存在一契多户、乱搭乱建、证据认定等难题，容易出现家庭析产纠纷、面积认定纠纷。为调查准确，实施干部包保制度，做到一户一档，拆改结合。最终统计需要完成房屋拆迁7038户126万平方米迁移1.2万余座坟墓，征收50余处鱼塘菜地，砍伐3万余棵树木。

2. 统一政策标准

出台文件，统一征迁补偿标准，改变了孝感拆迁无标准、无政策、无模式的历史。被征收人可以选择货币补偿、产权调换、产权调换加货币补偿等方式，还可以获得临时安置费、搬迁费、补助和奖励等补偿。

3. 规范工作流程

征拆安置中做到宣传先行，让人民群众支持老澴河建设工作。征收程序严格按照十步流程法，注重用法治思维和法治方式化解过程中的矛盾纠纷，同时做好风险评估，做好预案。将监督核查贯穿征收工作始终，做到“五必查”，涉及干部的必查、涉及大额资金和大面积必查、群众反映突出的必查、集体资产必查、有明显问题的必查，并且对测量评估和签订协议情况进行抽查复核，确保征收补偿公平公正，安全有序。

4. 保障群众利益

做到征收安置同步，尽量缩短居民租房时间，规划时把最好位置作为安置点，建设标准提高，并充分公开征迁安置中的各项信息，建立渠道，让人民群众能参与、可选择。

5. 再造基层治理

老澴河综合治理安置区面临村民变市民、需求多样化的管理问题，社区治理以党建引领，通过多种举措将老澴河沿线打造成为城市治理示范带。一是打造“一站多点”服务阵地，高标准建设党群服务中心、配套红色驿站、问题活动场所等。二是推进“两项赋能”工程，深入实施文化赋能、数字赋能，陶冶居民情操，提高基层治理智慧化水平。三是完善“三个体系”支撑，完善组织网络、管理服务和经费保障 3 个体系，提高社区治理效能。

（三）技术护航、生态修复，系统治理老澴河水生态环境

制定完善了老澴河综合治理工程控制性详细规划及修建性城市设计，通过市场化手段，采用 PPP 模式，确定了水生态综合治理 PPP 项目 26 个子项工程，对老澴河水生态环境问题进行全面综合整治，恢复老澴河的生态功能。

1. 水体治理

首先是截污治污，排查并解决破损污水管网，对南北两岸入河排污口进行了截污，南北岸污水均进入污水处理厂处理。2017 年彻底将沿线直排厕所、露天垃圾场站清理整顿。修建泵站、城区调蓄池、污水干管改造、渠道改造及老城区雨污分流改造，从源头治理污染水污染。其次是河道修复，完成 70 多万立方米河道清淤，进行航道疏浚，部分断面河道挖宽，橡胶坝拆除重建。最后是岸线整治，对老澴河 16.8 千米岸线进行护坡整治。

2. 水网联通

改造闸泵设施，加强澴河、老澴河和滚子河的水系沟通，提升水体自净功能和水动力。结合南城新片区规划，引出老澴河支流水系，联通南北水网，增加城市滨水空间，水林田湖草协调保护。

3. 绿廊渗透

结合城市道路和生态空间，对老澴河沿线绿色廊道进行梳理，打通城市视线通廊，建设以水为脉、一路为轴、串绿成网的绿色廊道体系，打造生态休闲、宜游宜行的城市开敞空间，形成 300 米见绿、500 米见园的绿地格局，为城市发展提供优良的生态环境基础。

（四）文化续脉、景观塑造，激活区域发展潜力

充分挖掘孝感传统文化及特色地域文化，创新表达形式，形成文化创意与现代功能相结合的文化节点，厚植老澴河未来发展的文化根基。

1. 传承文脉

用文化为城市铸魂，老澴河规划设计“一轴两带五景八区”的城市文化景观带，串联老澴河休闲廊道的主要文化节点，形成历史传承、文化彰显、创意集聚的滨水带。依旧址重建老澴河北岸的文昌阁，修建城隍潭老码头遗址公园，修复西湖酒馆，整修西湖桥，整修老麻糖厂，传承孝感老澴河的历史人文精神。

2. 景观打造

结合老澴河沿岸特征，打造城市公园、社区公园、街头绿地等不同规模的城市景观节点，形成形式多样、层次清晰、结构明显的城市景观系统。各个功能区域中，结合重要的公共空间和交通廊道，设置活力中心或标志性建筑。

3. 产业培育

建设滨河新城、老澴河文旅小镇，通过招商引资，形成片区引爆点，塑造滨水空间个性，突显历史文化特性，激活 8.6 千米老澴河沿岸发展动能。

三、主要成效

老澴河综合治理工程是孝感有史以来单体投资额度最大的民生工程、发展工程，原计划需要 5 年的建设任务提前 2 年完成。经过治理，老澴河涅槃重生，城市面貌得以改观，用一个项目激发一个区域的发展活力，老澴河的吸金力、竞争力显著提升，正成为孝感创业创新的热土。

（一）生态价值增加，水生态环境得到根本改善

污染在河里，源头在岸上。通过截污治污、河道清淤、驳岸整治、水网联通、

绿廊渗透，老澴河黑臭水体得到有效治理，水质优化到Ⅲ类水质，水体自净功能得到一定程度的恢复，河流的水生态功能得到修复，河流的水林田湖草生态系统逐步实现整体保护。未来随着孝感海绵城市和旧城改造工程的推进，老澴河的生态环境会进一步得到改善。

老澴河自然风貌逐渐恢复，城市生态环境显著改善，城市功能显著增强，群众幸福指数显著提升，老澴河得以涅槃重生，为区域经济发展、人民群众安居乐业打牢了生态环境基础，成为孝感的景观之河、生态之河、旅游之河、富民之河、发展之河。

（二）经济效益提升，激活了城市发展新动能

绿水青山就是金山银山，老澴河综合治理一方面腾出了南城开发利用的广阔空间，增加了可开发土地的数量，提高了土地价格，实现了土地增殖，为南城发展奠定了基础。另一方面，老澴河综合治理修复了优良的水生态资源，挖掘了老澴河的历史人文底蕴，极大地实现了生态环境价值和历史文化价值向经济价值的转化，激活了老澴河区域文旅产业发展新动能，有效促进新老城融合发展。

老澴河综合治理打通了孝感城区向南发展的通道，壮大了城市规模，形成以槐荫大道为轴线，东西两翼齐头并进的发展格局，提升了孝感主城的竞争力。

（三）文化效益显著，历史人文古迹得到保存

老澴河综合治理对老澴河沿线遗留文化印记进行收集、梳理，通过再现继承、延续和创新传统文化形式，传承孝感悠久的历史文化、民宿文化，整合发展旅游资源，完善城市功能。尤其是规划金西门、银南门、麻糖厂、文昌阁等人文景点再造，打造老澴河文旅小镇，留住了“老孝感”最暖情怀和记忆，让老城历史人文风情再续，提升了老澴河的关注度和美誉度。如今的老澴河已经成为孝感的文化名片、“网红”打卡地，楚剧、剪纸等传统文化在老澴河一带也再现生机活力。

（四）社会效果良好，赢得群众良好口碑

老澴河综合治理始终坚持以人民为中心，坚持最好的位置给百姓、最好的房子给百姓，坚持程序公平公正公开，坚持让群众充分参与，整个征迁安置无

一人越级上访。老濮河综合治理沿线的13个社区治理再造，将老濮河沿线打造成为城市治理“示范带”，解决了居民多样化、村民变市民的管理问题。老濮河综合治理切实改善了人民群众生活，治理以后的老濮河沿线绿廊环绕、交通改善、公共服务补齐，变化翻天覆地，让市民充分享受滨水休闲娱乐。

四、经验启示

2015年中央城市工作会议指出“城市工作是一个系统工程。做好城市工作，要顺应城市工作新形势、改革发展新要求、人民群众新期待”①。孝感老濮河综合治理是“治理一条河，改变一座城”的典型样本，是践行习近平总书记关于城市发展重要论述的典型案例。借助“三圈理论”分析孝感老濮河综合治理工程的成功具有契合性，老濮河历史上多次治理不能从根源上解决问题，正是因为价值圈、能力圈和支持圈没有实现最大值，而综合治理通过创新价值、提升能力和扩大支持，因地制宜推动了孝感城市转型发展。

（一）创新价值：以人民为中心，贯彻新发展理念

1. 坚持以人民为中心

城市的核心是人，城市发展必须要坚持“以人民为中心”的思想，建设人民城市。第一，城市发展为了人民，为人民群众创造美好生活。城市建设发展中要满足人民群众的需要，聚焦人民群众最关心、最迫切的问题，以更加人性化的理念建设城市、发展城市，满足人生存、发展的各项需求。第二，城市发展依靠人民，让人民群众广泛参与其中。人民群众是人民城市建设的内生动力，推动城市发展要尊重人民群众的主体地位，要发挥人民群众的主动性、积极性。第三，城市发展属于人民，让人民群众共享发展成果。人民群众是城市的主体，城市的发展成果应当由人民群众共享，城市要向着更加普惠、更人性化的方向发展。

2. 坚持贯彻新发展理念

创新、协调、绿色、开放、共享，是进入新发展阶段必须坚持的发展理念，科学回答了关于发展的目的、动力、方式、路径等等一系列理论和实践问题。

---

①《中央城市工作会议在北京举行　习近平李克强作重要讲话》，《人民日报》2015年12月23日。

城市发展要以新发展理念为指导，要紧密围绕“以人民为中心”的发展思想，转变城市规划建设理念，摒弃传统的“外延扩张式”的发展方式，杜绝简单粗放的“摊大饼”，努力探索“内涵提升式”城市发展道路。第一，以经济建设为中心，奠定城市发展的物质基础，以发展来解决发展中的问题。第二，遵循人与自然和谐共生，在城市建设中，尤其是城镇化进入转折时期，要牢固树立生态优先的强烈意识，防止优良的生态环境成为城市“负资产”。做好城市生态环境修复，划定生态保护红线，确定开发边界，控制开发强度，致力于提升城市内在的品质。第三，明确公平正义，共建共享，发动人民群众参与城市建设和发展，提高城市治理水平，推动城市文明升级。

（二）提升能力：提高城市环境治理能力

1. 把握大势大局，提高源头治理能力

面对深刻复杂的新形势，面对城市工作的新要求和人民群众的新需求，尤其是城市生态环境保护这种复杂工作，领导干部要从事后应对转向提前谋划，提高源头治理能力。第一，具备大局意识，拥有正确的政绩观，心中时刻装着全局和长远，思考城市生态环境保护的大问题，给老百姓留下一些念想，研判城市环境治理的痛点、工作的堵点、发展的难点、群众的关切点。第二，具备机遇意识，抓住各种国家层面、省级层面的政策机遇，充分结合本地实际，科学统筹人、财、物，超前谋划，平衡长远与短期目标，注重解决长期胶着的困难。第三，具备担当意识，城市环境治理是一项时间长、任务重、投资大的工作，需要领导干部具有功成不必在我的气魄，敢于决策、敢于担责。第四，具备忧患意识，城市作为最活跃、最发达的空间，社会主要矛盾集中突显，领导干部要有底线思维，从生态安全的高度看待城市工作。

2. 遵循发展规律，提高系统治理能力

城市生态环境保护工作是一项系统工作，第一，把握整体性，系统谋划。将城市发展的各个方面，如生态环境保护、人居环境改善和历史文化保护等统筹起来，注重规划方案的协同性、举措的整体性，留住城市特有基因，保护城市生态特色，塑造城市独特形象风貌。第二，把握协调性，系统推进。城市生态环境保护在政策取向上互相配合、在实施过程中互相促进、在实际成效上相得益彰。第三，把握关联性，系统部署。面对规划、资金、建设等众多任务，规划、建设和管理多个环节，只有厘清内在关联性，加强系统部署，才能防止顾此失彼。

尤其是要创新组织动员机制，加强人员的融合、任务的统筹、建设的有序。

3. 善用法治思维，提高依法治理能力

法治思维是运用法治理念、原则、规则认识事物、判断是非、解决问题的一种思维。城市环境治理一般建设项目众多，涉及群众多、利益复杂，资金投入巨大，领导干部善用法治思维和法治方式来谋划和推动工作，不断提高城市环境治理的法治化水平。第一，加强制度建设和完善，优化城市治理政策体系，逐步出台地方性法规、政府规章、部门规定，为城市建设提供法治保障。第二，善用法治思维和法治方式履职用权，强化用制度管人管事理念，比如依法决策、依法执行。第三，善用法治思维和法治方式处理重大复杂问题，尤其是在征收、安置、建设等任务中，注重一把尺子量到底。

（三）扩大支持：广泛动员、尊重人民群众利益

1. 动员多方力量参与城市建设

城市是大家的城市，需要干部、市民、企业、社会组织等共同参与、共同建设、共同维护。第一，广泛宣传，营造氛围。全过程、全方位地宣传，宣传无死角，营造关心城市、爱护城市的氛围，重视媒体监督，赢得媒体尊重。第二，深入调查，了解诉求。在城市建设工作中，多次进行社会调查，普遍征求群众意见，充分了解群众需求，广泛发动群众。比如组织各界干部、群众参观项目工程。第三，畅通渠道，动员参与。积极调动各方面力量，推动政府、社会、市民的同心、同向、同行。城市工作要获得群众认可和支持，比如控违、治污征迁等可能引发群众误解的工作，要畅通沟通渠道，让群众充分表达意见诉求，让城市建设工作深入人心。

2. 尊重和保护人民群众的利益

城市生态环境保护所涉利益广泛，在做相关工作过程中，第一，要保护人民群众的合法的私有财产，为了公共利益征收的，要给予补偿，补偿标准要公平公正公开。第二，事关群众切身利益的工作，要充分征求群众意见，采纳其中合理的意见和建议。第三，要让人民群众共享生态环境保护成果，尽量扩大公共绿地、公共场所，满足人民群众的文体活动、休闲娱乐等需求。

【思考题】

1. 孝感老澴河为什么需要综合治理?

2. 老澴河综合治理有哪些创新经验可适用于未来城市生态环境保护?

蝶变重生的洪湖再现水清岸绿景美

——习近平生态文明思想的荆州实践案例

中共荆州市委党校　朱黎丽　张瀚月

【引言】 党的二十大报告指出，要推动绿色发展，促进人与自然和谐共生。大自然是人类赖以生存发展的基本条件。尊重自然、顺应自然、保护自然，是全面建设社会主义现代化国家的内在要求。必须牢固树立和践行绿水青山就是金山银山的理念，站在人与自然和谐共生的高度谋划发展。“十四五”时期，我国生态文明建设进入了以降碳为重点战略方向、推动减污降碳协同增效、促进经济社会发展全面绿色转型、实现生态环境质量改善由量变到质变的关键时期。我们要完整、准确、全面贯彻新发展理念，保持战略定力，站在人与自然和谐共生的高度来谋划经济社会发展，坚持节约资源和保护环境的基本国策，坚持节约优先、保护优先、自然恢复为主的方针，形成节约资源和保护环境的空间格局、产业结构、生产方式、生活方式，统筹污染治理、生态保护、应对气候变化，促进生态环境持续改善，努力建设人与自然和谐共生的现代化。

【摘要】 荆州拥有长江径流里程483千米，是长江中下游地区径流里程最长的城市。境内洪湖是我国第七大淡水湖，地处四湖流域下区，属江汉平原长江、汉江流域交汇区重要调蓄洪湖泊，被誉为“湖北之肾”。由于受“靠山吃山、靠水吃水”思想影响，过去洪湖渔民固守湖泊、靠湖吃湖。长期的围网养殖、过度捕捞，使洪湖的生态环境日趋恶化，部分水域水质一度降至劣Ⅴ类，绝美湖光被一条条渔船、一支支竹竿“霸占”。

2018年4月25日，习近平总书记视察湖北，在荆州港码头乘船，沿江察看两岸生态环境和发展建设情况，听取了湖北省和荆州市关于非法码头整治情况的汇报。为贯彻落实习近平总书记关于推动长江经济带发展的重要战略思想，湖北省政府及时召开推进洪湖国家级自然保护区可持续发展专题协商会，作出

“洪湖围网一亩不留，渔民一户不剩”的决定，为治理洪湖指明了方向路径。

近年来，荆州市委、市政府坚持以习近平生态文明思想为指导，指导洪湖市、监利市通过编制流域综合治理和统筹发展规划，树牢“人与自然是生命共同体”理念，凝聚“共抓大保护、不搞大开发”共识，统筹山水林田湖草沙系统治理，全力做好生态修复、环境保护、绿色发展“三篇文章”，从顶层设计上强化绿色引领，从制度衔接上坚持生态优先，从举措落实上推进绿色发展，从地方立法上保障治理有力，坚决扛起守护“一江清水东流”的荆州担当，探索出新时代统筹大流域、大平原综合治理和高质量发展的“洪湖实践”。

【关键词】 习近平生态文明思想；洪湖；生态修复；环境保护；绿色发展

一、背景情况

万里长江，险在荆江。长江湖北枝城至湖南城陵矶段，自古以来通称“荆江”，其中荆州境内蜿蜒伸展 483 千米，并派生出众多的支流。受其影响，荆州市地表水资源十分丰富，河渠纵横交错，是全国内陆水域最广、水网密度最高的地区之一，具有长江流域典型的水乡特征。《荆州市流域综合治理和统筹发展规划纲要》指出，全市拥有流域面积 100 平方千米以上的河流 84 条，列入湖北省湖泊保护名录的湖泊 184 个，总面积 706 平方千米，全市拥有各类大、中、小型水库 114 个，水资源总量 71.74 亿立方米，占全省的 7%，多年平均水资源总量为 4680 亿立方米。

洪湖是荆州第一大湖、全省第一大湖、我国第七大淡水湖，地处四湖流域下区，属江汉平原长江、汉江流域交汇区重要调蓄洪湖泊，总面积 414.2 平方千米（62 万亩），承载着四湖流域 1 万余平方千米的上游来水，年入湖水量 19.6 亿立方米。洪湖国家级自然保护区是国家重要生态功能区。

20 世纪 80 年代，全省大力发展水产养殖，湖泊围网养殖应运而生。特别是 20 世纪末，农产品价格持续低迷，而水产品价格相对稳定，湖区农民纷纷“弃农从渔”。当时，洪湖周边每亩精养鱼池养蟹纯利润在 2000 元以上，是水稻等大宗粮食作物效益的 10 倍。不少渔民靠养鱼、养蟹、养鳝赚了钱，盖起了楼房。一时间，一场无序的“圈湖大战”迅猛掀起，大量渔民和商人涌进洪湖，插旗为标，插竿围网，洪湖变身为无数个小鱼池。到 2004 年，洪湖水面围网养殖面积近 40 万亩。由于过度养殖和开发，洪湖水体严重污染，水质最差时达到劣 V 类。伴随着人口增长，生产规模扩大，上游大量污染源及沿湖污水直接排入洪湖，洪湖自净能力大幅度减弱。由此，“洪湖水浪打浪”的美景只出现在人们的传唱中。

2005 年，洪湖开始第一次大规模拆除围网（简称“拆围”）行动。为控制洪湖沼泽化进程、促进渔民致富，地方政府对围网养殖采取一定的限制性措施。对以湖为家、岸上无房无业无收入来源的渔民，给予每户 20 亩水面开展生态养殖，共划拨近 5 万亩水面，取得了“拆围”37.7 万亩的“战果”，为洪湖赢得了“喘息”之机。这是在深刻反思粗放型发展方式导致生态环境恶化、发展难以为继的沉痛教训中，逐渐走向遵循自然、经济、生态规律，实现人与自然和谐发展的初步尝试。

然而，由于流域治理与推进发展统筹不够、具体补偿安置标准不高等因素，在合法分配的养殖区外很快掀起一股非法强占潮，围网养殖、违法捕捞现象出现反弹，给洪湖生态环境带来严重威胁。据荆州市洪湖湿地保护区管理局监测，2013 年洪湖湿地养殖围网面积已接近 14 万亩，是 2005 年洪湖湿地养殖围网面积“膨胀”时期的三分之一，超出政策规定安置面积近 8.9 万亩。

十八大以来，大家更为深刻地认识到，生态环境保护的成败归根到底取决于经济结构和经济发展方式，发展经济不能竭泽而渔，生态环境保护也不能舍弃经济发展；洪湖非法围网养殖、非法捕捞的治本之策在于渔民上岸、生态移民。2015 年 11 月 16 日，省政府召开推进洪湖国家级自然保护区可持续发展专题协商会，作出“洪湖围网一亩不留，渔民一户不剩”的决定。2016年，荆州市委、市政府积极践行新发展理念，正式启动退垸还湖工作，制订《荆州市湖泊退垸（田、渔）还湖实施方案》，确定了全市拟退垸还湖的湖泊内垸 32 个，拟退垸面积 67.46 平方千米，新增湖泊 22 个，面积 34.68 平方千米。

10 年来，荆州市和洪湖市、监利市坚持以习近平生态文明思想为指导，统筹流域综合治理和高质量发展，全力做好生态修复、环境保护、绿色发展“三篇文章”，积极推动长江大保护、中央和省级环保督察问题整改、生态环境体制改革等重点任务，成立全市退垸还湖还湿专项战役指挥部，始终把修复生态环境摆在压倒性位置，快节奏推进退垸和湖泊生态修复。截至 2022 年，洪湖完成退垸破口通湖 21.27 万亩（洪湖市 12.55 万亩、监利市 8.72 万亩），完成生态施工面积 15.97 万亩（洪湖市 9.26 万亩、监利市 6.71 万亩）。184 个湖泊全部收回养殖经营权。投资4.2亿余元，对洪湖和长湖开展“拆围”行动，拆除洪湖18.7万亩围网，安置渔民1519户，全部取缔四湖流域珍珠养殖1.05万亩。4309艘国网锁定退捕渔船全部上岸，25693艘涉渔“三无”船舶被拆解、封存。荆州市以前所未有的力度推进洪湖生态系统保护修复，收获了丰硕的生态成果和人民的衷心赞誉。

二、主要做法

（一）理念指引，统筹规划

习近平总书记指出，必须从中华民族长远利益考虑，把修复长江生态环境摆在压倒性位置，共抓大保护、不搞大开发，努力把长江经济带建设成为生态更优美、交通更顺畅、经济更协调、市场更统一、机制更科学的黄金经济带，探索出一条生态优先、绿色发展新路子。①

《湖北省流域综合治理和统筹发展规划纲要》要求，明确水环境安全底线，保障河湖水质不恶化，确保河湖水质优良率占比不降低，保障城镇饮用水安全；明确生态安全底线，严守生态保护红线，严格管控重要生态空间，确保重要生态空间的生态功能不降低、面积不减少、性质不改变。

2018年7月27日，中共荆州市委五届六次全体（扩大）会议审议通过了《中共荆州市委关于牢记嘱托担当作为加快推动荆州高质量发展的决定》，提出努力打造“万里长江、美在荆江”新画卷，并将之纳入荆州“十四五”发展规划。

从制度衔接上坚持生态优先。全面对接《湖北长江经济带生态保护和绿色发展总体规划》，争取将更多“荆州元素”纳入总体规划。将生态文明建设目标纳入考评体系，加强环保审计，执行环保“一票否决”，完善生态保护和绿色发展总体规划，调整沿江产业规划布局，严格执行环境准入制度，开展项目清理。全面对接长江大保护九大行动，务实重行抓落实。推进“绿满荆楚”行动，践行湿地公园保护制度。落实河湖库长制，全面推进河湖库长制体系建设，实行河（段）负责制，建立市、县、乡、村四级河湖库长制体系，实行一河一策。

从地方立法上保障治理有力。围绕落实《中华人民共和国长江保护法》，

① 《习近平：加强改革创新战略统筹规划引导 以长江经济带发展推动高质量发展》，《人民日报》2018年4月27日。

加快推进生态环境保护地方立法，先后颁布施行湖北省首个“一湖一法”地方性法规《荆州市长湖保护条例》等5部地方性法规，出台《荆州市扬尘污染防治条例》《荆州市餐饮服务业油烟污染防治条例》等“四梁八柱”法治体系。

从举措落实上推进绿色发展。2023年5月19日，荆州市政府召开县级流域综合治理和统筹发展规划解读新闻发布会，称该市所辖6个县（市）规划和2个市辖区（含3个功能区）实施方案已编制完成并通过审议，规划将省、市明确的7个三级流域片区进一步延伸细分为112个五级流域片区单元，分区分类建立安全管控负面清单，制定单元管控规则，明确重点治理任务。其中，洪湖境内水系细分为5个四级流域片区、27个五级小流域片区和66个子流域单元。

（二）强力攻坚，社会共治

2018年7月13日，荆州市打响长江大保护“十大标志性战役”。市长为指挥长，分管副市长为副指挥长，成立荆州长江大保护“十大标志性战役”指挥部共16个。16个指挥部犹如16支利剑，对标全省，同步开展16个专项战役；抽调人员集中办公，细化“四个”清单，挂图作战，强力攻坚。截至2021年，长江大保护“十大标志性战役”中187项任务圆满完成;16个专项战役中，有11个专项战役被评为全省优秀等次。

同年，荆州市实施长江经济带绿色发展“十大战略性举措”。“十大战略性举措”分别是加快推动绿色产业发展、构建综合立体绿色交通走廊、推进绿色宜居城镇建设、实施循环发展引领行动、开展绿色发展示范、探索“两山”理念实现路径、建设长江国际黄金旅游核心区、大力发展绿色金融、支持绿色交易平台发展、倡导绿色生活方式和消费模式。

2019年9月3日，荆州市正式启动长江保护修复攻坚行动，促进长江生态功能逐步恢复。2020年，长江经济带绿色发展“十大战略性举措”工作综合评估居全省市州第一；全省投资和重大项目建设暨长江经济带绿色发展“十大战略性举措”现场推进会在荆州召开；省政府一次性奖励荆州5000万元。

2022年，荆州组织实施长江高水平保护十大攻坚提升行动、长江经济带降碳减污扩绿增长十大行动。长江大保护“双十”工程的实施标志着长江大保护从理念落实到行动、从单一污染防治向生态环境保护的转变，改变了过去由生态环保部门“单打独斗”进行长江保护的局面，将长江大保护的职责细化、融入各职能部门，形成社会共治合力。

近年来，荆州市委、市政府还提出建设“红色洪湖、绿色洪湖、金色洪湖”的目标定位，在全体党员中开展“带头传承红色基因、带头保护绿色家园、带头开创金色产业”主题活动。洪湖市现有基层党组织 1847 个，党员 4.35 万人。2018 年，洪湖市投入 1 亿多元，实施不达标党员群众服务中心“清零”工程，新建、改扩建 120 个村级阵地，全面完成提档升级任务。在“带头传承红色基因、带头保护绿色家园、带头开创金色产业”主题活动中，各级基层党组织积极响应，组织党员成立红色“三带”党员志愿服务队，党员干部带动无职党员，有计划地开展植树护绿、清洁家园、禁烧秸秆、清理河湖、“拆围”动员等工作，实现了村内无白色垃圾、坡渠无杂草丛生、沟渠无污水横溢、死角无存量垃圾的“四无”目标。

（三）民生为本，还湖于民

2017 年中央环保督察反馈意见指出：近年来，湖北省虽然加大了湖泊保护力度，但填湖占湖尚未完全遏制，一些湖泊仍在以围垸—养殖—种植—填占的方式被蚕食。治湖非一日之功，荆州市委、市政府成立全市退垸还湖还湿专项战役指挥部，洪湖、监利党委、政府主动作为，扛牢生态治理属地责任，一体化系统推进洪湖拆围治理工作，统筹推进渔民上岸，实现了从点到面、由水下到岸上、从单一治理到联合共治的整体推进。

组建专班，高位推进。洪湖市委、市政府成立了以市长任组长的洪湖市大湖“拆围”工作领导小组，镇（乡）、村（场）也相应成立了以行政“一把手”为组长的工作专班，市、镇（乡）、村（场）层层签订了责任状，按照“拆围务尽”的工作目标，确保围网全部拆除，一亩不留；渔民及其他各类生产生活设施全部撤离，一户不漏。

深入调研，制定方案。工作专班深入湖区、村组、渔民户调研，掌握第一手资料。组织召开沿湖乡镇干部、群众代表座谈会，了解实际情况和思想动态及诉求。在此基础上，制定了洪湖“拆围”实施方案和维稳工作方案。

广泛动员，宣传政策。2016 年 9 月，洪湖市组织开展了为期一个月的宣传动员活动，利用电视、广播村村通、公告、简报、横幅、宣传车（船）等多种形式开展宣传动员，采取巡回播放、上门发动、政策解读、渔民座谈会、接访等多种形式，将政策宣传到位，做到家喻户晓，人人皆知。

锁定对象，签订协议。各级工作专班及时摸底排查，锁定“拆围”面积和“拆围”对象，并严格按照时间节点与“拆围”对象签订了协议。在签订协议时，协调解决户主的确定和相互承租转包问题。

制定政策，严格奖惩。对政策安置面积的围网设施按照200元/亩的标准，给予围网设施补偿；2016年12月15日前自行拆除并验收合格的，按照围网长度，以15元/米的标准，给予人工拆除补助。对非安置面积的围网设施，不予补偿；为激励乡镇、村场和渔民自行“拆围”，制定了奖励办法，分两个时间节点（即11月20日和12月15日）分别对单位和个人给予适当奖励，有效提高了干部群众“拆围”的积极性。

严格标准，检查验收。为确保“拆围”质量，洪湖市拆围办制定了6项严格验收标准，自2016年11月21日起，市拆围办成立了2个验收小组，深入“拆围”现场进行验收。严格按照“四无”（即无楠竹、无网片、无断桩、无“迷魂阵”）要求验收结账。

严格管理，资金直达。此项“拆围”只对围网设施补偿和拆除人工费补助，不对围网面积补偿，资金来源从省财政安排的地方债券中解决，按照时间节点，按照拆除一批、验收一批、兑现一批的工作方法，洪湖市拆围办先后分九批报账，已兑现大湖“拆围”专项资金3674余万元，做到分户发卡，资金直达，深受渔民欢迎。

（四）转型发展，安居乐业

在洪湖湖面上，一艘船就代表一个家。荆州市为巩固“拆围”成果，从根本上杜绝“拆后又围”的现象发生，坚持“易地扶贫搬迁为基础、扶持就业创业为方向、健全社会保障为底线”的思路，将以湖为家的贫困渔民纳入易地搬迁范围，同步推进其他渔民搬迁。各级工作专班倾注感情，数千名党员和干部组成上百个工作专班，走进近千户渔民家里做动员工作，想渔民所想，尽最大努力解决渔民实际困难。教育和引导渔民树立长远观念、生态观念、大局观念，自觉参与、配合工作，基本实现了“一套住房、一份保障、一份工作”的目标，渔民们从此告别了“水上漂泊”生活，没有发生一起集体上访和群体性事件。

一套住房。在住房问题上，根据渔民自愿，通过自建、统建、自购等方式，由渔民根据自身条件自主选择安置方式。

一份保障。根据渔民实际，按照“一次锁定，到龄即补”的办法，对60岁以上以船为家的渔民按城镇居民最低生活保障标准发放生活补贴，同时核发渔民座船换房资金及搬迁费、过渡期生活补助、租房补贴，渔民基本医疗保险、补充大病医疗保险、教育补贴、免费就业培训四项待遇得到落实，资金通过“一卡通”直达渔民账户，较好地解决了渔民的后顾之忧。

一份工作。近年来，实施“六个一批”计划，即以驻外劳务机构为纽带，实现外出就业一批；以市内企业为主渠道实现就近就业一批；以电子商务为平台，实现居家灵活就业一批；以水产养殖专业合作社为基地，实现租鱼池养殖就业一批；以公益性岗位兜底作保障安置一批；以就业培训定点机构为依托，组织上岸渔民参加免费就业技能培训，实现技能就业一批。已帮助上岸渔民实现就业创业 1850 人次，其中本地就业 1320 人，公益性岗位安置 218 人，外出就业 530 人。参加免费就业培训 429 人，易地扶贫搬迁对象零就业家庭全部清零，确保了每一户有一人就业创业。和洪湖市一样，监利市聚焦“搬得出、稳得住、能致富”目标，坚持“挪穷窝”与“换穷业”并举，帮助 309 户 985 名渔民解决住房问题，同时，下大力气解决渔民转产就业问题。

（五）系统修复，涵养功能

“十三五”期间，洪湖水域拆除围栏、围网设施 18.7 万亩，珍珠养殖 1.05 万亩。为保证“拆围”质量，地方政府专门组织对洪湖公共水域的断桩、残网进行拉网式清理，累计清理断桩 482.9 万根、沉网 357.8 万米、沉船 200 多条、趸鱼网箱 226 个，清理源头河段水花生、水葫芦等水草 2150 万平方米，完成了“不留一张网片，不剩一根楠竹”的目标。

洪湖大湖规划退垸 11.58 万亩。按照“三年退垸，两年退人，五年完成”的工作总目标，集中抽调 450 名国家干部组成 18 个专班脱产进驻湖区，洪湖市委、市政府主要负责同志每周调度退垸还湖工作，对退垸还湖还湿进行挂图作战，定期调度，定期通报。洪湖市已完成退垸面积 12.57 万亩，超规划退垸面积 0.99 万亩。

洪湖市始终把禁捕退捕作为一项重要政治任务，全力清船、清网、清江、清湖。已完成收购拆解生产交通船 13130 艘，将 10 个沿湖哨卡接入天网工程，转为“禁捕智慧哨所”，实现远程监控、快速打击，共收缴违规渔具 3057 余部（条）、非法船只 112 艘，刑事打击处理 75 人，摧毁犯罪团伙 2 个。严厉打击各类“湖鲜、河鲜”收售行为，彻底斩断市场销售产业链，禁捕退捕取得阶段性成效。

按照“八个坚决”“五个全面”治理措施，实施洪湖最美河湖岸线整治工程；完成长江、大湖、洪排河等退渔退耕 12 万亩（新增汤山湖、杨柳湖）。同步推进“四个三”重大生态工程建设，完成乡镇生活污水厂新建改造和配套管网建设工程并达标运行，二期项目正在建设中；“乡镇垃圾清运一体化项目”建成并运行；农村厕改超额完成省定任务。将沿湖各乡镇、村场社区纳入美丽乡村建设和农村人居环境整治的重点，全面改善沿湖地区人居环境。

洪湖市扎实履行省洪湖联席会议确定的各项任务，重大事项及时与监利市沟通，向荆州市委、市政府报告，全力支持和配合洪湖湿地管理部门开展常态化巡湖执法、联合办案。坚决落实省河湖长令，建立了由市长任湖长、一名常委同志负责、7 名乡镇湖长组成的湖长体系，配备了 193 名大湖护湖员，配套设立“河湖警长”，实现了管护保洁常态化。市委、市政府每季度对沿湖 6 个乡镇、41 个村场湖长制落实情况进行检查，对责任落实情况不定期督查问责，形成了规范有序、齐抓共管的工作落实机制。

（六）发挥优势，绿色发展

荆州市委、市政府摒弃了“先发展，后治理”的老路，不断在发展和环境保护之间找平衡点，一方面，加强对自然资源的保护力度，切实做好退耕还湖工作，真正做到禁渔期不捕鱼；另一方面，发展绿色农业、生态农业，推进“两型”社会建设，促进人与自然的和谐发展，建设美丽洪湖。

国务院《关于加快推进生态文明建设的意见》颁布后，出台了《生态文明体制改革总体方案》，明确了旅游产业是破解生态文明难题的钥匙，这对于生态优势明显的洪湖是一个发展机遇。洪湖凭借得天独厚的湿地生态优势，经过数十年的发展，已获得“中国优秀旅游城市创建单位”“全国休闲农业和乡村旅游示范市（县）”“灵秀湖北十大旅游新秀”等荣誉。

2021 年 12 月 28 日，秉承创新、协调、绿色、开放、共享的新发展理念，洪湖市制定发布《洪湖市旅游产业发展“十四五”规划》，将生态康养旅游作为“十四五”洪湖旅游发展的主攻方向，稳步推进旅游品牌产品化、产业化。

洪湖是湘鄂西革命老区。新时代新形势下，荆州市委、市政府将结合湖北省第十二次党代会作出的建设全国构建新发展格局先行区的战略定位，做好开发红色资源、助推振兴老区、振兴发展的大文章：一是提高思想站位，做好荆州革命文物遗址遗迹的保护与利用工作；二是借力文化强省建设的东风，整合利用荆州的文化资源，奏响文化强市的时代强音；三是着眼传承和弘扬湘鄂西革命精神，激励新时代荆州干部群众为建设先行区奋力拼搏。未来 5 年，荆州市将推动创建国家级生态文明建设示范区，将旅游业作为生态经济发展的引擎产业，依托大湖观光、大湖休闲、大湖度假与客源市场充分对接做强生态水产，充分发挥旅游业的引擎、先行和带动作用，使旅游业成为实施重大战略的新抓手。

三、经验启示

在湖北省委、省政府领导下，荆州市牢记谆谆嘱托，始终把生态修复摆在压倒性位置，全面做好生态修复、环境保护、绿色发展"三篇文章"，加快打造长江大保护荆州示范带，建设生态文明先行示范区；积极践行新发展理念，拓展"两山"转化通道，深入开展沿江岸线整治、生态修复、城乡生活污水治理等长江大保护"十大标志性战役"和长江经济带绿色发展"十大战略性举措"，努力实现从"靠江吃江"到"靠江护江"，树立起守护"一江清水东流"的荆州担当，成功创建全国绿化模范城市和湖北省森林城市，获批全国第二批生态文明先行示范区创建城市，跻身生态文明建设"国家方阵"。

荆州市通过洪湖生态治理的成功实践，在打造"万里长江、美在荆江"新画卷征程和战役中，把握了历史逻辑和自然规律，积累了宝贵经验，探索了治理新路径。

（一）始终坚持党对生态文明建设的全面领导

深刻领悟"两个确立"的决定性意义，增强"四个意识"，坚定"四个自信"，做到"两个维护"，不折不扣抓好党中央决策部署的贯彻落实，当好生态卫士。

（二）始终坚持新发展理念

协调好生态修复、环境保护、绿色发展三者关系，坚持以人民为中心，让良好的生态环境成为最普惠的民生福祉，实现人民群众对美好环境的向往，提供更多优质生态产品，让人民过上高品质生活。

（三）始终坚持系统谋划、整体推进

从长江流域系统性和生态系统整体性出发，正确把握整体推进和重点突破

的关系，从“谋一域”到“谋全局”，变“被动性”为“能动性”，坚持精准治污、科学治污、依法治污，以更高标准打好蓝天、碧水、净土保卫战。

（四）始终坚持以党建引领基层治理

强化各级党组织政治责任，不断提升各级党组织的凝聚力、号召力，持之以恒夯实基层基础，深入推进党建引领基层治理，从严抓实管党治党的主体责任和基层党建各项工作，不断开创基层党建新局面。

今天的洪湖，已成为湖泊湿地环境恢复的典范。其湿地保护和功能恢复受到国际国内广泛关注和高度评价，被世界生命湖泊大会授予“世界生命湖泊最佳保护实践奖”，并被国家林业局、世界自然基金会授予“长江流域优秀保护区”称号。实践充分证明，良好的生态环境是最大的发展优势和宝贵财富，长江是中华民族的母亲河，推动长江经济带发展是党中央作出的重大决策，是关系国家发展全局的重大战略。不负绿水青山，方得金山银山。荆州将牢记谆谆嘱托，不负殷殷期望，高水平开展长江大保护工作，让美丽荆州、绿色崛起成为荆州高质量发展的重要底色，让一江清水永续东流！

【思考题】

1. 生态修复、环境保护、绿色发展的内涵是什么？
2. 如何实现长江经济带转型发展与群众安居乐业的结合？

孝昌县建设垃圾焚烧发电项目的探索和启示

中共孝昌县委党校　刘智来　黄雅琼　夏　婷

【引言】 2022 年 10 月 16 日，习近平总书记在党的二十大报告中强调："尊重自然、顺应自然、保护自然，是全面建设社会主义现代化国家的内在要求。必须牢固树立和践行绿水青山就是金山银山的理念，站在人与自然和谐共生的高度谋划发展。"①

【摘要】 随着城镇化进程的加快和人民生活水平的提高，"垃圾围城"成了城市发展的堵点和痛点。生活垃圾焚烧发电作为新兴的垃圾处理方式，能够有效实现垃圾的减量化、资源化和无害化。孝昌县垃圾焚烧发电项目是改善城乡生态环境、建设美丽宜居孝昌的一次有益尝试。县委、县政府高度重视，成立了项目专班，采取了 PPP 模式，实现高起点建设、高标准管理、高质量推进，有效地克服了"邻避困境"，在项目建设和运营过程中达成"无上访、无闹事、无纠纷"的"三无"目标，建成了精品工程、民生工程、示范工程，实现社会效益、经济效益和生态效益"三赢"格局。

【关键词】 环境保护；垃圾焚烧；绿色发展

一、背景情况

孝昌县是湖北省孝感市下辖县，位于湖北省东北部，地处大别山南麓、江汉平原北部，总面积 1217 平方千米，总人口 67 万。孝昌境内资源丰富，探明的矿藏有 18 种，有凤凰山茶、太子米等为代表的众多土特产以及双峰山、观音

---

①《高举中国特色社会主义伟大旗帜 为全面建设社会主义现代化国家而团结奋斗——在中国共产党第二十次全国代表大会上的报告》，人民出版社 2022 年版，第 49 ～ 50 页。

湖等旅游资源。

随着孝昌县城镇化进程的加快和人民生活水平的提高，“垃圾围城”的问题也成了城市发展的绊脚石。此前，孝昌县仅有1处垃圾填埋场位，即孝昌县生活垃圾填埋场。总占地面积200亩，设计库容156.3万立方米，设计使用年限17年，采取卫生填埋无害化处理方式，日处理垃圾190吨。2013年7月开始投运。自2017年1月起，孝昌县城区以及约三分之一的乡镇生活垃圾收运进入垃圾处理场，进场垃圾平均每天约为380吨。随着日产垃圾量的增加和城市快速扩张，垃圾填埋场库容量严重不足，使用年限将缩短到4年。此外，垃圾填埋场在周边居民眼中是名副其实的“垃圾山”：无处不在的异味、肆虐的蚊蝇、潜在的污染隐忧……这一切都成为周边居民的心中之痛。乡镇的垃圾处理也是难题，无组织乱堆、乱放、乱烧，严重影响了周边生产生活环境，与美丽乡村建设格格不入。相比《孝昌县城市总体规划（2012—2030年）》提出的建设生态良好、富有特色的中部山水城市总体目标，显然，这样的垃圾处理方式与孝昌文明形象并不相配。同时，“垃圾围城”导致的土地侵占、环境污染、资源浪费与满足人民群众日益增长的优美生态环境需求背道而驰，生活垃圾处置新途径的解决日益紧迫。

传统的原生垃圾填埋模式已不能满足孝昌县可持续发展的需要，实现垃圾处理产业可持续发展才是孝昌县生活垃圾处理唯一的出路。2017年6月，湖北省发改委、省住建厅联合印发了《湖北省“十三五”城镇生活垃圾无害化处理设施建设规划的通知》，要求加快推进生活垃圾无害化处理设施建设，合理布局生活垃圾处理设施，孝昌县委、县政府审慎决策，决定采用PPP模式建设生活垃圾焚烧发电项目。

二、主要做法

孝昌县生活垃圾焚烧发电项目由中国光大环境（集团）有限公司与孝昌县政府采用PPP合作经营模式投资建设，坐落于湖北省孝昌县季店乡黄家湾附近，垃圾填埋场南侧，占地面积79.35亩，项目总投资4.2亿元，项目规模为日处理生活垃圾600吨，年处理生活垃圾21.9万吨，配置2×300吨/天机械炉排炉焚烧线，配套建设2×23.90吨/天中温次高压余热锅炉和1×12兆瓦凝汽式汽轮发电机组，配套建设垃圾渗滤液处理站及冷却塔等辅助设施，年上网电量6990

万千瓦时。项目于 2019 年 6 月 28 日开工，2020 年 11 月 23 日并网运行。

（一）主动作为，破解“邻避效应”

垃圾焚烧发电项目选址临近孝昌县生活垃圾填埋场，该厂存在垃圾露天堆放、异味明显、垃圾焚烧工艺落后等技术和管理问题，对周边环境产生了负面影响，加重了项目的“邻避效应”。孝昌县垃圾焚烧发电项目筹建初始，当地群众对垃圾焚烧发电项目普遍存在担忧和顾虑。对此，县乡两级政府认真谋划、精心组织，克服困难，合力推进，不仅在项目建设过程中实现了“三无”目标（无上访、无投诉、无闹事），而且通过与企业通力合作打造项目园区，变“邻避”为“邻利”。

1. 深层次调研，摸清“邻避”原因

为了推动项目顺利进行，深入了解群众的担忧和顾虑，孝昌县政府组织专班进行了深入调研。调查结果显示：68.25% 的被调查村民最为关心的问题是“污染排放超标”，19.04% 的被调查村民最为关心的问题是“运营安全事故”。通过进一步的走访和梳理其他城市经验，分析“邻避”项目滋生的反对情况，主要源于信息公开不及时、决策过程不透明、建设手续不完备、科学宣传不到位等情况。于是，孝昌县充分尊重社会公众的知情权，在环评过程中在孝感日报、县政府网站、村湾周边进行了 3 次公示，提高公众知晓率。

2. 全方位宣传，提升公众认知

恐惧源于未知，消除群众顾虑最好的办法就是提升公众对垃圾焚烧发电项目的认知。孝昌县成立项目宣传教育专班，充分利用电视、广播、网络、微信、微博等各类媒体广泛开展垃圾处理知识科普宣传，组织“走出去亲身体会、引进来答疑解惑”等宣传教育活动。

开展“沉浸式”体验。在项目建设前期，孝昌县政府先后 7 次组织项目周边 3 个乡镇 12 个村的村民代表、县直相关单位、县乡人大代表、政协委员共计 270 余人，到南京、吴江、常州等地考察学习垃圾发电项目，亲临项目现场实地感受。通过“沉浸式”体验，让公众眼见为实，颠覆了公众对垃圾焚烧发电项目“脏、乱、差”的传统认识，减少了公众对垃圾焚烧发电项目的抵触心理。

开展“多渠道”宣传。在考察过程中，多次邀请县电视台跟踪现场报道，并对群众代表、人大代表、政协委员进行了现场访谈，制作考察学习、生活垃圾焚烧发电科普知识专题片在县电视台进行了为期 1 个月的巡回播放，取得了较好的宣传效果。同时，印制了科普宣传手册5000余份，发放到周边10多个村的群众手中。此外，在项目现场制作了一批标志宣传牌和1个大型公益广告牌。

开展“面对面”释疑。为了进一步做细群众工作，季店乡政府牵头，组织专班利用中午、晚上等时间，逐村逐户进行走访宣传，及时了解村民思想动态，面对面释疑解惑，做实做细解释说服工作。同时，专班人员主动作为，不仅重点走访了老干部、老党员和村“四有人士”，还多次赴武汉到云南，不计路程、不厌其烦做好外出务工经商人员思想工作。

通过多样化的宣传，有效消除了群众疑虑。在社会稳定风险评估调查座谈过程中，村民说，如果孝昌的垃圾焚烧发电厂也按考察这样的标准建设，我们举双手赞成。在项目周边发放调查问卷100份，被调查的村民均表示支持该项目建设。

3. 多措施惠民，增进民生福祉

让群众有充足的获得感，好事才能最终办好。孝昌县垃圾焚烧发电项目在建设运营过程中，综合考虑当地村民等不同主体的利益需求，通过增加就业机会、村企共建等活动，积极打造“政—企—民”利益共同体，实现了与所在村及居民和谐共存、和谐发展的目标。

项目建设前，积极与周边村民进行交流互动，结合实际需求为村民提供就业机会。项目建成以来，政府与企业协同推进，建立多维度“政—企—民”信息沟通渠道与机制。中国光大环境（集团）有限公司加强与厂区周边居民联动，出资修路为项目周边百姓出行提供便利，资助改善周边村湾公共基础设施，实现项目公司与周居民和谐相处。中国光大环境（集团）有限公司与周边村湾开展共建活动，充分利用生产用水管道保障村民灌溉用水，对村公用事业予以适当支持。中国光大环境（集团）有限公司在厂区周边进行了约20亩的园林绿化，改善了周边生态环境，助力美丽乡村建设。通过一系列的惠民措施，使周边村民真正享受到政策帮扶和产业发展带来的红利，并且积极参与其中，热心支持企业发展，形成政府、企业、村民联手共建美丽乡村的和谐景象。

（二）政企协同，促进互利互惠

1. 创新融资模式，实现借力发展

孝昌县垃圾焚烧发电项目是通过孝昌县政府授权，采用建设—运营—移交（BOT）运作模式，由中国光大环境（集团）有限公司投资、建设和运营管理，项目特许经营期30年。特许经营期满，对项目设施设备进行恢复性大修后，将项目资产及相关资料无偿移交给孝昌县政府。项目初始投资3.4825亿元，项目资本来源于PPP项目公司注册资本，PPP项目公司注册资本为1.4061亿元，约占投资的40%，剩余部分由项目公司通过银行贷款方式筹集。

党的十八届三中全会提出“允许社会资本通过特许经营等方式参与城市基础设施投资和运营”，2014年10月发布《国务院关于加强地方政府性债务管理的意见》再次强调“剥离融资平台公司政府融资职能”，并且首次提出“融资平台公司不得新增政府债务”。面对地方城镇化建设对基础设施建设的需要与国家收紧地方政府债务规模之间的矛盾，该意见给出解决问题的办法是推广使用政府与社会资本合作模式，鼓励社会资本通过特许经营等方式，参与城市基础设施等有一定收益的公益性事业投资和运营。

孝昌县属于后发地区，经济基础比较薄弱，垃圾焚烧发电项目建设投资巨大，对地方财政带来较大的资金压力。在当前国家宏观调控的形势下，常规银团贷款融资方式受限，地方融资平台的融资能力下降。通过市场化运作，可在一定程度上弥补项目建设资金缺口，完善垃圾焚烧发电项目建设。通过采用PPP模式合作，一方面能够有效降低财政负担，拓宽项目融资渠道，为项目提供更多的资金来源，降低政府债务风险；另一方面中国光大环境（集团）有限公司中标后为垃圾无害化处理产业带来先进的处理技术，提高处理标准和处理达标率，实现资源的优化配置和高效利用。

2. 优化营商环境，护航企业发展

孝昌县政府积极当好“店小二”，夯实工作责任，强化协调调度，形成工作合力，主动靠前服务，积极协调解决项目建设过程中的各类困难和难题，精准服务项目建设，项目进展十分顺利，缩短了项目建设周期。

为了加快项目落地，在项目前期，牵头项目各参与方厘清程序，倒排时序，紧密衔接，各环节严格按照规定要求推进工作落实。县政法委牵头组织召开项目区周边村群众大会，开展扫黑除恶专项斗争，对潜在的借机捞好处、强揽强卖违法行为人员进行摸排，实时敲打震慑。县住建局牵头项目专班高效落实，确保了项目“两报告一方案”和社会资本招标采购等各环节合法合规，并且仅用时5个月，完成PPP项目招投标。同时主动上门服务，实时跟踪项目最新进展，积极协调项目立项审批、不动产权证、建设用地规划许可证、建设工程规划许可证、环评审批、施工许可证等手续办理。

为了抢抓工期、保证质量，项目专班驻守在工地，主动询问项目困难，实时服务企业，全方位帮助解决施工方建设中遇到的难点和堵点。2020年春节后受疫情影响复工延期，为将疫情影响降到最低限度，孝昌县政府迅速协调中国光大环境（集团）有限公司成立项目防疫小组，编制防控方案和应急预案，做好消毒、防疫物资准备等工作，设置了隔离区、防疫监测点，于3月18日正式复工，成为孝昌县第一批开工复工项目。受疫情期间交通管控影响，该公司不少员工无法第一时间返岗，前期只有20多人到岗，孝昌县政府积极主动协调相关手续，进行返孝申请书的审批、审核，点对点接送项目管理人员和施工人员共463人。同时，督促该项目坚持疫情防控和安全生产两手抓两手硬，实行封闭管理，加强员工返岗、进出、住宿、餐饮、上岗的全过程防疫管理。

为了保障安全有序运营，孝昌县围绕“安商”“暖商”“护商”，县住建局派出专班常年驻企，全程提供保姆式服务。县生态环境局、县应急局等部门通过“三问一承诺”走访活动，向企业问计问需问效，承诺有呼必应、无事不扰，定期开展“双随机、一公开”监管，营造了公平竞争的市场环境和法治化、便利化的营商环境。

3. 传播生态文明，促进永续发展

项目在建设初期就设计了公众观摩的基础设施，将工厂风貌、垃圾焚烧知识、工厂生产过程、工人工作场景展现给公众，增进了公众对垃圾处理设施的了解，让大家了解如何让垃圾“变废为宝”，使工厂成为一座特色的环境教育基地和独特的工业旅游景点。

为直观形象地向参观者展示项目情况，项目公司精心设计了参观路线，打造了专门的参观通道。厂区大门设有沙盘模型，便于全面了解整改项目。参观者进入后，首先接受安全教育和观看宣传片；走过参观走廊，两侧墙上是工艺流程及设备图，通过大幅玻璃窗可以更好地看到核心设备的工作状态；中控室大屏显示设备运行数据，满足参观者的探求欲与好奇心。

目前，孝昌县垃圾焚烧发电处理厂已成为孝昌县传播绿色环保低碳生活理念的重要教学基地。自投入运营以来，共接待47场次2100余人。

（三）技术创新，发展循环经济

本项目从运输到堆放、焚烧以及循环再利用各个环节都利用先进科技条件进行低碳处理、绿色生产、负碳排放，保护环境的同时，实现了变废为宝，为垃圾注入了新的“魔力”。

1. 高标准建设，打造花园式工厂

孝昌县垃圾焚烧发电项目建设及运营中，坚持做到四个“经得起”：经得“看”，打造美观和谐的花园式工厂；经得起“闻”，通过严格的运营管理避免有味有害气体；经得起“听”，用科学方法避免噪声扰民；经得起“测”，用环保技术创新树立行业高标准。

生活垃圾装卸及运输系统、贮存设施、渗滤液收集和处理设施采取负压运行，并积极引进垃圾仓除臭新工艺、新技术，确保臭气不外逸，整个厂区闻不到一丝异味。该项目建设过程中，坚持实施“硬化、绿化、美化”工程，对闲置场地能绿化的绿化，不能绿化的进行硬化，对厂房等墙面进行美化，特别是烟囱，采用中国光大环境（集团）有限公司标志性的钟楼造型，形成厂在林中、林在厂中、路在绿中，人在景中的生态格局。

2. 严要求排放，实现全过程减碳

中国光大环境（集团）有限公司通过不断地创新工艺，严格控制排放标准，进一步消减甲烷排放、提高回收利用水平，实现了全过程的减碳。

该项目均采用国际先进成熟、业绩最为丰富的机械炉排炉，烟气净化方式采用“SNCR炉内脱硝+半干法脱酸+干法脱酸+活性炭吸附+布袋除尘”工艺，吸附二噁英、重金属等物质，确保烟气污染物达到《欧盟工业排放指令》的排放标准，确保项目工作人员与周边居民的生活空气质量不受影响。

以主动防渗措施为主，被动防渗措施为辅，人工防渗措施和自然防渗条件保护相结合，从源头上控制对地下水的污染。同时经过“生物接触氧化+石英砂过滤+活性炭过滤”工艺处理，实现污水全回用、零排放。

通过高温焚烧后产生的炉渣，仅占焚烧前垃圾重量的20%左右，实现了垃圾的减量化。飞灰经厂内螯合固化后送至孝昌县固废填埋场填埋，炉渣进行资源综合化利用，实现垃圾处理的无害化、减量化。

3. 可循环加工，实现资源化利用

废水循环加工。废水污染防治按照“清污分流、雨污分流”原则，垃圾渗滤液、清洗废水等废水送至厂内渗滤液处理站，处理后的水质可满足城市绿化用水水质要求，用于厂内生产、厂区绿化、道路洒水等循环使用。

垃圾循环发电。该项目建设规模为日焚烧处理生活垃圾600吨，通过高温焚烧，由此产生热能转化为高温蒸气，推动涡轮机转动，使发电机产生电能，年发电约为 8165 万千瓦时。

滤渣回收利用。生活垃圾产生的焚烧炉渣，其物理化学和工程性质与混凝土骨料相似，化学性质稳定、密度低、吸水率大、孔隙度高等优点是良好的建筑材料，可用于制砖、铺路等原料。目前，生活垃圾焚烧发电项目产生的炉渣用于旁边的中立新型材料厂的环保砖生产。

（四）齐抓共管，提升项目质效

面对新冠肺炎的不良影响，孝昌县垃圾焚烧项目仅用一年半的时间建成并投入使用。“垃圾焚烧发电项目关系到孝昌人民绿色生活的福祉，千方百计也要按期点火！”实现这一目标愿景、做实这一民生实事，相关部门单位协同发力，缩短了工期，跑出了加速度。

1. 完善组织架构，以“破壁垒”促协同推进

孝昌县委、县政府高度重视，完善了组织架构，打破了部门壁垒，打通了系统条块，协调推进落实。成立了以县委副书记、县政府县长任指挥长，县住建局等 20 余个部门主要负责人为成员的项目指挥部，指挥部下设办公室和 4 个工作专班，各个工作专班从相关部门抽调人员集中办公；实行“四大家”领导负责制，四大家领导各负其责，协同推进项目建设；形成了县乡村三级联动格局，季店乡党委书记任县项目指挥部副指挥长，乡党委副书记、政府乡长为指挥部成员。同时，季店乡集中乡直部门负责人及项目周边村“两委”为主要成员的项目攻坚专班，开展协调工作。各相关单位也成立“主要负责人 + 分管领导 +2 名业务骨干”的项目工作小组，形成了党政一把手亲自抓，县乡村上下联动、各部门齐抓共管的格局。

2. 强化安排部署，以“钉钉子”促扎实推动

在工作推进过程中充分重视各部门意见，既明确部门责任，又支持放手相关部门在党委、政府带领下各尽其能，各显神通，有力保障工作科学有序开展。

建立了专题协调会机制，县委常委会会议、县政府常务会议定期听取改革工作情况汇报，研究部署、协调解决重大问题；建立了每周例会沟通协调制度，指挥部每周召开例会，对任务进展情况进行动态掌握，及时协调解决存在问题；建立了分级落实机制，相关单位对照工作任务，制定了详细的工作计划和任务清单，将项目的前期工作、工程建设等任务层层分解，责任到人、量化到天，倒排工期、挂图作战，严格按照时间节点；建立了常态化督办检查机制，加强对项

目开展情况的检查督办，督关键问题、督时间进度督工作效果，对各相关单位的工作开展情况实行一日一通报。对认识不到位措施不得力、成效不明显，以及推诿扯皮、行动迟缓的给予通报批评。

3. 发挥党建引领，以“扬党性”促项目落地

充分发挥基层党组织的战斗堡垒作用和引领力、凝聚力、战斗力，发挥党员的先锋模范作用。在项目前期宣传过程中，发挥党员引导作用，发动党员干部进入项目所在的社区、村户，通过个别谈话、走访慰问等形式，摸清村民思想动态及村干部真实想法，及时协调解决工作推进中遇到的困难和阻碍。在项目过程中，党员干部冲锋在前，在急、难、险、重任务面前保证关键岗位有党员领着、关键工序有党员盯着、关键环节有党员把着、关键时刻有党员撑着，充分发挥党员先锋队在项目建设中的主力军和生力军作用。

三、经验启示

孝昌县坚持践行习近平生态文明思想，充分引入社会力量开展生态环境治理，发展可持续经济，实现产业转型。孝昌县垃圾焚烧发电项目成功落地建成过程中体现的工作思路及具体做法给政府部门和企业很多启迪，是接地气、可参考、可复制的经验样本。

1. 加快发展方式绿色转型，是建设垃圾焚烧发电项目实现绿色发展之魂

生态文明建设是中华民族永续发展的千年大计。生活垃圾是当代社会的城市之痛、民生之忧，不仅是当代人的生存发展问题，更关乎子孙后代的生存环境、土地利用甚至是生态安全问题，关乎后代人的长足利益。孝昌县坚持践行习近平生态文明思想，统筹产业结构调整、污染治理、生态保护、应对气候变化，准确把握垃圾处理模式变革趋势，在全市率先启动生活垃圾焚烧发电项目，进一步擦亮孝昌绿色发展的亮丽名片。

垃圾焚烧发电项目提高了城乡垃圾处理水平，实现了垃圾的减量化、资源化和无害化，促进了环保产业优化升级，夯实了绿色发展基础，改善城乡生态环境。在经济发展的同时坚持环境优化战略，大力发展循环经济，实行排污总量控制，开发和推广治理污染的先进技术，强化环境基础设施建设，强化生态，节约资源能源，为建设人与自然和谐共生的现代化作出贡献。

2. 坚持以人民为中心的发展思想，是建设垃圾焚烧发电项目实现绿色发展之本

“江山就是人民，人民就是江山”，良好的环境是中国共产党全面提升人民群众的获得感、幸福感和安全感的重要组成部分。独木不成林，没有人民群众的理解和支持、没有民意调查立足解决民众最根本需求、没有群众提出各种意见和建议，单靠政府和企业很难把环保工程建设好、运营好，发挥好它最大的经济效益和社会效益。

垃圾焚烧发电厂的建设及运营始终坚持了以人民为中心的根本立场，充分尊重群众的合理诉求，维护群众的切身利益，对群众关心的环境问题逐条梳理、逐条解决，消除群众的抵触情绪和安全顾虑，广泛征求群众的意见建议，有效降低公众因“邻避效应”所产生的疑虑。通过与群众面对面的沟通、心贴心的交流、实打实的服务，不断提升群众的获得感和满意度。孝昌县生活垃圾焚烧项目成功之处就在于凝聚群众共识，政府、企业、居民能够同心合力，真正把民生项目做到老百姓心坎里去了。

3. 坚持改革创新赋能高质量发展，是建设垃圾焚烧发电项目实现绿色发展之基

改革不仅能推动问题的妥善解决，还会在解决过程中发现、培育出新的增长点，实现绿色发展必须以改革创新为支撑。在推动经济高质量发展需要我们始终坚持运用改革创新的举措，把发展的动力激活，把产业的基础盘活。孝昌县垃圾焚烧处理项目破解“垃圾围城”困境，将垃圾变废为宝，实现了产业转型升级，为孝昌县经济发展注入了新的活力。

大数据时代的来临加快了科技技术创新、商业模式改革的步伐，企业要提高竞争力必须坚持改革创新，凭借不可替代的核心技术，全方位、全流程、科学化、精细化管理，在市场波动中稳住大局。本项目中，中国光大环境（集团）有限公司秉持“企业不仅是物质财富的创造者，更应成为环境与责任的承担者”的核心价值理念，转变增长方式和发展理念，以价值创造为核心，推动发展方式转变、务结构优化、质量效益提升，实现质量、效益、规模协调发展；坚持以“一流的设计、一流的技术、一流的设备、一流的施工、一流的管理”的理念，主体设备自主研发，把核心技术掌握在国人手中，对标欧盟环保排放标准，位于同行业第一梯队，全面领先。

4. 坚持凝心聚力、担当作为，是建设垃圾焚烧发电项目实现绿色发展之要

整合力量是推进工作的有效方法，垃圾焚烧发电项目的迅速落地建成靠某个人、某个部门难以成功，需要运用系统思维，聚集各方面的资源和力量，形成强大合力。孝昌县生活垃圾焚烧发电项目在两年内投产达效，究其原因在于坚持了政府主导，各部门统一思想，凝聚共识，坚定信心、攻坚克难；在调动各方力量，实现县乡村三级联动，各部门协调推进，形成了齐抓共管的局面。

项目的高起点建设、高标准管理、高质量推进离不开党员干部主动担责、自觉履责、尽心尽责。面对项目建设中的种种困难，面对疫情、汛情等不利影响，面对工作中遇到的新情况、新问题，孝昌广大党员干部拿出了抓铁有痕、踏石留印的韧劲，拿出了攻坚克难的气势，发扬了审慎细致的作风，齐抓落实，做到逢山开路、遇水架桥，创造性地破解难题、开展工作。

【思考题】

1. 结合实际谈谈如何化解“邻避效应”，从“邻避”到“邻利”，政府和企业应如何作为？

2. 结合实际谈谈如何处理好经济发展和生态保护的关系，实现生态效益、经济效益、社会效益的互促共赢。

高山小镇变身“白富美”

——湖北巴东县绿葱坡镇践行“两山”理念的启示

中共恩施州委党校　谭云勤

【引言】2019年，习近平总书记在党的十九届四中全会上指出：“生态文明建设是关系中华民族永续发展的千年大计，必须践行绿水青山就是金山银山的理念。”① 湖北巴东县绿葱坡镇践行“两山”理念，以煤产业为主的高山小镇华丽转身变为“白富美”。

【摘要】党的十九大以来，全国各地深入学习贯彻习近平新时代中国特色社会主义思想，积极推进生态文明建设，践行“两山”理念。进入新时代，湖北省巴东县绿葱坡镇开始寻找经济社会发展转型的新路，但一直没有良好的解决方案，到2017年前后，绿葱坡镇发展面临交通优势变劣势、支柱产业遇瓶颈的困境，同时也遇到旅游扶贫战正酣、冰雪运动花正开的发展机遇。巴东县委、县政府践行“两山”理念，抓住绿葱坡资源优势，大力招商引资，成功引进中诚信集团公司发展冰雪经济，让绿葱坡华丽蝶变，成功转型。其主要经验：一是强化思想武装，践行习近平生态文明思想。二是彰显特色优势，找准了绿葱坡发展的定位；三是用好用活政策，找到了绿葱坡发展的正确方向；四是强化招商稳商，妥善处理好了政府与市场的关系；五是狠抓项目落实，州县乡镇聚力攻坚；六是群众大力支持，保证了项目建设环境的稳定。

【关键词】绿葱坡；“两山”理念；启示

①《中共十九届四中全会在京举行》，《人民日报》2019年11月1日。

一、背景情况

党的十八大把生态文明建设纳入“五位一体”总体布局，我国生态文明建设不断推进。同时，坚持绿水青山就是金山银山的“两山”理念也在不断丰富与发展。2013 年，习近平主席在哈萨克斯坦纳扎尔巴耶夫大学发表演讲时，就我国生态环境问题强调指出：“我们既要绿水青山，也要金山银山。宁要绿水青山，不要金山银山，而且绿水青山就是金山银山。我们绝不能以牺牲生态环境为代价换取经济的一时发展。”①2015 年，中共中央政治局审议通过了《关于加快推进生态文明建设的意见》，并将“坚持绿水青山就是金山银山”写入其中，“两山”理念的指导性地位得以确立。2017 年党的十九大报告在论述“坚持人与自然和谐共生”基本方略时，特别强调了“必须树立和践行绿水青山就是金山银山的理念”。党的十九大在修订《中国共产党章程》时将“增强绿水青山就是金山银山的意识”写入总纲。这一系列举措标志着“两山”理念成为中国共产党的重要执政理念之一，“两山”理念成了习近平新时代中国特色社会主义思想的重要内容。

党的十九大以来，全国各地深入学习贯彻习近平新时代中国特色社会主义思想，积极推进生态文明建设，践行“两山”理念。进入新时代，湖北省巴东县绿葱坡镇开始寻找经济社会发展转型的新路，但一直没有良好的解决方案，到 2017 年前后，绿葱坡镇发展的困境更加突出，同时也面临诸多机遇。

（一）交通优势变劣势

绿葱坡镇位于 209 国道上，是巴东县城通往恩施州城必经之地，交通优势明显，为助力乡镇经济社会发展作出了贡献。同时，绿葱坡镇也是通往野三关连接沪渝高速公路、宜万铁路的必经之地。但绿葱坡镇素有“鄂西屋脊”之称，镇址海拔 1822.5 米，全年约三分之二的时间是疾雨横飞，或细雨蒙蒙，或冰封雪冻，或云雾缭绕，有“半年不见天（雾大），半年不见地（雪多）”之说。特别是一到冬季，遇到低温雨雪天气，道路积雪结冰，车辆极其难行，致使交通事故频发。随着沪渝高速和宜万铁路的开通，巴东迎来了千载难逢的发展机遇，

① 《弘扬人民友谊 共同建设“丝绸之路经济带” 习近平在哈萨克斯坦纳扎尔巴耶夫大学发表重要演讲》，《人民日报》2013 年 9 月 8 日。

巴东县委、县政府作出把巴东县城和野三关快速有效连接起来的决定，但绿葱坡冬季冰凌天气成了这一快速连接的难题，因此，巴东县决定改造巴东县城到野三关的道路，绕开绿葱坡。2017 年 12 月 27 日，巴东县城到野三关的改造道路竣工通车，这对巴东县乃至恩施州经济社会发展都具有重大意义，但对绿葱坡镇却是一大损失，失去了交通枢纽地位，交通优势变劣势。

（二）支柱产业遇瓶颈

2017 年以前，绿葱坡镇以煤炭生产为主导产业，最高峰时，该镇有 40 多家煤窑开采生产，“以煤养镇、靠矿吃饭”是当时的真实写照，“黑金”是镇财政收入支柱，黑色是绿葱坡“代表色”。但煤矿产业严重污染了当地环境，煤窑开采还对老百姓房屋安全、人身安全带来隐患。按照生态文明建设和“两山”理念的要求，巴东县必须集中整治全镇所有煤矿，逐步实现全部关停，最终告别“煤时代”。但煤矿关闭后，绿葱坡镇的产业发展何去何从，新的产业替代势在必行。

（三）旅游扶贫战正酣

2017 年前后，恩施州脱贫攻坚如火如荼开展。如何摆脱贫困，各级政府各显神通，其中旅游扶贫成了恩施州脱贫攻坚的重要抓手，开发一个景区，可以带活一方经济，致富一方百姓。比如，恩施大峡谷景区吸纳周边村民近 1500 人就近就业，还带动周边数百户民宿发展，拥有床位千余张，成功带动周边村民脱贫。特别是利川苏马荡充分利用高山独有的气候和良好生态资源优势，大力发展避暑养生度假旅游业，带动村民致富增收成效显著，带动周边上万名村民脱贫致富。绿葱坡镇海拔高，森林资源丰富，气候资源独特，能否抓住旅游扶贫机遇，走出一条发展新路，这正是巴东县委、县政府和绿葱坡镇党委、政府的一道思考题。

（四）冰雪运动花正开

2014 年初，习近平总书记在俄罗斯索契向国际奥委会主席巴赫说，“我们申办冬奥会的最大目的，就是在三亿人中推广普及冰雪运动，推动中国冰雪运动跨越式发展。”①2017年1月，习近平总书记在考察北京冬奥会、冬残奥会筹办工作时强调：“我们申办北京冬奥会，一个重要目的就是推动我国冰雪运动快速进步，推动全民健身广泛开展。”②北京冬奥会申办成功以来，从中央到地方，出台了很多促进冰雪运动发展的政策文件，引领大众冰雪健身的意识不断提升。在冰雪运动“南展西扩东进”和“四季拓展”战略持续实施下，冰雪运动在大江南北呈全面开花之势。绿葱坡镇海拔1800多米，气候资源十分契合冰雪运动条件，离高速和铁路不到一个小时车程，具备运动旅游休闲条件。

二、主要做法

（一）解决方案

在各种困境与机遇的合力作用下，巴东县绿葱坡镇党委、政府结合绿葱坡镇的实际，决定充分利用资源优势，践行“两山”理念，招商引资，开发绿葱坡旅游资源。

绿葱坡转型发展的思路得到恩施州委、州政府及巴东县委、县政府的高度重视，通过多方引介洽谈，中诚信投资集团有限公司有意投资绿葱坡镇旅游资源，拟在巴东县绿葱坡镇投资建设一个华中地区最大的滑雪旅游度假项目，主要围绕户外运动、旅游度假两大主题建设。在雪季，计划推出单板滑雪、雪地摩托、雪地飞碟、滑雪圈、雪上乐园等项目；在非雪季，计划推出山地自行车、迷你高尔夫、徒步、滑水、滑草、滑道、滑翔、攀岩、野外生存、拓展训练、定向越野、山地CS等户外运动项目。

（二）实施过程

1. 项目前期洽谈

经多次调研及评估，中诚信集团决定在恩施州境内投资建设一个华中地区最大的滑雪旅游度假项目。2018年4月4日，中诚信集团董事长毛振华、董事杜兵一行来到巴东县绿葱坡镇，就滑雪场建设项目进行实地考察调研，决定进

① 《冰雪运动助力体育强国、健康中国》，《人民日报》2022年1月28日。

② 《习近平在张家口市考察冬奥会筹办工作：科学制定规划集约利用资源　高质量完成冬奥会筹办工作》，《人民日报》2017年1月24日。

一步加快前期筹备工作，尽快决策，早日促成项目落地。

2. 项目前期准备

巴东县委、县政府高度重视该项目，组织专班，优化审批程序，提高项目推进效率，依据企业列出的项目推进清单，高位推进，并建立县一级联席督办机制，强化统筹协调，及时解决项目推进中的困难，全力以赴推动项目落地开工。

3. 项目协议签订

在巴东县委、县政府的高度重视和中诚信集团绿葱坡滑雪场项目部的合力推动下，2018 年 5 月 22 日，巴东县人民政府与中诚信集团正式签约，总投资约 40 亿元的绿葱坡滑雪及高山运动度假小镇项目成功落地。项目建设内容主要包括在绿葱坡镇投资建设滑雪及高山运动度假小镇，项目占地面积约 4000 亩，其中约 500 亩为滑雪场用地，约 1000 亩为度假康养房建设用地，约 2500 亩为体育及休闲项目用地。总投资约 40 亿元，总建筑面积约 100 万平方米，常住人口约 3 万人，实行统一规划、分期建设，建设周期约 8 年。

4. 项目建设启动

2018 年 5 月 28 日，项目正式启动，巴东县组建了绿葱坡滑雪场及高山运动度假小镇项目协调办。中诚信集团注册成立了恩施绿葱坡旅游开发有限公司，编制规划、地质灾害危险性评估、林地勘察和压覆矿产评估、土地租赁、片区水、电、路等工作及时跟进。通过近 4 个月的通力协作，2018 年 9 月 28 日，巴东县绿葱坡滑雪场项目正式开工。2018 年 12 月 29 日，滑雪场完成 2.5 万平方米初级雪道造雪，进行了试滑体验。短短几个月的时间，在投资方和工作专班及地方党委、政府的共同努力下，实现了当年签约、当年开工、当年试运行的“巴东速度”。2019 年，经过 1 年的紧张施工，滑雪场戏雪区、初级雪道、中级雪道、高级雪道，配有 1 条高速缆车、4 条“魔毯”，可同时容纳 2500 人滑雪的 9 条雪道建成，2019 年 12 月 28 日正式开门迎客。

5. 项目建设现状

2020 年 3 月，项目及时复工，工程项目按期推进，截至目前，滑雪场、雪具大厅、冰雪度假酒店、营地游学教育区、户外运动体验区等一期建设完成；休闲娱乐观光区、完善设施，观光旅游、休闲设施正在全面开发，整体区域正统筹发展。累计完成投资超过 12 亿元。

一期 7 万平方米避暑康养度假区已经全部交付使用，二期 8 万平方米度假区已经全部封顶，目前正在进行室内装修阶段。同时中商超市已开业，8000 平方米的民族文化广场和10000平方米的商业风情街全部完工，并完成了对外招商，餐饮、娱乐、休闲、度假产业入住商业街，大大丰富了度假区的生活业态，满足度假区内人们的生活需求。

（三）实际成效

1. 填补了恩施州冬季旅游的“空白”

作为发展全域的恩施州，旅游旺季集中在春夏秋季节，冬季旅游长期处于“空白”停滞状况。绿葱坡滑雪项目的建成，不但填补了冬季旅游的“空白”，解除了服务设施的“冬眠”状态，而且为春夏秋季的旅游做了前期广告宣传、积蓄势能，从而使恩施州形成冬夏旅游两旺的良好优势，对恩施州打造大旅游新IP以及做好全季节、全地域旅游文章具有重要推动作用。

2. 发挥了旅游扶贫的助推效应

通过走“龙头企业+基地+贫困户”的互利共赢模式，绿葱坡滑雪项目带动了当地贫困户走上发家致富的道路，为绿葱坡打赢脱贫攻坚战作出了贡献。全镇建档立卡脱贫户4083户12874人实现脱贫，9个重点贫困村（含2个深度贫困村）全部脱贫出列，减贫任务全面完成，其中野花坪村、中村村、绿葱坡社区已成为乡村振兴重点建设村。

3. 加快了当地经济发展速度

一是旅游直接收入。2020年滑雪场开业以来在受疫情的冲击影响下，接待游客10万人次，带动全镇经济收入过亿元。如2021年冬季，绿葱坡镇借“第八届全国大众冰雪季启动式”东风，让滑雪场火了起来，共接待游客10余万人次，旅游综合收入9000余万元。又如2022年夏季，武汉、荆州等省内游客就来了3万余人，带来旅游综合收入超6000万元。二是间接带动餐饮业蓬勃发展。从以前十几家农家乐增加到41家，新增就业岗位150余个，其中周边贫困户就业人数超过50人，旅游收入不断提高。三是带动民宿产业发展。从零到有，从有到优，截至2021年已发展民宿50余家。四是带动建筑业发展。随着滑雪场建设带动集镇建设，累计用工数万人次（临时小工），给周边百姓带来了切实可见的收益。五是带动工业发展。滑雪场建设固定资产投资达7.5亿元，带动商品混凝土搅拌站发展，2020年进入规上企业，年产值达2000余万元，带动野花坪石料厂发展，年产值达2000余万元。六是带动周边农业发展，随着流动人口增多，蔬菜水果需求增大，带动社区200亩金果梨种植，农户收入大大增加。

冰雪旅游产业链大大延伸，脱贫攻坚成果得以巩固，农民收入大幅提升，高山小镇绿葱坡正迅速崛起，并带火了周边的旅游景区。

4. 改善了绿葱坡镇人居环境

昔日绿葱坡镇因开采煤炭，造成了地质塌陷、环境破坏、矛盾纠纷频发等问题。如今，绿葱坡镇在滑雪产业的带动下，集镇建设大大改观。集镇整体规划围绕滑雪场展开，基础设施大大改善。原来单一的 209 国道线横穿集镇，现在多条道路通达。总投资 7100.3 万元的田家坪水库总库容 57.44 万立方米，彻底解决绿葱坡滑雪场用水，以及集镇和周边村民生活、生产用水问题。集镇还建成了天然气管道，世代烧煤污染环境的时代一去不复返。绿葱坡镇党委和政府还投资 200 多万元，在滑雪场附近建设了篮球场和网球场，打造绿葱坡体育公园。如今绿葱坡镇冬季滑雪、春季赏花、夏季避暑、秋季采摘，一个集康养、运动、度假、休闲于一体的综合性旅游目的地建成，现正与野三关联合申报省级和国家级旅游度假区，成了名副其实的“白富美”高山小镇，人居环境锦上添花。

三、经验启示

绿葱坡做起“凉”生意，冰雪旅游让高山小镇绿葱坡成功“出圈”，成为践行“冰天雪地也是金山银山”的生动写照，是践行“两山”理念的成功范本，为同类型地域的经济发展转型提供了经验。

（一）思想武装是成功的根本

党的十八大以来，党中央把生态文明建设纳入中国特色社会主义事业“五位一体”的总体布局，这是我们对中国特色社会主义建设规律在实践和认识上不断深化的重要成果。在实践中，我们党对生态文明的认识又不断深化，最终形成了习近平生态文明思想。思想是行动的先导。各级党委、政府必须践行习近平生态文明思想，加强生态文明建设。巴东县绿葱坡镇从崇煤到崇环境，从靠矿到靠气候，从卖资源到卖服务，成功走出了一条转型发展之路，其成功的根本在于践行了习近平生态文明思想，一丝不苟把“两山”理论落到了实处。

（二）彰显特色是成功的关键

因地制宜，挖掘本地特色，才能彰显特色优势。巴东县绿葱坡被誉为“鄂西屋脊”，海拔1600～1800米，夏季平均气温在21℃左右。气候舒适，夏季凉爽。冬寒夏凉，冰雪资源得天独厚。绿葱坡植被丰茂，坐享铁场荒国家森林公园境内，森林覆盖率超90%，负氧离子高达每立方厘米8000个。同时，绿葱坡镇也具有交通区位优势。绿葱坡距县城48千米，距离宜巴高速、郑万高铁58千米，209国道、巴野公路贯穿，紧邻沪渝高速、沪蓉高速、神张高速（在建）。东至武汉，西往重庆，北至郑州、襄阳。距野三关站、建始高坪站、巴东站3座高铁站均1小时车程。对承接华中、华北、华东游客有着独有的优势。巴东县抓住了绿葱坡的特色，利用好了这一特色优势，从而成就了巴东县绿葱坡镇的转型。

（三）用好政策是成功的保障

2016年以来，国家有关部门先后下发许多有关冰雪运动及产业发展的政策文件。2016年10月，国务院办公厅《关于加快发展健身休闲产业的指导意见》强调，以举办2022年冬奥会为契机，结合京津冀协同发展战略，围绕“三亿人上冰雪”的目标，全面发展冰雪产业。2016年11月，国家体育总局等部门联合制定并印发《群众冬季运动推广普及计划》强调大力发展群众冰雪运动，推动冬季群众体育运动开展。同月，国家体育总局、国家发展改革委员会、国家旅游局、教育部印发《冰雪运动发展规划（2016—2025年）》。2016年12月国家体育总局等部门印发《全国冰雪场地设施建设规划（2016—2022年）》，提出以南方地区合理建设为扩展。巴东县绿葱坡镇和中诚信集团公司正是正确把握并抓住了这些国家利好的政策文件，赶上了发展机遇，成功实现转型。

（四）招商稳商是成功的抓手

巴东县委、县政府抢抓“冰雪南移”和北京成功申办2022年冬奥会的机遇，充分利用绿葱坡天然的气候资源，优化营商环境，大力招商引资，这是成功的主抓手。一是立足实际招真商。巴东县委、县政府上下齐心，多措并举，用真心诚心成功招引到了中诚信集团公司这一实力雄厚的企业，实现了一家面向全球的企业和优质山地资源的结合。这一招大商、招优商的策略是绿葱坡实现华丽蝶变的抓手。二是细化服务稳招商。巴东县委、县政府牢固树立“企业家老大”意识，把企业家当自己人，把企业的事当自己的事，当好有呼必应、无事不扰的“店小二”，像呵护自己的眼睛一样呵护营商环境，像办自己的事一样为市场主体服务，全方位、马上办的“保姆式”服务稳住了企业。

（五）狠抓落实是成功的利器

在绿葱坡滑雪项目签约后的一个星期内，巴东县委、县政府就成立了以县长为组长的绿葱坡滑雪及高山运动度假小镇项目协调工作领导小组，抽调专人专事项目推进的协调工作。县直相关部门相应成立了由主要领导或分管领导负责的滑雪及度假项目服务工作专班，明确了职责任务。在项目启动规划之初，州、县国土资源局主要领导、业务负责人到现场，亲力亲为，解决土地利用规划调整、建设用地报批等问题。巴东县财政、发改、规划、环保、交通运输、水利、住建、卫计、文新广、旅游等部门与绿葱坡镇党委、政府形成强大合力，聚力解决一切困难，实现了服务项目零距离、工作决策零失误、推进过程零上访，创造了服务项目建设的“巴东速度”，成就了滑雪项目当年签约、当年动工建设、当年试运行“三个当年”目标的实现。

（六）群众支持是成功的基础

绿葱坡滑雪项目涉及范家坪和绿葱坡 2 个村（居）委会。2018 年，项目完成土地征收（租赁）共计 1300 余亩，涉及近 90 户 300 余人。在土地面积测绘、林木清点、资产评估、房屋拆除、补偿兑现等方面，每一步工作都是按照统一安排有序进行。特别是在 2018 年 9 月底至 10 月上旬期间，滑雪场动工但因金融机构之间的衔接出现问题，致使补偿资金未能及时到位的情况下，项目区群众仍然以极大的信任和极高的姿态支持项目建设，没有出现无理取闹、上访、阻工等现象。项目区人民群众的支持配合为项目实现“三个当年”目标打下了坚实基础。在后期的分期施工过程中，绿葱坡群众始终保持信任、包容的姿态，成就了项目建设的有序推进。

【思考题】

1. 践行“两山”理念如何科学定位“金山”？
2. 践行“两山”理念如何发挥市场的作用？

以干求助：咸丰县彭家沟村的“猪文章”

中共恩施州委党校　陈　胜

【引言】 习近平总书记在2020年中央农村工作会议上指出：“党中央决定，脱贫攻坚目标任务完成后，对摆脱贫困的县，从脱贫之日起设立5年过渡期。过渡期内要保持主要帮扶政策总体稳定。对现有帮扶政策逐项分类优化调整，合理把握调整节奏、力度、时限，逐步实现由集中资源支持脱贫攻坚向全面推进乡村振兴平稳过渡。”① 2020年6月8日至10日习近平总书记在宁夏考察时强调：“全面建成小康社会，一个少数民族也不能少。”② 在国家精准扶贫政策的帮扶下，民族地区脱贫攻坚成果举世瞩目，但产业发展薄弱、内生动力缺乏、返贫风险大，仍是民族地区乡村振兴巨大障碍。

【摘要】 2019年3月7日，习近平总书记在参加十三届全国人大二次会议甘肃代表团审议时提出：“贫困县摘帽后，也不能马上撤摊子、甩包袱、歇歇脚，要继续完成剩余贫困人口脱贫问题，做到摘帽不摘责任、摘帽不摘政策、摘帽不摘帮扶、摘帽不摘监管。”③ 咸丰县彭家沟村在农业农村部畜牧兽医局帮扶下，在村党支部书记的带领下，立足土家族“猪文化”，打造品牌化“猪产业”，构建立体化“猪生态”，在传统黑猪养殖上做“大文章”，坚持从群众中来到群众中去，因村制宜，让传统产业取得了看得见、摸得着、易操作、能致富的成果。

【关键词】 因地制宜；民族地区；脱贫攻坚；乡村振兴；猪产业

---

①《习近平在中央农村工作会议上强调　坚持把解决好“三农”问题作为全党工作重中之重 促进农业高质高效乡村宜居宜业农民富裕富足》，《人民日报》2020年12月30日。

②《习近平在宁夏考察时强调 决胜全面建成小康社会决战脱贫攻坚　继续建设经济繁荣民族团结环境优美人民富裕的美丽新宁夏》，《人民日报》2020年6月11日。

③《习近平李克强栗战书汪洋王沪宁赵乐际韩正分别参加全国人大会议一些代表团审议》，《人民日报》2019年3月8日。

一、背景情况

（一）土家族人的养猪

养猪是土家族社会农业生产的核心事项之一，猪肥满圈更是土家族地区经济发展和社会稳定的重要标志。土家族人长期生活在湘鄂川黔交接地区的武陵山区，该区域处于山高林密、沟壑纵横、人烟稀少、居住分散。猪肉成为人们蛋白质、脂肪的关键来源。当地人自古就流传着“穷不丢猪、富不丢书”的说法。以恩施为例，2021 年生猪出栏量为 282.89 万头，猪肉产量为 22.12 万吨，全州 88 个乡（镇），729 个重点贫困村中，有 165 个村养猪数量超过 1 万头。毫无疑问，养猪在土家族地区巩固脱贫攻坚成果中起到了不可替代的作用。

土家族人养殖的猪一般以本地黑母猪（湖川山地猪）与本地大白公猪杂交的后代为主，属于典型的母本二元杂交型，且养殖的幼猪要么是自己繁殖，要么是本村就近购买的，多元杂交型相较少。土家族黑猪有着典型的耐山地、耐饲料等特点，其典型的特征就是双耳下垂，头部皮肤有褶皱，身体平直，腹大而不拖地，其肉质细腻，而其二元杂交后代大部分皮肤是白色或黑白花纹色的，继承了黑猪肉质细腻的特点，肚子没有黑猪大，非常适合做火腿和烟熏肉。由于自家繁殖占比较大，饲料又主要是野草和树叶、无法变现的剩余菜叶和粮食，而专门的配方型猪饲料占比较少，且猪的栏圈结构简单，加之土家族妇女和老人没有将养猪工时计算为成本，因此整体养殖成本较低。

养猪是土家族社会最为重要的一项副业，不仅可以打发空闲时光，也改善了土家人的生活质量，提高了家庭经济收入，更为稳定区域生猪市场作出了重要贡献。土家人家家户户都有养猪的习惯，整体呈现出“小规模、大群体”的特点，每到过年、端午等对猪肉需求旺盛的时节，土家人的腊肉对平衡区域肉类市场需求起到十分重要的作用，不夸张地说，土家人的生活离不开养猪，与养猪休戚相关。

（二）彭家沟村简介

彭家沟村位于唐崖镇东大门，悠悠唐崖河绕村而过，与世界文化遗产唐崖土司城址毗邻。全村辖 5 个村民小组 611 户 2111 人，面积 15 平方千米，有林地 13000 亩、耕地 6000 亩。村党支部现有党员 70 名，预备党员 3 名，入党积极分子 2 名，2019 年实现整村高质量脱贫。10 多年前，村部离省道只有 3000 米，但只有一条土路靠拖拉机才爬得上去；家家户户虽年年都养猪，但大部分还要赔进去一些红薯、苞谷；虽然村里的孩子有学上，但几年也考不出去一个大学生；村民家里都有院坝，但牲畜散养，人畜共居，污水横流。

2005 年，在各级党委、政府的大力支持下，新的村“两委”班子被选举出来，在村党支部书记焦宪的带领下，大家精诚团结，艰苦奋斗，实现了家家有产业、户户建庭院，特别是 2019 年来，在农业农村部畜牧兽医局的帮助下养猪产业产值破亿元，集体经济收入每年超 20 万元，村民人均纯收入超 3 万元，连续 6 年无重大事故、治安案件、信访事件发生。2020 年来，先后获评全省先进基层党组织、省生态村、省文明村、省村级集体经济发展进步村、恩施州乡村振兴示范村，初步探索出了一条因“猪”致富的乡村振兴的新路径。

如今的彭家沟村以生态为笔，山水为墨，绿水青山与美丽乡村相得益彰，绿秧平，烟树远，村落美，粉墙黛瓦的干栏式特色民居鳞次栉比，蜿蜒静谧的唐崖河清澈见底，倒映出绿树青山，绘就成一幅岁月静好的秀美画卷。“村在山中，山在水中，水在绿中，人在画中”便是彭家沟村最生动的写照。外地游客到访后无不感慨，这里可与欧洲一些国家的美丽乡村媲美，真是名副其实的省级生态村。

二、主要做法

2018 年 4 月 24 日，习近平总书记在视察湖北省紧邻三峡大坝的许家冲村时强调：“乡村振兴不是坐享其成，等不来、也送不来，要靠广大农民奋斗。”①彭家沟人在焦宪书记的带领下，顽强奋斗、齐心协力，将传统黑猪养殖转换为优势产业，走出了一条以干求助的乡村振兴道路。

（一）坚持党建引领，夯实基层“战斗堡垒”

“火车跑得快，全靠车头带。”基层党支部是党的全部工作和战斗力的基础，是党的一切工作的落脚点。10 多年前，彭家沟村“两委”班子年龄结构偏

①《习近平：坚持新发展理念打好“三大攻坚战”　奋力谱写新时代湖北发展新篇章》，《人民日报》2018 年 4 月 29 日。

大，工作效率不高。近年来，村党支部以返乡大学生、致富能手为主，接续培养4名后备力量，通过3次换届，这些新鲜“血液”进入了“两委”班子，平均年龄34.6岁，个个年富力强、想办事、能办事，村纪检委员王川还是村里的百万元户，大家精诚团结，抓治理、抓发展有信心、有动力、有底气，村“两委”班子力量得到进一步加强。村党支部将70名党员划分为5个党小组，党员联系全村611户农户全覆盖。同时，着力让党员全面参与自治组织体系之中，5个村民小组45名村民代表党员占56%，村民监督委员会、人民调解委员会、群团组织等配套组织负责人全部由党员担任，真正让党支部“一呼百应”的组织力得到全面增强。支部党员上门与优秀青年逐一面对面做工作，刚开始吃了不少“闭门羹”，但渐渐地，大家看到村里的巨大变化，也切实感受到支部和党员在为全村谋发展，部分青年主动递交了入党申请书。近5年，全村发展党员11人，其中致富带头人7人。同时，党员设岗定责亮身份，党员家庭悬挂党员公约，为无职党员设定村务监督、致富帮带、环卫巡护、纠纷调解等岗位，党员在村级治理的各个方面发挥了关键作用，活力得到有效激发。

（二）坚持产业为首，不断增强“发展动能”

农业强，产业必须强。产业旺才是乡村振兴才有底气。彭家沟村依托传统的窗台上的黑猪养殖，构建起了“一黑一白”循环农业体系，不仅有效规避了传统黑猪养殖的污染问题，也进一步增强了农民的收入。在农业农村部畜牧局帮扶指导下，彭家沟采取“16113”生态循环养殖模式。（即每户建设一栋100平方米标准化猪舍，养殖6头恩施黑母猪，年出栏肥猪100头，配套1个小型沼气池或化粪池以及30亩白柚），全村已建成“16113”圈舍150栋，种植白柚2500亩。仅2020年全村出栏生猪超1.6万头，产值突破1亿元；纯收入超20万元的达112户，超50万元的达76户，超100万元的达41户，其中党员大户13户，人均纯收入超3万元，成为恩施州“畜牧第一村”和“恩施黑猪原种保护地”。特色林果体验式采摘、民宿、农家乐等乡村旅游新业态蓬勃兴起，形成“一村一品+特色、主体、订单、融合”的产业格局，全村实现了产业从弱到强、村民从贫到富、生活从苦到甜的蝶变，得到农业农村部唐仁健部长点赞。

（三）坚持规划为先，围绕振兴“绘就蓝图”

科学规划，坚持不懈地干，才能绘就蓝图。彭家沟严格规划管控，结合实际高质量编制彭家沟村村庄规划，重点对农村宅基地、新建房屋风貌、强弱电线路布局等进行管控，划出建设红线，管好山际线、天际线等视觉空间，坚决杜绝村庄乱建房、乱葬坟、乱排放、乱挖山、乱占耕地、乱采石、乱堆放等顽瘴痼疾，围绕“一带串三区，三区聚多点”（彭家沟村内主干道“幸福彩带”为规划主轴，打造“乡愁印象”、“望龙乡约”和“唐崖留乡”三区）的总体布局，全力绘就“七彩乡野·诗画柚园”美丽画卷。同时确立了以“八个一”为核心措施推动乡村“五大振兴”的发展思路，即以“一黑一白”（恩施黑猪、唐崖白柚）巩固产业振兴；以“一宴一节”（土司刨汤宴、白柚采摘节）提升文化振兴；以“一院一廊”（土家风情院落、生态观光走廊）助推生态振兴；以“一红一专”（农业农村部畜牧兽医局党支部“联学共建”的红旗村党支部、农民专业合作社引领下的新型农民人才队伍）强化组织振兴和人才振兴。

（四）坚持群众为主，全面激发“内生动力”

习近平总书记指出：随着收入的不断增加，群众的日子越过越红火，对美好生活的向往和追求也愈发强烈，在村“两委”和“尖刀班”的带领下，广泛依靠群众、教育引导群众、组织带动群众积极投身乡村振兴、建设美好家园，采取“以奖代补”方式，沿唐崖河两岸改造干栏式民居 120 栋，打造特色院落 3 处，完成 308 户花果庭院建设，改造卫生厕所 580 个，带动群众自发投入人居环境改造资金超 600 万元。同时，村内生活垃圾、污水处理实行日产日清，铺设“猪—沼—果”生态循环管网 2 千米，沼液全部还田；拆除废弃建筑 85 栋，净化水沟、河道 10 余千米，全村可谓是“一户一处景，一村一幅画”，老百姓真正过上了诗意般的田园生活。

（五）坚持实干为要，铺就幸福“康庄大道”

村集体牵头成立专业合作社，建立起“党支部 + 专业合作社 + 农户 + 集体经济”的利益联结机制，2020 年村集体经济增收就超过 20 万元，获评“湖北省村级集体经济进步村”。引进湖南湘村高科农业公司，建立稳定购销渠道，提升生猪产业附加值；引进天禧园林公司，建成苗圃基地 30 亩、黄桃基地 200 余亩，形成“1+N”龙头企业带动模式，为彭家沟的乡村振兴注入了不竭动力。同时，大力推行“一统三治”基层社会治理模式，组建了乡风文明理事会、乡贤联谊会和志愿者服务队 3 支队伍，充分发挥农民的主体作用，有效地把广大农民群众凝聚起来，形成了村级事务多方参与和共同治理的良好局面，村里矛盾纠纷趋于零发状态，文明乡风成为村级发展的强大助推器，先后被评为“湖北省文明村”“湖北省先进基层党组织”。

（六）坚持以干求助，汇聚各方“强大合力”

只有自己拼命干，别人才会想法帮。2020 年，县委、县政府在全县安排部署了“三拆三清三建”专项行动，彭家沟村率先行动，全村党员积极带领村民自觉参与环境整治，成功迎接全州乡村振兴现场会，得到了县委、县政府的充分肯定，将彭家沟村作为全县“一带四点”的四个美丽乡村之一进行重点打造。彭家沟村以干求助的精神，让全村发展的底盘越夯越实，村级发展的环境越建越优，赢得了国家、省、州、县的深切关怀和倾力支持。2016 年农业农村部畜牧兽医司和彭家沟村开展支部“联学共建”以来，累计投入帮扶资金 560 余万元，用于“16113”猪栏建设；2018 年河南牧原集团向彭家沟村捐赠 100 万元，用于发展白柚产业；2019 年余杭区东西部扶贫协作分别支持 100 万元、150 万元，用于苗圃基地和共享生态牧场项目建设；2020 年省移民局支持彭家沟村美丽乡村建设项目 200 万元，县林业局支持 40 万元；2021 年县委、县政府协调资金 2800 万元，用于彭家沟村基础设施建设。2022 年以来，县委、县政府又协调资金 750 余万元，用于新型农民培训中心、腊肉加工厂建设及乡村旅游配套项目建设等。一个个项目、一笔笔资金、一系列帮扶措施汇聚彭家沟村，形成了强大的帮扶合力。

（七）坚持深谋远虑，引领现代“智慧农业”

脱贫不是终点，而是迈向乡村振兴伟大征程的新起点。彭家沟村将立足实际，乘势而上，奋力推动乡村“五大振兴”。围绕规划目标，彭家沟村推进村级组主干道黑色化、蔷薇花巷、诗画田园、土家山居等 10 个项目。

正在建设中的智慧农业和农产品展销中心项目，占地面积 2.3 亩，建筑面积 2100 平方米，项目集恩施黑猪养殖视频监测中心、农产品展示和电商销售平台、土司刨汤宴活动中心、游客接待中心于一体，为“一黑一白”主导产业经营销售提供有力支撑。项目建成后，将为彭家沟村恩施黑猪标准化养殖提供技术平台支撑，为土家腊肉、土法皮蛋、唐崖白柚等特色农产品搭建起展示馆、销售厅和电商营销平台，有效推动“山货出山”。同时，为土司刨汤宴举办提供活动场地，为乡村旅游提供游客接待服务。

投资396万元建设新型农民培训中心，建筑面积2400平方米，占地3.1亩，集多功能培训厅、文体活动室、图书室、餐厅等于一体，可满足各类培训、研讨活动需要。项目建成后将作为唐崖镇党校使用，可承接各级党校乡村振兴现场教学、新型农民实用人才培训和中小学生课外研学等活动，预计年培训50余场5000余人次，带动村集体经济增收10万元以上。

正在建设特色腊肉加工厂，建设冷库和肉品清洗、分解、腌制、烘烤、包装一体化、标准化生产线。项目建成后，可形成年加工100万斤腊肉制品的产能，推动“恩施黑猪”产业由传统养殖向精深加工转变，带领养殖户通过将鲜肉加工成腊肉制品，巧妙应对和规避猪周期风险，有效降低养殖风险，同时，可以带动村集体经济增收50万元以上。

投资250万元推进建设乡村旅游标识系统、旅游配套设施和猪文化展示馆等，将彭家沟村打造成宜居宜旅的省级乡村振兴示范村。项目建成后，在湖北文旅集团的支持帮助下，可依托世界文化遗产——唐崖土司城址景区，共享客源，聚集人气，预计年接待游客2万人次以上，实现旅游综合收入1000万元以上。随着养猪收入的增加，老百姓的日子越过越红火，对美好生活的向往和追求也愈发强烈。彭家沟村在村“两委”和驻村工作队的引领下，广泛依靠群众、教育引导群众、组织带动群众积极投身到乡村振兴、建设美好家园中来。

三、经验启示

（一）党员干部带头干

“农村富不富，关键看干部。”村干部要履行好自己的职责，必须抓住重点，突破关键。要围绕生产发展，抓好现代农业建设；要围绕生活富裕，抓好村民增收；要围绕乡风文明，抓好民生改善；要围绕村容整洁，抓好环境整治；要围绕管理民主，抓好村级组织建设。

村干部特别是党支部书记要准确把握政策，确保各项政策有效落实。农村是贯彻执行党的各项方针政策的最前沿阵地，而农民的思想却相对闭塞保守，文化素质较低，要深刻理解党的各项方针政策，村党支部书记的作用至关重要。首先，干部要认真学习研究党的各项政策，学会用政策来宣传群众、发动群众，这样工作起来才能得心应手，游刃有余。其次，贯彻党的方针政策，不能讲大话、空话和套话，农民最讲实在，如果一味地去和他们讲大道理，他们不但觉得枯燥无味，也不愿意听。要善于联系本地的实际，用农民熟悉的语言来与他们交流，这样会起到事半功倍的效果。

干部也要脚踏实地干事，坚持为民办实事、办好事。办一件实事就暖一片人心，多凝聚一分力量。群众是从一件一件实事中认识我们党的，党的事业是通过为人民群众解决一个又一个困难、办一件又一件实事，不断凝聚人心而发展壮大的。所以说，脚踏实地，坚持为民办实事、办好事，不但是村党支部书记的责任和义务，更是树立威信、赢得群众拥护和支持的根本途径。农民具有一种淳朴的感情，最讲实际，所以也希望他们的当家人是实实在在的。如果和他们净说假话，玩虚的，不用长此以往，只要有一两件事，他们就会不再信任你，就会疏远你，甚至反对你。群众看的不是你说得如何，而是看你干的怎样。如果工作不踏实，净搞花架子，是得不到群众拥护的。

（二）要增强群众主体意识

要想产业发展壮大，必须发挥农民群众的主体作用，最大限度地激发内生动力。建好用好乡风文明理事会、乡贤联谊会、村民议事会和志愿者服务队这“三会一队”。在村级事务管理过程中，彭家沟村真正做到了大家事大家议、大家定、大家办，三支自治力量也全面参与到环境整治、产业发展、项目建设等事项中，主导产业发展、太阳能路灯安装、项目用地协调等不少问题都是自治组织主动参与协调解决的。

村规民约引领新风。彭家沟村的村规民约只有短短 48 个字，凝聚的却是全体村民对价值认知和行为规范的共识。村规民约议定前，村“两委”通过召开村民大会、入户走访等形式，收集意见建议，把村民集中反映、普遍认可的“红白喜事怎么办、环境卫生如何改善、邻里关系怎么处”等提议纳入其中，不求语言精美高大上，但求言简意赅有实用性。在反复征求村民的意见后，“村规民约”最终定稿。如今，这部村规民约户户张贴、家家熟悉、人人遵守。

积分制管理见实效。彭家沟村探索将村规民约通过积分的形式公平公正地亮出来，张贴“红黑”榜，推行一段时间后，也发现一些“惊喜”，村民更看重的不是一些日用品的物质奖励，而是通过积分获得“文明家庭”挂牌这样的荣誉。村民官辉的家在村里的主干道边，附近不好停车，他便将家里的烤烟房拆除，拿出土地供村里无偿使用，建起来一个有 10 个车位的停车场，“团转”的村民都给他竖起了大拇指，村里依照积分规则给他评选了“十星级文明户”，他家还获评县级“清廉家庭”。

（三）因地制宜是乡村振兴的基石

彭家沟村立足群众长期以来养黑猪的习惯和土家人对猪的依附，确定了黑猪养殖的产业发展路径，实现了该村产业的特色化。而且由于百姓世代养猪，参与其中所付出的机会成本极小。为了实现产业升级和循环发展的白柚产业，也不是盲目引进的，而是基于该村农户的庭院经济中广泛存在柚树种植的习惯，从相邻白柚大县宣恩就近引进的。如今形成的“一黑一白”村级主导产业，发展猪—沼—果生态循环产业模式，更是在提升村民收入的基础上，全面改善了村级生态环境和人文环境。

（四）以干求助是乡村振兴的关键

10 多年来，村党支部书记焦宪东奔西走，跑国家部委、省州厅局、县直部门，为村里“跑”来 40 多个项目、资金 4000 余万元，村民都称他为“跑跑书记”。为了打开市场，村“两委”成员每天换 3 套衣服是常态，收猪上车 1 套衣服全身是粪，交猪下车 1 套衣服全身是粪，忙完回家换洗 1 套衣服还有粪味儿。村民焦太新是养猪大户，自家的老旧猪圈影响人居环境，虽然栏圈中还养着数百头生猪，但他积极响应号召，5 天内就主动拆除了 400 平方米的猪栏，之后投入 50 余万元改建民宿，这样发奋图强的例子在彭家沟村不胜枚举。

正因为有了彭家沟人的干劲十足，才有了上级对口帮扶单位的接力帮扶，彭家沟村也才能不断立足实际，科学规划，乘势而上，建设成湖北省乡村振兴示范村。

（五）美丽乡村是乡村振兴的灵魂

“好看的皮囊千篇一律，有趣的灵魂万里挑一。”对于乡村来说，也是同样的道理。每一个乡村都有“她”的乡土之魂，在乡村振兴中更是这样，要牢牢把握乡村特色风貌和特有的价值，才能避免“千村一面”。

美丽乡村美在颜值，重在气质。“虽然我们也有山有水，但景色并不独特。我们不刻意打造，而是努力让田园变公园，村庄变景区。”焦宪说，彭家沟村要不断解放思想，走不寻常的路子。在继续发力建设、完善村庄基础设施的同时，夯实稳固彭家沟的当家产业，依托整体村容村貌，不断挖掘多种功能，紧紧依托世界文化遗产唐崖土司城址闪闪发光的金字招牌，将唐崖文化融入自然、融入旅游，讲好乡村故事，倾诉美丽乡愁，展现生动鲜活的彭家沟元素，最终走上农旅融合的大道。

彭家沟村在打造美丽乡村的过程中，不仅保护了传统的乡土文化根脉，还顺应了村民对美好生活的热切向往，赋予了乡村新的时代精神，让独一无二的彭家沟气质成为乡村振兴最亮的底色。

民族要复兴，乡村必振兴。在打赢脱贫攻坚战、全面建成小康社会后，进一步巩固拓展脱贫攻坚成果，接续推动脱贫地区发展和乡村全面振兴，是“十四五”期间农村工作特别是脱贫地区农村工作的重点任务。以习近平同志为核心的党中央就“三农”工作进行了新的战略谋划。脱贫摘帽不是终点，而是新生活、新奋斗的起点。要做好脱贫攻坚与实施乡村振兴战略有机衔接，通过持续努力推进脱贫摘帽地区乡村全面振兴，为增进人民群众福祉、促进经济社会持续健康发展作出更大贡献。过去的2021年是“十四五”的开局之年，也是巩固拓展脱贫攻坚成果同乡村振兴有效衔接的5年过渡期的第一年，在这一年中，防止返贫的措施初见成效，确保不发生规模性返贫；衔接乡村振兴的机制初步形成，脱贫地区的社会经济取得新的发展；乡村建设有序展开，生态宜居、乡风文明和治理有效的理念在乡村发展中得到普及。

【思考题】

1. 乡村振兴过程中怎样才能避免千篇一律？
2. 为什么说以干求助是乡村振兴的关键路径？

利川红，何以红？

——习近平生态文明思想的生动实践

中共利川市委党校　曾江玲

【引言】“利川红”产地位于湖北省利川市，自然条件优越，气候温暖湿润，适宜茶树生长。近年来，利川市委、市政府立足资源优势、政策优势和人气优势，以“利川红”红茶崛起为突破口，全地域、全要素、全产业链推动茶叶产业转型发展、提质增效，把“利川红”打造成“致富叶”“大品牌”，带动30万余名老百姓稳定增收致富，逐步成为促进地方经济高质量发展新的增长点，成为利川市贯彻落实习近平生态文明思想的生动实践。

【摘要】生态兴则文明兴。近年来利川市持续加大生态文明建设力度，因地制宜、多措并举，发展壮大“利川红”产业。截至2022年10月，全市茶园面积27.37万亩，综合产值突破28亿元，茶叶产业获绿色食品认证，覆盖27家37个子品牌。本文以“利川红”为例，从其发展背景、主要做法、取得的成效及经验启示等方面进行深入调研分析，以期展示习近平生态文明思想在利川的生动实践，为利川经济社会发展带来的强大动能。

【关键词】利川红；产业发展；习近平生态文明思想；实践

党的二十大报告指出，尊重自然、顺应自然、保护自然，是全面建设社会主义现代化国家的内在要求。必须牢固树立和践行绿水青山就是金山银山的理念，站在人与自然和谐共生的高度谋划发展。近年来，利川市委、市政府立足资源优势、政策优势和人气优势，全面贯彻落实习近平生态文明思想，坚持生态优先、绿色发展，以“利川红”红茶崛起为突破口，全地域、全要素、全产业链推动茶叶产业转型升级、提质增效，把“利川红”打造成“致富叶”“大品牌”，带动30万余名老百姓持续增收，成为促进本地经济高质量发展新的增长点。

一、背景情况

2018年4月28日，“利川红”在中印首脑武汉非正式会晤中亮相，成为2018年国事活动茶叙用茶。2019年10月成为第七届世界军人运动会指定用茶，11月成为第28届世界脑力锦标赛总决赛招待用茶，2021年4月12日现身外交部湖北全球特别推介会，3年4次，“利川红”持续亮相国际舞台，赢得了口碑，成为叫得响的红茶品牌，光鲜靓丽的背后，其实凝聚的是千千万万利川人民的心血和一代代利川茶人的坚守，因为利川红品牌的打造，经历了一个漫长而艰辛的过程。

（一）品牌诞生

红茶工艺传入利川地区有170多年的历史。“利川红”品牌的诞生经历了从宜红到利川红的发展过程。早年间，利川的茶叶生产主要以边销茶、低端出口红茶为主，没有自己的品牌，茶叶大多经由宜昌进行集散、加工、出口。1876年，随着宜昌被列为对外通商口岸，鄂西地区大量加工红茶外销，利川茶区出现家家种茶树、户户制宜红的景象。1951年，利川更是被国家列为宜红工夫红茶的主要产区，借助宜红品牌，利川茶产业曾一度发展迅速。但这样的发展模式也存在局限性：一是借助宜红品牌发展利川红茶，始终是在为他人作嫁衣，没有形成自己的品牌，无法走上品牌化、特色化道路；二是宜红的主要用途是出口，量大利薄，并且出口的标准也经常性地调整，可以说发展起来非常被动。因此，利川茶产业仅依赖于宜红带动发展的局面急需改变。为了扭转这种被动局面，毛坝乡政府引导全乡茶企开始转型，走品牌化、特色化道路。2012年1月，利川市人大代表曾维权、卓万凯等向市七届人大一次会议联名提交成立利川宜红集团议案。2012年8月12日，在利川市政府茶产业发展规划会上，利川市政府将“利川宜红”改名为“利川红”。利川地区曾经是宜红工夫茶的重要产地，至此终于脱离了母品牌。利川这群执着的茶人们自己独有的工夫红茶品牌——“利川红”。2017年，利川市茶产业协会注册该商标，形成公共品牌。

（二）品质飞跃

如果说“利川红”品牌的诞生是市场发展的必然结果，那么“利川红”品质的飞跃却是大自然给予我们的馈赠。因为“利川红”品牌的走红，离不开一个优质的茶叶品种，那就是“冷后浑”，制茶大师邱建红在谈到品牌走红时这样说道：“没有‘冷后浑’，就没有今天的‘利川红’，是‘冷后浑’成就了‘利川红’品牌，也是‘冷后浑’拔高了‘利川红’的历史地位。”可见“冷后浑”在利川红茶中的地位之高，作用之大。那么什么是“冷后浑”呢？为什么说它成就了“利川红”品牌、拔高了“利川红”地位呢？原因是茶界认为“冷后浑”现象是高品质红茶的标志之一，“冷后浑”程度越高，意味着红茶品质越好。“冷后浑”是利川红茶最明显的特质，在冲泡利川红茶时香气甜纯高杨，汤色金黄、明亮、清澈，但将茶汤放置冷却，就会出现浅褐色或橙色乳状的浑浊现象，这种现象就被称为“冷后浑”。利川毛坝镇土壤含硒等元素，海拔在 800 米到 1200 米之间，坡度适中，远离工业污染，诸多环境造就了利川红冷后浑特有的茶相。作为利川红中的顶级产品，“冷后浑”撑起了“利川红”系列产品的半壁江山。关于这个神奇的茶树品种，有一则离奇美丽的传说。

1. 深山奇树——冷后浑茶母树

在利川地区，流传着过年过节为祖宗敬茶的习俗。相传毛坝夹壁村有一户人家，在他们的住宅旁边有一棵老茶树，这一家人平常所喝的茶都来自于这棵茶树。有一年除夕夜，这家人为了感谢祖宗庇佑，就虔诚地给祖宗的香火阁上敬了一碗茶。结果第二天起床看时，发现茶汤凝结成了糊状，杯沿还有一圈金圈，这一现象让这家人大吃一惊，以为是祖宗显灵了，连忙跪谢。之后这家主人跑去仔细察看这棵茶树，才发现他与别处的普通茶树确实大不相同，相比之下，这棵茶树枝繁叶茂，高大异常，后来这家人就把这棵树周围筑了一道围墙，暗暗保存下来。不知过了多少年，这棵树不仅没有枯老，反而长势喜人，形成亭亭如盖之势，渐有茶王之风，这便是后来名扬天下的“冷后浑”茶母树。传说终归是传说，但毛坝地区的“冷后浑”茶树，从发现到推广再到真正实现它的价值，凝聚着几代农艺专家的心血是不争的事实。

2.“浑”男人的坚守

在“冷后浑”茶树的发现和保护上，有一位名叫宋本多的农艺专家作出了巨大贡献，被利川茶人共推为“冷后浑”品种保护第一人。20 世纪 70 年代，利川县政府组织各乡镇特产部门开展了一次茶叶普查。1976年，宋本多在毛坝夹壁村小学旁发现了一株大叶种异型茶树，这株茶树叶片横生，隆起明显，呈锯齿状，形如葡萄。博学的宋本多意识到此茶必为上品，便摘了茶叶进行制茶实验，发现其有明显的“冷后浑”现象，正是红茶中的极品。回城后的宋先生抑制不住内心的激动，连夜写了一份报告呈送上级部门，但几个月过去了，这份报告就像石沉大海，并没有引起半点波澜，但他没有因此气馁，之后他在毛坝镇亲手扦插两分冷后浑茶园，有了扦插培育的实践支撑，1985年9月，宋本多撰写了《鄂西八号茶树单株选繁初论》,成为如今可见的最早的关于“冷后浑”的研究文字。

与宋本多先生有着同样独到眼光的还有另一位恩施茶界奇人，他就是高级农艺师黎志炎，1979年至1981年间，全州派出100多名技术人员进行茶叶品种资源普查。期间，黎志炎在当年宋本多培育的那两分冷后浑茶园里发现了这种异型茶树。之后他亲自制茶，发现制成红茶后的茶汤有明显的“冷后浑”现象，该茶当时被命名为“毛坝8号”。深感责任重大的黎志炎先生立即提笔撰写了一篇论文《恩施地区茶树资源普查》,这篇文章在《中国茶叶》杂志上发表，文中清楚记载了“毛坝8号”的“冷后浑现象”。

遗憾的是“毛坝8号”虽品质极优,但因产量太低没有进入培育品种之列。之后的很多年，毛坝政府都尝试着向茶农推广这一优良的茶种，但因其产量低，对种植技术和茶园管理的要求高，农民并不买账。

好在20多年后，出现了另一位“浑男人”，他就是现在的毛坝镇楠木村党支部书记田云奇。2004年，回乡创业的田云奇投资5万元开始种茶，当年便造园20多亩。在茶园培植过程中，田云奇以独到的眼光作出了大胆的决定——全力发展“冷后浑”茶树，在毛坝其他茶农都因“冷后浑”产量低、种植成本高而拒绝栽种时，田云奇把荒山中位置最好，光照最充足的4亩地，全部用来种下了“冷后浑”，这便是后来声名大噪的“冷后浑母本园”。

“冷后浑”能够真正发挥出他的价值，还不得不提到一位重量级人物——利川星斗山红茶有限责任公司首席制茶师邱建红。2004年，“冷后浑母本园”出现后，邱建红立即投入对“冷后浑”红茶的加工研制工作中。他多次深入基地研究“冷后浑”的生物学特性及其栽培环境，采回鲜叶用各种方法反复加工试验，尝试用芽茶做高端红茶，逐步调整制作工艺，融合滇红技艺，还巧妙加入绿茶技艺。2012年，为进一步提升红茶品质，塑造品牌形象，邱建红和他的团队对有200年历史的宜红茶制作工艺进行创新，形成了独树一帜的利川红制作工艺，开发出几款条索均匀、紧细乌润、滋味鲜爽、香气浓郁的“冷后浑”红茶。2013年，高端红茶“天赐·冷后浑”获第十届“中茶杯”特等奖，这是湖北红茶至今获得的唯一一个特等奖。中国茶叶研究所副所长鲁成银在品尝了“冷后浑”红茶后，给出了权威评语“玛瑙红、花蜜香、冷后浑”，这成为星斗山公司生产的“冷后浑”系列高端红茶著名的品质特征。这款茶出现后，惊呆了茶界同行和爱茶者，被尊奉为人间至味，一举奠定了“利川红”在红茶界中的“江湖地位”。

（三）品位提升

2018年4月4日上午10点左右，邱建红接到公司董事长卓万凯的电话，他告诉邱建红：“公司接到了一个特殊的订单，是湖北省政府直接指定给我们公司的，要特制一款顶级的‘冷后浑’红茶，数量不多，但过程需要全程监制，并且要在4月20日前完成，由上级部门派遣专人直送省政府，有重要接待任务。”“重要接待任务”，普通的几个字，听到邱建红耳中，却无异于石破天惊之语，他隐隐感觉到，这个神秘任务的到来，必将带来属于“利川红”、属于“冷后浑”茶的新时代，甚至有可能，“利川红”和公司的命运都将因此改变。

事实证明，他的直觉是对的，2018年4月28日，习近平总书记和印度总理莫迪在武汉东湖举行非正式会晤，在东湖茶叙中品的就是恩施州的“一红一绿”，其中这一红就是“利川红”，这款“利川红”就是邱建红亲手制作的“龙象天尊”。据调研，这款茶叶现在的市场价格达到每千克3.2万元。可以说东湖茶叙大大提升了“利川红”的品位，真正实现了从“养在深闺人未识”到“一朝爆红天下知”的转变。从品牌诞生、品质飞跃、品位提升，持续用力、久久为功，“利川红”这颗闪耀的明珠绽放在世人面前，跻身中国红茶高端品牌之列。

二、主要做法

“利川红”的发展壮大，离不开利川市抢抓茶叶产业发展重大历史机遇，顺势而为、趁势而上，更得益于“茶叶之乡”毛坝镇在长期发展过程中唱好的“六口茶”，分别是绿色兴茶、质量立茶、品牌塑茶、科技强茶、文化润茶、全民护茶。

（一）绿色兴茶

利川是长江三峡生态保护屏障的重要组成部分，如何统筹协调好生态环境保护和经济社会发展的关系，找准主导产业，是市委、市政府不可推卸的职责和使命，利川市委、市政府遵循新发展理念，坚持绿水青山就是金山银山，自觉把经济社会发展融入国家生态文明建设整体布局，从 20 世纪 80 年代起，毛坝镇 12 任书记接续种茶 33 年，从种植茶树到茶园改造、品种改良，始终坚持绿色发展理念，并与华中农业大学、恩施州农业科学院等签订战略协议，每年投入 3000 万元财政资金，撬动各类资金 2 亿元，用于茶园绿色化改造，确保“利川红”底色不变。

（二）质量立茶

一段时间以来，利川茶叶生产主要以边销茶、低端出口红茶为主，生产方式粗放，经济效益低下，这种状况一直持续到 2012 年。为扭转困境，利川市委、市政府号召全市茶叶市场主体加大投入，实施技改，实现茶叶生产机械化，搭建市场主体与国家龙头企业、高校科研院所合作平台，提升茶叶工艺和品质。制茶大师邱建红带领的制茶团队，对有 200 年历史的宜红茶制作工艺进行传承、创新，形成了独树一帜的利川红制作工艺，并牵头起草了《利川工夫红茶湖北省食品安全地方标准》。同时，各大茶企尤其是星斗山红茶公司投入大量人力物力用于产品安全与品质提高，严格对企业专属基地——毛坝镇兰田村 3000 多亩茶园进行有机认证管控，该村所产茶叶原料全部通过欧盟农药残留全项指标检测，保障产品原料的安全性。品质赢得信任，诚信换来口碑，利川红赢得了口碑，成为叫得响的红茶品牌。

（三）品牌塑茶

讲质量得人心，创品牌赢天下。一个好质量的产品，同样需要品牌的打造和推广。利川红茶虽然历史悠久，但由于以前交通不便等客观原因，相比西湖龙井这些名茶，宣传推广要晚得多。从 2012 年 9 月起，飞强茶业开始大力实施品牌推广计划。同年 11 月，该公司与利川市委宣传部联合举办“利川红”广告语全国有奖征集活动，“利川红，可以喝的龙船调”广告词被奉为经典。从2012年12月到2013年2月，在北京地铁1号、2号、10号线的2500个车窗上，“利川红”亮丽登场。描绘土家族女子漫画像的“利川红”广告出现在首都地铁上，这一抹红色很快在京城的天空亮了起来。一次次品牌推介，为“利川红”品牌插上了腾飞的翅膀。直至2018年4月28日，成为东湖茶叙国事用茶，“利川红”才算是真正走出深闺，成为红遍大江南北的红茶品牌。

（四）科技强茶

科技助力绿色发展，毛坝镇开创了“企业＋基地＋农户”新型产业模式，依靠有机农业科技兴茶，从植物中提炼生物农药，套种黄豆和油茶就地固氮增肥，从酵母渣中获得有机肥……一项项有机种植新技术正在大面积推广，努力提高茶叶品质，倾力打造“绿色、天然、无污染、高品质”茶叶品牌。优质红茶就是要把茶叶发酵后的“闷烧味”变成“鲜爽味”，其核心技术环节在于发酵时的通风供氧。经过数年不间歇的研究改进，邱建红和他的制茶团队终于总结出“四初八精”工艺，把“冷后浑”的制作水平提高了一大步。同时为了解决红茶萎凋不均的技术难题，他还发明了专用的电萎凋槽，提高了红茶品质的稳定性。

（五）文化润茶

近年来利川市在茶旅融合上下了不少功夫，打造了毛坝星斗山谷地、沙溪张高寨特色民俗文化村、忠路龙渠印象和文斗郁江画廊四条茶文化休闲旅游特色线路。位于大茅坡云海的联心村，一年四季吸引众多游客打卡。只有200多户村民的村落，发展民宿20多家，每年带来200余万元收入，“利川红”正成为富民的“振兴叶”。生活富裕了之后，毛坝的村民将当地红色文化与产业发展结合起来，自编自演文艺节目，在茶园欢迎进村的游客。如今，走进村子，处处透着文明乡风。

（六）全民护茶

2021年4月23日，利川市毛坝镇召开茶长制工作大会。作为“利川红”发源地和主产区，毛坝镇贯彻落实《湖北省促进茶产业发展条例》，全面推行“茶长制”，旨在构建责任明确、协调有序、监管严格、运行有效、发展有力的茶产业管护长效机制，茶长制坚持党政主导，形成镇、片区、村委会、村民小组四级责任体系，建立联席会议制度等，形成一级抓一级、层层抓落实的工作格局。

从源头保障茶叶品质，促进“利川红”高质量发展。四级茶长，职责明确，他们在农残控制、清洁生产、茶园管理、宣讲政策、优化品种等方面履职。“利川红”走到今天，有赖于一代代“种茶人”的传承创新，更依赖于千万利川人民的共同付出。全民护茶，已成为每个利川人的共识。

三、实际成效

在各方面的共同努力下，“利川红”品牌不断发展壮大，利川市的茶叶产业成功转型升级，走出了一条共享共赢、绿色崛起的产业扶贫、乡村振兴之路。

（一）促进生产

毛坝茶叶种植历史悠久，是“湖北省十大茶叶名乡名镇”，也是恩施州第二大茶叶主产区，但 2012 年之前，毛坝茶叶尤其是红茶生产方式粗放，经济效益低下，虽是茶叶之乡，但茶产业发展动力不足，带动茶农增收致富力度较弱。深耕“利川红”品牌以来，随着品牌的成长壮大，茶叶生产规模明显扩大，收益大幅提升，促进茶叶生产的主要举措体现在两个方面。

1. 辐射发展

脱贫攻坚以来，各大茶企在产业扶贫中持续发力，将“利川红”种植基地从核心产区毛坝外延至沙溪、忠路、团堡、文斗等乡镇，帮助贫困户脱贫的同时扩大了“利川红”的种植面积，促进了茶产业发展。其中的优秀典型是“利川红”品牌的领军企业——利川星斗山红茶有限责任公司。该公司于 2015 年提出并践行“12854”产业帮扶模式。

“1”：1 个龙头企业（利川星斗山红茶有限责任公司）通过 1 个名牌产品（“星斗山 · 利川红”，湖北省名牌产品）带动 1 个特色优势产业（茶叶产业）。“2”：带动利川市武陵茶叶专业合作社和利川市益枫茶叶专业合作社 2 个合作社。“8”帮扶 8 个村，即毛坝镇的兰田村、楠木村、白岩村、老木村；文斗乡的太阳坪村、花台村、大杉树村、大地坪村。“5”：精准帮扶 50 户，销号 50 户，帮扶 225 人。“4”：采取 4 条帮扶措施，帮助建设有机茶园，实行保护收购价，每亩年收入不低于 7000 元；免费提供有机肥等农资；对少数缺乏劳动力的特困户，公司组织劳动力帮助采摘；对自愿且符合条件的贫困户子女，免费培训，安排就业。

“12854”产业帮扶模式产生了很好的帮扶效果，“利川红”基地从毛坝辐射至文斗、沙溪等地，带动利川市5万户约20万茶农增收致富。2021年，利川星斗山红茶有限责任公司被党中央、国务院授予“全国脱贫攻坚先进集体”称号。辐射发展让茶叶种植面积越来越大了，茶叶市场主体越来越多了。

2. 抱团发展

为了联合利川本土优质茶企共同发展，有效整合全市农林一、二、三产业融合发展，推动形成完整产业链，推进产业优质高效发展，做强做大“利川红”品牌影响力，最终实现茶叶产业发展的规模效应及社会效益，利川市委、市政府引导企业抱团发展，2022年3月23日，湖北利川红产业集团成立，集团坚持“政府引导、市场运作、赋能提质、抱团发展、产业振兴”的发展思路，推行“集团＋企业＋基地＋农户”链接运行模式，通过购销合作、订单销售，运用科技、金融、文化、销售等手段为全市茶产业赋能。

企业发力辐射发展，政府牵头抱团发展，利川的茶叶生产不论是规模还是产值都取得突破性进展，截至2022年，利川市茶园面积达到27.37万亩，全市茶叶综合产值28亿元。“利川红”公共品牌覆盖面积21万亩，产值13.5亿元，“利川红”公共品牌扩大到全州140家，利川64家。

（二）改善生态

“利川红”的成长壮大，不仅促进了茶叶生产，还大大提升了绿水青山的颜值，集中体现在两个方面。

1. “毒品”变珍品

其实利川的茶产业发展也走过歪路，很长一段时间里，利川茶农为了增加产量大量喷施农药，产量因此增加不少，带来了短期的丰厚利润，但随之而来的便是自食恶果。1999年，毛坝出口俄罗斯远东地区的一车干茶被退回黑河口岸，原因是10多种农药残留严重超标，被称为“毒品”。农药的乱施滥用，差点毁掉了利川人赖以生存的支柱产业，毁掉已成型的知名品牌。危急关头，利川的许多茶企与茶农签订生态协议，对农残检测合格的茶叶高价收购，对农残超标茶则采取禁入政策，一旦发现，终身拒收。在政府、茶企、茶农们多年的共同努力下，生态文明保护深入人心，生态种茶的意识也不断提升，逐渐形成共治共管的生态种茶氛围。如今的“利川红”系列产品满足欧盟农残463项检测“绿色标准”，远销欧洲、非洲10多个国家，每年出口1500吨，实现经济收益3500万美元，产生了良好的经济效益、社会效益和生态效益。

2. 茶区变景区

高山云雾出好茶，云海之下是茶海。近年来，利川市践行新发展理念，不断加快生态茶园建设，通过统一规划、连片开发、集中种植、改造茶园、提升品质等手段建设生态茶园。

优化茶园生产环境，对茶园及周边环境进行治理，加强配套基础设施建设，改善茶园生产条件，优化生产与生态空间布局，最终形成了和谐美丽的生态茶产业景观。现在的利川茶乡，没有化肥农药，远离工业污染，放眼望去，成片茶园郁郁葱葱，披在山腰，与漫山杜鹃辉映，像一幅山水画。茶园里桃花、樱花接替盛开，花香袭人，茶香浓郁，土家姑娘忙着采摘春茶，牛儿在茶园里自由穿梭，熙熙攘攘的游客欢声笑语，不远处的农家炊烟袅袅，满眼都是诗情画意。

（三）富裕生活

除了改善生态，“利川红”的发展还带来了另一个最直观的成果，就是改变了老百姓的生活方式。

1. 物质生活

传统的茶叶种植带来了一定的经济效益，近年来兴起的茶旅融合，更是让茶农感受到不用外出务工，待在大山里照样当老板的成就感。飞檐翘角，黄墙灰瓦，一排排红灯笼……群山环抱中，毛坝镇楠木村“博航民宿”尤为显眼。“博航民宿”的主人陈红航，8 年前与妻子田凤菊在宁波打工。母亲突患重病，两人不得不回家照顾老人。母亲看病要花钱，孩子要读书，家里欠下 10 多万元债务。2014 年，他家被纳入建档立卡贫困户。楠木村是“利川红”核心产区，经常有茶商和武汉等地“候鸟”进村。于是，陈红航跟妻子商议，将房屋改造成民宿。旺季每天有 3 ～ 5 桌客人就餐、10 多位客人住宿，年纯收入大约 15 万元。品牌价值变现，资源优势转化成经济优势，“利川红”火了，群众的腰包鼓了。下一步，利川市将在茶旅融合上狠下功夫，不仅将通过改造茶园提升品质，保护与繁育并重打造“利川红”核心基地，还将打造毛坝星斗山茶谷示范线、西南片区郁江画廊示范线和318 国道高山红茶旅游示范线3 条茶旅融合示范线，让越来越多的茶农吃上“旅游饭”。

2. 精神生活

物质生活富裕了，老百姓的精神生活也紧跟其后，不断富足。“利川红”不仅仅是一个茶叶品牌，更是一款有故事、有文化的茶。近年来，利川各界齐心聚力，深挖茶文化，取得了丰硕成果。2021 年，由利川本土作家陈亮撰写的长篇报告文学《利川红》正式出版发行，讲述了这片茶叶的“前世今生”。此外，茶农诗朗诵《相守一杯茶的时光》有望走进农业农村部的大舞台；独特的《茶苗苗》《星斗摇香 · 利川红》桌舞在各视频网站“圈粉”无数；“星斗山上摇星斗，太阳接来月亮送”等诗意而唯美的歌词，让网友忍不住循着《利川红》茶歌到星斗山打卡。在这些茶文化的浸润下，群众的业余生活从以前的打牌喝酒转变成现在的品茶香、跳茶舞、唱茶歌，现在的利川茶乡处处透着文明乡风。

谋生方式变了，休闲娱乐方式变了，百姓们的思想境界也变了。近年来，利川市多次在几个茶叶大镇举办茶叶主题活动，比如贡茶文化旅游节、“利川红”寻亲会等，这些活动凝聚人心，教化群众，淳化民风，在一次次活动的共建参与中，人民群众的获得感、幸福感不断提升，社会责任意识、集体意识、规则意识、主人翁意识也不断增强，村民脸上总是洋溢着幸福的笑容，谈话间，尽是自豪与满足，积极乐观，对生活充满期望。

四、经验启示

党的二十大报告提出，全面推进乡村振兴要坚持农业农村优先发展，坚持城乡融合发展，畅通城乡要素流动。要扎实推动乡村产业、人才、文化、生态、组织振兴。生态兴则文明兴，产业旺则乡村旺。“利川红”品牌的成功打造，为恩施建设“两山”实践创新示范区提供了利川示范，为国家重要生态功能区实现绿色崛起积累了宝贵经验。“利川红”成功的经验以及对利川产业发展的启示集中体现在 3 个方面。

（一）党建引领

党的二十大报告强调，要坚持大抓基层的鲜明导向，抓党建促乡村振兴。办好农村的事情，实现新时代乡村振兴，关键在党，关键在党建引领。抓党建促乡村振兴，关键要把“最大政绩”与发展实绩有机统一，做到党建强、发展强。“利川红”能够走到今天，是毛坝镇 12 任书记接续种茶 33 年的结果，12 任书记以“功成不必在我”的精神境界和“功成必定有我”的历史担当，久久为功。从党委统领，融合产业发展到支部领航，壮大茶叶产业再到党员带头，寻求发展新路，“利川红”的成长壮大，充分证明了党建引领是乡村振兴的根本保障。

基于这一成功经验，近年来，利川市聚焦党建引领产业发展，将支部建在产业链上，探索实施产业发展“富集”工程，全面推行“支部引领 + 合作社共建 + 企业助力 + 科技赋能”模式，逐步探索走出了支部引、企业及合作社帮、人才带的农村产业联合发展模式，发挥党建引领产业发展作用，实现“党建强、产业兴、农民富”的美好愿景。

（二）绿色引导

绿水青山就是金山银山，习近平总书记视察湖北时强调“要把修复长江生态环境摆在压倒性位置”，“推动长江经济带发展必须从中华民族长远利益考虑，走生态优先、绿色发展之路”。① 为走好高质量发展之路，率先实现绿色崛起，利川市委、市政府把生态立市放在首位，以“功成不必在我”的精神，优先抓环保、富民的茶叶产业。“利川红”的品牌成长之路足以证明，对于缺乏工业经济的利川而言，充分发挥生态优势，不断在绿色发展中获取生态红利无疑是事半功倍的，所以我们必须一如既往地保护好生态环境，持续提升绿水青山的颜值，让城市更加靓丽，乡村更加宜居，全面提升利川市人居环境，加快实现金山银山的价值，走出一条具有利川特色的绿色崛起之路，让广大人民群众充分享受生态红利。

（三）思想引路

习近平总书记多次强调，新的征程上，我们必须紧紧依靠人民创造历史，坚持全心全意为人民服务的根本宗旨，站稳人民立场，贯彻党的群众路线，尊重人民首创精神，践行以人民为中心的发展思想。② 从“扶贫叶”到“振兴叶”，“利川红”的发展历程充分体现了以人民为中心的发展思想，茶叶之乡毛坝在发展过程中始终把人民群众对美好生活的向往作为奋斗目标，持续唱响“六口茶”，过程中依靠的是广大人民群众；发展的目的是为了人民群众，因为我们的党是人民政党，大力发展主导产业目的就是带领利川市广大人民群众脱贫致富，最终为实现中华民族伟大复兴贡献利川力量；发展成果由人民共享，茶产业的

① 《习近平：走生态优先绿色发展之路 让中华民族母亲河永葆生机活力》，《人民日报》2016 年 1 月 8 日。

② 习近平：《在庆祝中国共产党成立 100 周年大会上的讲话》，《人民日报》2021 年 7 月 2 日。

壮大给利川的发展注入了活力、增加了底气，成功带动20余万茶农增收致富，7000余脱贫人口持续稳定增收，用一片叶子富了一方百姓，成为名副其实的绿色生态产业、乡村振兴领路产业，铺就了一条前景广阔的绿色发展之路，在这条幸福之路上，利川市委、市政府将始终把人民放在心中最高的位置，始终坚持以人民为中心的发展思想，狠抓党建、坚守生态、深耕产业，不断汲取“利川红”的成功经验，不断夯实县域经济发展的产业基础，努力绘就“绿水青山就是金山银山”的壮美画卷。

【思考题】

1.“利川红”品牌是如何发展壮大的？

2.利川市委、市政府对“利川红”的长远发展给予了哪些支持？

以习近平生态文明思想为指导 谱写神农架高水平保护高质量发展新篇章

——习近平生态文明思想的神农架实践

中共神农架林区委员会党校　韩　林

【引言】2013年9月7日，习近平总书记在哈萨克斯坦纳扎尔巴耶夫大学演讲时指出："我们既要绿水青山，也要金山银山。宁要绿水青山，不要金山银山，而且绿水青山就是金山银山。"① 这一重要论述阐明了经济发展与生态环境保护的关系，揭示了保护生态环境就是保护生产力、改善生态环境就是发展生产力的道理，指明了实现发展和保护协同共生的新路径。2022年10月16日，党的二十大报告中指出，必须牢固树立和践行绿水青山就是金山银山的理念，站在人与自然和谐共生的高度谋划发展。

【摘要】神农架作为全国生态文明建设示范区和国家公园体制试点区，近年来深入践行习近平生态文明思想，始终坚持"保护第一"建设方针，锚定建设国家公园和世界著名生态旅游目的地的目标定位，统筹协调保护与发展的关系，坚持在保护中发展、在发展中保护，以高水平保护支撑高质量发展，以高质量发展推动高水平保护，举保护旗、打生态牌、念旅游经、走绿色路，不断提高生态承载力、生态吸引力、生态竞争力、生态发展力，实现了生态产业化、产业生态化，成功探索出了"绿水青山就是金山银山"的实现路径，谱写了新时代神农架高水平保护高质量发展新篇章。"神农架实践"既是习近平生态文明思想这一重大理论创新成果在实践操作层面的体现，更是这一重大理论成果指导新时代基层生态文明建设取得显著成效的典型范例，有助于我们从深化发展与

①《弘扬人民友谊 共同建设"丝绸之路经济带"　习近平在哈萨克斯坦纳扎尔巴耶夫大学发表重要演讲》，《人民日报》2013年9月8日。

保护关系的角度解读习近平生态文明思想的实践意义，从而增强广大基层干部用习近平生态文明思想武装头脑、指导实践、推动工作的坚定性和自觉性，在党的二十大精神指引下，为建设人与自然和谐共生的现代化国家贡献力量。

【关键词】 习近平生态文明思想；高水平保护高质量发展；神农架实践

一、背景情况

神农架是全国唯一以“林区”命名的行政区域，总面积 3232.77 平方千米，森林覆盖率在 91.12% 以上（生态功能区达 96% 以上），是全球中纬度地区唯一保存完好的原始林区，被称为“北纬 30 度的奇迹”“北回归线上的绿色明珠”，是中国第四纪冰川时代的“诺亚方舟”，是三峡库区、南水北调中线工程的绿色屏障和水源涵养地，是全球生物多样性保护永久示范基地，集联合国教科文组织 3 项名录遗产（世界生物圈保护区、世界地质公园、世界自然遗产）于一身，是全国生态文明建设示范区、国家公园体制试点区。

同时，神农架林区还是一个具有“以保护为主的行政区”和“行政区体制下的生态功能区”双重身份的特殊地区，长期受困受制于保护与发展的矛盾，“捧着金碗讨饭吃”，苦苦探索绿水青山转化为金山银山的现实路径。自 1970 年建区以来，林区历届党委、政府在实践中探索，在探索中实践，先后经历了粗放开发、有限保护、探索转型 3 个阶段，确立并始终恪守“保护第一、科学规划、合理开发、永续利用”的建设方针，带领全区人民实现了从伐木人向护林人的转变，但始终没有摆脱“富饶的贫困”，绿水青山没有真正转化为金山银山，全区仍有 17 个省级贫困村，贫困人口 15783 人。党的十八大以来，林区党委带领全区人民认真贯彻落实习近平总书记关于生态文明建设和生态环境保护的一系列重要讲话、论述和指示批示精神，进一步坚定了“保护就是发展、绿色就是财富、文明就是优势”的思想认识，确定了“美丽幸福神农架”建设目标。党的十九大以后，习近平生态文明思想被正式确立，神农架对于这一重大成果的理论认识更加深刻，实践意愿更加迫切，及时更新关于自然资源的传统认识，深刻领会、正确处理“绿水青山就是金山银山”所揭示的发展与保护的本质关系，用习近平生态文明思想的绿色发展观转变发展理念和执政理念，改进发展方式和执政方式，推动保护事业从静态保护向科学保护转变，以“一园一地一区”（国家公园、世界著名生态旅游目的地、全国生态文明示范区）为目标，通过推进保护升级，做大做优生态产品价值总量，提升生态产品供给能力，不断探索生态产品价值实现路径和长效机制，成功构建生态产品价值实现的多点支撑，并加快基础建设步伐，为实现生态产品价值提供环境保障，实现了机场通航、高速贯通、高铁建站，搭建起“绿水青山”与“金山银山”之间的桥梁，使良好的生态成为产品，生态环境保护“有利可图”，实现了经济社会发展与生态环境保护的协同推进。2021 年全区实现旅游经济收入 66.8 亿元，城镇、农村居民人均可支配收入分别达到 35423 元、12935 元，17 个省级重点贫困村脱贫出列，5478 户 15783 人稳定脱贫，国家公园体制试点通过验收，即将获批成为中部地区首个国家公园，成功创建全国生态文明建设示范区、国家全域旅游示范区、中国生态旅游目的地，实现了“小康赶超、转型跨越、绿色示范、惠民共享”的目标，谱写了新时代神农架高水平保护高质量发展新篇章。

二、做法与成效

（一）做大做优生态产品价值总量——让绿水青山能增值

着力构建分类科学、布局合理、保护有力、管理有效、以国家公园为主体的自然保护地体系，统筹推进自然资源优化配置和资产保值增值，提升生态产品供给能力。按照国家公园的理念和标准，系统推进神农架国家公园建设，将国家公园 1170 平方千米范围划分为严格保护区、生态保育区、游憩展示区、传统利用区 4 个功能区，严格保护区和生态保育区面积占 93.3%。联合神农架国家公园周边 6 个自然保护区管理机构，率先成立了鄂西渝东毗邻保护地联盟，采取边界微调的方式将重庆五里坡国家级自然保护区部分区域纳入神农架国家公园，使神农架世界自然遗产地增加 6306 公顷，增强了世界自然遗产价值的完整性。通过多年来的全面、系统、科学保护，“十三五”时期神农架林区森林覆盖率从 90.49% 增长到 91.10%，森林蓄积量增长率 13.5%，森林资源单位面积蓄积量增长率 12.05%，森林质量不断提升，生态环境持续改善。新增加动物新种 99 个、植物新种 51 个，丰富和补充了湖北乃至中国生物多样性数据；神农架地区金丝猴种群数量达到 1282 只，比 1999 年的 789 只增加了 493 只，分布范围扩大了 210 平方千米，资源总量显著提升，动植物种群数量明显增多，有效实现了自然价值和自然资本增值。

（二）打造科学完备的生态管控体系——让绿水青山更安全

生态产品是自然资源的产物，良好的自然生态系统是优质生态产品供给的基础。神农架林区率先编制《国土空间开发利用管控规划》，将林区 90.9% 的面积规划为生态优先保护空间，确保重要自然生态系统、自然遗迹、自然景观和生物多样性得到系统性保护。建立“空中有飞机、山头有监控、路口有探头、林内有巡护、应急有队伍”的立体管护网络，构建“空、天、地”一体化的生态产品空间信息数据资源库，实现涉水、涉气、污染源排放等生态治理数字化协同监管。建成全国首家生物多样性保护天敌孕育库，建成国家大气背景站，设立 3 个院士专家工作站。实施“863”“973”科研计划和金丝猴科研支撑计划，建成全国首个金丝猴生境及行为 4G 监测平台，完成大熊猫展养基地建设，成功实现大熊猫回归。关闭小水电站 6 座，注销探采矿权证 13 个。全区森林蓄积量达到 2733.8 万立方米，森林覆盖率上升至 91.1%，护林防火和资源管护实现连续 40 年“三无”目标。污染防治攻坚战成效明显，城镇污水全面实现集中达标排放，城乡生活垃圾实现无害化处理，空气环境质量持续保持全省第一，国控、省控流域断面水质达标率 100%。科学完备的生态管控体系，确保了绿水青山的绝对安全，良好的自然生态系统成为生态产品供给的有力支撑和基础保障。

（三）构建生态产品供给体系多点支撑——让金山银山能持续

充分发挥绿色发展优势，大力推进旅农林深度融合，持续实施农林产业“一品一企一策”扶持计划、市场主体增量工程、骨干企业培育工程，建成 4 个国家级、省级农业标准化示范基地，生态酒、富锶水、百花蜜、山野菜、中草药、云雾茶等产品特色鲜明，一批产品荣获“国家地理标志保护产品”和“全国金奖农产品”称号。盘水省级生态产业园区农林特产与旅游商品产业被纳入全省重点成长型产业集群，成为生态产品价值实现的增长极。特色生态农业“六种四养”模式不断壮大、提档升级。观光游、度假游、冰雪游等逐步形成品牌，荣获“中国十大生态旅游目的地”。松柏镇成为全省首个“国际慢城”，林区成功创建国家全域旅游示范区、全国电子商务进农村综合示范县和世界中联森林康养专业委员会永久驻地。2021 年接待游客 1785 万人次，实现旅游经济收入

66.8 亿元，比“十二五”时期分别增长 62.6%、69.1%，大旅游、大农林、大健康产业多点支撑格局基本形成。

（四）优化生态产品价值保障体系——让绿水青山能富民兴民

一是加快基础设施建设，为生态产品价值实现提供环境保障。神农架机场建成通航，保神高速全线贯通，郑万高铁建神农架站，全区公路实现国道省道等级化、区乡公路黑色化、村组公路网络化，省县乡道路加密升级，成为全国“四好农村路”示范县。坪阡古镇、龙降坪旅游度假区、柏杉园四季小镇基本建成。全区交通网、信息网、水利网、市政网、能源网等基础设施不断完善。“四镇两区”建设成果丰硕，两个镇获得中国人居环境范例奖，4 个乡镇荣获国家级生态乡镇，“宜居宜旅、八面玲珑”的小镇格局和特色初步形成。二是加快推进惠民共享。牢固树立“生态文明建设终极目标是惠及民生、实现人与自然和谐共生”的目标导向，推进生态文明建设共建共享，巩固拓展脱贫攻坚成果，全面推进乡村振兴，持续增加农民收入，兜实兜牢民生底线，多渠道增加居民经营性、财产性收入，构建统筹县域、乡镇、村庄的三级服务体系，深入实施“十百千”工程，打造华中屋脊上的“富春山居图”，加快推进民生事业发展，纵深推进各领域改革，切实防范化解各类重大风险，不断提高法治化水平，使全区人民群众安全感、社会治安满意度连续 12 年保持全省第一。

三、经验启示

（一）习近平生态文明思想是“根”和“魂”

我们始终坚持把习近平生态文明思想作为神农架林区一切工作的“根”和“魂”，作为生态文明建设的根本遵循和行动指南，贯穿到保护与发展各项工作的全过程、体现到高水平保护高质量发展的各领域。这是一条管总的根本经验。

（二）始终坚持“保护第一”方针不动摇是根本保证

2003 年林区第九次党代会正式确立了“保护第一，科学规划，合理开发，永续利用”的建设方针。20 年来神农架林区始终坚持“保护第一”方针不动摇，把保护神农架作为首要职责、头等大事、历史使命，坚定不移高举生态保护大旗，坚决扛起生态保护第一职责，把生态环境保护摆在压倒性位置，当好“看山人”“护林员”，守护好“华中水塔”。“保护第一”方针的确立和坚守是神农架生态文明建设取得成效的根本保证。

（三）运用绿色发展指挥棒引导培育绿色政绩观是重要手段

建立签订目标任务书、挂牌公示、定期述职述评、责任追究等制度和“履职谈话、离岗教育、庸让劣汰、执纪问责”四级落实问责体系，形成纵向到底、横向到边、环环相扣的责任链条，全面构建“党政同责、分工负责、依法履职、全面覆盖”的生态文明建设责任体系，给全区领导干部安上绿色发展的“指南针”，给施政行为戴上保护资源环境的“紧箍咒”。

（四）生态文明理念深入人心是重要基础条件

把尊重自然、顺应自然、保护自然理念培育成为全民共识和行动自觉，把生态文明营造成社会主流价值观，是手段也是目标，更是一条重要的经验启示。多年来，通过在全社会积极弘扬生态价值观、生态道德观、生态发展观、生态消费观、生态政绩观等生态文明核心理念，通过典型示范、展览展示、岗位创建、志愿服务等形式，广泛动员全区干部群众参与生态文明建设，在参与和共建中牢固树立公众节约意识、环保意识、生态意识，真正形成了“人与自然是生命共同体”的共生观，形成了人人、事事、时时践行习近平生态文明思想的社会新风尚，这是神农架生态文明建设示范引领的社会基础和群众基础。

（五）推进生态文明体制改革创新是不竭动力

以国家公园体制试点、国有林场改革、自然资源资产负债表编制试点和领导干部自然资源资产离任审计试点等重大改革项目为抓手，系统推进生态文明体制机制综合改革创新，成功创建全国生态文明建设示范区，为神农架生态文明建设提供了源源不断的改革动力。

（六）以人民为中心是出发点更是落脚点

坚持生态为民、生态惠民、生态利民、生态富民，让良好生态环境创造出优质公共产品，成为最普惠的民生福祉，一直是我们努力的方向和始终坚持的做法。随着生态保护能力的全面提升，全域旅游格局的全面形成，全区经济发展质量和效益显著提高，教育、医疗、就业、养老等社会事业协调发展，基本公共服务均等化水平明显提高，共同富裕迈出了坚实步伐，人民群众保护生态环境的愿望更迫切，行动更自觉，共建共享成为现实。

【思考题】

1. 如何理解党的二十大提出的中国式现代化是人与自然和谐共生的现代化?

2. 在基层治理实践中如何保障良好生态环境这一最普惠的民生福祉?

3. 为什么说保护生态环境就是保护自然价值和增值自然资本?

4. 如何全面理解绿水青山与金山银山的辩证关系?

5. 为什么说实现碳达峰、碳中和是一场广泛而深刻的经济社会系统性变革?

黄石矿山生态修复与治理的实践

中共黄石市委党校　刘　盛

【引言】 习近平总书记指出："生态文明建设事关中华民族永续发展和'两个一百年'奋斗目标的实现。保护生态环境就是保护生产力，改善生态环境就是发展生产力。"① 新时代新征程上必须贯彻落实好习近平生态文明思想，切实处理好经济社会发展同保护和改善生态环境之间的辩证统一关系，一代接着一代干，持之以恒，久久为功。

【摘要】 黄石市因矿建厂，因厂设市，长期以来的采矿活动对生态环境造成了严重影响和破坏，生态环境恢复和治理负担沉重。2010 年以来，在自然资源部、省自然资源厅大力支持下，在黄石市委、市政府正确领导下，黄石市坚持"绿水青山就是金山银山"的理念，以人为本，围绕资源城市转型发展，将矿山生态环境修复与治理放在突出位置，取得了显著成效，社会效益、经济效益、生态效益都得到明显提升，并积累了宝贵经验：一是正确处理好经济发展与生态环境保护的辩证统一关系；二是探索出"谁破坏、谁治理；谁收益，谁治理"的治理机制；三是总结出适宜长江中游地区的矿山生态修复技术；四是压实地方责任，充分发挥地方的积极性、主动性和创造性。

【关键词】 生态文明建设；矿山；生态修复与治理

一、背景情况

我国是矿产资源大国，矿产资源开发伴随着人类文明、社会进步、科技发

① 习近平：《在庆祝海南建省办经济特区 30 周年大会上的讲话》，《人民日报》2018 年 4 月 14 日。

展的全过程，矿业是国家的基础产业。中华人民共和国成立以来，特别是改革开放后矿业迅速发展，但大规模的矿业开发带来了生态环境问题，矿业活动造成地貌景观破坏、土地挖损或压占、地表塌陷、大气与水土污染等问题，已成为绿色发展的重要制约因素。

遥感调查监测数据显示，截至 2018 年底，全国矿山开采占用损毁土地约 5400 万亩，其中正在开采的矿山占用损毁土地约 2000 万亩，历史遗留矿山占用损毁约 3400 万亩。尤其是在南方丘陵地带，矿山开采对山体和植被破坏较为严重，野生动植物自然栖息地受损，滑坡、山洪等灾害和塌陷事故时有发生。随着生态文明建设日益推进，矿山生态修复成为一个重要的环境治理议题。

黄石市位于湖北省东南部，长江中游南岸，现辖一市一县 4 个城区和一个国家级经济技术开发区。黄石矿产资源丰富，素有“百里黄金地，江南聚宝盆”之称。境内已探明矿产四大类 77 种，具有品种齐全、矿产集中、易采易选、共伴生矿产可综合开发利用等特点。自 1950 年建市以来，累计向国家提供铁矿石 2.6 亿吨、铜精矿（含铜金属）220 万吨、原煤 1.2 亿吨、各种非金属矿 5.6 亿吨，累计产钢 2800 万吨、水泥 1.25 亿吨，累计向国家上缴利税 420 亿元以上，为我国改革开放和现代化建设作出了重大贡献。

但 20 世纪 70 年代以来，随着资源逐步枯竭，国有大中型矿山和一批小型矿山相继闭坑。由于历史上矿产资源的过度开采以及其他工农业开发建设，境内地质环境破坏严重，导致各种矿山生态环境问题突出，治理负担沉重。失去绿色的矿山，见证了粗放式发展时期，也留下了重建绿色生态的难题。

二、实践探索

2010 年以来，在湖北省委、省政府和省级自然主管部门的大力支持下，黄石坚持矿山生态环境保护“预防为主，避让与治理相结合和全面规划、突出重点”以及“属地管理、分级负责”的原则，将生态环境修复与治理放在突出位置，认真开展矿山生态环境整治工作。全市累计投入治理资金近 25 亿元，治理面积约 4366 公顷，其中，中央投入资金 18.71 亿元，地方财政投入约 4.2 亿元，矿山自筹投入约 4 亿元。实施了黄石市矿山地质环境治理重点工程、铁山—还地桥矿山地质环境治理示范工程、黄荆山北麓矿山地质环境治理工程，以及“五边”区域、三区两线、长江沿线、长江干支流两岸 10 千米等 237 处重点区域矿山生态修复项目。截至目前，黄石474处露天矿山，除在产在建以及规划重新开采的24处外，已完成修复420处，废弃矿山治理率达93%。通过坚持不懈地努力，取得显著效果。有效消除了矿山地质环境影响和矿山地质灾害隐患，矿山生态环境得到极大的改善，促进了黄石绿色发展。具体实施过程见表1。

（一）主要做法

表1　黄石市开山塘口生态修复与治理时间线

时间	标志性事件
2005年	在全省率先出台了《黄石市矿山地质环境恢复治理备用金缴存与使用办法》；武钢大冶铁矿通过国家资源部、财政部、国家旅游局、国家环保总局联合组织的国家矿山公园评审
2007年	矿山公园4月22日开园，是中国第一家国家矿山公园
2008年	启动黄石市矿产资源开发秩序整顿和规范工作，全市矿山总数压减至395家，压减率30%，矿业开发“多、小、散”状况得到初步改善
2009年	安排专项资金600万元，启动了特大型地质灾害隐患点——板岩山地质灾害治理
2010年	举办首届中国黄石国际矿冶旅游文化节；获批并启动实施黄石市、大冶市矿山地质环境治理重点工程，投入资金7.2亿元
2011年	启动黄荆山北麓15个开山塘口65万平方米的地质环境恢复与治理工作
2012年	举办第二届中国黄石国际矿冶旅游文化节；获批并启动实施黄石市铁山—还地桥矿山地质环境示范工程，投入资金9.874亿元
2013年	被国土部批准为全国工矿废弃地复垦利用试点
2014年	全市启动“五边三化”行动，确定修复“五边”区域内123处露天矿山
2016年	启动全市露天采石厂整治工作，全市共关停小采石厂131家，停产整顿60家，重新规划设置年产500万吨以上大型露天采石厂25个，露天矿业开发的结构和布局得到全面优化；启动实施了“三区两线”115处矿山修复工程
2018年	制定了《黄石市开山塘口治理修复和生态复绿专项行动实施方案（2018—2020年）》，启动实施了198处矿山修复工程
2019年	市委、市政府启动实施长江两岸27处露天矿山修复工程；按照自然资源部部署，启动了长江干支流两岸10千米82处露天矿山修复工程
2020年	出台《关于推进长江大保护促进矿业绿色发展的实施意见》
2021年	出台《黄石市矿山生态修复条例》；全面完成“三区两线”“五边区域”和长江干支流两岸10千米范围内矿山修复任务
2022年	印发《黄石市国土空间生态修复攻坚提升行动方案》

1. 突出重点，把握难点，全力实施矿山地质环境治理的“大工程”

一是全力推进国家矿山环境恢复治理重点工程和示范工程实施。2010 年至 2015 年，依托资源型枯竭城市转型，黄石成功申报三大“国字号”矿山地质环境治理工程（黄石市矿山地质环境治理重点工程、大冶市矿山地质环境治理重点工程、铁山—还地桥矿山地质环境治理示范工程），获批中央资金 16.97 亿元，主要治理黄荆山、铜绿山、还地桥、长乐山、七约山、赤马山等 8 个矿区 72 个矿点，以及铁山、还地桥地区的 85 个矿山及两个排土场，累计恢复和改善地质生态环境面积 3.762 万亩，建成了大冶市余修齐、还地桥秀山、铁山三座休闲健身公园，共改善人居环境 40 多平方千米，使 20 多个乡镇约 30 万群众受益，黄石的绿色版图进一步扩大。

二是推进重点区域矿山生态修复。2016 年起，黄石以长江大保护为契机，启动了长江沿线、长江干支流两岸 10 千米等 82 处重点区域矿山生态修复治理，截至 2021 年底，已全面完成。累计投资近 6.73 亿元，修复治理矿山面积 12574.2 亩，黄石长江岸线镶上绿丝带。“五边区域”“三区两线”等重点区域内矿山生态修复同步推进，投入资金超过 14 亿元，6.3 万亩矿山基本恢复生态。

2. 因地制宜，综合施策，啃下矿山环境治理的三块“硬骨头”

一是因地制宜，探索综合治理模式，啃下“技术”这块“硬骨头”。按照“宜林则林、宜耕则耕、宜草则草、宜建则建、宜景则景”和“一矿一策”的原则，引进最新矿山复绿科技成果以及损毁土地复垦和生态重建新技术，初步形成了矿山环境恢复治理的技术方法体系。针对破损面积较小的塘口，使用上爬下挂法、飘台燕巢（鱼鳞坑）法以及格栅格构法；在全力推进时期，使用客土喷播法、平台覆土植树法等多种治理方式；针对大冶铁矿、示范工程 5 号地块等面积大的塘口，采取综合治理方式，通过山水林田湖草沙一体化保护和修复工程，将废弃矿山转换为矿山公园、全民健身公园，消除视觉污染，提高治理区地质环境质量，优化治理区生态环境；针对偏远塘口，则以自然修复为主。

二是综合施策，厚植绿色发展优势，啃下“资金”这块“硬骨头”。明确矿山地质环境保护和治理工作责任，对于生产矿山，按照“谁破坏、谁治理”原则，由矿山企业承担保护和治理责任，先后对全市矿山推行了边开采边治理工作，使矿山生态环境得到了改善；对于历史关停和政策性关闭矿山，治理责任由辖区地方政府承担，相关部门各司其职，合力推进。积极推进市场化方式，按照党的十九大报告“构建政府为主导、企业为主体、社会组织和公众共同参与的环境治理体系”的要求，贯彻落实上级部门《关于探索利用市场化方式推进矿山生态修复的意见》，通过政策激励，吸引各方投入，推行市场化运作、科学化治理的模式。在设计矿山地质环境治理制度时，注重源头堵塞廉政风险，严格实行工程资金收支“两条线”管理；推行集体决策制度，让决策公开透明，确保了干部成长安全。

三是明确责任，政企联合，啃下“管护”这块“硬骨头”。后期管护效果影响生态修复实效，为科学有序推进矿山生态修复及后期管护工作，提高生态保护修复综合效益，黄石按照“整合资源、以用定治”原则，建立政府主导、企业主体、社会组织参与机制，鼓励和支持社会资本参与废弃矿山生态修复项目投资、设计、修复、管护等全过程。在废弃矿山修复过程中，大幅提高后期养护的预算，让企业安心进行养护；在合同签订时，明确三年的养护期；在项目验收时，将植被恢复率和植物成活率作为关键验收指标。在生产矿山中，将矿山生态环境修复率（绿化率）作为一票否决的指标，对绿化率不达标的企业，一律不予入库。采取各种措施，倒逼施工单位或矿山企业履行好“管护”责任。

3. 抢抓机遇，推进转型，以绿色发展理念治“病”疗“伤”

一是通过技术改造，推进矿山转变资源开发利用方式。支持矿山开展资源的节约集约利用，逐步减少资源在开发利用过程中对环境的破坏。协助改进选矿工艺，矿石损失、贫化率由15%下降到7%以下，每年减少资源损失近10万吨；将有限的资源“吃干榨净”，利用工业“废渣”研发新型充填材料；开展回收低品位氧化矿、难利用的铜矿、共伴生矿的综合利用等。

二是解决源头问题，推进生产矿山向绿色矿山转型。开展绿色矿业示范区创建活动，带动矿山企业创新生产经营理念和坚持绿色发展模式；在全省率先制定出台了《黄石市级绿色矿山建设标准》，目前共有大冶铁矿等8家矿山获得国家级绿色矿山称号，已有19家矿山开展市级绿色矿山试点创建工作。

三是发展矿冶文化旅游，推动矿业经济向第三产业经济转型。大冶铁矿曾被誉为共和国的“钢铁粮仓”，经过多年开采，东露天采场形成落差444米的世界第一高陡边坡，面对巨型矿坑的处理，曾有专家提出，将该矿坑建成生活垃圾填埋场。但此提议一出，许多人立即表示反对：“珍贵的工业遗产不能丢进垃圾堆！”于是，黄石市在开发中保护，在石头上种树，通过持续性的生态治理投入和生态景观改造，使得大冶铁矿露天采场从“亚洲第一天坑”转变为全国首批、湖北唯一的国家矿山公园。自揭牌开园以来，已接待游客200余万人，旅游收入 4000 余万元。

4. 配套政策，齐抓共管，做好矿山生态修复与治理的“多手联弹”

一是咬住顶端，高位统筹，做好顶层设计。黄石市委、市政府高度重视矿山生态修复工作，市委、市政府主要领导亲自部署安排，多次召开政府常务会议专题研究，市委、市政府的主要领导也多次到现场检查督办，协调解决问题，市委、市政府督查室将矿山生态治理工作纳入重点督查内容。与此同时，在全省率先开展矿山治理地方立法工作，报请市人大出台了《黄石市矿山生态修复条例》（已于 2021 年 7 月 1 日正式实施），加强矿山地质环境保护与治理恢复的法治和制度建设；还建立健全矿山地质环境评估和许可证制度、矿山环境监督和检查制度、矿山生态环境恢复和土地复垦制度等，矿山生态修复进入规范化、法治化轨道。

二是扭住中端，走深踩实，加强监督管理。黄石以采石场为重点，全面开展打击矿山“以修复之名，行开采之实”行动，制定了《关于严格国土空间生态修复工程管理的通知》，要求全市国土空间生态修复项目严格执行项目投资和土石料收益“收支两条线”管理，严禁以土石料处置收益来冲抵矿山生态修复工程费用，严禁直接依据资源评估结果将土石料处置给项目施工单位、不通过公共资源交易处置的行为。对未经市级自然资源和规划部门审批（审查）或向市级自然资源和规划部门备案，以工矿废弃地、城乡建设用地增减挂钩、矿山生态修复、矿山地质环境治理、边坡治理等名义进行采石销售等行为一律视为非法采矿进行立案查处，规范生态修复项目管理，压缩模糊空间，严防以修复之名行开采之实。

三是盯住末端，加大考核，明确职责保障。矿山修复工作是一项系统工程，涉及面较广，涉及部门、企业较多，难度较大。为确保修复工作取得实实在在的效果，黄石市对矿山企业，按照依法办矿、规范开采、生态修复、环境保护、技术创新、规范管理、矿区和谐、企业文化 8 个方面的绿色矿山建设标准进行考核。已成功组织申报了大冶铁矿、湖北三鑫公司等 6 家国家级绿色矿山。更新观念，将生态修复的时间起点由破坏后提前到开采时，积极推进绿色开采，减少地表破坏和废弃物排放，转变矿产经济发展方式，从源头缓解矿山生态修复压力，变掠夺性开采为保护性开采；将矿山修复与资源循环利用结合起来，减少废弃物排放，在生态上由人工建设为主转向自然恢复为主，加大生态保护和修复力度，保护和建设的重点由事后治理向事前保护转变，由人工建设为主向自然恢复为主转变，从源头上扭转矿山地质环境恶化趋势。

（二）实际成效

一是有效改善了人居环境。擦亮了黄石矿山生态修复与治理的品牌。重点工程和示范工程启动资金项目实施效果显著，受到国务院联合检查组、原国土资源部、原林业部、原农业部等部领导的高度赞誉，省内外兄弟市州纷纷来黄石考察学习。有效保障重点、示范工程范围内因受矿山地质灾害和矿山地质环境威胁的 9 万余名群众的生命财产安全；铁山—还地桥矿山地质环境治理示范工程项目 5 号地块让铁山最大的废石场变成全民健身运动主题公园。

二是有效破解了用地瓶颈。重点工程、示范工程的实施可增加草地 1678 亩、林地 9667 亩、耕地 7838.9 亩、建设用地 10060.2 亩；黄荆山北麓 15 个开山塘口收回矿山废弃地 1100 亩，重新安置工业项目 6 个；工矿废弃地复垦利用试点对解决黄石市城市转型过程中发展空间、用地计划指标不足，以及矿山地质环境治理、工矿废弃地复垦资金难题提供了历史性机遇。

三是有效提升了资源利用率。利用工业“废渣”研发的新型填充材料，达到“国内首创、国际领先”水平，变废为宝，资源利用率提高 10%，年减少尾砂排放量 30 万立方米。大冶有色公司铜绿山矿等矿山开展回收低品位氧化矿、难利用的铜矿、共伴生矿的综合利用；华新水泥公司通过水泥窑协同处置技术平台处理市政生活垃圾和污泥，经处理后的无危害、无污染的再生原料进入水泥窑进行处理利用，既增加了企业效益，又改善了矿区环境。

四是有效增加了综合收益。示范工程清理出的土地招商引进了中国英利集团投资建设黄石铁山 50 兆瓦太阳能清洁能源发电项目，年产值 5400 万元，年实现利税 2170 万元，安排就业人员 160 余人，增加当地农民和城镇居民收益，促进城乡统筹发展。矿山公园带来旅游收入 4000 余万元，与此同时，冶钢、华新水泥等一批老矿山企业正在利用百年旧厂矿遗址打包申报全国工业遗址公园，擦亮了黄石工业旅游名片。

五是有效美化了生态环境。通过生态修复治理，消除了原采掘边坡崩塌、滑坡地质灾害隐患，有效遏制了矿区大气污染，减少了矿区水土流失，使矿区与周边茂盛的植物群落融为一体，美化了矿山地质环境。历史遗留废弃矿山治理率达 90% 以上，昔日破碎裸露的山体变成了一道城市亮丽风景线，为黄石争创国家山水园林城市打下了基础；城区空气质量明显好转，年降尘量和噪声分贝分别下降 94.7% 和 44.7%，年水土流失减少 4 万吨以上。

（三）存在困难

近年来，黄石矿山生态修复取得了显著成效，但仍然面临着历史欠账多、投入不足、治理目标单一、系统性不足、工农关系难协调等难题。

1. 涉及区域范围广

截至 2021 年，全市共有 691 处矿山，其中历史遗留矿山 506 处，在册矿山 185 处（生产矿山 50 处，停产矿山 135 处），全矿山采矿权范围面积约 1591.8 公顷，破坏或影响土地总面积约 1447.62 公顷，据测算，仅采石场植被破坏影响面积就 10 万亩，自 20 世纪 70 年代以来，全市因开矿造成地面崩塌 4 处，受损面积 0.36 平方千米；滑坡 38 处，受损面积 4.22 平方千米；暴发泥石流 2 处，近 40.25 万立方米，塌陷区 120 处，共产生塌陷坑 1000 余个；发生矿山地质灾害 164 处，直接经济损失 9755.1 万元，年水土流失量约 50 万吨。

2. 治理资金缺口大

生态修复工作秉持的原则原本应是“谁破坏、谁修复”，但在实际工作中，矿山矿坑多为“旧账”，很难找到修复实施主体，往往需要政府部门组织开展，矿山矿坑修复既要“修理”，又要“复绿”，专业技术要求高，需要有力的资金保障。初步统计，黄石市“三区两线”“五边”区域等重点区域内的矿山修复治理工作仅需要资金 20 亿元，其中通过申报中央重点生态修复筹集资金约 6.5 亿元，需要地方政府自筹资金约 13.5 亿元，但市县财政无力承担。

3. 修复治理难度高

矿山生态修复的制约因素很多，如地形地貌、气候特征、水文条件、土壤物理化学生物特征、表土条件、潜在污染等。例如露天采场、废石场、尾矿库生态修复的主要制约因素是地形地貌、潜在污染物等；塌陷地生态修复的制约因素主要是塌陷地的范围和程度；受污染土地生态修复更为复杂，矿山污染土地主要受重金属污染，而重金属污染土地的修复是一个漫长的过程，也是一个世界性难题，一般生态修复率不会很高。所以对矿山进行生态修复需要综合考虑各方面的因素，需结合当地水文、地理、气候条件来进行。部分矿山企业开采技术落后，追求利益最大化，常采用“一面墙”式开采，坡度大都在 60 ～ 90 度之间，有的甚至还是倒坡，给后续的修复绿化造成了极大的障碍。

4. 生态环境破坏强

在矿山资源的开发利用过程中，土地的结构及其植被覆盖破坏是首要的生态环境问题。矿山开发导致大面积耕地、林地以及草地结构的损毁，矿山植被覆盖率会大幅度降低。此外，土地水层结构受到影响，地下水位降低，地下水资源大幅度流失，进而形成地下水疏干区，严重影响周边地区群众日常生产生活用水的供给。矿山关停后，矿区内废石渣土随意堆放，边坡高陡，基岩裸露，断臂突兀，受雨水侵蚀、风化作用的影响，岩体破碎，存在崩塌、滑坡等灾害隐患。长期堆放的废石渣土等固体废弃物，由于终年暴露在空气中，极易形成扬尘，造成大气污染。

5. 工农关系协调难

为保护生态环境，地方政府关停了大量开山塘口，但部分矿山补偿未到位，还有的矿山经多次转手，最后接手的矿主未能收回投资成本，便寄希望于后期通过阻挠施工，倒逼政府赔偿获得收益，这直接导致了施工队伍无法进场。有的即便进场了，工程施工也处处掣肘、举步维艰。

三、经验启示

2013 年 5 月 24 日，习近平总书记在十八届中央政治局第六次集体学习时指出："建设生态文明，关系人民福祉，关乎民族未来。党的十八大把生态文明建设纳入中国特色社会主义事业五位一体总体布局，明确提出大力推进生态文明建设，努力建设美丽中国，实现中华民族永续发展。这标志着我们对中国特色社会主义规律认识的进一步深化，表明了我们加强生态文明建设的坚定意志和坚强决心。"矿山生态修复与治理是生态文明建设的生动实践，为推进生态文明建设提供了有益经验。

（一）深刻认识大力推进生态文明建设的重要性必要性紧迫性

理念是行动的先导。建设生态文明是关系人民福祉、关乎民族未来的大计，是实现中华民族伟大复兴的中国梦的重要内容。习近平总书记指出："环境就是民生，青山就是美丽，蓝天也是幸福。要像保护眼睛一样保护生态环境，像对待生命一样对待生态环境，把不损害生态环境作为发展的底线。”① 生态环境没有替代品，用之不觉，失之难存。保护生态环境，功在当代，利在千秋。必须清醒认识保护生态环境、治理环境污染的紧迫性和艰巨性，清醒认识加强生态文明建设的重要性和必要性，以对人民群众、对子孙后代高度负责的态度，加大力度，攻坚克难，全面推进生态文明建设。

（二）正确厘清经济发展与生态环境保护的关系

经济发展和生态环境保护是辩证统一的关系。习近平总书记指出：“生态文明建设事关中华民族永续发展和‘两个一百年’奋斗目标的实现，保护生态环境就是保护生产力，改善生态环境就是发展生产力。”② 生态环境问题归根到底是经济发展方式问题。改革开放以来，我国坚持以经济建设为中心，推动经济快速发展起来，在这个过程中确实存在着以消耗资源、破坏环境为代价换取经济发展的现象，但如果这种状况不改变，能源资源将难以支撑，生态环境将不堪重负，必然给经济可持续发展带来严重影响，我国发展的空间和后劲将越来越小。习近平总书记指出：“我们在生态环境方面欠账太多了，如果不从现在起就把这项工作紧紧抓起来，将来会付出更大的代价。”③

（三）牢牢把握政策资源在生态修复中的关键作用

实践表明，只有在政府发挥主导作用的前提下，打好政策“组合拳”，才能实现生态环境有效修复，生态文明建设水平不断提高。在矿山修复与治理的过程中，面对点多、面广且缺乏治理资金等难题，黄石市政府十分重视顶层设计、机制创新，调动地方政府的积极性，按照稳步推进、先易后难思路，制定矿山生态修复方案，市级负责定方案、定项目、定时间，县级负责确定治理工作的具体实施。并且对治理产生的石料全部由政府统一销售，并全额纳入财政资金，杜绝了以治理名义实施非法采矿的违法行为，为矿山治理工作筹集了大量资金，

①《奏响“四个全面”的时代强音——习近平总书记同出席全国两会人大代表、政协委员共商国是纪实》，《人民日报》2015 年 3 月 15 日。

② 习近平：《在庆祝海南建省办经济特区 30 周年大会上的讲话》，《人民日报》2018 年 4 月 14 日。

③《以习近平同志为核心的党中央高度重视生态文明建设　坚定不移走生态优先绿色发展之路》，《人民日报》2020 年 5 月 14 日。

形成了治理的良性循环。

（四）坚决执行最严格的生态环境保护措施

建设生态文明，是一场涉及生产方式、生活方式、思维方式和价值观念的革命性变革。开展生态环境保护督察，是习近平总书记亲自谋划、亲自部署、亲自推动的党和国家重大制度创新和重大改革举措。中央和湖北省环保督查高度关注、多次查看黄石市矿山修复与治理的相关情况。2018 年省级环保督察以及 2020 年省级环保督察“回头看”工作就矿山修复提出反馈意见，省生态环境厅鄂南专员办也多次进行现场督办检查，将黄石市矿山修复治理工作作为重点盯办问题。国家对于生态文明建设的高度重视可见一斑，生态环境保护需要久久为功，生态环保督察也不断向纵深发展，必须执行最严格的生态环境保护措施。

（五）推动生态修复同绿色发展相结合

2021 年 4 月 30 日，习近平总书记在十九届中央政治局第二十九次集体学习时指出：“我多次强调，生态环境问题归根到底是发展方式和生活方式问题。建立健全绿色低碳循环发展经济体系、促进经济社会发展全面绿色转型是解决我国生态环境问题的基础之策。”① 在搞好矿山生态修复与治理的同时，也要将矿区资源进行合理利用，推进产业结构绿色转型，推进生产方式绿色转型；打造一批特色工业旅游名片，加快形成绿色生活方式。

【思考题】

1. 为什么要进行开山塘口的生态修复与治理？
2. 黄石市对开山塘口进行生态修复与治理的做法体现了哪些治理方法？

① 习近平：《努力建设人与自然和谐共生的现代化》，《求是》2022 年第 11 期。

第六篇

党的建设

党建引领乡村振兴的杜堂实践及经验启示

中共湖北省委党校（湖北省行政学院）　舒艾香

【引言】“三农”问题不仅是经济问题，而且是民生问题、社会问题，更是关系战略安全和全局的重大政治问题。习近平总书记指出：中国要强，农业必须强；中国要美，农村必须美；中国要富，农民必须富。① 民族要复兴，乡村必振兴。进入第二个百年目标新征程，“三农”工作重心已历史性转向全面推进乡村振兴。党的二十大报告指出，全面建设社会主义现代化国家，最艰巨最繁重的任务仍然在农村，要全面推进乡村振兴。实现乡村振兴是全党工作的重中之重，要落实党政同责，压实各方责任，举全党全社会之力推动乡村振兴。

【摘要】杜堂村曾是一个典型的“空心村”，经过几年努力，杜堂村破解了困扰“三农”的难题，在发挥党的领导和党建引领作用方面积累了成功经验，成为乡村振兴的一个成功样板，对湖北省乃至全国的乡村振兴工作都有参考借鉴价值。习近平总书记关于“三农”工作、乡村振兴的重要论述和各级党委、政府的相关规定及要求是根本遵循和实践指南；强有力的领导体制和工作机制是根本保障；基层党建工作凝聚合力是重要前提；乡村基础设施建设是基础条件；人才集聚及其活力的激发是关键所在；因地制宜的产业布局是重要支撑；利益共享、合作共赢是成功诀窍。

【关键词】杜堂模式；党的领导；党建引领；乡村振兴

①《筑好康庄大道　共圆小康梦想　习近平总书记关心农村公路发展纪实》，《人民日报》2014年4月29日。

一、背景情况

杜堂村地处武汉市最北部山区，坐落于武汉市黄陂区、大悟县和红安县交界处的偏僻地带，距离武汉市城区 66 千米，面积 3.8 平方千米，其中耕地 1058 亩、山场 1279 亩、水面 435 亩。杜堂村由 13 个自然村湾组成，有 471 户人家，1748 口人，其中劳动力 860 多人。该村位于丘陵山区，土地贫瘠，人多耕地少，20 世纪 80 至 90 年代后村民纷纷外出打工或经商，一度成为典型的劳动力空心化、产业空心化、社会服务空心化的贫困小山村。一是劳动人口基本外流。二是耕地大量荒芜。三是房屋普遍空置。四是无二、三产业支撑。五是基础设施缺乏，生活环境较差。六是村民收入不多，生活并不富裕。杜堂村曾有 150 个贫困户，361 名贫困人口。

二、主要做法

近年来，在党中央英明领导下，在湖北省委、武汉市委、黄陂区委、姚家集街道党委的正确领导下，充分发挥党的领导核心作用和党建引领作用，实施美丽乡村建设和乡村振兴战略，杜堂发生了历史性的蝶变。

（一）解决方案和实施过程

2013 年中央一号文件首次提出建设“美丽乡村”的奋斗目标。美丽乡村建设包括做好乡村规划，改善农村环境，完善基础设施，配套服务功能，做强产业支撑等内容。

2014 年，因葛天才 2012 年流转杜堂的 1400 多亩荒山荒地种植的苗木已成气候，杜堂村成为武汉市美丽乡村建设的一个示范点。葛天才，出生于杜堂村葛家湾，20 世纪 80 年代随杜堂村第一批打工者一起外出打工，从做泥瓦匠干起，经过多年努力打拼，后来创建起业务覆盖十几个省市的万中集团，成为知名企业家。在他的带动和当地政府的支持下，杜党村改变了昔日的面貌。

2015 年，在省委、市委、区委和街道党委的关心、建议和帮助下，葛天才在杜堂村注册成立武汉木兰花乡旅游开发公司，在政府投资建设美丽乡村的基础上，流转全村抛荒土地 1500 亩，再投资 3000 万元，实现美丽乡村提档升级。

2017年湖北省委、武汉市委实施“市民下乡、能人回乡、企业兴乡”的“三乡工程”，着力打造产业兴旺的高地，以农业供给侧结构性改革为主线，大力发展高效生态现代农业，打造一批布局合理、特色鲜明、链条完整、生态环保、功能集成的都市田园综合体，促进一二三产业融合发展。着力打造生态宜居的胜地，鼓励引导能人、企业投资建设农村污水治理设施，推进农业、林业与旅游、文化、康养等深度融合。着力打造生活富裕的宝地，通过盘活资源，让村民变股民、资源变资本、资金变股金，增加农民财产性收入；通过提高效益，增加农民经营性收入；通过合作共赢，引导企业与农民广泛开展合作，增加农民工资性收入。着力打造乡村治理的阵地，充分发挥村级党组织书记“领头雁”作用，带领群众创业共富，努力实现“产业兴旺、生态宜居、乡风文明、治理有效、生活富裕”的目标。“三乡工程”被写入国家行政学院教科书，向全国推广。

依托政府投资的牵引作用和美丽乡村建设的品牌效应，近几年来，葛天才及其公司先后投入大量资金改造葛家湾，成立武汉木兰花乡景区。在农业生产和村庄居住功能基础上，将水资源、林业生态资源植入旅游产业，突出乡土民俗、赏花旅游等特色，开发农耕体验、赏花休闲、滨湖亲水、户外拓展、民俗文化、共享农庄、休闲农家乐、婚纱摄影等产业项目。建成以葛家湾乡村民俗文化街区为核心，融吃、住、行、游、购、娱为一体的休闲旅游项目。2018年，通过美丽乡村建设和旅游开发，以葛家湾为核心的荆楚民居美丽乡村与木兰花乡景区交相辉映，形成独具特色的杜堂美景。经过多年建设，杜堂村容村貌发生了根本性变化，如今的杜堂村建筑依山就势，错落有致，装饰黑瓦白墙、古色古香。村外布局流水小溪，田间分种苗木花草。林间建成华中最大的鸟语林，形成鸟类栖息地。

（二）实际成效

杜堂模式破解了困扰“三农”的难题，提供了乡村振兴的成功样板。

1. 人口回流，人才汇集

目前，杜堂有95%的村民返回故乡，本村企业家回乡创业，引来其他企业家到杜堂投资，带动市民下乡经营或旅游，聚集了人气。

以村民葛天才回乡投资创办木兰花乡景区打头，吸引了大批外出经商或打工的青壮年携家带口返乡，在家门口创业或就业。

除了本村人回归故里外，还吸引了不少外来人才。目前，已成功签约市民下乡86人，签约共享农房77套，其中，民宿12家，农家乐8家，电商1家，文艺家书画院1家，"非遗文化"泥塑馆1家和文化博物馆1家。

2. 资源复用，产业兴旺

首先是恢复和优化了土地资源的生产利用功能。回乡企业家葛天才先后流转近7000亩土地，使闲置土地全部发挥了作用。其中恢复农业耕种1328亩，优化利用建成苗木花卉基地3893亩，建设康居养老村1757亩，建设木兰花乡旅游景区4.65平方千米。其次是恢复和优化房屋资源的利用功能。在恢复房屋居民居住功能的基础上，投资开发利用空闲农房235栋，其中77栋用于共享民俗、共享厨房、乡村工艺、乡村文化、农村电商经营等。农民的空房包袱如今成为增收致富新来源。

同时，延伸产业链，发展文旅产业、养老业，组建起由131户农民入股形成的共享农庄合作社，建立了由23家市场主体组成的葛家湾民俗乡村超市，创办了卓尔文化书屋，创建了木兰文化博物馆，等等，多元化产业蓬勃发展。

3. 收入增加，村民富裕

村湾成了景区，收益最大的是村民。返乡就业的葛台刚说："以前从来没想过，在家门口能吃上'旅游饭'，还拿着几份收入！"

第一种是土地流转收入。木兰花乡旅游景区按照田地400元/亩、林地150元/亩、山地100元/亩的标准，每年支付村民土地流转租金164万元，全村人均增收938元。

第二种是打工收入。

第三种是入股分红收入。杜堂成立了由企业代表（木兰花乡）、村集体代表（杜堂村支部书记）和村民代表共同成立的杜堂旅游专业合作社。合作社成立后，积极鼓励村民们将闲置的房屋和空闲宅基地、集体建设用地入股到合作社。对有空闲农房的农户，由景区公司集中起来，按每平方米1600元的评估价格（100平方米的房屋估值即16万元）入股合作社，再由景区公司对房屋进行统一规划设计，统一改造整修，统一运营管理，农户每年都会有10%的保底分红，保底额度2万元，超过保底线的按合同约定分红，上不封顶，这样就确保了村民们有合理稳定的收入。

第四种是村民在景区经营小本生意获得的收入。

在村民富裕的同时，村集体经济也得到了发展壮大。村党支部利用集体资源资产估价入股合作社，村集体年收入达30万元以上。公共服务能力增强，党组织的凝聚力、组织力、战斗力大大提高。

4. 环境优美，景色宜人

今天的杜堂村道路宽广通达，水、电、气、网等基础设施和教育、医疗、养老等农村公共服务设施齐全。垃圾无害化处理率100%。空气环境质量优良率达到90%以上。村内建筑因地制宜、错落有致，古典美和现代美和谐共存。景区建成了150亩的鸟语林，被评为“全国森林村庄”，田间分区种满10多种60余万株苗木鲜花，成为四季花海。

杜堂模式以“三乡工程”为抓手，引导市民下乡、企业兴乡、能人回乡，盘活农村沉睡资源，实现城乡要素互动，带动农村产业振兴、人才振兴、文化振兴、生态振兴、基层组织振兴。其核心是以农业农村为基础，以产业为纽带，以市场主体为支撑，以农民增收致富、农村全面振兴为目标，实现农村繁荣兴旺，农民富裕富足。如今的杜堂产业旺了，村民口袋鼓了，生活富了，环境美了，村民不仅享受到了城里人的生活，而且享受到了城里人享受不到的新鲜空气、自然景观、田园风光，获得感、安全感、幸福感大大增强。

杜堂村因此而获得了“全国乡村治理示范村”“国家森林乡村”“第二届中国美丽乡村百佳范例”“中国美丽休闲乡村”“全国乡村旅游重点村”“湖北省新农村建设示范村”“湖北省最美休闲乡村”“湖北省休闲农业示范点”“湖北旅游名村”“武汉十大最美休闲乡村”等多种荣誉，村里建成的木兰花乡景区被评为国家AAAA级旅游景区，荣获“湖北省扶贫龙头企业”“武汉最受欢迎景区”“2019年度最佳口碑景区”等称号。杜堂村的成就曾被中央电视台和省、市多家电视台宣传播出，《人民日报》《光明日报》《经济日报》《农民日报》《湖北日报》《长江日报》以及新华网等权威媒体也对其进行过报道，还得到了中央政策研究室、中组部、农业农村部等中央部门和省市委主要领导前来调研时的肯定。

三、经验启示

杜堂通过党建引领、能人回乡、产业支撑，“破房”变新房、资源变资产、资金变股金、农民变股东、民房变民宿、乡村变景区、“绵羊”变“头羊”带来了乡村振兴的历史性巨变。

杜堂实现乡村振兴的主要经验启示是，实现乡村振兴，关键在党，关键在充分发挥党的全面领导作用和党建引领作用。要把加强党的领导和党的建设贯穿乡村治理和乡村振兴的全过程和各个方面。

（一）习近平总书记关于“三农”工作、乡村振兴的重要论述和各级党委、政府的相关规定、要求是根本遵循和实践指南

杜堂区域综合党委副书记、杜堂村第一书记葛天才总结杜堂的经验时说，杜堂所以能振兴，主要是党的政策好。

习近平总书记关于“三农”工作和乡村振兴重要论述的指导是思想灵魂。杜堂村之所以能由一个典型的空心村蝶变为人们心向往之的乡村振兴的标杆村，最根本的原因在于有习近平总书记关于“三农”工作和乡村振兴重要论述精神的科学指导。习近平总书记指出，要坚持乡村全面振兴，抓重点、补短板、强弱项，实现乡村产业振兴、人才振兴、文化振兴、生态振兴、组织振兴，推动农业全面升级、农村全面进步、农民全面发展……要坚持以实干促振兴，遵循乡村发展规律，规划先行，分类推进，加大投入，扎实苦干，推动乡村振兴不断取得新成效。① 湖北省市区街道村五级组织认真落实习近平总书记的重要指示精神，才有今天杜堂振兴的成就。

各级党委、政府的相关规定和要求是实践指南。改革开放以来，中央每年都出台一系列关于“三农”方面的文件政策和规定，仅一号文件就出台了二十多个，同时，中央各涉农部门和地方、基层也跟进出台配套或相应的文件，形成了系统的关于“三农”问题的政策体系。

2003 年 1 月，中央农村工作会议首次将解决好“三农”问题作为全党工作的重中之重。后来又提出“三农”工作是全国工作、政府全部工作的重中之重。

2005 年确立了新农村建设战略。

2017 年 10 月，党的十九大首次提出实施乡村振兴战略，并写入了党的根本大法党章之中。

2017 年 12 月召开的中央农村工作会议，确定了实施乡村振兴战略“三步走”时间表，同时提出了五级书记抓乡村振兴的工作方针。

2018 年 1 月，党中央、国务院颁布《关于实施乡村振兴战略的意见》。

2018 年 9 月，党中央和国务院对乡村振兴进行顶层设计，制定出台了《乡

①《习近平：把实施乡村振兴战略摆在优先位置　让乡村振兴成为全党全社会的共同行动》，《人民日报》2018 年 7 月 6 日。

村振兴战略规划（2018—2022年）》。

2019年中央一号文件提出“三变”改革：把乡村社会数以百万计的生态资源，由村集体在“三变”（资源变资产、资金变股金、村民变股东）过程中，通过村集体的内部定价，形成资金和资源的对价关系。

2019年8月，党中央印发党的历史上首个关于农村工作的专项党内法规《中国共产党农村工作条例》。

2021年4月，出台《中华人民共和国乡村振兴促进法》，这是乡村振兴的国家宣言。

2021年8月，中组部出台《关于抓党建促乡村振兴的若干意见》。

在中央出台相关规定的同时，湖北省、武汉市及区县也相继出台了一系列相关规定。如《中共湖北省委　湖北省人民政府关于推进乡村振兴战略实施的意见》《湖北省乡村振兴战略规划（2018—2022年）》《中共武汉市委、武汉市人民政府关于扎实推进“三乡”工程积极实施乡村振兴战略的意见》《关于印发〈关于开展“市民下乡、村民进城”活动，加快我市新农村建设的支持措施（暂行）〉的通知》（“黄金20条”）、《关于印发〈武汉市关于促进“市民下乡”与“脱贫攻坚”相结合、推进新农村建设的支持措施（暂行）〉的通知》（“钻石10条”）、《推进“市民下乡、村民进城”计划，打好“四张牌”鼓励能人回乡建设新农村的工作意见》（“四张牌”即政策牌、政治牌、亲情牌和特色牌）。政策牌即上述出台的一系列相关规定。政治牌：对建设家乡充满激情、乐于奉献、取得优异成绩的回乡党员，推荐为街道（或村、居委会）党工委委员、村党支部书记候选人，按程序参加选举。对回乡创业贡献突出的能人，优先提名为党代表、人大代表、政协委员候选人，优先安排参加劳动模范、优秀企业家等各类荣誉的评选。亲情牌：对积极参加“市民下乡”计划，增加村集体和农民财产性收入，贡献突出的可授予“优秀村民”、“村贤”和“乡贤”等荣誉称号。对积极参与家乡公益事业、支持家乡新农村建设的回乡能人，可优先为其支持建设的项目冠名。特色牌：引导市民下乡利用农村闲置资源开展创新创业，充分发挥农村宜居宜业宜游的特色优势，打造出“一村一特、一乡一特”等特色品牌，改善农村产业结构，推进农村一二三产业融合持续发展，如出台《中共黄陂区委、黄陂区人民政府〈关于加快推进“三乡工程”拓面提质、全面促进乡村振兴的支持措施（实行）〉的通知》（“乡村振兴30条”）等。

2021年12月15日，湖北召开全省党建引领乡村治理、推进乡村振兴电视电话会议。会议指出，党建引领基层治理是习近平总书记交给湖北的“必答题”，是省委十一届七次全会部署的“重点题”。

2022 年 1 月 29 日，省委农村工作会议召开，强调要扛牢政治责任，全面加强党对“三农”工作的领导，层层拧紧责任链条，坚持“守底线”“上层次”，确保脱贫不返贫、振兴不掉队。

这些都为杜堂村实现乡村振兴指明了目标方向，明确了路径方法，提供了重要遵循。

（二）强有力的领导体制和工作机制是根本保障

2018 年 1 月党中央、国务院颁布的《关于实施乡村振兴战略的意见》专列一章，强调坚持和完善党对“三农”工作的领导，提出完善党的农村工作领导体制机制，制定和遵循《中国共产党农村工作条例》，加强“三农”工作队伍建设，强化乡村振兴规划引领，强化乡村振兴法治保障，凝聚全党全国全社会振兴乡村强大合力等要求。

健全党委统一领导、政府负责、党委农村工作部门统筹协调的农村工作领导体制。充分发挥党把方向、谋大局、定政策、促改革的领导核心作用，确保党在农村工作中始终总揽全局、协调各方。

建立实施乡村振兴战略领导责任制，实行中央统筹、省负总责、市县乡抓落实的工作机制。明确党政一把手是第一责任人，五级书记抓乡村振兴。

省、市、县级党委定期研究乡村振兴工作。各省（自治区、直辖市）党委和政府每年要向党中央、国务院报告推进实施乡村振兴战略进展情况。

明确县级党委是乡村治理、乡村振兴的“一线指挥部”，县委书记要当好“一线总指挥”。建立市县党政领导班子和领导干部推进乡村振兴战略的实绩考核制度，将考核结果作为选拔任用领导干部的重要依据。

乡镇党委发挥“前沿作战部”的“龙头”作用，强化统筹协同，把乡镇建设成为服务群众的区域中心。

农村基层党组织以提升组织力为重点，突出政治功能，发挥“战斗堡垒部”作用，不断增强“造血”能力，发展壮大村集体经济，带领村民增收致富。

切实加强各级党委农村工作部门建设，按照《中国共产党工作机关条例（试行）》有关规定，做好党的农村工作机构设置和人员配置工作，充分发挥决策参谋、统筹协调、政策指导、推动落实、督导检查等职能。各部门要按照职责，加强工作指导，强化资源要素支持和制度供给，做好协同配合，形成乡村振兴工作合力。

五级书记带头抓、职能部门联动抓、分类指导精准抓，建立组织推动、要素保障、政策支持、协作帮扶、考核督导等工作机制，健全上下贯通、精准施策、一抓到底的工作体系，为乡村振兴提供了领导体制和工作机制上的重要保障。杜堂村的振兴是在党中央正确领导下，湖北省委、武汉市委、黄陂区委、姚家集街道党委和杜堂村党组织认真履行乡村振兴职责，带动各个方面齐心协力共同努力的一大成果。

（三）基层党建工作凝聚合力是重要前提

杜堂村之所以能够从众多乡村中脱颖而出，一个重要原因就是党建工作营造了强大合力。在推进乡村振兴过程中，杜堂紧紧围绕引导市民下乡带活农民，感召能人回乡激活农业，吸引企业兴乡盘活农村，开展“红色三乡”党建工作，形成了党建“5+”模式：党建 + 产业，让村里发展强起来；党建 + 人才，让村里队伍“壮”起来；党建 + 文化，让村里乡风“淳”起来；党建 + 生态，让村里环境“美”起来；党建 + 治理，让村里组织活起来。杜堂注重强组织、强队伍、强机制“三强”建设，建立起“杜堂片联合党委—党支部（5 个村党支部和 2 个非公企业党支部）—村党小组—党员能人和党员中心户”组织体系，实行“一个党员帮三户”，“有困难不要怕、随时给我打电话”的党员精细化服务，增强了党组织的凝聚力和向心力。杜堂村开办了“红色三乡”讲习所、市民下乡驿站、雏雁培训等党员活动阵地，让党员和党组织的带头示范作用得到充分发挥，特别是核心党员干部，如杜堂村村支书葛国兴、杜堂村第一书记葛天才，在推进乡村振兴的每一个困难关口都发挥了“主心骨”的作用。

（四）乡村基础设施建设是基础条件

加强完善农村基础设施建设，是解决农村“空心化”的重要措施。乡村振兴离不开水、电、路、气、宽带“五通”和垃圾、污水处理等基础设施的建设。而这些建设在农村并非易事，需要党组织发挥领导协调作用才能保证落实到位。2014 年黄陂区委、区政府选定杜堂村作为美丽乡村建设试点村，当年投资 525 万元完成了村庄整体规划，建成了出行道路、污水管网、公共活动场所等基础设施，后来又投资 1000 万元完成了 5 个自然湾 257 栋房屋的立面改造，使村庄面貌焕然一新。回乡企业家葛天才又追加投资 3000 万元修路面、建广场、搞绿化，实现了美丽乡村的提档升级。政府和企业家共同投资基础设施建设，为杜堂振兴创造了基本前提条件。

（五）人才集聚及其活力的激发是关键所在

党管干部、党管人才是党的工作的一条基本原则，也是一条成功经验。乡村振兴的一大瓶颈制约就是人口流出，人才匮乏。2017 年湖北省武汉市实施能人回乡、企业兴乡、市民下乡“三乡工程”，吸引了人口回流，产生了人才虹吸效应，如今的杜堂成了各类人才汇集之地。人才引得来、留得住、用得好是杜堂的又一条成功经验。黄陂区委领导动员杜堂村能人葛天才回乡创业的带动效应对杜堂振兴发挥了至关重要的作用。共产党员、湖北省人大代表、省道德模范、省劳模葛天才回乡，并担任杜堂村第一书记和杜堂区域综合党委副书记，带领村民创业、创造新生活，激活了杜堂村一池春水。

（六）因地制宜的产业布局是重要支撑

产业兴旺是乡村振兴的物质基础，也是聚集人才、人气的必要条件。产业是人口依附的支柱，是支撑乡村经济社会发展的脊梁。没有强有力的产业支撑，外流的人员引不回，增收的渠道拓不宽，破落的村庄美不了，传统的文化留不住，村级组织也壮大不起来。农村产业发展的过程就是农村人口重新集聚的过程，就是农民增收创富的过程，就是生态环境重新修复的过程。

湖北省委、武汉市委“三乡工程”的实施给农村带来了大量的资本和项目。杜堂村根据区委、区政府领导的指示精神和建议，从一开始就把产业发展放在优先位置，立足乡村资源禀赋，率先建起木兰花乡景区这一主导产业，并以此为依托，发展旅游休闲、农耕体验、乡土文化、共享民宿、康居养老等关联产业，形成乡村特色鲜明的产业链。葛天才将其旗下的武汉万中集团建筑公司总部迁到杜堂村，根据乡村产业发展、业态要求，注册成立了武汉木兰花乡旅游开发公司等多家公司，让旅游休闲、生态农业、农耕教育、康居养老、民俗文化、餐饮住宿、电子商务等多产业融合发展。拥有持续造血功能的多元化产业不断发展壮大，有力支撑了杜堂村的振兴。

（七）利益共享、合作共赢是成功诀窍

独乐乐不如众乐乐。利益独享不如利益共享。杜堂在发展过程中始终坚持投资方、村民、村集体各方利益共享，基础设施建设利益共享，入股分红利益共享等等。实现合作共赢，是杜堂振兴的又一大成功秘诀。

【思考题】

1. 全面实施乡村振兴战略面临的普遍性问题有哪些？

2. 杜堂振兴的基本经验和核心启示有哪些？杜堂模式还有哪些可改进或完善之处？

走好新时代党的群众路线的生动实践

——麻城石桥垸村“美丽环境与美好生活共同缔造”纪实

中共湖北省委党校（湖北省行政学院）　唐　岚

【引言】“群众路线是我们党的生命线和根本工作路线，是我们党永葆青春活力和战斗力的重要传家宝。不论过去、现在和将来，我们都要坚持一切为了群众，一切依靠群众，从群众中来，到群众中去，把党的正确主张变为群众的自觉行动，把群众路线贯彻到治国理政全部活动之中。”① 党的十八大以来，习近平总书记针对坚持党的群众观点、群众路线、群众工作方法、密切党同人民群众的血肉联系等方面进行了一系列深入论述，这些重要论述是习近平新时代中国特色社会主义思想的重要组成部分，是中华优秀“民本”思想的继承和发展，是马克思主义群众观在当代中国特色社会主义实践中的科学运用和创新，是习近平总书记在长期的革命斗争锤炼中，心里装着群众、工作依靠群众、发展为了群众实践经验的理论总结，具有丰富的思想内涵。迈入新的百年征程，如何走好新时代党的群众路线，充分发挥基层党组织的党建引领作用，宣传组织发动群众，发挥广大人民群众在基层治理和乡村振兴中的主体作用，已经成为新时代的一道热点试题。为此，全国各地进行了很多的有益探索，湖北省提出了以“一下三民”和“美好环境与幸福生活共同缔造”活动为载体，在全省广泛开展共同缔造活动，充分发挥基层党组织的党建引领作用，发动群众决策共谋、发展共建、建设共管、效果共评、成果共享，探索出了一条走好新时代党的群众路线的新路径。

【摘要】 2022 年湖北省第十二次党代会提出了走好新时代党的群众路线的要求。如何走好新时代党的群众路线？湖北省麻城市作为 2019 年住建部确

① 《习近平在纪念毛泽东同志诞辰 120 周年座谈会上的讲话》，《人民日报》2013 年 12 月 27 日。

定的共同缔造首批精选试点市、2020 年全国首批美好环境与幸福生活共同缔造活动培训基地，在党建引领共同缔造这方面进行了一系列有益的探索，积累了丰富的经验。本文以麻城市阎家河镇石桥垸村为例，剖析石桥垸村在村支委一班人带领之下，如何发动、组织、带领群众共同参与村居民舍的改造，凝聚民力民智，在基层治理和乡村振兴上走出了一条行之有效的践行新时代党的群众路线的新路径，实现了石桥垸村的华丽蝶变。

【关键词】 新时代群众路线；共同缔造；基层治理

一、背景情况

麻城阎家河镇石桥垸村位于阎家河镇，距市中心约 4.5 千米，是典型的近郊村。石桥垸村有 21 个村民小组，813 户 3098 人，党总支下设两个支部，4 个党小组，共有党员 80 多名。

过去的石桥垸村是一个深度贫困村，处于庭院经济的小农模式，没什么支柱产业，人均收入低，村里的青壮年大多以外出务工为生，是典型的“空心村”；村“两委”软弱涣散，党群干群关系紧张，群众对村“两委”持怀疑态度，一旦有问题有纠纷，村民就会采取上访的方式谋求解决；村里环境脏乱差，户外旱厕多，污水横流，池塘污染严重，垃圾随意丢弃；道路坑坑洼洼，私搭乱建随处可见，邻里矛盾纠纷不断，是麻城市有名的“问题村”，市里派遣的工作队谁都不愿到石桥垸村。

二、主要做法

2017 年，在住建部的大力支持下，美好环境与幸福生活共同缔造示范点项目落户阎家河镇石桥垸村，拉开了探索走好新时代党的群众路线，美丽环境与美好生活共同缔造的序幕。最初，基层的干部和群众都不清楚共同缔造是什么，要怎么改，改什么？阎家河镇很多群众都持观望态度，对能不能改好持怀疑的态度。如何发挥基层党组织的作用，密切党群干群关系，凝聚群众，走好新时代党的群众路线，麻城市委、镇委、村委一班人与住建部工作队想方设法、共同推进“美丽环境与美好生活共同缔造”活动，以活动为载体走出了一条行之有效的践行新时代党的群众路线的好路子。

（一）解决方案

共同缔造的项目落户在阎家河镇石桥垸村，随后麻城市委、市政府牵头，镇党委、政府、村“两委”和住建部工作队开始共同研究、着手部署。2018 年 3 月 20 日，中国中建设计集团 35 名专家进驻石桥垸村，经过充分的调研讨论，提出了“组织领导—党员带头—群众参与”的工作思路，强调要充分发挥基层组织党建引领的作用，组织引领、党员带头，充分发挥群众参与的主体作用，广泛开展共同缔造行动，建设整洁、舒适、安全、美丽的人居环境，宣传发动群众，逐步探索出了一条“决策共谋、发展共建、建设共管、效果共评、成果成享”的工作路径。

1. 建强组织，强化党建引领

党建引领直接影响共同缔造的发展方向和工作成效，只有强化党组织的政治功能，发挥党组织核心引领作用和党员干部“领头羊”模范带头作用，以强大的组织动员优势推动广大人民群众和社会各界深度参与，才能推动共同缔造取得实实在在的成效。

阎家镇党委、石桥垸村党总支部高度重视共同缔造活动，同步加强基层党组织和党员队伍建设，构建了以党组织为核心、自治组织配套、社会组织补充的“纵向到底、横向到边、协商共治”的共同缔造组织体系。纵向到底，实行“一竿子到底”式管理，麻城市委、市政府牵头，阎家河镇党委、政府和石桥垸村“两委”、中建设计集团共同参与成立专项指挥部负责统筹试点工作。同时将组织体系向垸组延伸，在垸组设立党支部，建立党员与群众“一人联十人，十人联百户”的群众工作机制，为共同缔造工作顺利开展筑牢群众基础，促进了村级事务共商、决策共谋。横向到边，采取“1+1+1+N”模式，成立“中建公司—石桥坑村”联合党支部、村民监事会、理事会和各类协会、合作社，构建了体系完整、领导层次明晰的村级共同缔造组织架构，把每一位村民都纳入到村庄建设、整治、管理中来。其中，联合党支部为决策机构，负责共同缔造相关事项的决策；理事会为议事机构，负责组织、发动村民参与共同缔造活动；监事会为监督机构，负责共同缔造工作的考核监督。协商共治，即创新运用“红星之家”“垸组群众会”“板凳课堂”等载体，组织县乡村三级党员干部下沉村组垸落、田间地头，广泛开展政策法规大家讲、文明新风大家传、先进典型大家评等“十大活动”，与群众面对面、心贴心，既融洽了党群干群关系，又引导群众有序参与村组事务决策、建设和管理。

2. 发动群众，激发群众参与

按照推进前问需于民、推进中问计于民、推进后问效于民的原则，发挥群众主体作用，尊重群众首创精神，坚持以服务民生为本的原则推进共同缔造。发挥群众主体作用，在决策阶段尊重群众意愿，以群众需求为导向，从群众关心、期盼的事情做起，发动群众参与，激发群众积极性，凝聚群众共识，实现村民对人、事、钱、物共同管理监督，做到村庄管理凝聚民智。尊重群众首创精神，依托垸组群众各类组织等载体，宣传共同缔造理念，组织和发动村民参与美丽乡村建设规划、协调、建设、管理全过程，广泛听取群众意见，聚民智、汇民力，化解矛盾纠纷，兴办民生实事。

3. 扶持产业，夯实经济基础

没有村级集体经济的村党支部是无根的党支部，共同缔造必须以产业发展为支持，坚持产业扶富、就业扶技，发展特色产业，壮大集体经济，实现群众共同富裕。只有发展壮大了产业，村集体才有经济收入，才有钱搞建设、兴文化、办实事，才能为村民提供更多更好的就业机会，实现就地就近就业，留住人、留住人才，激发群众内生动力，不断提升群众的获得感和幸福感。发展特色产业，充分发挥现有村集体经济和村民营企业的资源优势，因地制宜搞发展。石桥垸村明确了发展“农业 + 旅游”的产业方向，引进先进技术对主导产品进行优化升级，提升了核心竞争力，村集体通过入股、土地流转的形式实现了增收。带动村民致富，通过开展培训为群众提供技术指导，引进市场主体为群众提供就业岗位，流转土地为群众分红，实现增收。石桥垸村通过邀请农业方面的技术专家多次奔赴村集体产业现场，进行实地调研与技术指导，组织开展专业技术培训，带动 300 多人实现就业、增加收入。

4. 共建共治，满足群众需要

推进共同缔造过程中要始终坚持“尊重自然、完善配套、修旧如旧、挖掘文化”原则，树牢“生态优先”理念，不搞大拆大建，重在原址修复、提档升级，注重挖掘文化内涵，塑造共同缔造精神。提升人居环境，以美丽乡村建设为依托，全面整治农村人居环境“脏乱差”的问题。石桥垸村围绕推进美丽乡村建设，以“四清四化五改”（即清垃圾、清杂物、清残垣断壁和路障、清庭院，绿化、美化、亮化、净化，改路、改水、改厕、改圈、改垃圾处理）为主要内容，开展“农村生活环境大改善”“农民生活质量大提高”“幸福乡村共打造”三大行动，全面提升人居环境。修复建筑遗址，对原始建筑进行修复和提档升级，挖掘文化、塑造精神。石桥垸村依托中国传统村落项目，修复重建了徐家麟故居、吕阳城楼、文旅展馆。以“红色文艺轻骑兵”送戏下乡为载体，依托传统经典戏曲开展文化交流活动，建成了一个古色古香、洁净美丽的新村庄。

（二）具体实施

1. 健全制度强体系

为统一思想，让村民理解共同缔造理念，支持美好环境建设，成立“中建—石桥村”联合党支部，采取“纵向到底”的方式，成立综合治理委员会、监事会，构建了体系完整、领导层次明晰的“1+1+1+N”的共同缔造组织架构，即“项目联合党支部＋监事会＋综合治理委员会＋理事会、协会合作社等”的村庄治理体系。与此同时，采取“效果共评”的措施，推进乡村治理的监督考核管理。党支部组织村民、乡贤等各界人士共同评价各项治理活动的过程与效果，营造村民共商、共谋、共行、共评、共享的共同缔造氛围。

2. 发动群众强治理

联合党支部通过建立“一人联十人，十人联百户”的群众联络机制，强化党员示范带头作用，真正融入群众，依靠群众。通过推选德高望重的乡贤组成综合治理委员会，宣传共同缔造理念，组织和发动村民参与美丽乡村建设规划、协调、建设、管理全过程，广泛听取群众意见，聚民智汇民力，化解矛盾纠纷。以综合治理委员会 7 位村民带头拆除自家厕所和厨房为先导，引导说服村民拆除小旱厕、牛栏猪圈、残垣断壁、危房，新建公厕，同时在共同缔造过程中，石桥垸村建立公共环境长效维护机制、垃圾分类处理机制以及公共账户监管机制三种机制，由监事会负责。

3. 发展产业强振兴

联合党支部充分发挥现有村集体和村民营企业的资源优势，结合本村产业实际情况，引进先进技术，对主导产品进行优化升级，提升核心竞争力，邀请产业方面的技术专家、高校教授多次奔赴村集体产业现场，进行实地调研与技术指导，并组织开展专业技术培训，位于石桥垸村的麻城龙腾生态园作为全市特色生态园之一，先后投资 5000 万元，既为村民提供土地流转费 500～800 元/亩，又为村民创造更多工作岗位，带动村民脱贫。湖北尚邦生态农业有限公司董事长陈钊初中毕业后就南下创业，在石桥垸村投资 5000 万元，打造出集绿色食品生产示范、加工贸易、科普教育、观光旅游于一体的现代化农业园。如今，两家企业每年高峰期用工量约为 300 人。

4. 传播文化强乡风

在共同缔造活动的推动下，石桥垸村的文化交流不断丰富起来。每逢元宵、中秋等节日，村庄热闹非凡，传统经典戏曲以喜闻乐见的形式在百姓大舞台上得到展现。结合美丽乡村示范点优势，村庄利用百姓大舞台开展“红色文艺轻骑兵”送戏下乡和评选“十佳好婆媳”“脱贫光荣户”活动。以丰富多彩的文化活动吸引群众，以社会主义核心价值观统领思想，营造了良好的乡风民俗，既满足了人民群众对文化生活的需求，也凝聚了民心传播了正能量，乡村治理呈现新气象。

（三）实际成效

经过这几年的努力，石桥垸村发生了翻天覆地的巨变，柏油铺设的村道整齐划一，草绿花红，道路两旁农舍整洁，蔬果飘香，旧貌换新颜。用了短短的几年时间，石桥垸村在村“两委”和党员的带领下、全体村民的共同努力下，把过去一个脏乱差、污水横流的落败村建成了一个洁净美丽的新村庄。现在的石桥垸村“两委”班子在群众中有着极高的威望，村里的党员以一带十，在产业发展、村务管理、环境治理、拆危拆违等各项工作中都能率先带头，站在高处一呼百应；石桥垸村的群众无论男女老少都积极参与村务管理、村务监督，人人有岗、人人负责，积极参与共同缔造工作，乡风淳朴，一派欢乐祥和的景象。

以共同缔造活动为载体，石桥垸村走出了一条践行新时代党的群众路线的好路子，靠着党建引领发动群众共建共治，把一个组织涣散、经济落后的深度贫困村发展成为了全省共同缔造示范村，并先后荣获“湖北省文明村”“省脱贫攻坚先进集体”等多个荣誉称号。2018 年 9 月在石桥垸村成功举办了全国“美好环境与幸福生活”共同缔造现场会，石桥垸村成为全省学习的先进村示范村。

在践行新时代党的群众路线的过程中，基层党建引领共同缔造，既实现了乡村民居生活、经济发展、乡风民风的巨大变化，也实现了工作思路和工作方式的“四个转变”，即工作思路从上而下到共同缔造的转变，建设理念由“要我干”到“我要干”的转变，精神面貌从消极应对到积极主动的转变，参与主体从党委、政府到人民群众的转变。

三、经验启示

党的群众路线是党的生命线和根本工作路线，既是认识论也是方法论，是党奋斗百年取得成功的宝贵经验，也是新时代取得更大成绩的根本保证。走好新时代党的群众路线与过去相比，工作的环境、内容、对象和方式都发生了很大的变化，但党全心全意为人民服务的宗旨不能变，从群众中来到群众中去的工作方法不能变，把党的正确主张转化为群众自觉行动的要求不能变，只有不断开拓创新找准走好新时代党的群众路线的路子，才能让党同人民群众更加紧密地联系在一起，才能凝聚广大人民群众，共同努力取得更大成绩。如何走好新时代党的群众路线，麻城阎家河镇石桥垸村进行了有益的探索，“共同缔造”活动是践行党的根本宗旨、走好新时代党的群众路线的重要载体和“湖北篇章”，也是更好满足人民群众对美好生活向往、解决群众急难愁盼问题的有力之策；“共同缔造”活动是进一步夯实基层基础、推进基层治理体系和治理能力现代化的有效路径和“湖北方案”，也是全省党员干部落实党史学习教育常态化长效化、深化“下基层、察民情、解民忧、暖民心”实践活动的创新之举。

1. 必须坚持党建引领

党建引领直接影响“共同缔造”的发展方向和工作成效，是推进基层治理现代化的关键所在，是将“以人民为中心”融入基层治理的组织行动。只有强化党组织的政治功能，发挥党组织核心引领作用和党员干部“领头羊”模范带头作用，才能推动人民群众和社会各界深度参与。突出党建引领“黏合成效”，才能更好地从群众、基层需求上寻找突破口，为群众、为基层办实事、办好事，才能发挥社会各方面作用，激发全社会活力，让“群众的事同群众多商量，大家的事人人参与”成为新常态，让“共同缔造”理念深入人心。

2. 必须坚持群众路线

坚持以人民为中心的发展思想，既要“发展为了人民”，也要“发展依靠人民”。只有把党委、政府的追求与群众的需求有机结合起来，把党委、政府的意志转化为人民群众的意愿，紧扣群众关心的切身需要，从房前屋后、实事小事、素质提升等方面着手，让群众走出来、说出来、做出来，才能充分调动群众的积极性和主动性，变“要我做”为“我要做”，才能让党群、干群关系更加和谐，更加融洽；变“你和我”为“我们”，才能不断激发群众的创造力和凝聚力；变“靠政府”为“靠大家”，推进“三治”有效融合，实现政民同心、一呼百应。

3. 必须坚持共同理念

只有通过“共同”理念，才能更好协调“自上而下”的规划和“自下而上”的反馈，才能更好构建“政府引导、发动群众、多方参与”的社会治理机制，让社会各界在推进社会治理现代化中进一步找准定位。只有以群众参与为核心，以项目活动为载体，以奖励优秀为动力，从群众身边的小事做起，从与老百姓生产生活息息相关的项目做起，从房前屋后的实事做起，发动群众共办好事实事、共推改革发展，才能更好做到“决策共谋、发展共建、建设共管、效果共评、成果共享”。只有把党的领导贯穿到共同缔造活动全过程，有效发挥党员先锋模范作用，把基层党组织建成领导“共同缔造”的坚强战斗堡垒，才能把各种职能功能聚集到一起，凝聚推动共同缔造的工作合力。

4. 必须坚持市场导向和统筹发展

要把政府整合资源的行政优势、企业的市场竞争优势等有机结合起来，着力调整优化政府职能，化“管理”为“治理”，补“缺位”防“越位”。麻城市引进市场主体，推进城乡环卫一体化、市场化改革，用市场的办法推进老旧小区改造，让“专业的人做专业的事”，改善了城乡面貌，增进了民生福祉。实践证明，只有既发挥好政府之手把握方向、组织有力的作用，又发挥好市场之手灵活快捷、运行高效的作用，才能把好事办好，把实事办实。

【思考题】

1. 阎家河镇石桥垸村推动“美丽环境与美好生活共同缔造”工作给予了我们哪些有益的启示？

2. 石桥垸村在推进“共同缔造”工作时基层党组织和党员发挥了怎样的作用？

3. 新时代党的群众路线新在何处？

4. 走好新时代党的群众路线目前还面临着哪些难题？

5. 如何走好新时代党的群众路线？

将百姓凝聚在党旗下

——武汉百步亭社区以党建引领，打通城市基层治理“最后一百米”

中共武汉市委党校　袁　婧

【引言】 党的二十大报告指出，要完善社会治理体系，健全共建共治共享的社会治理制度，提升社会治理效能。习近平总书记多次强调，要加强和创新基层社会治理，使每个社会细胞都健康活跃，将矛盾纠纷化解在基层，将和谐稳定创建在基层。①2022 年 6 月 28 日，习近平总书记在湖北省武汉市考察时再次指出：“社区是城市治理体系的基本单元。我国国家治理体系的一个优势就是把城乡社区基础筑牢。要加强社区党组织建设，强化党组织的政治功能和组织功能，更好发挥党组织在社区治理中的领导作用，更好发挥党员先锋模范作用。”②

【摘要】 随着中国现代化进入新发展阶段和城市化进程的不断推进，城乡基层结构发生了深刻变化，城市基层治理面临着许多新形势、新挑战，也存在许多亟待解决的问题，如横向协作不够、纵向力量不足、管理衔接不紧、担当作为不够等。为有效破解这些城市基层治理难题，武汉市百步亭社区党委适应新时代党建要求，大力推进基层党的建设，创新组织机制和工作方式，加强社区基层治理，成就了独具特色的“百步亭模式”的成功实践，通过党建引领、政府服务、居民共治、市场运作走出了一条具有湖北特色的城市基层治理新路子，其探索形成的“百步”工作法，为居民搭建了“组织百步内建立，服务百步内到位，矛盾百步内化解，活动百步内开展”的共建共治共享平台，打通社区治

①《习近平在经济社会领域专家座谈会上的讲话》，《人民日报》2020 年 8 月 25 日。

②《习近平在湖北武汉考察时强调　把科技的命脉牢牢掌握在自己手中　不断提升我国发展独立性自主性安全性》，《人民日报》2022 年 6 月 30 日。

理“最后一百米”，赢得了“民心”，将社区居民始终凝聚在党的旗帜下。

【关键词】 党建引领；城市基层治理；体制机制创新

一、背景情况

百步亭社区地处武汉市江岸区后湖片区，占地5.5平方千米，居住和生活着4万多户18万多人。这里曾经是一个渔乡小镇，位置偏远，地势低洼，环境脏乱，基础设施缺失，建设管理难度大，社会矛盾多。自1995年起，百步亭集团开始在此开发建设，首创“建设、管理、服务”三位一体的社区建设模式，其大胆的改革思路得到了武汉市委、市政府和江岸区委、区政府的大力支持，突破传统的区—街道—居委会管理型的行政体制，创建了全国第一个不设街道办事处的区直管社区，形成了一个集经济适用房、廉租房和商品房于一体的现代化混合社区。

城市化进程催生新的情况，随着百步亭社区建设的不断发展，一些新的社会问题也逐渐显现。社区居民来源复杂、身份多元，“人多嘴杂”带来了管理难度的增加和日常矛盾的增多。社区作为城市治理体系的基本单元，日益成为各类人群的聚焦点、各项工作的落脚点和各种矛盾的交汇点，这些都对基层党建提出了新问题和新要求。

如何把握基层党的建设和城市基层治理的关系？如何完善城市基层社区治理体系？这是摆在百步亭社区乃至许多城市基层社区面前的难题。百步亭社区通过探索创新，形成了自己特有的社区党建工作法——“百步”工作法，即组织百步内建立，服务百步内到位，矛盾百步内化解，活动百步内开展，创新“党的领导、政府服务、居民自治、市场运作”的社区运作机制，党建引领社区治理，形成党建“实”、三治“活”、服务“优”、机制“强”、效果“好”的社区治理新格局，不仅有效化解了群众之间的矛盾，更在服务群众中主动作为，创造了和谐友爱的社区氛围，提升了群众的获得感、幸福感和安全感，把社区居民凝聚在党的旗帜下，巩固了党的执政基础，推动了基层治理体系和治理能力现代化。

二、主要做法

“百步”工作法，从形式上看，是对探索超大城市基层治理新路子的一次响应，其实是推动城市基层社区从粗放式的传统管理模式向现代化精细治理模式的一次转型。这次转型以习近平新时代中国特色社会主义思想为指导，以“党建引领”为核心，注重加强党的领导和发挥党的政治优势，充分彰显基层党组织在城市基层治理中的战斗堡垒作用，把党的领导、政府服务、居民自治、市场运作相结合，多方联动形成共建共治共享的社区治理新格局，真正做到民呼我应，激活社会治理的神经末梢，打通社区治理的“最后一百米”。

（一）“答好时代必答题”：坚持政治引领，党的精神播撒到每一地

1. 坚持“两个确立”，践行“两个维护”，答好必答题

党的十八大以来，习近平总书记多次强调，社区治理得好不好，关键在基层党组织、在广大党员，要把基层党组织这个战斗堡垒建得更强，发挥社区党员、干部先锋模范作用，健全基层党组织领导的基层群众自治机制，把社区工作做到位做到家，在办好一件件老百姓操心事、烦心事中提升群众获得感、幸福感、安全感。① 武汉百步亭社区探索形成的党建引领基层治理实践，将党建引领作为基层治理工作的着力点，积极引导多元治理主体在社区聚合下沉，形成共建共治共享的机制体制，用实际行动让习近平新时代中国特色社会主义思想在湖北武汉落地生根，坚持“两个确立”，践行“两个维护”，答好时代必答题。

2. 学思践悟新思想，锚定超大城市基层治理现代化时代主题

社区是城市的基本单元，统筹推进城市基层社区治理，是实现国家治理体系和治理能力现代化的基础工程。随着城市化进程的加速推进，城市基层治理面临横向协作不够、纵向下沉不足、社会参与度不高等多项难题。为有效破解城市基层治理难题，锚定超大城市基层治理现代化时代主题，武汉百步亭社区认真学习贯彻中央、省、市、区党代会关于超大城市现代化治理的指示精神，强阵地、搭平台、育人才、创治理、聚邻里，积极开展实践探索与创新，形成新时代党建引领基层治理的“百步亭模式”。

①《习近平在青海考察时强调　坚持以人民为中心深化改革开放　深入推进青藏高原生态保护和高质量发展》，《人民日报》2021 年 6 月 10 日。

3. 传承中华优秀传统文化，赓续社区“亲邻睦里”传统命题

基层是一切工作的落脚点，习近平总书记强调：“把基层党建工作抓好了，我们的基层党组织牢不可破，我们的党员队伍坚不可摧，党的执政地位就坚如磐石，党和人民的事业就无往而不胜。”① 做好基层工作，关键在于群众工作，要夯实党的基础，就必须深入践行党的群众路线，用心用情做好群众工作。经过长期历史变迁，百步亭社区逐渐演变成为一个和谐繁荣、亲邻睦里的现代化居民区，是百步亭社区党委弘扬“远亲不如近邻”的优秀传统文化，构建熟人社会和现代化社区，做好城市基层治理的成功经验做法。

（二）“组织百步内建立”：创新组织架构，党的组织覆盖到每一户

1. 创新基层党组织建设

百步亭社区党委创新基层党组织建设模式，不断深化党组织体系的纵向延伸，将社区划分成 9 个苑区，下设苑区党总支，每个苑区以楼栋为单位建立网格，整个社区共有 820 个网格，设立小区（网格）党支部和居委会，在每个楼栋建立党小组，社区楼栋党小组由“两长四员”组成，即党小组长、楼栋长以及卫生员、治安员、文体委员、物业房管员，形成“社区党委揽全局、苑区党总支抓主体、小区（网格）党支部强服务、楼栋党小组优管理、党员中心户做表率”的五级架构。

2. 实行“五级负责制”层层履职

党委书记负责社区，党总支书记负责苑区、网格党支部书记负责片区、党小组长负责楼栋、党员负责家庭，明确每个层级责任人，各级组织守土有责。建立岗位权责阶梯管理，规定每个层级第一责任人不在时，依次递补，一抓到底，确保工作不留空白。社区实行 24 小时党员履职制，将各级党组织成员的家庭电话、手机号码在辖区内公开，24 小时接受群众来访来电。

3. “双强”“两进入”强化组织领导

“双强”是指采取多种途径，着力建设一支思想政治素质强、群众工作能力强的社区骨干队伍，包括“奉献 + 才艺”选配书记、“培训 + 论坛”提升能力、“述职 + 考评”改进管理、“登记 + 反馈”激励党员。“两进入”是指在区域化党建和网格化管理的基础上，健全社区党委领导下的各类党组织，优化组织设

---

① 习近平：《坚持不懈推进党的先进性和纯洁性建设——在全国创造争优理论研讨会上的讲话》，《党建研究》2012 年第 6 期。

置，配强一线力量，一是“两长四员”进楼栋。逐一落实工作责任，公开联系方式，实行24小时履职制，把社区党小组建成坚强有力的管理服务组织；二是“双向进入”强核心。在社区层面，实行社区“大党委制”，将居民自治组织、政府派驻机构、物业公司和驻社区大型企业负责人，吸纳进党委任兼职委员，引导各方参与社区建设。在苑区层面，推行“双向进入、交叉任职”，苑区党支部书记、居委会主任“一肩挑”，居委会主任担任物业服务处总监，物业服务处经理担任居委会副主任，从管理体制上保证党组织领导核心作用的发挥。

4. 建立“支部孵化器”

在社区党委下设置综合党支部，协助开展新入住居民、企业、商户的党员信息登记和党组织组建，实现党的组织扎根到居民楼栋、覆盖到企业商户、延伸到公园工地。固化疫情期间创设小区党支部经验，吸纳业委会党支部成员、物业企业党支部成员、居民党员、“两长四员”等兼任小区党支部委员，推动小区党支部成员、党员业主等进入“红色业委会”，依托物业、业委会活动阵地打造“小区党群服务驿站”，实现党对小区治理的全面领导。

5. 把党组织建成“四个之家”

即“把离退休党员接回家、给在职党员再安个家、为流动党员找个家、给下岗党员一个温馨的家”。对离退休党员，社区党组织主动联系，动员其参加社区活动；对在职党员，实行在职党员单位联系制，通过发放信息卡、社区活动登记卡和社区表现反馈卡，定期向其单位反馈情况，对在社区作出贡献的在职党员，给所在单位以函件形式发喜报，有效推进“在职党员进社区”；对流动党员实行“双联双管”；对下岗党员，深入开展带头再就业、带领下岗职工再就业的“双带”工程，增强党组织的凝聚力。

（三）“服务百步内到位”：始终情系群众，党的服务延伸到每一处

1. 政务服务“一站式”

整合社区公共服务资源，协调政府派驻的公安、人社、司法、工商、城管、人口计生、卫生、民政等公共服务部门进社区集中办公，为居民提供社会保障、就业培训、医疗保健等“一站式”综合服务；将政务服务延伸至小区，推行社区工作者帮办代办服务；运用“武汉微邻里”“i武汉i家园”小程序等与居民密切相关的服务载体，实现居民足不出户即可享受到便捷服务。

2. 生活服务"全覆盖"

落实"红色物业",推行 ISO9000 质量管理和"三个 100"标准(物业项目党组织 100% 覆盖、物业管理层 100% 有党员、物业员工 100% 是志愿者),推行物业绩效居民评分制度,社区组织居民代表成立考评小组,每月检查考核物业服务质量,考评结果与物业公司员工报酬挂钩,降低物业收费标准,实行低价优质生活服务,物业费与同片区同品质住宅相比低 20% 以上。为困难群体提供日常保洁、亲情陪护等低价或无偿惠民服务;依托物业服务场所,在每个苑区建立健康驿站,搭建起"5 分钟医疗急救圈"。

3. 法律服务"到一线"

推进公安、司法、检察院、法院等政府部门法律服务进社区;发动小区在职或退休法律从业者组建"橄榄枝"法律咨询服务队,通过电话咨询、网上解答、轮流值班、设点咨询或上门服务等方式,为居民提供免费法律咨询服务,搭建起"法律援助便民服务圈"。

4. 文体服务"家门口"

制定文体活动计划,实现"周周有活动,月月有安排",打造家门口"5 分钟文体活动圈"。

5. 关爱服务"必到访"

坚持落实"三必到""五必访","三必到"即居民有突发事件必到、有不满情绪必到、有家庭纠纷必到;"五必访"即困难家庭必访、住院病人必访、下岗失业人员必访、解除劳教人员必访、孤寡老人必访。做实做优困难群体全覆盖"认亲"帮扶,让困难群体事有人管、难有人帮、苦有人问。

6. 党员服务"帮帮团"

依托党员群众服务中心,开办"四点半"学校,提供居家养老服务,切实做好留守儿童、空巢老人、残疾人等特困群体的帮扶工作。成立社区教育援助会、慈善援助会。实行党员入驻登记跟踪服务,开展党费慰问集中帮、红色基金日常帮、下沉党员结对帮,对存在生活困难的居民党员进行帮扶,同时加强自管党员教育管理服务。

7. 特色服务"白 + 黑"

创新开展人才、就业、健康管理、安全巡逻、退役军人保障、青少年成长、助残敬老等特色服务,下沉党员"七点半"巡逻队和社区"九哥志愿巡逻队"结成"互补拍档","白 + 黑"24 小时为居民守护安全港湾;楼栋长、党员志愿者与残疾少年组成“爱心家庭”，风雨无阻轮值接送单亲家庭“轮椅少年”上学。倡导“有时间做志愿者、有困难找志愿者”，组建160多支特色志愿服务队，注册志愿者2.4万余名，建立志愿服务日、服务月和星级管理制度。

（四）“矛盾百步内化解”：健全体制机制，党的温暖关怀到每一家

1. 活自治——三方联动、六步议事，群众工作群众做

“三方联动”是指在社区大党委的统一领导下，社区居委会、物业公司、业主委员会三方，整合资源，形成合力，为居民群众提供全方位、全天候、全过程的服务，完善“一天一碰头、一周一例会、一月一听证”制度，协同联动处理小区治理问题。“六步议事”坚持“居民事，居民管，居民办，居民说了算”，按照六个步骤，即“多种渠道提议题，多方恳谈出主意，议事组织拟方案，张榜公示开言路，专家审查定公约，居民表决说了算”的议事机制，实行居民自治。建立百步亭社区网站、网上工作室和微信群，设立“小总理”电子信箱，在门栋设立“小总理”留言箱，让群众话有处说，诉有处求，对居民诉求承诺做到“小事不过夜，大事不隔天，事事有回音”，每年收集群众意见建议诉求上万条，100%办结回访。积极发挥居民自身力量做好群众工作，动员社区志愿者成立“管得宽”维和队，专门调解邻里纠纷；建立“阳光姐妹”服务组，关爱存在心理困扰的居民等活动，引导社区居民做到无事不生事、遇事不怕事、大事化小事、坏事变好事。

2. 促共治——多元主体、多方参与，共建共治共享

百步亭社区党委积极组织动员辖区共驻共建单位、下沉党员干部、社会组织、物业企业、群团组织、志愿者等多方力量，共同参与社区治理，以更好地解决群众操心事烦心事揪心事。如组建以民警、社区群干、物业人员、网格员、志愿者、下沉党员为末端的“6+N”社区防诈宣传小组，向社区居民发放装有《防骗知识手册》和防诈骗路线图的“防诈八宝袋”等。

3. 构法治——联合调节、“五调”对接，多重合力化矛盾

组建以派出所为主体，调解员、律师等多方参与的“联合调解中心”，聘请法院人民陪审员担任首席调解员，创办“老陈调解工作室”和模拟诉讼室，建立矛盾纠纷排查发现机制。健全司法调解、行政调解、信访调解、仲裁调解以及人民调解“五调对接”机制，及时掌握化解矛盾纠纷隐患。

4. 育德治——特色文化、有益活动，线上线下营氛围

坚持“社区靠群众、群众靠发动、发动靠活动、活动靠文化”，组建100余支群众文体活动队伍，线上线下相结合，定期开展红色教育、民俗节庆、群众健身、道德论坛、文明创建、亭台文化等各类活动，引导大家走出家门、融入社区，滋养爱国情怀，广大居民群众像吸铁石一样紧紧围绕在党组织周围。

5. 优配置——创新培养、推进下沉，居民呼声必有应

创新“导师制”“滴灌式”等名书记“1+10”培养方式，开展社区工作者“5+1”技能“大比拼”，邀请居民群众代表每月对社区工作者量化考核评分，让居民群众的“呼声”变成社区工作者的“掌声”。推进党员干部下沉社区常态化，实行党员干部下沉“四必四微”工作法，即社区有需要必到、网格有矛盾必调、居民有困难必帮、不稳定因素必报，参与小区微治理、解决居民微诉求、收集居民微心愿、实现居民微梦想。发动居住地报到党员和社区志愿者、“两长四员”、家人同事等结成“红色拍档”，将疫情期间涌现的群众工作队“队长”、微信“群主”、小区网购“团长”发展成为“楼栋红管家”，实现“居民只要有需要，我们可以随时到”。

6. 强处置——应对突发、有效控制，“三个第一”首问责

建立“三个第一”处置机制，及时处理突发事件。社区出现突发事件时，社区党委及网格相关负责同志采取“第一时间、第一现场、第一责任人”的工作方式进行处理。社区设立应急领导小组和应急处置小分队，处理突发事件要求3分钟内赶到现场，4分钟内搞清楚现场情况并有效控制住局势，5分钟内将详细情况向上级报告。建立首问责任制，确定经办第一责任人，一人管到底。

（五）“活动百步内开展”：加强文化建设，党的声音传递到每一人

“社区靠群众，群众靠发动，发动靠活动，活动靠文化。”积极开展楼道党建、亭台党建、广场党建等，坚持“三天一个小活动，五天一个大活动，逢年过节必有庆祝活动”，培育了“百步不停、永远前进”的社区文化，通过丰富多彩的文化建设活动，把广大居民紧紧团结在党组织周围。

1. 红色教育活动凝聚人心

在社区成立延安精神研究会和“五老”报告团（包括老干部、老战士、老模范、老教育、老党务），对社区居民和青少年进行革命传统教育。每年分批组织社区骨干、优秀青少年赴省内外红色教育基地学习培训，每次确保达到党员

干部人数的30%以上。坚持社区每月举行一次升国旗仪式，每年“七一”召开纪念表彰大会，举办优秀党员事迹报告会和事迹展览。社区党员每年组织“党员故事会”“优秀共产党员事迹报告会”等活动，“知党情、颂党恩、跟党走”成为社区居民共同心声。

2. 民俗节庆活动和谐邻里

在社区党组织的带领下，以春节、元宵节、中秋节等中国传统节日为文化载体，依托传统节日举办不同的节庆活动，如春节过大年、元宵办灯会、中秋“团圆宴”、重阳“敬老会”等。组织社区居民、空巢老人、流动人口、困难家庭等一起共度佳节，组织老年居民和少年儿童同台演出，主动将煮好的饺子、汤圆送到老人和弱势群体家中等，为社区居民送上祝福，为弱势群体带来关怀，传播中国优秀传统文化，促进邻里和谐和社区繁荣。

3. 群众文体活动激发活力

针对居民特点和兴趣爱好，大力倡导“我参与、我奉献、我快乐”的健康文化。积极发挥有文艺特长、有活动热情、有组织能力、有兴趣爱好的居民骨干作用，由他们牵头组建了腰鼓队、气功队、太极拳队、陀螺队、合唱队、礼仪队等100余支有特色的群众文化队伍。社区提供资金、场地，建成了1万多平方米的活动场所、4万平方米的绿化广场和6万平方米的游园，形成了5分钟“文体活动圈”，每位居民都能够找到适合自己的活动团队，通过“小喇叭响起来、渔鼓唱起来、快板敲起来、漫画展起来、故事讲起来、朋友圈转起来”等，把党员居民骨干变成党的政策宣传员，把群众活动团队发展成党的政策宣传队。

4. 道德论坛活动弘扬美德

以楼栋为载体，开办道德大讲堂、楼栋道德论坛、礼仪讲座、“婆媳对夸会”等活动，倡导做守道德、讲文明、重礼仪的百步亭人，提升居民的个人品德、家庭美德、职业道德和社会公德。

5. 文明创建活动倡导新风

每年评选表彰最佳“文明苑区”“十佳五好门栋”“百佳和谐家庭”；每年评选“感动百步亭十大人物”“十大孝子”“十大诚信经营商户”“十佳婆媳”等，倡导文明新风。

6. 亭台文化活动丰富内涵

组织居民为社区200多个造型各异的亭台赋亭名、题楹联，以亭为载体，开展诗友会、歌友会、书友会、棋友会活动，培育独具特色的百步亭文化。依托

“志愿服务全国联络总站”，联络全国各地社区，共同举办“社区网络春晚”，展示群众文化、民俗民风。

三、经验启示

百步亭社区在习近平新时代中国特色社会主义思想引领下，在探索党建引领超大城市基层精细化治理上，进行了有益探索，走出了一条新路子。通过强化党建引领社区治理，实现了组织有力、服务到位、民心凝聚、社区和谐，在一个拥有 18 万人的超大型社区，近 20 年保持了“十个没有”（没有大的邻里纠纷、没有越级上访、没有群体性事件、没有火灾、没有邪教活动、没有未成年犯罪、没有刑事案件、没有不良网吧、没有传销、没有黄赌毒），经受住了风雨洗礼和历史考验，取得了显著成效。社区先后获得“全国先进基层党组织”、“全国文明社区示范点”、首届“中国人居环境范例奖”等 100 多项国家、省、市级奖项，居民们都骄傲地说：“选择了百步亭，就是选择了幸福生活。”“百步”工作法凝聚了广大党员群众的智慧和力量，激励了干部担当作为，为构建具有中国特色、时代特征的超大城市基层治理提供了诸多启示。

（一）坚持党建引领城市基层治理，充分发挥基层党组织的战斗堡垒作用

社区是打通城市基层治理神经末梢的关键环节，党建引领是进行社区治理的根本保障。城市基层党建犹如城市治理的筋骨，只有不断强筋壮骨，加强党的基层组织建设，发挥基层党组织的政治引领、组织引领、能力引领、机制引领作用，建强基层党组织战斗堡垒，以党建引领贯穿基层治理始终，依托党组织整合社会力量，平衡多方利益，下基层察民情解民忧暖民心，寻求“最大公约数”，画出“最大同心圆”，才能真正打通党同人民群众血肉联系的“最后一百米”，使党的政治优势、组织优势转化为基层治理效能。

（二）坚持以人民为中心，带着感情办实事，走好新时代党的群众路线

城市是人集中生活的地方，城市建设必须把让人民宜居安居放在首位。在城市社区基层治理中，要牢固树立“人民城市人民建，人民城市为人民”的重要理念，将人民群众“满意不满意，赞成不赞成，答应不答应”作为衡量城市基层治理工作的根本标准，不断更好地为人民群众提供精准有效的服务和管理，

把党的群众路线贯穿到党建引领基层治理的全过程，带着感情办实事，以“时时放心不下”的责任感，不断提升人民群众的获得感、幸福感和安全感，厚植党的群众根基。

（三）建强人才队伍，锻造骨干力量，夯实社区治理基石

建设一支素质优良的专业化社区工作人才队伍，是深化党建引领城市基层社区治理的重要保障。要在严格选聘标准和程序、把好队伍“准入关”、完善激励保障制度、把好激励“导向关”等方面强化措施，着力壮大城市基层党建和基层治理骨干队伍，赋能城市基层治理，夯实社区治理基石。

（四）民主自治、有序善治、多元共治，着力构建城市基层治理新格局

基层治理是涉及很多具体事项的系统性工作，具有许多复杂性和不确定性，政府、市场和社会既是国家治理体系的有机组成部分，也是社会治理的重要主体。在党建引领下，鼓励居民民主自治，有序推进政府善治，加强基层多元共治，是激发基层社区治理活力有效路径。要通过多种手段激发治理主体作用、丰富治理方式、整合治理资源，持续聚合力、提效率、强保障，着力构建城市基层治理新格局。

（五）树立“全周期管理”意识，不断提高超大城市基层治理精细化水平

城市精细化治理要根据城市的全生命周期理论，准确把握城市工作的不同阶段和事件的发展动态，树立动态性、系统性、辩证性的“全周期管理”意识，以此实现城市基层治理的精准施策。将“全周期管理”意识融入城市治理思维，全方位统筹各类城市基层治理要素，着力补足基层治理短板，是完善城市基层治理体系，探索超大城市现代化治理新路子的重要组成部分。

【思考题】

1. 如何理解基层党建与城市基层治理之间的关系？
2. 如何充分发挥基层党组织在城市基层治理中的战斗堡垒作用？
3. 党建引领城市基层治理需要把握和遵循的规律有哪些？

唱响《党员公约》 开辟基层党建新路径

——湖北省宜昌市夷陵区许家冲村党建引领乡村振兴的探索与实践

中共宜昌市夷陵区委党校　屈燕妮

【引言】 党的二十大报告指出：坚持大抓基层的鲜明导向，抓党建促乡村振兴，加强城市社区党建工作，推进以党建引领基层治理，持续整顿软弱涣散基层党组织，把基层党组织建设成为有效实现党的领导的坚强战斗堡垒……激励党员发挥先锋模范作用。这是新时代新征程党中央对党建引领基层治理的新部署。

2018 年 4 月 24 日，习近平总书记在湖北省宜昌市夷陵区许家冲村视察时饶有兴趣地听村干部们齐声高唱用渔鼓调填词创作的《党员公约》，并指出渔鼓调很悠扬，《党员公约》的内容写得也很好，朗朗上口，用大家喜闻乐见的形式，让党员干部把党的作风和纪律要求牢牢记在心中，这种办法很好。

【摘要】 许家冲村位于三峡工程坝头库首，是三峡地区典型的移民村，1994 年作为三峡工程坝址所在地的许家冲村率先移民。由于村情特殊，一段时期村级债务高达 200 多万元，100 多名移民无法安置。环境问题突出，邻里矛盾迭起，基层矛盾不断。许家冲村“两委”为了解决这些难题，首先从村“两委”班子的工作作风抓起，严于律己、令行禁止。同时，以创作渔鼓调《党员公约》作为载体，引导党员亮明身份，发挥示范带头作用，逐步走出了一条“抓党建、强基础、促发展、树新风”的新路子。

许家冲抢抓乡村振兴机遇，大力发展茶叶产业，扶持发展传统手工业，全力推进乡村旅游，帮助移民群众在家门口打工就业、增收致富。同时紧盯“长江沿线生态保护”战略，深入推进生态环境治理，让“幸福生活家家享”，移民群众生活水平得到极大提升，村容村貌发生翻天覆地的变化，精神文化生活日益丰富多彩。村人均纯收入从 1993 年搬迁之初的 1003 元增长到 2021 年的

22476元，增长了20多倍。先后获得“全国模范人民调解委员会”“全国民主法治示范村”“全国综合减灾示范村”，“全国示范农家书屋”“全国先进基层党组织”等荣誉。

【关键词】党建引领；党员公约；乡村振兴

一、背景情况

许家冲村是宜昌市夷陵区太平溪镇的一个移民新村，位于举世瞩目的三峡大坝左岸，靠坝、临闸、近港、环库的区位优势突出，享有“坝头库首第一村”的美誉。1992年11月，为支持“国之重器”三峡工程建设，三峡地区百万移民“舍小家、为大家、顾全大局为国家”，开始了我国史无前例、波澜壮阔的移民搬迁。1994年1月，三峡库区开始蓄水，库区的原许家冲村、西湾村、覃家沱村的1000多名村民为了支持三峡工程建设拆房砍树，甚至不惜打破峡江千百年来“六腊不搬家”的习俗，先搬迁、后安置，搬迁到了三峡大坝左侧的半山腰，组成了新的许家冲村，村名取“许家报国”之意。新的许家冲村90%以上的村民是坝区移民、库区移民、高压走廊移民和企业搬迁移民，面积6.87平方千米，辖区4个村民小组，608户1428人。

移民类型多样，村情民情复杂，重建家园的路显得格外崎岖。由于安置点基础设施建设滞后于拆迁进度，村集体经济非常薄弱，并村时村级债务达200多万元，搬迁后靠土地安置容量十分有限，尚有100多人安置无着落。部分移民失去了土地、房屋等生产生活资料，全村1428人只有311.7亩耕地面积，出现了“人均没有三分地”的窘境。没有房子住就用一块油布、几根木棒搭建简易帐篷，没有水，没有电，也没有厕所，一住就是好几年，真可谓是“天晴一身灰，下雨一身泥”。陌生的环境、恶劣的生存条件、缺失的生产资料、匮乏的稳定就业渠道，使村民的生活出现暂时困难。由于补偿标准普遍偏低，加之征地的类型和主体不同，安置政策和补偿标准不一致，甚至还有个别征地企业和单位拖欠安置资金，导致移民心中有怨气。村民们人心涣散，打牌等恶习屡禁不止，矛盾纠纷不断，乡村发展陷于停滞。

如何把一盘散沙的村民拧成一股绳？如何破除“等、靠、要、闹”思想，引导村民转变观念？成了许家冲村“两委”思考的头等大事。

针对此被动局面，新组建的村“两委”班子转变工作作风、换位思考，直面矛盾，从处理遗留、化解纠纷入手，通过持之以恒、艰苦细致的工作，帮助移民克服“等、靠、要、闹”思想，村民们漂泊不定的心稳定下来了，村民集体归属感重新找回来了，村党组织的威信重新树立起来了。许家冲村党支部立足村情，不断探索实践，抓党建、强基础、促发展、树新风，实现了“搬得出、稳得住、逐步能致富”。

提衣提领子，牵牛牵鼻子。习近平总书记强调：“办好农村的事，要靠好的带头人，靠一个好的基层党组织。”①2017年许家冲村党支部创新党员管理形式，创造了《党员公约》，激励党员主动作为，调动全村党员干部积极性、主动性，通过“党员带头干、引领群众做”，实现了支柱产业发展好、生态环境保护好、居民环境改善好、乡风文明引导好的目标。许家冲这个曾经基础薄弱的移民村改头换面，移民群众过上了幸福美好生活，实现了从贫困村迈向小康村、从小康村迈向生态文明村的“两级跳”。现在的许家冲，群山掩映，白墙黛瓦，家家有产业，户户有新房，已经成为周边人人羡慕的“文明村”“明星村”。

2018年4月24日，习近平总书记在脱贫攻坚的关键时期来到许家冲村视察，对生态环保、小康生活、基层党建、特色产业给予了充分肯定。《党员公约》被写入湖北省委十一届三次全会报告。一时间，这个小小的三峡移民新村吸引了全世界的目光，村民传唱的三峡渔鼓调越发响亮。

二、主要做法

（一）党建引领，凝心聚力：从“打掉干部牙”到“干群一条心”

“干部不敢来，来了走不出去。”许家冲村原村支部书记李文洪回忆道，在移民搬迁之初，不少村民就业门路少，生活来源不稳定；再加上3个移民村山田相连，历史上就有一些矛盾纠纷，合并后，面对陌生的环境、陌生的邻里，村民们一时无法适应，情绪容易急躁，矛盾纠纷更加突出。多年前参加调解的一起移民纠纷，让老书记李文洪记忆深刻。他说：“好不容易挤到人群中，还没等我张嘴说话，一块石头就冲我砸了过来，当时嘴里就出血了，用手一摸，才意识到少了三颗牙，后来去医院缝了十几针……”那一年，原西湾村21名移民的居

① 习近平：《论坚持全面依法治国》，中央文献出版社2020年版，第190页。

民点场平施工时，挖机不慎挖倒的一棵树压在了原许家冲村村民的田里，引发了两拨村民的矛盾，正路过此地的李文洪上前调解，情绪激动的村民抡起一块石头迎面就砸了过来。但是李文洪并没有追究他的任何责任，连 6000 多元的医药费也没要一分。血和泪换来的是尊重。2005 年原许家冲村、西湾村、覃家沱村合并，李文洪当选新许家冲村首任党组织书记。

做移民工作一定要有度量，但光靠“忍”不是办法，还得主动服务。当时的村干部们意识到，只有切实解决移民实际问题，让不同地域的移民“心往一处想、劲往一处使”，画好四类移民最大同心圆才是长远之计。怨天尤人没出路，自力更生才靠谱。老支书李文洪当时提出了“六个一”的解决思路，即“处理一批遗留、化解一批矛盾、确保一方稳定、复垦一片土地、发展一批产业、安置一批移民”。规划出来了，但不能只喊在嘴上。为了解决“先搬后安”的资金缺口问题，李文洪一边努力争取国家补偿政策，一边出去跑资金跑项目，当时有企业老板就管他叫“乞丐书记”。提到这个称呼，李文洪笑了：“你不能端着你是干部的架子，怕低三下四，怕跟别人说好话。我们要用真情感动别人，让别人愿意支援我们移民建设。”

村民黎开榜是坝区移民，大儿子 4 岁时遭遇车祸，家庭受到重创。因为帮扶政策和期望有落差，他经常带着棉被住在村委会反映问题，村民称他为“榜爷”。儿子读高中时，黎开榜又因助学项目没申请下来找学校扯皮。村党支部了解情况后，几次派人到学校做工作，避免了冲突，儿子也从另外的渠道获得了助学金。“反映问题方式比较激烈的群众，往往都有特殊困难。”村党支部书记望作战说：“只要我们换位思考，尽力帮助解决实际问题，村民最终会转变的。”如今，黎开榜的儿子已从武汉大学毕业，即将走上工作岗位。他本人不仅告别了“榜爷”称号，还当上了村民代表。

在李文洪的示范带动下，继任的村干部们触摸到了解决问题的“牛鼻子”，那就是向党建要凝聚力，用优良党风带动淳朴民风。针对 21 个后靠分散建房户得不到场平补助的问题，村党支部与建房户反复沟通，争取上级有关部门对建房户给予完善基础设施的项目补助，化解了一起持续 10 多年的上访积案。针对 135 名因企业征地安置暂无着落的移民，村党支部按照“复垦一批农田、发展一批产业、安置一批移民”的思路，采取引进企业、扶持创业、扩大就业等措施妥善安置。对于长期上访的重点户，村党支部、村委会坚持从源头解决问题，逐一化解他们的“心结”……

水到渠自成，心定事事通。经过多年的融合发展，原先3个村的四类移民已不分彼此。原西湾村村民的农田全部被淹，另外两个村的村民主动腾出零碎田供他们种小菜。67岁的库区移民尤大秀从西湾搬到许家冲后，原许家冲村民谭必珍、谢大金先后让出一部分田给她种。“不管你是哪里的移民，来到许家冲就是一家人。”像这样后靠移民给库区搬迁移民主动让地的农户有近20个。

2017年初，宜昌市委要求各基层党委结合实际，落实“让党员干部生活在群众中，让群众生活在集体中，让基层阵地筑牢在百姓心中”的工作要求。夷陵区太平溪镇党委在贯彻落实的过程中，按照区委“一镇一精品”的工作部署，决定把合格党员标准体系建设作为党建精品工程来抓，提出立足农村熟人社会实际，采用“党员公约”的形式，让党员公开立诺定约，把公约上墙立书，明确党员岗位职责和纪律、作风要求，在践行公约中主动接受群众监督，实现岗位不虚设、践诺有成效。在工作开展过程中，选取了村情较为复杂，但工作基础较好的许家冲村开展试点，进行了有益的探索和实践。许家冲村党支部积极响应镇委号召，从党员和群众代表中广泛征集支部党员公约内容，经过多次修改，终于定稿形成了许家冲村《党员公约》。

党员公约

坝头库首第一村，三峡茶谷东大门。
党员公约是根本，明示党员亮身份。
村规民约我遵守，维护正义敢出手。
勤劳致富靠双手，发展产业我带头。
移风易俗我先行，大操大办带头禁。
全心全意为人民，优质服务暖民心。

《党员公约》在村里广为传唱，它将峡江小调“渔鼓调”和党员亮身份、亮职责、亮承诺结合起来，形式活泼、通俗易懂，听上一遍，就能唱个八九不离十。村“两委”用这种群众喜闻乐见的形式，使党员干部把党的作风和纪律要求牢记心中。

党员们是这样唱的，也是这样做的。村党支部书记望作战被群众称为“扫把书记”，因为他每天都会提前一个小时上班，到岗的第一件事就是拿起扫帚打扫党群服务中心前面的广场；村党支部副书记朱崇军则被称为“厕所所长”，因为他负责包干的是村委会的公共厕所卫生；而村党支部委员廖珍祥则被戏称是"马桶委员"，因为她定期上门照顾一位独居五保户，帮老人剪脚指甲、倒马桶。这些调侃的绰号折射出的正是党员干部的服务意识。农村作为熟人社会，党员干部的一言一行老百姓是看在眼里、听在耳里、记在心里的。在《党员公约》的引领下，一时间，许家冲村党员干部带头干、冲在前，村民群众对照学、跟着做，成了村里的新风尚。

村里还制定了村规民约，引导村民崇法向善。原先大操大办、厚葬薄养、人情攀比等陈规陋习逐渐消失，打麻将的少了，爱读书的多了；赶人情的少了，公益志愿者多了；"等、靠、要"的少了，自主奋斗的多了。风气好了，人心齐了，磕磕绊绊自然少了，许家冲村的民风也越来越好。

（二）三产融合，富民兴村：从"甘为低保户"到"争当领头羊"

"十几年前，支部带着油、米去看望贫困户，结果村民坐在凳子上都不起身，还要我们给他拿到楼上去。"村党支部副书记朱崇军说，这个例子告诉我们，送米送油解决不了问题，帮助移民克服"等、靠、要"心理，靠双手勤劳致富，才是根本。摘掉"穷帽"、拔掉"穷根"，让大家的日子有奔头，让腰里的钱包鼓起来，是农村治理的治本之策。许家冲村有一条"石磨小路"，是由原先各家的石磨磨盘铺就而成。当地有句土话叫"宁在外面磨，不在屋里坐"。但移民之初，许家冲村全村 1428 人只有 311.7 亩耕地面积，失去生产资料的村民始终抱着"等、靠、要"的思想"吃低保"。

村民望运平就是其中之一。从库区移民过来后，望运平一家六口人很长一段时间没有稳定收入全部靠低保生活。2003 年，村里了解到他在外做些贩卖茶叶的小生意并在三峡茶城有一处茶叶销售门面后，便根据政策取消了他的低保资格。他一气之下召集人堵在村委会，拍桌子、踢板凳、要低保，天天缠着村书记闹。面对这种情况，村党支部一班人意识到"堵不如疏"，只有真正让村民富起来，才能让大家自愿把低保的"帽子"摘下来。了解到望运平的种茶特长后，村里在积极开导的同时，鼓励他自主创业办个茶叶加工厂。2007 年，他开始创业开办茶叶加工作坊，村党支部一方面把闲置的老村委办公室清空提供给他作为厂房，一方面把银行的人请来现场办公，帮他解决创业资金上的问题。2009 年村党支部支持他创办双狮岭茶叶专业合作社。经过几年的努力经营，望运平创办的双狮岭茶叶合作社集茶叶生产、加工、销售为一体，年产销干茶 2000 吨，带动就业 80 余人。不仅实现了他自己的致富梦，也让合作社社员每亩茶园增收近千元。为了节能减排，在习近平总书记视察许家冲村以后，合作社还投资近 100 万元，安装了光伏太阳能发电设备，加工车间实现了煤改电。在望运平的鼓动下，在外打工的女儿望华鑫也积极返乡接手茶叶公司经营，“80 后”的她看准电商直播的风口，在合作社里开启了网络直播间，通过互联网串起茶叶产业链，蹚出电商销售新路子。带着新视野、新理念，返乡 3 年的望华鑫带领合作社 600 多户农民创新发展方式和经营业态，推动合作社茶叶产值从 1000 多万元提高到 6000 多万元，助力许家冲村打造茶旅“新干线”，持续带动农民增收致富。

在许家冲村，望运平一家的命运转折绝不是特例，村党支部用身边典型引领更多人走上创业之路。李文洪走访发现，村民谢蓉十字绣绣得很好，就扶持她利用民间手工艺创业。谢蓉瞄准了当地传统技艺“牵花绣”，2013 年成立了宜昌沁邑民俗文化公司。创业的路并不是一帆风顺的，一开始，由于产品知名度不高，销量一直不稳定，谢蓉前期投入的 20 多万元几乎全部亏损。“新时代就要有新时代的办法，我们虽然是手工制作，但可以在电商平台上销售。”听了当时的村支书李文洪的建议，谢蓉尝试在电商平台上销售手工艺品，同时积极开拓线下市场，公司生产的绣品不仅在景区有售卖专柜，还打开了线上销售渠道。“只要是文化、旅游方面的博览会、会展，村里都会支持我们走出去学习、亮相。”谢蓉回忆，2015 年在上海参展，他们的绣品大受欢迎，高端产品中华鲟布偶也打开了销路。公司年产值达 500 万元，带动周边 200 多名妇女灵活就业，除发展刺绣手工艺品，谢蓉还利用三峡大坝就在家门口的地理优势，在村里率先建起“三峡·艾”特色民宿。在她的带领下，民宿旅游成了带动该村移民创业增收致富的重要产业。

如今，走进许家冲村，家家小洋楼，户户忙经营，全村自主创业人数 112 人，个体户 20 多家，移民家庭就业率达 100%。支持干的人、带动看的人，村里还建起了移民就业培训基地，将老师请到家门口，举办茶叶种植、园林绿化、电焊氧焊、农家乐、牵花绣、家政服务等技能培训，鼓励村民们学习掌握一技之长。

伴随着乡村振兴战略的激昂鼓点，许家冲村更是把整个村子作为一个产品来打造。依托“三峡茶谷”东大门的区位优势，确立了“党建 + 旅游”的发展方向，一方面主推“移民精神讲堂”的红色旅游线路，一方面打造集采茶、品茶、购茶于一体的乡村旅游路线，同时还配套开发特色餐饮、精品民宿等新业态帮村民增收，38 家具有三峡地方特色的民宿已投入营运。“会唱歌的老板，我们为他打造‘许家冲民宿红歌馆’；会讲故事的老板，我们就打造‘许家冲民宿故事馆’。大家取长补短、统一协作，保证品质的前提下发展各自特色。”村党支部副书记朱崇军介绍，村里成立旅游开发公司，以“党支部 + 合作社 + 基地 + 农户”为发展模式，把民宿分成 3 个档次，同时规范服务标准，大家都按标准执行，抱成一个整体解决难题。

（三）环境整治，移风易俗：从“守护一江水”到“共建一个家”

许家冲村地处三峡生态屏障核心区，长江风景名胜保护区、国家级自然保护区、天然林等多重生态红线重叠交织区域。移民搬迁以前村民们祖祖辈辈都在江边洗衣服，边唠着家常，边用棒槌敲打衣物，但洗衣粉中大量的磷化物和有害物质也随之流入江水，成为长江水体污染源之一。若不让村民们到江边浣洗，又会激起他们的不满。村委会在“情”与“法”之间，找到了一条解决之道。2012 年，村里引入山泉水，兴建了 4 座便民洗衣池，并在不远处建了一座污水处理厂，洗衣池里的污水会经过水质净化后再排入长江，在保护环境的同时，也尊重了村民的生活传统。近年来，针对污水管网老化等问题，村里又投资 100 多万元，对管网全面改造，对污水处理厂进行升级。改造后，以前未处理净化就排放到江里的生活污水，全部进入污水处理厂，净化后再排入长江。曾经的许家冲村民既是移民也是渔民，2020 年以来村民们积极响应国家号召，认真贯彻落实长江十年禁渔计划，所有的渔船都已上岸。作为坝头库首第一村，许家冲村带头倡导守好长江每一处入江口，积极践行长江大保护。

建成既富又美的诗意栖居地是许家冲村人新的期盼。如今村里已实现垃圾分类、干湿分离、每日清洁、污水集中处理。走在村里，道路整洁干净，房前屋后绿树成荫。村里还采取积分兑换方式，鼓励村民将家里可回收利用的废弃物收集起来，兑换生活用品。居住环境美了，村民环保意识也提高了。“一定要把这片青山绿水留给子孙后代。”村民们说。守护一江清水，共建美丽家园，许家冲村民正用自己的双手创造更加美好的新生活。

要想致富，不仅要改变村子的落后面貌，也要改变村民的精神面貌，这样才能长远发展。在村党支部引导下，广场舞、地花鼓、舞龙舞狮、门球等形式多样的文体活动也流行起来。丰富多彩的文体活动，不仅强健了村民体魄，也对村民的思想观念和精神面貌产生了潜移默化的影响。村口新建的移民公园里有四根立柱，立柱上“奉献、自强、感恩、阳光”的八个大字，正是许家冲人移民精神的生动写照。

三、实际成效

20 多年来，这个曾经基础薄弱的移民村不仅从贫困村变成了富裕村，而且由“脏乱差村”变成了生态文明村。如今群山掩映，白墙黛瓦，一排排白色小楼依山而建，一辆辆小轿车依房而停，篮球场、活动室、农家书屋等应有尽有。许家冲村已经成为周边人人羡慕的“明星村”。

自 2018 年总书记视察以来，许家冲村作为美丽和谐移民新村的典范，其“淳乡风、兴产业、美环境”的发展理念引领着新时代文明实践，来自全国各地的一批又一批党员干部和群众络绎不绝地走进这个生态文明的新山村参观、开展党日活动和理论学习活动，党建已经成为这个村的一块金字招牌。2018 年 8 月，许家冲村通过党支部领办合作社，顺势成立宜昌市圣至星园旅游专业合作社。引进国有投资平台，打造三峡许家冲干部培训中心，建成宜昌市首个省直机关党员干部教育基地。2019 年以来，许家冲村 4 年共接待国内及国外各类游客 4200 余批次 36 万余人。2021 年全村经济总收入 1.2 亿元，集体经济收入 60 万元，农民人均纯收入 22476 元，较 2017 年分别增长 37.5%、126.7%、63.7%。

四、经验启示

《党员公约》凝聚着基层党员的朴实智慧，是党员对老百姓的承诺。许家冲村通过《党员公约》，创新党员教育管理、抓实建强基层支部、推动乡村振兴，为新时代推动农村基层党建工作高质量发展提供了有益启示。

（一）自觉践行新思想，续写发展新篇

许家冲村推行《党员公约》，深刻领会习近平新时代中国特色社会主义思想，准确把握“共抓大保护、不搞大开发”、推动乡村振兴、带领群众共创幸福美好生活的时代脉搏。找准党建与经济、社会、民生等中心工作互促共进的结合点，找准发挥支部主导作用的着力点，做到发展在哪个方面要实现突破，基层党组织就在哪里聚力，努力把党的政治优势转化为发展优势、比较优势。通

过打造党员公约品牌，在激活红色引擎中发展绿色经济、构筑绿色家园，在移民老村成功续写发展新篇章。

（二）回应群众需求，强化问题导向

天大地大，人民为大。许家冲村推行《党员公约》，始终贯彻以人民为中心的发展思想，始终把群众安居乐业、富民兴村放在首要位置，把群众满意作为第一标准。把动员群众参与、集聚群众智慧、让群众得到实惠贯穿全过程，将产业创收、环境改善、“人情风”治理等作为切入点，精准发力，推动发展，服务群众，既聚焦解决人民群众关注的热点难点问题，又努力实现人民群众对美好生活的向往，不断提升广大群众的获得感和幸福感。

（三）建强基层支部，激发党员活力

许家冲村推行《党员公约》，牢固树立一切工作到支部的鲜明导向，全方位全过程发挥支部主导作用，制订公约时注重广纳贤言，集体会诊、把关定向，履约践诺时及时监督调校，步步推进，评议考核中严格依约评判，敢于真过硬，既划红线立规矩，又转作风促作为，充分激发党员创先热情、担当履责。抓党建就要突出主导、扣紧主体，一手建强基层支部，一手锻造党员先锋，全面增强基层组织力。

（四）创新方式方法，注重化繁就简

许家冲村党支部用群众方法解决群众问题，贯彻实事求是的方法论，把基层党建与促进工作有机统筹，不简单地照抄照搬、机械执行。《党员公约》将本地村情实际、本村党员特点、本土文化习俗与抓党建、促乡村振兴所要求的工作内容与工作标准更为具体地结合起来，将全村的发展绩效转化为全体村民的政治认同，打造适用性和实用性兼顾的党建工作品牌。确保党建工作有温度、有质感、有实效，全面增强了村支部的向心力、凝聚力与战斗力。事实证明，抓党建就要坚持务本务实、好用管用，以简便实用促落地落实，推动各项工作体现时代感，富有创造性。

新起点新征程，许家冲村将牢记习近平总书记视察湖北特别是视察宜昌的重要指示、殷殷嘱托，深入贯彻党的二十大精神，着力发展全过程人民民主，探索健全共建共治共享的社会治理制度，以党建引领乡村振兴，推动共同缔造乡村美好环境与幸福生活在基层走深走实，为全面建设社会主义现代化国家、全面推进中华民族伟大复兴贡献出许家冲力量！

【思考题】

1. 许家冲村从贫困村迈向小康村、从小康村迈向生态文明村的“两级跳”的核心突破口是什么？

2. 许家冲村《党员公约》对新时代基层党建工作有何启示？

党建引领促发展　乡村振兴聚合力

——鄂州市华容区段店镇武圣村党建引领乡村振兴的实践

中共鄂州市委党校　许小荣

【引言】党的十九大报告中首次提出“实施乡村振兴战略”。党的二十大报告对全面推进乡村振兴作出重要部署，强调“坚持大抓基层的鲜明导向，抓党建促乡村振兴，加强城市社区党建工作，推进以党建引领基层治理，持续整顿软弱涣散基层党组织，把基层党组织建设成为有效实现党的领导的坚强战斗堡垒”。实施乡村振兴战略，全面推进乡村振兴，是新时代“三农”工作的总抓手。习近平总书记强调，乡村振兴要以“产业兴旺、生态宜居、乡风文明、治理有效、生活富裕”为总要求。① 实现乡村振兴，关键在党。农村基层党组织是中国共产党在农村全部工作和战斗力的基础，也是全面推进乡村振兴的前沿力量和重要保障。基层党组织建设与乡村振兴有着天然的内在联系，二者契合的地方很多，需要不断挖掘，实现同频共振，协同推进。

【摘要】实施乡村振兴战略，全面推进乡村振兴，是中国共产党立足社会主义初级阶段基本国情，推进城乡融合、解决新时代社会主要矛盾，实现中华民族伟大复兴的重大举措和历史任务。基层党组织是全面推进乡村振兴的“主心骨”和“顶梁柱”。

鄂州市坚持以组织振兴引领乡村振兴，发挥组织优势、释放组织动能，建强基层组织、强化组织引领，深入推进基层党支部标准化规范化建设，筑牢乡村振兴战略战斗堡垒。鄂州市华容区段店镇武圣村曾经是段店镇最贫困的村庄之一，近年来，该村“两委”班子把抓班子、强队伍作为乡村振兴“头雁”工程，着力加强“五能支部”建设，加强农村基层党建引领，取得显著成效，积累了宝贵经验。一是优化和创新组织结构设置，扩展农村基层党组织的覆盖范围。

①《总书记的“三农”情怀》，《人民日报》2022年9月22日。

二是突出政治功能，强化服务意识，扩大农村基层党组织的群众号召力。三是加强党员队伍建设和规范组织管理，增强农村基层党组织的内部凝聚力。

【关键词】 党建引领；乡村振兴；基层党组织

一、背景情况

武圣村地处鄂州市华容区段店镇北部，是一个农业建制村，村域面积5100亩，耕地总面积3800亩。全村12个自然湾，13个村民小组，截至2021年底，武圣村共有623户1883人，设党支部1个，共有党员79名，党员人数占全村总人口的比例为4.2%。

武圣村“两委”班子把实现村民的期盼作为工作目标，把抓班子、强队伍作为乡村振兴“头雁”工程，开展“能留得了人、能增得了收、能吃得了苦、能解得了难、能保得了安”创建活动，着力加强“五能支部”建设，加强农村基层党建引领和产业发展。着力培植台湾生态农业创业园等一批现代农业示范基地、发展现代农业的同时，不断改善村居环境，提升公共服务水平，推进乡村治理，全面开展美丽乡村建设，先后获评“全国先进基层党组织”“全国乡村治理示范村”“全国乡村旅游重点村”“国家森林乡村”“十大荆楚最美乡村”“湖北省宜居村庄”等荣誉称号。

二、主要做法

（一）发挥基层党组织的引领作用，促进“产业兴旺”

1. 大力发展生态农业，实现农业由单一型向复合型转变

2013年以来，武圣村充分利用山水资源、区位条件，通过土地流转引进台湾生态农业创业园等7家苗圃花卉种植企业，现有林果园区670亩，蔬菜园区320亩。以生态建设为前提，以适应市场为导向，采取建示范基地、树典型等举措，引导村民大力发展生态农业，实现农业由单一型向复合型转变。

2. 积极发展乡村旅游，高标准打造“国家旅游名村”

武圣村坚持绿色发展理念，积极发展乡村旅游，投入50万元实施亮化工程，

维修、增设村湾路灯；投入 60 万元配套建设旅游设施，新建游客集散中心、旅游公厕，设置村湾标识、导游图，高标准打造“国家旅游名村”。以人居环境百日整治为契机，发动群众清理房前屋后存量垃圾，村内各湾组在 2020 年底全部达到干净整洁型类别，实现整村环境优美。

（二）发挥基层党组织的群众动员能力，促进“生态宜居”

1. 完善基础设施建设，加强村庄环境整治

武圣村内主干道全部刷黑，通湾、通组、通户道路全部硬化。太阳能路灯实现组组亮，自来水管网全部实现提档升级。建设标准化垃圾房 13 个、污水处理装置 11 套，修建排污沟 6 千米，生活垃圾、农村污水实现“全收集、全处理”。改造公厕 8 座，拆除旱厕 156 座，清理乱搭乱建 130 处。完成村边、路边、水边“三边”植树 7000 余株，花坛和园林绿化 3200 平方米。水渠、池塘、土地整理环环紧扣，实现水渠硬化、池塘清澈、土地平整，村湾面貌焕然一新，村民生活环境极大改善。

2. 坚持绿色发展，打造美丽乡村示范湾

按照鄂州市农村人居环境整治要求，武圣村投入 200 多万元，着力打造陈方大湾、陈方小湾、陈独屋、朱黄湾、黄瓦屋 5 个小组，将陈竹林湾作为美丽乡村示范湾进行规划建设，建成“村庄秀美、环境优美、生活甜美、社会和美”的宜居、宜业、宜游美丽乡村。倡导绿色生活方式，各家各户纷纷兴起了庭院建设，栽花种草蔚然成风。

（三）发挥基层党组织的思想引领优势，促进“乡风文明”

1. 引导党员群众牢固树立社会主义核心价值观

为了营造浓厚的宣传氛围，武圣村采取多种形式大力宣传社会主义核心价值观。在党员群众服务中心、各湾组文化广场、进村主干道设置专栏展板宣传社会主义核心价值观。邀请上级领导和驻村干部、第一书记在党员大会、群众代表大会上宣讲社会主义核心价值观。组建陈家方楚剧团、武圣舞蹈队等艺术团队，运用多种艺术形式宣传宣讲社会主义核心价值观。

2. 积极倡导文明新风

武圣村组建乡风文明理事会，移风易俗，对村里红白事进行文明倡导，减少了铺张浪费行为，得到了村民的一致好评。节假日期间，全村男女老少齐上

阵，舞龙灯、采莲船、唱楚剧、跳广场舞、打球赛，群众业余生活丰富多彩。

3. 加大文体设施建设力度

武圣村先后投资 500 万元建设村级文体广场，4 年间形成了一村一广场。每个广场建有健身器材、篮球场、广场灯，实现了硬化、绿化、美化。其中，陈台湾灯光球场、村部游乐公园等项目相继完工，更为武圣村文化建设增添了亮丽的风景。同时，全村“三心合一”，建有村民议事中心、文化活动中心和农业技术推广服务中心；“四室完善”，建有多媒体电教室、图书阅览室、计生普查室和卫生室；“五栏健全”，建有计生知识普及栏、农业技术信息栏、环境保护公告栏、村组财务公开栏和精神文明宣传栏。

（四）发挥基层党组织的组织覆盖优势，促进“治理有效”

1. 探索党建引领基层治理新模式新办法，治理成效显著

近年来，在全面推进乡村振兴的过程中，武圣村党支部积极探索党建引领基层治理新模式新办法，构建以党的基层组织为核心，以村民自治组织为主体，以乡村法治为准绳的乡村治理体系，实现了治理方法有效、治理能力提升、治理效果明显，获评“全国乡村治理示范村”，连续两年获评全镇“社会治安综合治理优胜单位”。

2. 健全综治组织，调处矛盾纠纷

武圣村设立村综合治理工作站、警务室、人民调解委员会 3 个单独的办公室，对本村的信访问题和矛盾纠纷进行调处，做到小事不出湾，大事不出村。2020 年，该村共协调处置邻里纠纷、土地纠纷及房屋纠纷等近 20 起。成立村务监督委员会，严格按照要求对村务进行监督；组建红白理事会，修改完善村规民约，健全完善工作机制，做到有人管事、有人办事，有规可依。

3. 加强人防物防技防，治安状况明显好转

在全村范围内安装监控探头数十个，主机显示屏 2 台。组建鄂州市首支女子平安巡防队——阿嫂巡防队，开展治安巡逻，义务参与村级群防群治工作，村内治安状况明显好转，村民的安全感、归属感和幸福感不断提高。

4. 坚持党员联系服务群众制度，发挥党员先锋模范作用

2020 年新冠肺炎疫情防控期间，党员摸疫情、守卡点、送物资，始终战斗在疫情防控的最前线，帮助群众解决实际困难 537 件，用实际行动诠释了农村普通党员的初心和使命。村党支部与台湾生态创业园联手创办阿婆餐厅，为留守高龄老人及孤寡老人免费供应中晚餐，得到了村民一致好评。

（五）发挥基层党组织的号召作用，促进“生活富裕”

1. 系统规划全域资源，践行“绿水青山就是金山银山”发展理念

武圣村将“绿水青山就是金山银山”发展理念贯穿乡村振兴全过程，对全域绿色自然资源、乡村文化资源、生态农业资源进行系统规划，建设水清岸绿景美的生态家园，不仅实现了产业兴旺、生态宜居，而且促进农民增收致富奔小康。每逢节假日，前来武圣村观光的周边村民和市内外游客络绎不绝，武圣村的知名度不断提升，村民收入不断增加。

2. 成立专业合作社，实行产业帮扶

武圣村成立春雷种养殖专业合作社等多家专业合作社，这些专业合作社吸纳当地贫困农民稳定就业，通过生产培训，实行产业帮扶，在改变农村生态环境的同时，带动村民脱贫增收、共同致富。武圣村原有建档立卡贫困户 51 户 129 人，贫困人口占全村人口的 0.6%，分 4 批稳定脱贫出列，2019 年人均纯收入达到 14800 元。

三、经验启示

在实施乡村振兴战略、全面推进乡村振兴过程中，农村基层党组织要始终坚持问题导向，把握农村社会变化的特点和趋势，从扩展组织覆盖范围、扩大群众号召力和增强内部凝聚力着手，全面了解和精准匹配农村社会和农民群众日益增长的各项需求，为乡村振兴战略的全面实施提供坚实保障。

（一）优化和创新组织结构设置，扩展农村基层党组织的覆盖范围

农村基层党组织在农村实现全覆盖是加强农村基层党的建设的基础性工作，要根据党中央关于实施乡村振兴战略，全面推进乡村振兴的重要部署，围绕群众利益及时调整和改变党组织的组织结构设置，扩展农村基层党组织的覆盖范围。

1. 优化农村基层党组织的组织结构和设置形式

全面实施和推进乡村振兴战略，在很大程度上改变了农村的社会组织形态和农民的生产生活方式，自然村庄数量减少，农村人口密度降低，农村基层党

组织要适应农村和农民的新变化，优化和创新组织结构和设置形式，打破和改革原有的“一村一支部”的基层党组织架构，将单纯追求党组织的人口覆盖密度转变为追求党组织的覆盖区域和覆盖密度并存，建立多种形式的联合党组织。要从内培和外引两个方面下功夫：一方面，将青壮年农民等中坚农民培养成为农村基层党组织建设的发展对象和倚重力量，增加农村基层党组织队伍的内生性供给；另一方面，通过实施乡村振兴战略不断推进农村社会经济发展，为农村基层党组织提供更多可利用的物质、社会和文化资源，吸引更多的本地年轻人“回乡”、外地年轻人“入乡”，并积极加入党组织，为农村基层党组织注入活力。

2. 根据“合理优化、应建尽建”的原则，推进农村基层党组织的设置和调整

农村基层党组织要主动适应乡村振兴过程中农村新兴社会组织出现和发展壮大的趋势，以群众利益的实现为导向设置组织机构，定位自身功能，确保党的农村基层组织能够有效嵌入和覆盖。对于分散在农村并未流向城镇的农民党员，可按照农村产业分工分布情况组织起来，探讨设立行业或协会党支部的可行性。对于农村的新兴社区，要打破地区和行政区划的界限，以村与社区联合组建等形式建立党支部。对于暂时不具备组建条件的农村新型社会组织，也要注意加强党的工作，保证党的路线、方针、政策和农村工作的各项任务能够顺利贯彻落实。

（二）突出政治功能，强化服务意识，扩大农村基层党组织的群众号召力

突出政治功能和强化服务意识是马克思主义政党的本质要求，也是提升基层党组织建设的重要内容。农村基层党组织只有不断突出政治功能和强化服务意识，才能逐步扩大农村基层党组织的号召力，在全面推进乡村振兴过程中不断满足人民群众日益增长的美好生活需要，将农民群众牢牢地团结在党组织的周围。

1. 突出政治功能，强化政治引领，抓好农村基层党组织带头人队伍建设

农村基层组织带头人是全面推进乡村振兴的直接组织者和实施者，带头人的素质和能力直接关系到所在村庄实施乡村振兴战略的程度和效果。一是突出政治功能。作为农村基层党组织带头人，必须旗帜鲜明讲政治，深刻领悟“两个确立”的决定性意义，进一步增强“四个意识”，坚定“四个自信”，做到“两

个维护”，发挥“头雁”优势，真正让群众了解党的各项政策和主张，尤其是实施乡村振兴战略，全面推进乡村振兴的背景、内容和意义，协调推进农村经济社会全方位科学发展。二是扩大选拔范围。要坚持“政治过硬、德才兼备、群众公认、注重实绩”原则，通过本土培养、选派大学生村干部、企业事业单位优质党建人才到农村任职等方式来扩大农村基层党组织带头人的选拔范围。三是重视关爱。要对农村基层党组织带头人多一些理解和支持，从经济上保障农村基层干部的生活待遇和条件，切实培养和造就一支数量充足、信仰坚定、懂农业、爱农村、爱农民的农村基层党组织带头人队伍。

2. 农村基层党组织要不断提高服务农民群众的意识和本领

面对新形势新任务，基层党组织要转变工作方式、改进工作作风，把服务作为自觉追求和基本职责，寓领导和管理于服务之中，通过服务贴近群众、团结群众、引导群众、赢得群众。在全面推进乡村振兴的过程中，农村基层社会逐渐多元化，农村基层党组织只有贴近农民、关心农民，才能成为领导核心，不断增强自身组织建设。一方面，农村基层党组织要把握自身角色定位，增强服务意识；另一方面，农村基层党组织要了解农民群众最关心、最迫切的需求，为农村经济社会发展和农民生产生活提供优质服务，提升服务能力。

（三）加强党员队伍建设和规范组织管理，增强农村基层党组织的内部凝聚力

农村基层党组织是党在农村基层社会的最基本单位。通过加强党员队伍建设和规范组织内部管理，将农村基层党组织建设成为全面推进乡村振兴的坚强战斗堡垒，这是中国共产党从战略和全局高度对农村基层组织建设提出的新要求，也是实现农村基层党组织治理现代化、增强党组织凝聚力的必然选择。

1. 加强农村基层党组织党员队伍建设

一要严守党的组织边界。要严格进行党员发展工作和严控入党的标准审核，要将政治标准摆在首位，这是提高农村基层党员队伍质量的关键。二要加强对农村党员的教育培训，构建农村党员教育培训长效机制。要重视农村党员的意识形态教育，同时要因地制宜、因势利导，根据全面推进乡村振兴过程中不同地区的不同情况，引导农村基层党员学习思想政治理论、党史党建、精准脱贫、乡村振兴战略等综合内容，增强教育培训的实用性和有效性，发挥农村基层党员的先锋模范和战斗堡垒作用。三要加强党员队伍监督考核。农村基层

党组织要根据农村社会生产和生活的实际，担负好监督党员和考核党员的职责，并按照党中央要求开展不合格党员的组织处置工作，推动农村党员发展培育的科学化和规范化。

2. 规范农村基层党组织运行机制和内部管理

科学完善的农村基层党组织运行机制是提升农村基层党组织组织力的重要基础。一是完善基本党内生活制度。农村基层党组织要认真落实和严格执行“三会一课”制度，认真召开民主生活会、组织生活会和党员大会，建立健全谈心谈话、民主评议党员、党员学习教育培训等制度，积极开展主题党日活动等，坚持开展批评与自我批评，从而增强党员的党性意识和政治素养。二是将全面从严治党落实到基层党组织。党的十八大以来，中国共产党一直强调要把“权力关进制度的笼子里”，明确全面从严治党向基层延伸。农村基层党组织要制定明确的工作制度，保障基层党员干部在制度框架中照章办事；要完善农村基层党组织和党务工作者考核激励方法，构建“监督—检查—考核”的全链条问责机制，帮助广大党员正确面对和解决全面推进乡村振兴过程中农村基层党组织面临的新挑战、新情况、新问题，夯实党在农村的基层组织，不断增强农村基层党组织建设。

【思考题】

1. 乡村振兴背景下农村基层党组织建设面临的困境有哪些？

2. 如何发挥农村基层党组织在全面推进乡村振兴过程中的人才支撑作用？

湖北省荆门市东宝区推行积分制管理提升基层社会治理的实践与探索

中共荆门市东宝区委党校　叶明星　文越超　罗庆华

【引言】 党的二十大报告强调："各级党组织要履行党章赋予的各项职责，把党的路线方针政策和党中央决策部署贯彻落实好，把各领域广大群众组织凝聚好。坚持大抓基层的鲜明导向，抓党建促乡村振兴，加强城市社区党建工作，推进以党建引领基层治理。"基层治理是国家治理的基石，党的基层组织是党在社会基层组织中的战斗堡垒。

【摘要】 为贯彻落实习近平总书记关于推进以党建引领基层社会治理的重要要求，东宝区整区推行党员积分制管理，通过积分管理、动态考核、奖优罚劣，将合格合规的标尺立起来，将做人做事的底线亮出来，充分发挥党员在基层社会治理中的先锋模范作用，不断激发党员活力，有效提升基层社会治理水平。

【关键词】 基层社会治理；积分制管理

一、实践与探索

（一）实行全覆盖定分，让党员积分有方向

湖北省荆门市东宝区创造性地将党员积分制引入基层社会治理，探索出了一条新路径。党员积分制管理以支部为单位、以党员为主体，实行党员全部参与、支部全部纳入、行业全部覆盖。对象全覆盖。根据党员年龄、职务、身体状况和工作特点，对全体党员进行分类界定并设置不同基础分值，如老党员、流动党员、在职党员基础分为 80 分，党员干部基础分为 60 分，在家有活动能力

的党员基础分为70分，以基础分满分作为初始积分。事项全覆盖。以党章党规为根本遵循，按照党员“四讲四有”标准，将服务改革、服务发展、服务民生、服务群众、服务党员等参与社会治理行为全部纳入积分事项，如参加一次党组织活动积2分，调解1次矛盾纠纷积5分，受到上级表彰一次积5～20分。领域全覆盖。区委组织部牵头抓总，区直机关工委、乡镇街道党（工）委分类指导，农村、社区、机关事业单位、“两新”组织等基层党组织具体组织实施。

（二）实行全要素积分，让党员积分有内容

按照时间、地点、事由三要素齐全的要求，采取多种途径、多个渠道收集党员积分事项。党员积分结果实行累计积分制，即“党员积分＝基础分值＋加分分值－扣分分值”，加分不封顶，扣分以零为保底分。党员申报积分：坚持“互联网＋党建”工作思路，打造“东宝区党员积分榜”App，党员通过随手拍、随手记、随手传，随时随地可以将完成发布任务、参加组织生活及好人好事等情况进行申报积分。支部记录积分：党支部根据党员平时参加支部会议、参与村级公益事业、服务群众等记录直接积分。群众推荐积分：即社会组织、网格员、楼栋长、左邻右舍等根据党员平时发挥作用的表现，向支部提出建议积分事由，如服务困难群众、赡养老人、义务帮助照看子女等。

（三）实行全方位亮分，让党员积分有监督

坚持“阳光操作”，全方位实时公开党员积分情况，接受群众监督。活动日亮分。结合“两学一做”学习教育，将党员亮分新增为每月5日“党员主题活动日”的规定动作，并随机邀请部分群众代表列席监督，让党员相互“照镜子、正衣冠”。公示栏亮分。通过电子显示屏、户外公示栏、张贴光荣榜等方式，将党员积分结果及时向社会公开，营造争先创优氛围。微平台亮分。各支部定期将党员积分结果公布到“党员积分榜”，让党员群众能够随时随地查看积分结果。

（四）实行全过程议分，让党员积分有标准

建立党员积分制管理全程跟踪、动态评价机制，把党员管理与党内民主相结合，延伸积分触角，拓宽民主渠道。商议积分细则，党员积分制管理以党支部为单位组织实施，对照区级积分参考细则，由各党支部召开党员大会，组织全体党员结合本支部实际对积分对象、积分细则、结果运用等进行民主商议。审议积分结果。每月召开支部会，根据党员履行义务、履职情况，按照积分事项和积分标准，对党员积分进行定期核实。如党员建言献策在村级发展中作用显现后的分值追加；党员存在扣分情况未主动上报的，将按照标准给予扣分。同时，依托网格员采取实地走访调查等方式，对积分事项进行不定期核实，确保真实性。开展评议积分活动，党员积分制管理是常做常新、滚动发展的过程，采取具体问题具体分析的办法，各党支部适时召开党员群众大会，对党员积分制管理运行情况进行座谈评议，征求党员群众意见建议，解决操作过程中存在的问题。

（五）实行全领域用分，让党员积分有奖励。

整合财政、民政、教育、交通、住建等职能部门资源，扩大党员积分兑换的领域和范围，使积分无处不在、无处不用。政策给予倾斜，根据《党员积分奖励办法》，区镇村根据相应的积分标准，分级制定党员积分兑换政策，如积分1000分以上可优先享受公租房实物配租，积分400分以上家庭子女可免费校内托管，积分600分以上可享受免费体检等。采取精神激励，根据党员积分情况进行星级评定，五星级以上党员优先推荐参加市区评先表优活动，低于四星级的不得参评，二星级及以下的党员由党支部进行诫勉教育。发放物质奖励，区财政列支100万元作为党员积分兑换基金，由各村（社区）党组织依托便民服务中心建立“积分超市”，党员根据年度积分和兑换目录，自主选择兑换商品。

二、反响与成效

（一）破解“一头热”难题，让党内政治生活更加严肃

党的十八大以来，各级党组织迅速看齐，积极推动全面从严治党向基层延伸，但在推进过程中存在“递减”效应，尤其是部分基层党组织活动形式单一、管理手段僵化，少数党员政治意识弱化、参与组织活动积极性不高。积分制管理将党员参与活动的情况全部纳入积分范围，并采取定期公示和年底考评的方式强化工作监督，促使党员参与党组织活动的积极性普遍提高，使党员“后进”变“先进”，党员互相之间比着干，通过“挣分”“积分”，使量化“数字表”变

成了工作“助推器”。“三会一课”、组织生活会、支部主题党日活动逐步规范，党员参与率明显提高。

（二）破解“一刀切”难题，让合格党员标准更加细化

少数基层党组织在党员学习教育管理中只是简单地跟步调、套模式，不能对症下药，尤其是缺乏系统具体的党员行为标准，没有充分考虑党员个体化差异，习惯性地“一刀切”，一定程度上影响了党员先锋模范作用的发挥。积分制管理在把握共性要求的基础上，变“大水漫灌”为“精准滴注”，根据各个党员学历层次、工作岗位、思想状态、自身经历的不同，纵向分为在职党员、流动党员、年老体弱党员等层次，横向分为农村党员、社区党员、非公企业党员等类别，分层分类确定切合实际的行为标准，一把钥匙开一把锁，让党员学有目标，做有方向，有效提高了党员的宗旨意识和责任意识。

（三）破解“一个样”难题，让民主评议党员更加科学

过去民主评议党员缺乏量化指标，凭印象考核在所难免，加之部分党员善于当“老好人”，个个都是合格，一个也不得罪，这就让干与不干、干好与干坏都一个样。长此以往，虽然表面上“风平浪静”“形势大好”，实际上既影响了优秀党员的积极性，又使“鞭策”作用难以发挥。党员积分制管理使考核党员时既有内容，又有标准，使考核变得更直观、更合理，各个层面的党员在群众中亮出了身份，树立了形象，焕发了党组织的生机与活力，党员所做的每件事都以“积分”的形式表现出来，并按照党员的积分情况，进行考核评定，切实增强了对党员考核的直观性、真实性和可操作性。

（四）破解“一阵风”难题，让全面从严治党活力更加持久

个别党组织和党员将全面从严治党错误理解为“一阵风”，刮一下就“鸣锣收兵”，缺乏长效性。党员积分制管理实行累计积分制，不清零、不封顶，不划分时间节点，时时学做、天天积分，形成“比、学、赶、超”的浓厚氛围，正向激励党员干部持续发力，大力激发党员内在活力，既正本清源，回归党内政治生活的传统，又与时俱进，创新党员管理的内容形式、途径办法，推动各级基层党组织及党员树立打“持久战”的思想，持续用力、深层着力、久久为功。

三、思考与启示

（一）完善积分体系，推进基层社会治理目标导向和问题导向相统一

推进党员积分制管理，既是新时代基层党建工作的现实需要，更是推进基层社会治理能力现代化的重要举措。在全区各领域、各层级之间推行积分制管理，要设定具体目标和具体工作任务，明确工作时限“挂图作战”，坚决防止等一等、看一看的思想，迅速落实相关措施；完善积分制监督体系，让积分在阳光下积累，让工作在积分中量化，形成“比、学、赶、超”的良好氛围，推动基层社会治理目标导向和问题导向有机融合，交融互进。

（二）完善积分细则，推进基层社会治理总体要求和分级分类相统一

要结合工作实际，既要把握推进积分制管理工作的总体要求，又要适应新形势新业态。积分制实施细则既要体现政治上的统一性，聚焦中心、服务大局，以服务全局为目标；又要展现工作中的独立性，体现具体化、精准化、差异化，把每项工作量化成分数，把每一类标准深植脑海，通过细化积分细则，推进基层社会治理总体要求和分级分类相统一。

（三）完善积分运用，推进基层社会治理示范引领和督促问效相统一

开展积分制管理，既要培育先进以点带面，形成示范带动、你追我赶的良好氛围；也要强化结果运用，不断拓展积分运用领域，将积分制管理结果纳入评优评先的硬指标；加大对积分后进单位和个人的处置力度，以积分引领党员干部强化履职，实现示范引领和督促问效有机统一。

（四）完善积分制度，推进基层社会治理守正创新和常态长效相统一

制度是完善积分制管理的根本，既要坚持规定动作与自选动作相结合，也要坚持组织引导与制度固本并重。要按照合法性、合理性、完整性原则，建立全方位较完备的制度体系，以制度规范行为、指导工作，推动积分制规范化管理，力求做到凡事有章可循、凡事有据可查、凡事有人负责、凡事有人监督，不断完备制度体系，推动基层社会治理守正出新和常态长效有机统一。

【思考题】

1. 基层党员数量大、分布面广、结构复杂、岗位不同，如何分层分类实施积分，精准评价考核基层党员？

2. 如何创新积分制管理，充分发挥党员在基层社会治理中的先锋模范作用，不断激发党员活力，有效提升基层社会治理水平？

奏响主题党日主题曲

中共咸宁市委组织部　王伟俊
中共咸宁市委党校　阮成君

【引言】党的二十大报告指出，坚定不移全面从严治党，深入推进新时代党的建设新的伟大工程。增强党内政治生活政治性、时代性、原则性、战斗性，用好批评和自我批评武器，持续净化党内政治生态。2016 年 7 月 1 日，习近平总书记在庆祝中国共产党成立 95 周年大会上指出："严肃党内政治生活是全面从严治党的基础。党要管党，首先要从党内政治生活管起；从严治党，首先要从党内政治生活严起。我们要加强和规范党内政治生活，严肃党的政治纪律和政治规矩，增强党内政治生活的政治性、时代性、原则性、战斗性，全面净化党内政治生态。"① 全面建设社会主义现代化国家、全面推进中华民族伟大复兴，关键在党。我们要落实新时代党的建设要求，健全全面从严治党体系，全面推进党的自我净化、自我完善、自我革新、自我提高，使我们党坚守初心使命，始终成为中国特色社会主义事业的坚强领导核心。

【摘要】2015 年以来，咸宁市坚持以党支部为基本单位、以支部主题党日活动为基本载体、以政治点名和政治教育为基本定位，每月组织党员开展支部主题党日活动，推动"两学一做"学习教育常态化制度化。2016 年 5 月，湖北省支部主题党日现场观摩暨"两学一做"学习教育现场会在咸宁召开，支部主题党日活动在湖北全省推广；2017 年 5 月，中组部领导实地到咸宁市调研，对支部主题党日制度给予充分肯定，中组部《组工通讯》、党建读物出版社、中央电视台、《人民日报》等全方位报道，支部主题党日活动在全国各地开始推行；2018 年 10 月，支部主题党日制度被写进《中国共产党支部工作条例（试行）》。

通过开展支部主题党日活动，积累了宝贵经验。一是必须坚持释放领导示

①《在庆祝中国共产党成立 95 周年大会上的讲话》，《求是》2021 年第 8 期。

范的引领效应。二是必须坚持释放创新载体的能动效应。三是必须坚持释放规范管理的聚合效应。

【关键词】 咸宁；支部主题党日；全面从严治党

一、背景情况

党的十八大后，党中央相继开展党的群众路线教育实践活动和“三严三实”专题教育，党风政风为之一振，社情民风为之一新。为进一步巩固、拓展和深化活动教育成果，推动全面从严治党向基层延伸，针对党内政治生活缺失、党员党性意识下滑等问题，咸宁市坚持以党支部为基本单位、以支部主题党日活动为基本载体、以政治点名和政治教育为基本定位，每月组织党员开展支部主题党日活动，推动“两学一做”学习教育常态化制度化，促使党员理想信念进一步坚定，工作作风进一步转变，党群干群关系进一步密切。

（一）党内政治生活的缺失

党章规定，每个党员，不论职务高低，都必须编入党的一个支部、小组或其他特定组织，参加党的组织生活，接受党内外群众的监督。但实际情况怎么样？2015年，我们在开展支部主题党日活动之前，曾对全市基层党组织和党员的现状进行深入调查。从调查的30多个村和社区来看，近半数基层党组织每年只有1～2次党员活动，而即便开展1～2次活动，内容也是评定低保对象等具体事务，几乎没有开展专题组织生活。

（二）党员党性意识的下滑

在开展支部主题党日活动之前，我们在与基层党员群众座谈时，不少人反映，改革开放以来，经济社会是进步了，但党员的思想觉悟倒退了。有的党员常年不交党费，常年不参加党内生活，有的村支部召开党员大会，少数党员问发不发钱、有没有礼品、安排饭了没有，确实没有党员的样子，不顾党员形象。

（三）全面从严治党向基层延伸的需要

党的十八大以后，中央相继开展党的群众路线教育实践活动和“三严三实”

专题教育，党风政风为之一振，社情民风为之一新。为进一步巩固、拓展和深化活动教育成果，推动全面从严治党向基层延伸，2015 年 10 月，咸宁市委印发《关于在全市各级党组织建立“主题党日 +”长效机制的通知》，决定每月第一周周一下午在全市各级党组织中集中开展“主题党日 +”活动，将诵读党章、交党费、学党情作为规定动作，各基层组织结合实际开展其他活动，让“三严三实”专题教育融入党员经常性学习教育，使党员理想信念进一步坚定，工作作风进一步转变，党群干群关系进一步密切。

二、主要做法

（一）“四定”工作法

1. 定时间

党支部结合党员思想工作实际，每月固定一天开展支部主题党日活动，每次活动不少于 2 个小时，每年活动不少于 12 次。遇节假日或特殊情况，活动时间可顺延，原则上一周内完成，避免临时性、随意性，让党员养成定期参加学习教育、过组织生活的习惯，让其成为党员的“政治节日”。

2. 定人员

主题党日以支部为单位组织，全体党员（含预备党员、流动党员）参加，各党支部可根据当月活动主题，拓展参加党日活动的人员范围，邀请入党积极分子和群众代表参加。各级党员领导干部要以普通党员身份带头参加所在党支部的主题党日活动。鼓励不同领域党支部联合开展主题党日活动，结合实际进一步探索和深化支部共建。

3. 定主题

主题党日活动主要由两部分组成，一部分是市委统一的“规定动作”，一部分是各县、乡、村的“自选动作”。“规定动作”是必答题，结合“两学一做”学习教育，设计了交纳党费、诵读党章、学习党规党情和党的创新理论、开展组织生活、实行民主议事、落实公开制度“六事联动”。“自选动作”由各党支部结合实际需求选择，包括业务知识、实用技能、法律法规、文化科技等内容，如“志愿服务”“精准扶贫”“文明创建”“双报到”等便民务实内容。

4. 定责任

党支部开展主题党日前将活动方案（包括时间地点、活动主题、参加人员等）报上级党组织备案，提前 1 天通知到所有党员，提高党员参与率和积极性。活动后及时将活动情况报上级党组织，并对活动开展情况及活动照片全程留痕纪实管理，作为基层党建考核述职评议的重要内容。把党员参加主题党日活动情况纳入党员日常管理，作为党员民主评议、处置不合格党员和党员评先评优的重要依据。

（二）实施过程

1.0 版本：支部主题党日活动开展四个月后，针对一些党委（党组）和基层党组织对“主题党日 +”活动认识不够高、履责不到位，有的活动开展不经常，存在走过场、搞形式现象，针对性和实效性有待进一步增强等问题，结合“两学一做”学习教育，2016 年 3 月和 5 月，咸宁市委先后出台了《关于健全完善“主题党日 +”长效机制的实施意见》《关于以“支部主题党日”为载体　在全市党员中开展“学党章党规、学系列讲话，做合格党员”学习教育的实施方案》，实行“一二六 +”模式（“一”即同一活动时间，在每月第一周周一下午统一开展支部主题党日活动。“二”即两个全覆盖，支部主题党日活动覆盖到每个党支部、每名党员。“六”即“六事联动”：交纳党费、诵读党章、学习党规党情和党的创新理论、开展组织生活、实行民主议事、落实公开制度，“+”即因地制宜做好“主题党日 +”文章），以“主题党日 +”活动为载体，以党支部为基本单位，以“三会一课”等党的组织生活为基本形式，以落实党员教育管理制度为基本依托，推动“两学一做”学习教育在咸宁落地生根。

2.0 版本：2016 年 12 月，针对少数党员理想信念不够坚定、“四个意识”不够牢固，少数基层党组织开展组织生活不够规范、基本制度落实不够到位等问题依然存在的现象，为推进“两学一做”学习教育常态化制度化，咸宁市委出台了《关于完善“主题党日 +”推进“两学一做”常态化长效化的实施意见》，明确“一室两挂六带（戴）”（即支部要有党员活动室，并挂党旗、挂入党誓词，党员参加“主题党日 +”要佩戴党员徽章，带党章、党费证、习近平总书记系列重要讲话读本、学习资料、学习笔记本），落实“三会一课”制度（即党员必须参加党员大会、党小组会和上党课，党支部要定期召开支部委员会会议），推动主题党日活动与“两学一做”学习教育深度融合，建立党员能力提升机制，建立述学述做机制，建立党组织和党员全域全员指数化管理机制。推动“三会一课”、组织生活会、民主生活会、民主评议党员、谈心谈话等党内基本制度落实，搭建了“两学一做”常态化制度化载体，形成了咸宁经验。

3.0 版本：针对一些地方和单位出现的支部主题党日活动内容泛化、部分领域支部党员参与率不高、活动针对性有效性不足、工作开展不平衡等问题。2018年4月，咸宁市委出台了《关于进一步深化支部主题党日活动的指导意见》，配套出台了 7 个领域的规范流程。一方面，着力提升“一率四性两力”（党员参会率，党内生活政治性、时代性、原则性、战斗性，党员内生动力和支部组织力），进一步强化了支部主题党日的政治功能。督促各支部严格落实“一二六 +”和“一室两挂六带（戴）”要求，增强活动的仪式感；聚焦政治主题，丰富政治元素，把“三会一课”和强化党内监督贯穿其中，强化习近平新时代中国特色社会主义思想学习；落实党员述学述做制度，组织党员过“政治生日”，激发党员参加组织生活内生动力，有关做法写入了《关于加强党的政治建设的意见》。另一方面，进一步增强了活动针对性和实效性。坚持开门搞活动，充分吸纳农村各类优秀人才、群众代表参加，强化党支部政治吸纳和政治引领功能；聚焦产业发展、项目建设、民生保障等议题，从严从实开展民主议事和民主公开，充分发扬基层民主治理，把群众组织起来、动员起来；结合党员实际，大力开展党员志愿服务活动，做实“主题党日 +”文章。同时，建立督导员制度，每期选派督导员到党员领导干部所在支部、软弱涣散支部、新组建支部、贫困村支部开展现场督导，提升活动实效。

（三）工作成效

自支部主题党日活动开展以来，受到广大党员的广泛欢迎，成为创新党内政治生活的特色品牌、全面从严治党的重要载体，2016 年 5 月，全省支部主题党日现场观摩暨“两学一做”学习教育现场会在咸宁市召开，支部主题党日活动在全省推广；2017 年 5 月，时任中组部副部长齐玉同志实地到咸宁市调研，对支部主题党日制度给予充分肯定，中组部《组工通讯》、党建读物出版社、中央电视台、《人民日报》等全方位报道，支部主题党日活动在全国各地开始推行；2018 年 10 月，支部主题党日制度被写进《中国共产党支部工作条例（试行）》。

1. 党内生活严起来了

通过“时间、对象、内容”三个统一，推进支部主题党日活动持续提档升级，搭建了落实“两学一做”“三会一课”等党内制度的有力平台，确保了党内政治生活正常开展。“我们村一名80多岁的老党员，行动非常不便，我原来是打算活动结束后上门去做辅导的，没想到活动刚开始，他就拄着拐棍，步履蹒跚地赶来了。”崇阳县白霓镇大市村党支部书记说。全市各级党组织党内生活逐步走向正常化、经常化，全市党员也有了自己的节日，主动参加党内生活已成为一种政治自觉、思想自觉、行动自觉。

2. 党员意识强起来了

通过诵读党章、交纳党费、参加党内活动、开展党员述学述做、为党员过“政治生日”，增强了党员归属感、荣誉感。通城县塘湖镇望湖村党支部书记反映：“过去，经常有些党员提出要吃低保，现在基本上没听到这方面的要求，还能按月交纳党费。”崇阳县白霓镇油市村有两名党员，某年春节之后到江浙一带打工，村支部通知他们回来参加主题党日活动，他们二话没说，千里迢迢赶回来了。

3. 党群关系好起来了

党员与群众的关系就像种子与土地，离开了土地，种子就无法生根发芽、开花结果。在开展主题党日活动中，全市各级基层党组织既突出思想武装、党性锻炼，又呼应群众的关切期盼，在“主题党日 +”上花心思、动脑筋、做文章，主动将群众关心的精准扶贫、农村危房改造、村庄环境整治、低保评审等锁定为“+”的内容，一下子敞开了群众的心扉，拉近了与群众的距离，赢得了群众的拥护。我们注重发挥支部主题党日平台作用，围绕脱贫攻坚、乡村振兴、环境保护等中心工作，组织党员述学述做，在全市营造了干事创业的浓厚氛围。

三、经验启示

通过开展支部主题党日活动，积累了宝贵经验，收获了有益启示。

（一）必须坚持释放领导示范的引领效应

榜样的力量是无穷的。只有抓住领导带头这个根本、一把手示范这个关键，一级做给一级看，一级带着一级干，才能形成以上率下、同频共振、合力推进的良好局面。

（二）必须坚持释放创新载体的能动效应

创新，是活力的源泉。只有结合实际、积极探索、做实“主题党日 +”文章，多开展一些富有实践特色、党员干部认同度高、群众满意度高的活动，才能切实增强党员干部参加活动的积极性，才能切实增强党组织对党员的凝聚力。

（三）必须坚持释放规范管理的聚合效应

规范管理是防止活动“走过场”的良药。实践证明，活动的开展既要由表及里地激发内生动力，又要自上而下地增强外在动力。只有在落实考勤、台账制度的基础上，不断健全考评工作机制，才能变压力为动力，使活动形成常态长效。

【思考题】

1. 如何充分发挥基层党组织的政治功能，让党的意志、党的声音、党的要求及时到达基层，转化为党员、群众的行动和力量，以党的建设贯穿、保障、引领基层治理，让党的旗帜在每个基层阵地高高飘扬？

2. 支部主题党日活动如何创新，增强党员干部参加活动的积极性，增强党组织对党员的凝聚力？

学习张富清精神　传承红色基因

中共湖北省委党校（湖北省行政学院）许　婵

【引言】人无精神则不立，国无精神则不强。在一个民族的精神谱系中，英雄是最醒目的标识。习近平总书记深刻指出："一个有希望的民族不能没有英雄，一个有前途的国家不能没有先锋。"①

【摘要】张富清是原西北野战军 359 旅 718 团 2 营 6 连战士，在解放战争的枪林弹雨中九死一生，先后荣立一等功三次、二等功一次，被西北野战军记"特等功"，两次获得"战斗英雄"荣誉称号。1955 年，张富清退役转业，主动选择到湖北省最偏远的来凤县工作，为贫困山区奉献一生。60 多年来，张富清刻意尘封功绩，连儿女也不知情。2018 年底，在退役军人信息采集中，张富清的事迹被发现，这段英雄往事重现在人们面前。

【关键词】张富清精神；英雄；红色基因

一、深藏功名，坚守初心

（一）信息登记，发现英雄

2018 年 3 月 17 日，十三届全国人大一次会议表决通过了国务院机构改革方案的决定，新增了一个正部级机构——中华人民共和国退役军人事务部。这是以习近平同志为核心的党中央着眼党和国家事业全局作出的重大战略决策。

2018 年 4 月 16 日，中华人民共和国退役军人事务部在北京正式挂牌成立。至 2018 年 11 月底，省、市、县三级退役军人事务行政机构相继组建。

①《在颁发"中国人民抗日战争胜利 70 周年"纪念章仪式上的讲话》，《人民日报》2015 年 9 月 3 日。

为全面摸清退役军人的底数，建立健全退役军人的档案和数据库，加强退役军人服务保障体系和工作运行体系建设，维护退役军人合法权益，全国各级退役军人事务行政机构成立后，对退役军人实行大规模全覆盖的信息采集登记。来凤县退役军人信息采集登记工作于 2018 年 11 月初全面启动。

11 月中旬的一天，张富清的大儿子张建国来到父亲家。考虑到父亲之前当过兵，张建国问父亲需不需要去进行信息登记。张富清认为自己年龄大了，没这个必要。12 月 3 日，张富清的小儿子张建全又问父亲要不要登记，张富清依然拒绝，并说："都是五六十年前的事了。"

张建全强调："这次登记是组织上要求的，凡是已经退役的军人都要求登记。"张富清考虑再三认为："党和国家开展退役军人信息采集工作，是一件大好事。我今年已经 95 岁了，是一名普通党员、普通百姓，再不会给组织添任何麻烦，如果我不如实向党报告，那就是对党不忠诚。"带着"对党忠诚"的出发点，他让儿子找出自己的退伍证、离休证去登记。

随后张建全按照父亲的要求来到县人社局，信息登记员聂海波接待了他，为张富清做好了登记，并提醒他，在部队中立下的军功也是需要统计的。张建全不知道自己的父亲有没有立过功，只得回家再次询问。张建全回到家后便问父亲当兵时有没有立过功。

张富清问道："登记立功受奖的情况也是组织上要求的？"

张建全说："表上有那么一栏，也是要求如实登记的。"

张富清对儿子说："这样吧，你去你大姐的房间，把那口老皮箱打开，里面有一个包，你拿去登记吧。"

这是张建全第一次打开这口老皮箱，层层包裹下，他首先发现一本立功证书，翻开后让他震惊：一等功三次，二等功一次，两次获得"战斗英雄"称号。他又打开另一张叠着的黄色纸：是一份特等功报功书！张建全拿着这些材料赶紧去往人社局登记处。登记员聂海波看到这些奖章、军功章连连发出赞叹，并逐一进行登记，一位战斗英雄的形象才得以被世人所知……

这天晚上，张建全和张建国兄弟俩的心情久久不能平静，并都失眠了。父亲在战争年代立下赫赫战功，60 多年来，竟然连他们这些当子女的都不讲！如果不是这次退役军人信息采集登记，家人们仍不会知道张富清的"秘密"。

（二）媒体采访，一波三折

2019 年 2 月 13 日下午，《湖北日报》《楚天都市报》的记者一行三人到达恩施，准备到来凤县采访张富清。但是张富清不接受记者的采访。

张建全对父亲说："明天省里要来人，了解你过去的一些事情。"

张富清听说省里要来人，认为是组织上的要求，就同意了。

记者们便开始对张富清的情况进行采访。让众人感到遗憾的是，因担心老人不说，记者都是以省里"来人"的身份出现，现场既没有录像，也没有录音，只有手机拍摄的几段零散的视频。

2 月 15 日凌晨，《从不提当年勇，直到退役军人信息采集时才发现 95 岁老人是功勋卓著的战斗英雄》《战斗英雄深藏功名六十四载》两篇报道，分别在《湖北日报》和《楚天都市报》头版头条刊发。

张建全来到父亲家，把报道的情况告诉父亲，张富清立马就不高兴了，质问儿子："你昨天不是说是省里来的人，只是来了解我的情况，怎么他们把我的事报道出去了？"并表示以后拒绝接受任何采访。

后来有领导给张建全打电话，让他劝老人接受采访，让大家知道老人的战功与精神，其价值比当年炸毁敌人的碉堡还大。这是为国家立的新的功劳！

张建全把领导的意思原原本本转达给父亲，张富清听后终于松口："我一辈子不想给组织找麻烦，给国家添负担，如果把我的事讲出来，能够为国家做一点贡献，以后媒体记者来，只要我想得起来的，我都给他们说。"

但是张富清对家人们特别强调，除了自己，其他人都不能接受媒体的采访，也不能拿自己立功受奖的事在外面显摆。

有记者问："这么英勇的事迹为什么从来不讲？"

张富清说："我一想起和我并肩作战的战士，有几多都不在了，比起他们来，我有什么资格拿出立功证件去摆自己啊，我有什么功劳啊，我有什么资格拿出来，在人民面前摆啊。"

二、尖刀突击，保家卫国

（一）“解放”，明白为谁打仗

张富清出生在陕西省洋县一个贫苦农民家庭。父亲早逝，大哥夭折，母亲带着他们兄妹3人艰难度日。1945年，家里唯一的壮劳力二哥被国民党抓走当壮丁，张富清认为自己的二哥是家里的顶梁柱，如果他离开家前往战场的话，母亲和弟弟妹妹恐怕难以生存，于是他用自己换回二哥。他被关押近两年，后被迫加入国民党军队当杂役，苦不堪言。

直到1948年3月，在瓦子街战役中，张富清随着国民党溃兵一哄而散，一路跑到瓦子街集镇上，碰上解放军外围部队。解放军收容了他们，对愿意回乡的发放路费，愿意参加解放军的热烈欢迎。张富清在当长工时听中共地下党同志讲过，共产党领导的军队是人民子弟兵，是为穷苦人打天下的军队。于是他没有回家，毅然选择加入了解放军，在瓦子店光荣入伍，成为中国人民解放军西北野战军359旅718团2营6连的一名战士。

换上新军装，一个崭新的世界，在他面前徐徐展开。

国民党官兵又抢又赌，而解放军从不拿老百姓东西，借什么一定归还，损坏了赔新的；如果老百姓不愿意借，决不勉强……

两支迥然不同的军队对比强烈，让张富清下定决心：我要为穷苦人去打仗！

时隔多年，张富清在回忆起那段过往时说，他早已受够了国民党的黑暗统治，是共产党和国家的培养，让他这个受苦受难的小长工，有了温暖，有了荣誉，有了尊严。所以，为了党和人民的利益，他从来都是不计生死、冲锋在前、奉献自己的一切。

（二）突击，随时准备“光荣”

突击队员，是张富清的“老本行”。每次连队布置突击任务，他都报名参加。他的战功，次次来自突击。

1948年6月壶梯山战役，他担任突击队长，攻下一个碉堡、缴获一挺机枪、击毙两名敌人，获师一等功和“战斗英雄”称号。7月在东马村，他带领6名突击队员，扫清外围之敌，占领敌人碉堡，获团一等功；9月临皋战役，他先敌抢占制高点，压制消灭敌人。最大的考验，是 1948 年 11 月发生在陕西蒲城的永丰战役。

为配合淮海战役，西北野战军发起冬季攻势。张富清所在的 6 连是永丰战役突击连，连队要挑选 3 名战术最好的班长担任突击组长，张富清又一次主动请缨举起了手。永丰战役战况异常惨烈，部队伤亡极大，718 团 2 营一天换了 3 个营长，2 营 6 连一夜换了 8 个连长。张富清多次与敌人激战，在炮火中冲锋，尽管身体多处负伤，头皮都被子弹犁开，但他都认为是轻伤，坚持不下火线。最后他打出了自己都惊讶的战绩：炸毁 2 座碉堡，缴获 2 挺机枪、数箱弹药。那一仗，我军全歼敌第 76 军军部，俘获军长李日基。

战役结束，张富清荣立一等功、被授予“战斗英雄”称号，晋升为副排长。表彰大会上，王震亲自为他佩戴奖章。

有记者曾经问张富清：“您看起来并不壮实，打仗怎么这样厉害？”

张富清铿锵有力地回答：“我打仗的秘诀就是不怕死。决定胜败的关键是信仰和意志。只要党和人民需要，我情愿牺牲，牺牲了也光荣！”

（三）“长征”，何惧山高路远

1949 年 2 月 1 日，西北野战军整编为第一野战军。张富清所在团整编为第 2 军第 5 师第 14 团。番号的改变，折射着时局的发展。

中华人民共和国成立前夕，党中央决定，第一野战军必须在 1949 年冬结束西北解放战争，以便明年进入和平建设，新疆不能例外。

张富清开始了新的长征。回忆前往新疆的那段日子，张富清说：“去新疆的那种艰苦比上战场还让我难忘。”

当时，新疆尚无铁路，公路极差，酒泉至喀什，2500 多千米，要穿越戈壁瀚海，翻越雪山峻岭。1950 年 1 月，张富清所在的部队来到新疆喀什地区，3 月抵达草湖镇，他们传承 359 旅的南泥湾精神，开始了“军垦第一犁”。张富清回忆道，解放军分成 3 人一组，用木质的犁在那里开荒。张富清和战友们的双手布满血泡，因为怕感染，每天都要挑开血泡用酒精消毒。住地窝子、开垦盐碱地、顶风沙、扛烈日……张富清所在部队开垦荒地 6000 多亩。张富清说，他对新疆的情谊太深了，因为自己所在的部队留在了新疆，为新疆的发展付出了青春和热血。

1953 年初，部队领导找到张富清说，上级准备抽调连以上战斗骨干入朝作战，问他是否报名。张富清毫不犹豫地报了名。随后，不到半个月，他就和几十名战斗骨干，迈开双腿，再次出发。

从新疆到北京，是张富清的又一次“长征”。一行人，背着面粉做的坨坨馍，星夜兼程。沿途公路仍很欠缺，有车时就坐一段，大多时候是徒步。一走就是一个多月，万千山冈、风雨冰雪都经历了。途经鄯善，遭遇沙尘暴，一行人蒙着纱布才能睁开眼睛、辨识路线，行进极其艰难。

“路上缺水，在补给站装一壶水，渴得受不了才舍得喝一口，干得口鼻出血，有人还晕倒过。”张富清回忆。

从“山连山川连川”的陕北，到“平沙莽莽黄入天”的南疆，再到首都北京，张富清一次次选择“长征”。

三、夙夜在公，为民造福

（一）转业，到最需要的地方去

中华人民共和国成立初期，百业待兴，各地都缺干部。1955年，张富清已是359旅的正连职军官，他所在部队面临调整，要去地方支援经济建设。多次立功、身体有伤的张富清，有3个转业去向可以选择：一是留在大城市工作，发展空间更大；二是可以回到陕西老家，陪伴年迈的母亲；三是响应党的号召，到最艰苦、到祖国最需要的地方去。张富清的答案是：去祖国最需要的地方。当听说湖北西部恩施条件艰苦，干部紧缺，他斩钉截铁地说：“我可以去！”当听说来凤县在恩施地区最偏远、最困难，他又说：“那我就去来凤！”到来凤后，张富清又主动要求到最偏远、海拔最高的高洞管理区。正如张富清所说：“我是革命一块砖，哪里需要哪里搬。”

（二）驻村，和群众一起干

1959年初，刚从党校毕业的张富清，被上级派到来凤县出了名的穷地方——三胡区任副区长。

三胡是来凤县出了名的穷地方。当时，城里的人常这样打趣三胡区：三胡的人，都是吃稀饭的，如果在县城看到谁衣服上有稀饭渍，准是三胡的。贫困的情景，令张富清感到肩头的担子沉甸甸的。于是他下定决心：一定要把生产搞上去。

张富清走进最偏远的村，住进最穷的社员家。但是刚开始很多社员认为张富清是“区里来的干部”，干不了农活，是来添乱的，对他有抵触情绪，并不欢迎他。张富清琢磨着：要打消社员的疑虑，只能靠实际行动。他和大家天天一起上山干农活，并虚心学习各种劳动技能。

那时，家家房子不宽裕，更没有多余的床。他就找间柴屋，铺上稻草当床。晚上，刚躺下，蚊子、跳蚤便开始“联合攻击”。早上起来，浑身是包。不管多苦、多累、多困难，张富清一天到晚总是笑呵呵的。每月，张富清至少驻村 20 天，只有回区里开会才能回趟家。

社员吃不饱，他更吃不饱。可当着社员的面，他不能表现出来。有时饿得难受，他就一个人跑到水井旁，舀点水喝，然后接着干。可张富清从没想过放弃，他只认一个理儿：解决群众的吃饭问题，共产党员不干，谁干？困难面前，共产党员不冲，谁冲？

春风终化雨。同吃同住同劳动，社员们对张富清，从抵触到有感情，最后情同手足。最令他欣慰的是，所驻的村生产抓上去了。

（三）他和他们，“已如土地和庄稼”

在张富清的记忆中，带着乡亲们修路是最令他印象深刻的，因为这是“实实在在为老百姓做事”。

1975 年，张富清调任原卯洞公社革委会副主任。当时，县委提“社社通公路”的目标。在领导班子研究划分责任区域时，张富清选择了高洞管理区。

高洞管理区地处湖北与四川交界处，全部村寨都在四面悬崖的高山界上，导致了行路难。生产队交售公粮，往往要全队男女肩挑背扛个把星期才能完成。张富清决定要为这里的老百姓修出一条出行路。

机会终于来了，1976 年，来凤县提出社社通公路目标。张富清向公社提议将高洞到安抚司的公路纳入计划，公社领导班子开会研究予以通过。他作为高洞管理区的包片领导，积极争取到了负责组织实施的工作任务。

张富清开始筹集资金、协调物资，组织人手、发动群众，做好集中劳动力修路的相关工作……他吃住都在村里，连续 4 个多月与大家一起在悬崖绝壁上修筑公路。悬崖绝壁很多地方全靠用炸药爆破开路，而当地群众都不会，于是筑炮点炮又成为他的“专利”。不少人看到他点炮后还要在悬崖绝壁上避开，都为他捏一把汗。有同事劝他："你这大年纪了，动动嘴就行了，何必像小伙子一样玩命。"他笑着说："作为党员干部，既要当指挥员，更要当战斗员，群众才能跟你干。"在120多个日日夜夜里，终于使海拔一千多米的高洞通了公路！

1979年夏，随着一纸调令，55岁的张富清要离开卯洞回县城任职。消息不胫而走，群众依依不舍。许多群众翻山越岭到卯洞来送别。

张富清走的那天早上，一开门，满眼是人。有的社员是头天晚上赶来的，竟在门前坐了大半夜；有的要送他自己做的小竹椅，有的捧着吃的东西……

除了在党校学习两年外，张富清共在山区工作20年。20年间，他和大山里的老百姓如土地和庄稼，紧紧地连在一起。

（四）"我可以照顾你，群众怎么办？"

张富清转业初期，按照国家政策，妻子孙玉兰被招录为国家公职人员，在三胡区供销社当上了一名销售员。孙玉兰对待工作认真，对群众态度和气，收获了一致好评。

1961年，时逢三年困难时期，国家开始精减人员。此时，张富清任三胡区副区长，供销社归他分管，并且此次供销社成了精减人员的重点单位。供销社是个"吃香"的工作，谁愿意被裁员？

为了完成这项艰巨任务，起到带头作用，张富清率先动员妻子放弃"铁饭碗"。"我又没出问题，没犯错误，为什么拿我开刀？"一开始，孙玉兰想不通。

"执行党的政策，不从自己做起，怎么落实？"张富清劝说妻子，"你下去了，我才好做别人的工作。"

妻子选择支持丈夫的决定，带头"下岗"，随后人员精简工作顺利完成。

随着张玉兰的失业，张富清的家庭生活也陷入困境。1955年至1962年，张富清的4个孩子先后出生，家庭负担越来越大。为了补贴家用，张玉兰到处打零工、学缝纫、上山砍柴卖，孩子们放学后先去地里捡别人刨剩下的土豆回来当晚饭。

20世纪70年代，恩施市有家国企来县里招工。张富清最先得知这一信息，也知道大儿子符合条件，可他却动员大儿子到卯洞公社万亩林场去当知青。他开导儿子："我是你的父亲，但更是党的干部，我可以照顾你，群众怎么办？"儿子到林场住在茅棚，种地、植树，一干就是几年。

他的好家风，始终在传承。4个孩子，除大女儿因伤致残外，其他3个都凭自己的努力考上学，当上了干部或职工，没有一个沾过父亲的光，没有一个在他任职过的单位工作。

四、桑榆暮景，本色不改

（一）高位截肢，重新站立

2012 年，88 岁的张富清左膝盖脓肿，多地治疗不见好转，最后只得截肢。家人们谁都不敢把这个残酷的事实告诉张富清。当他得知情况以后，先沉默了一会，然后平静地说：医生说要截那就截吧。左腿截除后，为免除家人担心，他甚至幽默地说："战争年代腿都没掉，没想到和平时掉了。"

高位截肢后，为了不给组织增负担，不成为家人的拖累，张富清还在病房里，便开始锻炼。他借助两只手的力量，先是沿着病床移动，后来慢慢地扶着墙壁练习走路。出院后，家人给他买来了轮椅，但他拒绝使用轮椅，而是要求配一副假肢来练习走路。毕竟是 88 岁的老人了，加上只有一条腿，每练习一趟下来，浑身虚汗把内衣浸得透湿，伤口还经常流血。经过近一年的锻炼，他能拄着支架上街买菜，生活能够自理。

（二）固执选用便宜晶体

2018 年 9 月，张富清被诊断为并发性白内障，需要做白内障手术，植入人工晶体。张建全了解到晶体价格从 3000 元到上万不等，考虑到父亲年事已高，他希望父亲能用好一点的人工晶体。儿子同医生沟通后，为他选了一个中等价位的晶体，价格 7000 多元。按规定，张富清是离休干部，所以医疗费用可以在离休单位全额报销。手术前，儿子也和单位做好了沟通，但意想不到的情况还是出现了。

张富清住的病房共有 3 位病人，另外两位也是并发性白内障，已经相继动了手术。张富清在得知这两位病人都是选择 3000 块钱左右的晶体，他就直接给医生说，我就选 3000 块钱的。也没和自己的儿子商量，直接就定了。直到手术结束，儿子才知道父亲的"擅作主张"。

张富清出院后，来凤支行行长李甘霖前去探望，忍不住问："老行长，您是离休干部，不管选择什么价位的晶体都是国家报销。您年龄这么大了，为什么不用好一点的晶体呢？”

张富清说：“我已经离休了，不能再为国家做事了，现在唯一能做的，就是为国家节省一点是一点。”

（三）加强学习，与时俱进

张富清转业到地方后，为提高自身政策水平和文化水平，他买来《新华字典》进行自学。两本翻掉封面的《新华字典》，被他用透明胶补了一道又一道。

活到老，学到老。1985 年离休后，张富清一直保持着读书看报的习惯。通过摘抄内容、制作剪报、记录心得等方式，学习掌握党和国家的大政方针政策。他常说：“工作上离休了，在思想政治上不能离休。要常常学习，检查自己。”

在老人的卧室，放着一张老旧书桌，上面的书籍摆放得整整齐齐。一本 2016 年版的《习近平总书记系列重要讲话读本》格外引人注意，这本书封面本来是黄色的，由于张富清老人经常翻阅，封皮的四周已经泛白。打开这本书，里面散布着醒目的红色顿点和波浪线。在书的第 110 页的一段文字旁，他写下这样的批注：“要不断改造主观世界，加强党性修养，加强品格陶冶，老老实实做人，踏踏实实干事，清清白白为官，始终做到对党忠诚、个人干净、勇于担当。”

正是因为他长期的学习和思考，才让他具备了很高的政治理论素养，同时保持着思维敏捷。

五、走进张富清

（一）张富清的日常生活

一碗苞谷饭、一碟黄豆合渣、一盘炒青菜，这是张富清的晚饭。张富清住在曾就职于建设银行来凤支行时分配的宿舍。家里打扫得一尘不染，但装修、家具还是几十年前的老样子。泛黄的墙壁、斑驳的木门、拼凑起来的家具、被熏黑的厨房，诉说着主人的勤俭。张富清却知足：“我吃得好、住得好，比以前不知道好了多少倍，比贫困农民也好很多，只要国家发展得好，我们的日子都会好起来。”

在张富清家中，放着一个打满补丁的搪瓷缸。这只搪瓷缸来头不小。1953 年，董必武任总团长的“全国人民慰问人民解放军代表团”赴各地部队开展慰问活动。当时，张富清正在江西南昌防空部队文化速成学校学习。慰问团来到这里，作为上级抽调的优秀军官，他和战友们一人获得一块纪念章、一个搪瓷缸。

1955 年，张富清退役转业后，这只搪瓷缸就一直随身携带。时间久了，搪瓷缸被磨破，张富清拿牙膏皮补好后继续用。补了又补，实在没法再用，他就拿来装牙膏。如今，搪瓷缸被他小心收藏了起来。他说，只有不要命的人才能得到这个缸子。

（二）张富清的笑与泪

每当有人来采访，张富清的脸上总是挂着灿烂的笑容。听清来人的问候后，他首先是嘴里发出爽朗的笑声，然后再回答来人的问题，回答完后，再微笑看向对方。

2019 年，尽管他一次又一次地获得了国家荣誉，两次去北京受奖并受到习近平总书记的接见，但他回到家里还是在老房子里住着，见人仍是先笑着打招呼。经常听到他对人笑着说："好！好！谢谢！谢谢！"

有人问他长寿的秘诀，"嘿嘿，哪有什么秘诀哟。"张富清谦虚地说。不过，他谈了两个体会：一是要锻炼身体，只有通过经常锻炼，才能增强人的免疫力；二是要有好的心态，每天保持好心情，这也是最重要的一点。如何保持好的心态和心情呢？他说："要保持好心态，好心情，我全靠'两比'：我从来都是与牺牲的战友比，他们没有得到任何享受，连享受的机会都没有，而我享受了很多年的幸福生活，我有什么不知足的啊？我从来都是与困难的群众比，有些群众生活都还很困难，没有保障，而我每月都有离休工资，医药费还全报销，我有什么不满足的呢？"

在张富清几个儿女的印象中，他们很少甚至从未看见父亲流过眼泪。但在采访中每当张富清提起他当年牺牲的战友时，却多次流下了泪水。在张富清的心中，没有什么比为国牺牲更光荣，没有什么比逝去的战友更值得尊敬的了。

张富清的人生是一部建功立业的奋斗史，是千千万万共产党人舍生忘死、砥砺前行的缩影，也从侧面反映了新中国从站起来到富起来再到强起来的伟大征程。

我们党和国家为什么能够不断创造奇迹？奇迹的背后是无数个像张富清一样的先进人物，汇聚起中华民族的精神谱系。一代人有一代人的使命，一代人有一代人的长征。我们坚信，在实现中华民族伟大复兴的道路上，会涌现出更多的“张富清”，汇聚起磅礴的中国力量。

【思考题】

1. 从张富清的先进事迹中可以提炼出哪些精神内核？哪种精神对你触动最深？

2. 党员干部应该如何对待功与名，树立正确政绩观？

3. 应该从哪些方面增强自身建设，不做“躺平式”干部？

4. 结合自身经历，谈谈实践（基层经历）对于精神的锻造发挥了何种作用？

第七篇

防范化解重大风险

鲍家墩村加强综合减灾能力建设的探索与启示

中共湖北省委党校（湖北省行政学院） 朱晓璇

【引言】2016年7月28日，习近平总书记在河北唐山市考察时强调，要总结经验，进一步增强忧患意识、责任意识，坚持以防为主、防抗救相结合，坚持常态减灾和非常态救灾相统一，努力实现从注重灾后救助向注重灾前预防转变，从应对单一灾种向综合减灾转变，从减少灾害损失向减轻灾害风险转变，全面提升全社会抵御自然灾害的综合防范能力。①

【摘要】近20年来，中国80%以上的灾害造成的人员伤亡和经济损失都分布在农村地区。我国832个已脱贫的原贫困县中，有70%以上位于易受暴雨和洪水地质灾害影响的地区，因灾返贫风险挑战严峻。

为此，中共中央、国务院颁布了《关于推进防灾减灾救灾体制机制改革的意见》，湖北省委、省政府颁布了《关于加快推进防灾减灾救灾体制机制改革的实施意见》。鲍家墩村在省应急管理厅的帮扶下，响应号召，从组织领导机构、应急救援队伍、灾害事故风险评估、灾害事故风险隐患排查整治、应急预案及"村民明白卡"、应急避难场所、灾害信息预警系统、应急物资、宣传教育、重点群体应急保护措施十个方面进行了农村综合减灾能力建设，取得了显著成效。

【关键词】农村综合减灾；减灾示范村；鲍家墩村

一、背景情况

党的十八大以来，以习近平同志为核心的党中央高度重视防灾减灾工作，

①《习近平在河北唐山市考察：落实责任完善体系整合资源统筹力量　全面提高国家综合防灾减灾救灾能力》，《人民日报》2016年7月29日。

先后作出了一系列重大部署和重要指示。2016年7月28日，习近平总书记在河北唐山市考察时强调，要全面提升全社会抵御自然灾害的综合防范能力。2016年10月11日，习近平总书记在主持中央全面深化改革领导小组第二十八次会议时强调，必须牢固树立灾害风险管理和综合减灾理念，坚持以防为主、防抗救相结合。① 2017年党的十九大报告中强调，要坚持总体国家安全观。要树立安全发展理念，弘扬生命至上、安全第一的思想，健全公共安全体系，完善安全生产责任制，坚决遏制重特大安全事故，提升防灾减灾救灾能力。2018年10月10日，习近平总书记在中央财经委员会第三次会议上强调，加强自然灾害防治关系国计民生，要建立高效科学的自然灾害防治体系，提高全社会自然灾害防治能力，为保护人民群众生命财产安全和国家安全提供有力保障。② 2019年10月底，党的第十九届四中全会对应急管理和防灾减灾救灾提出明确要求，要建立健全公共安全体制机制，构建统一指挥、专常兼备、反应灵敏、上下联动的应急管理体制，优化国家应急管理能力体系建设，提高防灾减灾救灾能力。2022年，党的二十大报告提出明确要求，要提高防灾减灾救灾和重大突发公共事件处置保障能力，加强国家区域应急力量建设。

近20年来，中国80%以上的灾害造成的人员伤亡和经济损失都分布在农村地区。我国832个已脱贫的原贫困县中，有70%以上位于易受暴雨和洪水地质灾害影响的地区，因灾返贫风险挑战严峻。近10年来，我国农村因灾致贫的比例占到贫困原因的6.59%。在过去的20年中，70%以上的气象灾害发生在中国的农村地区，尤其是西部地区，其主要原因就是中国西部农村地区防灾减灾的工程性措施和非工程性措施相比中东部地区普遍偏弱。

农村是当代中国社会治理的基础，在统筹发展与安全理念指导下，切实提高农村地区防灾减灾与应急管理能力，已成为推动高质量发展的重要课题之一。2016年12月19日，中共中央、国务院发布的《关于推进防灾减灾救灾体制机制改革的意见》中指出："当前防灾减灾救灾体制机制有待完善，灾害信息共享和防灾减灾救灾资源统筹不足，重救灾轻减灾思想还比较普遍，一些地方城市高风险、农村不设防的状况尚未根本改变。"目前，我国应急管理体系建设中较多的人力、物力、财力分布于城市地区，"农村不设防"问题较为突出，使得农

①《习近平：以自我革命精神推进改革》，《人民日报》2016年10月12日。

②《习近平：大力提高我国自然灾害防治能力　全面启动川藏铁路规划建设》，《人民日报》2018年10月11日。

村地区成为防灾减灾的薄弱环节。

当前我国农村存在的主要问题如下：

一是我国农村地区面临着日趋严峻的自然灾害风险和环境问题。面对气候变化加剧和严峻的发展问题，农村地区的战略性资源约束日益强化，各类灾害和环境问题不断出现甚至加剧，例如极端天气气候灾害、水土流失、土地荒漠化、水污染等。各类灾害在时空上相互耦合和作用，导致灾害链、多灾种和灾害遭遇现象呈现上升态势。受地理环境和自然条件的限制，农村地区的地形、地质、自然禀赋等层面的复杂危害更加严峻，叠加农村贫困地区防灾减灾能力明显不足，导致灾害情况比其他地区多出 5 倍。

二是我国农村地区的经济发展水平严重制约着防灾减灾工作的深入开展。我国农村地区生产力水平较低，科技、教育、卫生等各方面的整体发展水平相比城市还比较落后，尤其是资金短缺情况严重，科技支撑能力不足，人才和专业队伍建设滞后。受城乡二元化体制影响，防灾减灾和应急管理普遍存在着重城市、轻农村的现象，导致公共事业发展、公共管理和政府协调能力不足，远远不能满足农村应对防灾减灾严峻形势的要求和人民日益增长的安全生产环境的需求，因此，因灾致贫和因灾返贫的现象时有发生。

三是农村人口严重流失。由于缺乏就业机会，以农村青壮劳力为代表的农民工流向城市地区，因而导致农村防灾减灾工作基础薄弱，缺乏基础性群众力量，且防灾减灾知识的宣传教育相对滞后，缺乏防灾减灾知识及自救、互救技能。2021 年末我国农村常住人口 4.98 亿人，比上年末减少 0.11 亿人，减少的人口多数流向城市地区，农村常住人口占总人口比例为 35.3%。全国人户分离的人口达 5.04 亿人，其中流动人口为 3.76 亿人，且农民工占多数。

四是政府的建设监管力量未有效覆盖广大的农村地区，相关法律体系不够健全，缺乏针对农村综合防灾减灾指导规范。虽然我国早已颁布了相关防灾减灾标准规范，但对于农村地区的自建房，落实相关标准还存在较大困难，普遍存在着实施性较弱的问题。我国农村建筑大都以自建房为主，且未受到政府的有效监管，因而这些建筑在建设过程中普遍没有考虑抗震设防，也没有采取科学有效的抗震措施。因此，一旦遭遇较大地震，极易发生结构性破坏甚至倒塌。

五是我国农村地区的防灾减灾意识有待提升。农村不利于防灾减灾的落后观念比较突出，例如农村房屋建设中在建筑高度和装饰装修上相互攀比，从而忽视房屋建筑的防灾减灾质量要求，而且部分封建迷信观念也在一定程度上阻碍了防灾减灾意识提升和防灾减灾工作的开展。

为此，中共中央、国务院颁布了《关于推进防灾减灾救灾体制机制改革的意见》，湖北省委、省政府颁布了《关于加快推进防灾减灾救灾体制机制改革的实施意见》。

因此，健全和提升农村应急管理体系和能力，已成为深入推进国家高质量建设的重要议题。提高领导干部做好农村综合减灾工作的能力，有助于完善国家应急管理体系行稳致远和乡村振兴战略高质量发展。

二、做法与成效

鲍家墩村干旱季节长，植被茂密，易发生森林火灾，有小型水库，居民大多切坡建房，有泥石流和山洪风险。自 2015 年起，省应急管理厅驻村工作队开始帮扶鲍家墩村，充分发挥本单位专业能力，对该村的综合减灾能力进行了全方位的提升。

（一）鲍家墩村基本情况

鲍家墩村地处麻城市龟山镇西部，属典型山区村，东与铺头坳社区接壤，南与邓家山村相邻，西与元正桥村接界，北与杨家铺毗邻，距麻城市 28 千米，距龟山镇 3 千米，面积 5.2 平方千米。辖 26 个自然垸，9 个村民小组，共 453 户 1739 人。耕地面积 1800 亩，山林面积 4680 亩，主要种植稻谷、花生等作物。

本村有贫困户 112 户 359 人。其中，五保户 14 户 14 人，低保户 32 户 60 人，一般贫困户 66 户 285 人。经省应急管理厅帮扶，已于 2016 年实现整村脱贫出列，2020 年村集体收入达到 30 万元，村人均收入 18000 元，贫困户人均收入 7500 元。

村现有“两委”班子成员 5 人，党员 40 人。其中 60 岁以上党员 18 人，35 岁以下 6 人，男 36 人，女 4 人，下设 4 个党小组，5 个网格，配有 5 名网格信息员。

（二）鲍家墩村加强综合减灾能力建设的主要做法

鲍家墩村在省应急管理厅的帮助下，开展了省级综合减灾示范村创建工作，其主要做法有以下 10 个方面。

1. 组织领导机构

鲍家墩村以鲍在佳书记任组长，省应急管理厅扶贫工作队参与指导，帮助创建综合减灾示范创建工作领导小组，负责组织本村党员干部、村民共同参与防灾减灾工作，明确各成员创建工作职责，记录重点履职情况。

2. 应急救援队伍

鲍家墩村根据本村人口规模，建立了由村党员干部、民兵、退役军人、志愿者等为主体共 46 人的应急救援队伍，承担本村灾害事故等突发事件抢险救援、转移安置受灾群众等工作。为了让救援队具备应对本地常见灾害事故初起处置的基本能力，应急管理部门对村应急救援队开展指导和培训。同时，本村应急救援队每年进行不少于两次的应急演练。

3. 灾害事故风险评估

开展灾害事故风险评估工作，建立灾害事故风险清单，编制灾害事故风险图，并进行公示。

4. 灾害事故风险隐患排查整治

对排查出来的风险隐患分级分类，建立整改台账，实行闭环管理。隐患排查治理要做到责任、措施、资金、时限、预案“五落实”。对现有条件下，短期内确实难以整改或消除的，在隐患所在区域安全距离处设立醒目的警示牌、防范事项、应急救援联系方式等信息，切实加强管理，并制定整改计划，确保万无一失。

5. 应急预案及“村民明白卡”

针对农村常见自然灾害和当地易发多发的安全生产事故，制定相应的应急处置预案，同时用通俗易懂的语言摘要编制“村民明白卡”，发放到户，让村民广泛知晓、熟练掌握，切实提高针对性和可操作性。

6. 应急避难场所

按照“便于快速集结疏散、能够科学有效避险”的原则，在安全开阔地，设置若干应急避难场所，并配备相应应急设施。在应急避难场所、关键路口等醒目位置，设置安全应急标志或指示牌。

7. 灾害信息预警系统

按照传统手段和信息技术相结合的思路，将气象预警、山洪预警系统延伸到乡村。建立多渠道灾害预警系统，明确预警信息发布机制和责任人员。确保预警信息覆盖率 100%。

根据该村实际，省应急管理厅驻村工作队和鲍家墩村村委会共同努力，为其量身打造了一套较为完备的村级预警系统。该预警系统可通过监测设备，比如摄像头、雨量计、水库水位监测仪、山体位移监测器等，发现问题，然后通过光纤或云端将信息传输至手机和村委会监控大屏。村干部收到消息后可通过手机控制无线广播告知村民。（见图 1）

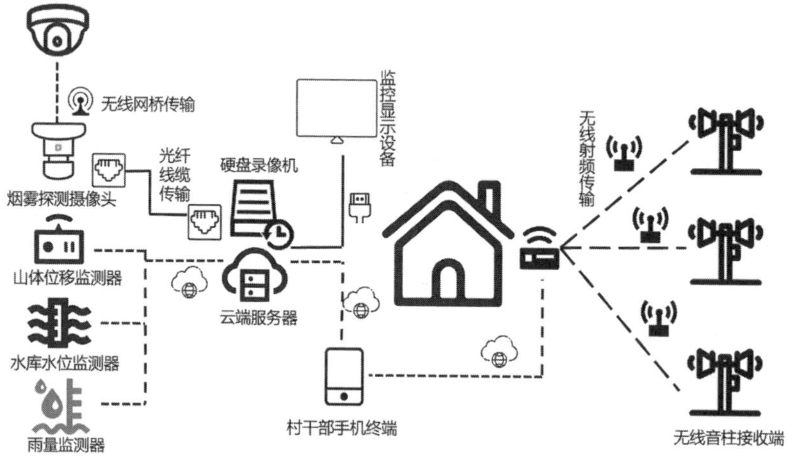

图 1　预警系统示意图

16 个高清室外球机摄像头中，2 个设置于水库正对面，用于监控水库周边情况，8 个设置于防护林对面高处观察点，用于监控重点林区状态，6 个设置于村口岔路及主干道旁，用于监控交通安全情况和治安情况。设置时，利用电线杆等现有制高点，选择合适高度安装摄像头，并用铠式电缆连接，保证传输质量和供电安全。最远的两个摄像头采用无线网桥点对点传输，节约了布线费用。（见图 2）

鲍家墩村购置硬件设备花费 4 万元，光缆铺设和安装花费 2 万元。该村被评为“省级综合减灾示范村”后，获得省应急管理厅 10 万元奖励。

8. 应急物资

鲍家墩村根据本村人口数量、灾害风险特点等因素，合理配备、储备应急

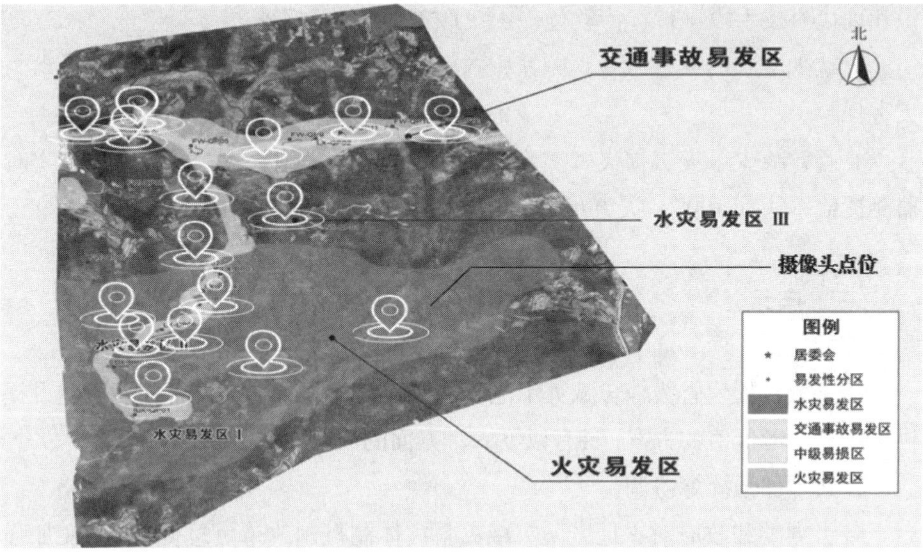

图 2　16 个高清室外球机摄像头分布示意图

救援、通信、照明物资、生活物资。

9. 宣传教育

坚持全天候全方位多维度加强防灾避险和安全常识宣传，确保受众全覆盖。突出多发易发灾害事故防范知识，重点加强宣传，确保群众听得懂、记得住、做得到。

10. 重点群体应急保护措施

鲍家墩村建立了本村脆弱人群清单，明确脆弱人群结对帮扶救助措施，明确村灾害事故风险隐患和防范措施，注明村应急联系人和联系方式。积极引入风险分担机制，降低安全风险，加强防范措施，不断夯实防灾减灾基础设施建设，提高群众防灾意识，健全防汛减灾应急机制。

（三）鲍家墩村加强综合减灾能力建设的成效

鲍家墩村取得的成绩有目共睹，村基础设施大为改善，村容村貌焕然一新，安全形势日益稳定，产业发展欣欣向荣，群众幸福感显著提升。

1. 大大增加了村减灾资源投入。鲍家墩村充分调动各种人力、物力、财力和技术等资源投入村减灾活动，为综合防灾减灾提供了物质保障。

2. 形成了本村特有的防灾减灾宣传方式。鲍家墩村利用传统文化、本土知识和现代科技手段进行宣传教育，得到了村民的一致好评。

3. 减少了农民灾害风险。鲍家墩村引入风险分担机制，鼓励村民积极参与灾害保险。

4. 有效减少了灾害损失。实施综合减灾建设后，鲍家墩村风险隐患点实时监测覆盖率达到 100%，灾害预警通知覆盖率达到 100%。

三、启示

鲍家墩村创建省级综合减灾示范村的实践为加强农村应急管理能力建设提供了极具参考价值的方案，具有以下 6 个方面的启示。

1. 必须加强统筹协调

各级党委和政府对本地区防灾减灾救灾体制机制改革负总责，要切实加强对本地区防灾减灾救灾体制机制改革的组织领导。要加强防灾减灾救灾法治建设，加强综合立法研究，及时修订有关法规和预案，科学合理调整应急响应启动标准。要明确责任，对防灾减灾救灾工作中玩忽职守造成损失或重大社会影响的，依纪依法追究当事方的责任。

2. 必须健全农村防灾减灾救灾科技支撑体系

加快 5G 网络等新技术在农村的发展应用，以信息化建设提升农村应急管理精细化水平和农村综合治理现代化水平。

3. 必须倾斜性支持农村尤其是刚脱贫地区的防灾减灾能力建设

一方面要加强农村和刚脱贫地区的灾害监测预报预警能力建设，解决灾害风险预警的“最后一公里”问题；另一方面还要提高设防能力，编制和实施以村屯为单位的防灾减灾救灾规划，并将其纳入村屯现代化建设的管理体系和布局中。

4. 必须加强农村防灾减灾的宣传教育

构筑全体村民参与防灾减灾的文化氛围，组织开展防灾减灾基本知识、防灾避险、自救互救技能等知识培训，定期开展防灾减灾科普宣传，大力提升村民防灾减灾的意识和能力。

5. 必须推广农村灾害保险

建立农村灾害保障体系，克服救灾救济单纯依靠政府的弊病，设立农村救灾基金，增强救灾实力，化解农业生产风险，减少农民灾害风险。

6. 必须加强队伍建设

加强灾害防范应对专业队伍建设，提高队伍素质，改善技术装备，不断增强应对各类灾害的能力。学校、医院、车站等公共场所明确灾害应急联系人，定期开展相关知识和技能培训，确保能够及时准确地接收和传播灾害预警信息，落实防范处置措施。

【思考题】

1. 提升农村综合减灾能力有哪些难点？
2. 如何提升农村综合减灾能力？

长阳“大病关爱壹佰基金”：农村地区大病救助的实践与思考

中共长阳土家族自治县委党校　叶　婷　何　曼　李　华

【引言】 2015年11月27日至28日，习近平总书记在中央扶贫开发工作会议上强调：守望相助、扶危济困是中华民族的传统美德。要研究借鉴其他国家成功做法，创新我国慈善事业制度。① 党的十九大报告强调要加强社会保障体系建设，完善社会救助、社会福利、慈善事业、优抚安置等制度。

党的二十大报告指出：全面建设社会主义现代化国家，最艰巨最繁重的任务仍然在农村。社会保障体系是人民生活的安全网和社会运行的稳定器。促进多层次医疗保障有序衔接，完善大病保险和医疗救助制度。

【摘要】 伴随着全面建成小康社会和“健康中国”战略构想的提出，目前我国已构建起基本医疗保险、大病医疗保险、贫困人口医疗补助、慈善医疗救助等多层次、全方位的医疗保障体系。我国的医疗救助制度日益健全。当前政府实施的医疗救助是以保基本、兜底线为标准，近年来救助成效显著，但在面临重特大疾病时，仍存在救助效率不高、供需矛盾较大、资金保障不足、申领难度较大等问题。而以基金会、社会团体为主体的社会组织，能充分调动社会资源，动员社会力量广泛参与慈善医疗救助，对因患病而无力治疗的贫困人群实施专项救助和经济支持。国家支持社会组织开展慈善医疗救助。慈善救助作为政府医疗救助的重要补充，能有效弥补政府医疗救助的不足，提供更加多元、高效、精准的资源分配，为社会低收入群体、困难群体的医疗问题和生活问题保驾护航，为他们提供健康保障和生活兜底保障，充分彰显了社会救助的兜底

① 本书编委会：《习近平关于社会主义经济建设论述摘编》，中央文献出版社2017年版，第230页。

作用和维护社会公平、分散疾病风险的作用。

【关键词】 慈善组织；医疗救助；医疗保障制度

一、背景情况

近年来，我国政府围绕着解决人民群众看病就医的问题，在全国建立了新型合作医疗、大病救助等多项医疗保障制度，在一定程度上缓解了人民群众看病难、看病贵的问题，人民群众总体医疗需求得到了基本保障。但由于城乡二元结构的差异，当前医疗资源分布不均，使用效率不高，部分地区尤其是少数民族地区和偏远的农村地区医疗保障、医疗供给、医疗服务水平较低，因病致贫、因病返贫的风险仍然存在，特别是当贫困家庭患上重大疾病或特大疾病时，家庭刚性支出就会激增，患者及其家庭将面临沉重的经济负担和巨大的心理负担。

我国政府对发展慈善医疗救助事业和构建慈善医疗救助体系越来越重视。2013 年，民政部发布了《关于加强医疗救助与慈善事业衔接的指导意见》，明确指出要发挥慈善医疗救助对政府医疗救助的补充性作用，弥补政府医疗救助的不足，实现并加强慈善医疗资源供给与医疗救助对象需求的有效对接。2014 年 5 月 1 日，我国《社会救助暂行办法》正式施行，明确鼓励社会组织、单位和个人等社会力量参与社会救助，同时享受税费减免等优惠政策。2016 年 12 月，国务院发布《关于印发“十三五”深化医药卫生体制改革规划的通知》，明确提出要健全重特大疾病保障机制，积极引导慈善力量等多方参与，逐步扩大救助人群，进而形成“一站式”服务。党的二十大报告指出，促进多层次医疗保障有序衔接，完善大病保险和医疗救助制度。2018 年，民政部、财政部发布《关于进一步加强和改进临时救助工作的意见》，要求加强慈善救助和政府临时救助的有效衔接，慈善组织设立专项基金承接政府救助后的“转介”个案，共同完善临时救助。

（一）慈善组织参与医疗救助的必要性

社会保障和慈善救助在减轻各类灾难、保障改善人民生活质量方面发挥了重要作用。慈善救助作为社会保障的重要组成部分，发挥着安全网功能。政府承担的医疗救助遵循的是“低水平、广覆盖”原则。为了确保政府医疗救助政策的公平性、公开性和可操作性，通常在救助对象的确定、救助标准的制定、救助对象的收支情况等方面要完全符合刚性条件，才能获得相应的救助资源。但现实情况纷繁复杂，政府的医疗救助有时会出现救助遗漏、救助延迟或救助资源供需不匹配现象。例如对于低保边缘人群以及突发重疾人群，政府医疗救助缺乏精细化涵盖。我国经济社会快速发展，社会结构日益多元化，服务型政府加速推进，人们对于医疗资源的需求日益多样化和个性化，探索加强政府医疗互助与社会共同参与的慈善医疗救助，实现医疗救助资源的整合，已成为时代发展的必然。要破解“因病致贫、因病返贫”的时代难题，必须充分发挥慈善组织在医疗救助中扶弱济贫的积极作用。慈善救助进一步拓宽了社会保障途径、维护了社会稳定、促进了社会发展。

（二）慈善组织参与医疗救助的可行性

慈善组织在参与社会救助方面，救助形式更加多样化、救助对象更加精准、救助内容更加广泛、救助方式更加灵活、救助时效更加迅捷，是当前我国构建功能完善、统筹衔接、务实管用、兜底有力的社会救助体系不可或缺的力量。慈善组织能够非常快捷且高效地聚集社会资源开展工作。另外，由于慈善组织的公益性特征，它具有较高的社会公信力，能迅速整合行业社会资源，能及时为社会公众提供差异化、多层次的医疗救助服务。2016年12月，国务院发布《关于印发“十三五”深化医药卫生体制改革规划的通知》，明确提出建立相对完整的基本社会保障和慈善医疗救助的相互衔接和互动机制。政府也支持各级慈善组织参与医疗救助，为贫困群体提供多元化、全方位的医疗救助服务，提升救助水准，保障社会成员基本医疗权益。

（三）慈善组织参与医疗救助的现状

当前我国慈善组织的数量激增，慈善医疗救助服务的门类及覆盖的病种逐渐增多；慈善医疗救助能力不断提升，慈善救助的模式不断创新。当前我国社会主要矛盾发生变化，人民日益增长的美好生活需要和不平衡不充分的发展之间的矛盾逐渐凸显。随着中国特色社会主义进入新时代，人们的就医需求有了纷繁复杂的变化，基于此，需要构建以患者特别是贫困群众为中心的，多元福利供给、多元主体协同联动、多元化救助的慈善医疗救助体系，以降低医疗领域不平衡、不充分的发展，对于重大疾病及突发疾病患者日益增长的美好生活需要的冲击和影响。

二、主要做法

长阳是农村合作医疗的发源地，也是全国第一批新型农村合作医疗的试点县。近年来，在建立健全新型农村合作医疗、城镇职工医疗保险、城镇居民医疗保险三项制度，基本形成“普惠型”全民医疗保障体系的基础上，针对重特大疾病患者看病难、因病致贫、因病返贫等现象，长阳县委、县人民政府高度重视，实施大病关爱工程，探索普惠政策下的重特大疾病医疗救助保障机制，形成了富有特色的长阳“大病关爱壹佰基金”。

（一）“壹佰基金”的来源及属性

长阳土家族自治县是一个集“老、少、山、穷、库”为一体的国家扶贫开发重点县，县域面积 3430 平方千米，户籍人口 38 万，常住人口 33.6 万，贫困人口规模居宜昌市首位，全县贫困人口主要生活在中高山地区、清江库区、石化地区和地质灾害区。当前，城镇职工医保和城乡居民医保等“普惠型”制度，基本解决了普通病患者“病有所医”的问题，但生活在贫困山区的群众，一旦患上重特大疾病，就会陷入“贫困—疾病—贫困”的恶性循环，从而产生沉重的经济负担和心理负担，降低生活质量，进而增加了社会的不稳定因素。

“大病关爱壹佰基金”是 2011 年在湖北省开展的“万名干部进万村入万户”活动中，由长阳县委、县政府倡导设立的。它是由相关职能部门筹集和热心大病关爱公益事业的公民、法人及其他社会组织志愿捐赠设立的用于贫困群众重特大疾病关爱救助的专项基金。基金的来源主要有政府资助和面向社会专项募集两种，筹资渠道主要包括：境内外社会组织和个人捐赠的资金；政府及相关部门注入资金；按规定可以用于医疗救助的其他资金；基金形成的利息收入。为了保证社会捐赠部分的稳定来源，长阳县规定每年 4 月 18 日为“大病关爱壹佰基金”捐赠日。11 年来，“大病关爱壹佰基金”累计募捐 3562 万元，解决了 4252 名困难群众的大病救治。

（二）“大病关爱壹佰基金”的运行及管理

1. 织密“五位一体”医疗保障网

实行“五位一体”基本医疗保障模式，即实施“基本医保 + 大病保险 + 医疗救助 + 健康扶贫兜底保障 + 大病医疗壹佰基金慈善救助”的兜底医疗政策。壹佰基金促进会作为大病患者家庭“最后一道健康防线”，切实兜底保障了大病患者巨额医疗费来源问题，有效解决了因病致贫因病返贫的问题。“大病关爱壹佰基金”的运行和管理严格按照《大病关爱壹佰基金管理制度》进行。该管理制度会根据国家基本医疗政策及促进会资金收资情况进行适时修改。对关爱对象、关爱标准、申请时效、申报材料、申报审批程序、资金发放、管理和监督等进行了详细的规定，操作简便易行，方便群众。

2. 推行会员登记制

为积极探索开展常态化的慈善募捐的长效机制，按照“权利义务对等”的原则修改《长阳土家族自治县大病关爱壹佰基金管理制度》，试行会员制，因患大病造成家庭生活困难，住院医疗年自费达到一定数额，且本年度登记为壹佰基金会员的城乡贫困群众可申请“大病关爱壹佰基金”资助，爱心人士捐赠100元及以上即登记为会员。

3. 简化申报审批程序

实施“一站式”结算模式，基本医保、大病保险、医疗救助和“大病关爱壹佰基金”的审批采取了“一张表走到底、多项救助一次完成、资金银行发放”的方式，简化了救助对象的申报程序，提高了工作效率，同时也增加了各部门的相互沟通和协作，取得了“运作有序、患者满意、社会认同”的大病救助工作效果。

4. 明确救助条件及标准

（1）民政部门认定的民政救助对象及扶贫部门建档立卡贫困对象及一、二级重度残疾对象，当年住院医疗目录内年自费（扣除政策性医疗报销、保险公司大病保险赔付、已经享受的政府救助和社会捐赠）总额达到3000元的，一次性救助1000元；超出3000元以上部分，按超出部分的20%救助；全年最高救助限额10000元。

（2）本年度内登记为“大病关爱壹佰基金”捐赠对象的因病致贫、因病返贫对象其住院医疗目录内年自费（扣除政策性医疗报销、保险公司大病保险赔付、已经享受的政府救助和社会捐赠）总额达到20000元的（含20000元），一次性救助2000元；超出20000元以上部分，按超出部分的20%救助；全年最高救助限额10000元。

（3）其他特殊对象申请救助的，其住院年自费总金额不得少于30000元，且需经村（社区）、乡镇或者单位签署意见后再由促进会研究决定是否资助及资助比例。当年未捐赠的特殊对象需采取补捐的方式符合相关条件后方能享受资助。

（三）亮点做法

1. 发挥“头雁效应”，坚持依法依规广泛筹集资金

认真学习和贯彻落实现行政策法规，依法依规筹集慈善资金。明确捐赠日期，稳定善款来源。将每年的4月18日确定为“大病关爱壹佰基金”捐赠日，动员和组织社会团体、各类经济成分的企业、社会各界爱心人士踊跃捐款，此项活动已成为常态。鼓励爱心企业和企业家履行社会责任，增强企业参与慈善的积极性；鼓励党员干部以身作则，每人每年捐赠100元以上，全县共有124个党政机关、人民团体和企事业单位的干部职工加入捐款行列，完美展现“头雁效应”；发挥基层党组织战斗堡垒作用，营造良好的社会捐赠氛围，各乡镇广泛发动，村“两委”班子积极动员群众入会，为基金试行会员制探索了有益经验。

2. 坚持“爱心助力”，主动协调开展多样活动

积极开展形式多样的慈善宣传活动，以增强群众的慈善认同度、企业的慈善参与度、社会的慈善信任度。“大病关爱壹佰基金”促进会借力新闻媒体报道，通过典型事迹的宣传、慈善理念的宣扬，打造慈善救助的集聚效应和扩充效应，加强引导舆情关注慈善、支持慈善、参与慈善，增强公民慈善意识的回归与强化。例如，“大病关爱壹佰基金”会通过自制新春贺卡，回馈爱心企业及相关人士，联合当地电视台打造了一台集中捐赠专题片，增强了公民的社会责任感、强化了慈善意识的回归。基金促进会还通过搭建平台，举办爱心企业和受助群众的爱心回访和暖心慰问活动，实现了慈善救助的精准、高效对接，也确保了捐赠人、受益人、社会公众的知情权、参与权、监督权，营造了和衷共济、友爱互助的良好社会风尚。

3. 坚持“阳光运行”，接受社会监督确保精准救助

规范慈善救助制度，实行慈善救助审批程序化，严格依照规定履行申请、审核、审批、公示等环节，建立科学规范的运行管理机制，这样也有利于监督工作的开展，积极打造阳光慈善。长阳“大病关爱壹佰基金”促进会规范接受捐赠和开展资助活动，及时将捐赠情况和资助情况在长阳电视台、“大病关爱壹佰基金”网站公开公示；坚持按照《“大病关爱壹佰基金”管理制度》规定的程序和条件资助，制定了一套完整的资金管理使用制度，自觉接受长阳县纪委监委的监督检查，接受上级主管部门关于社会组织反腐倡廉的专项检查及年检，确保了被资助的对象准确、标准统一、社会满意，同时也确保了“大病关爱壹佰基金”这一民生品牌具有廉洁性、高效性、务实性。

三、实际成效

“大病关爱壹佰基金”进一步织密织牢了长阳县医疗保障网。形成了“五位一体”基本医疗保障模式，即实行“基本医疗保险 + 大病保险 + 医疗救助 + 健康扶贫兜底保障 + 大病关爱壹佰基金慈善救助”。“大病关爱壹佰基金”慈善救助政策作为大病患者家庭“最后一道健康防线”，切实解决了大病患者巨额医疗费来源问题。对一般因病致贫参保对象实行按比例救助，对其他特殊对象（民政部门认定的城乡低保、农村特困、孤儿及事实无人抚养孤儿、城市特困人员、扶贫部门建档立卡贫困对象及一、二级重度残疾对象）实施重点救助，慈善救助的兜底保障实现了基本医疗保障全覆盖，包括 146 个建制村、14 个社区，涉及农村人口 29.7 万人。

（一）有利于筑牢民生保障的底线，促进慈善救助体制机制创新

长阳“大病关爱壹佰基金”调整优化现行救助制度和标准，以基本生活救助、专项救助等为主要内容，根据受困群众的类型提供个性化服务，从而有效阻击了困难群众因病致贫和因病返贫。十多年来，长阳“大病关爱壹佰基金”募集捐款累计达到 3562 万元，为 4252 名大病困难群众雪中送炭，确保受困群众遇到重大疾病或突发疾病打击，生活无以为继时，能通过慈善救助得到兜底保障。长阳县除了对受困家庭进行经济救助，还十分注重人文关怀和心理疏导，最大限度防止冲击社会道德和心理底线的事情发生。另外，还不断优化制度设计，提升救助效率。建立健全医院和患者之间结算“一站式”、五个部门之间结算“一表通”、城镇患者和农村患者之间医疗质量“一把尺”的医疗服务体系，

使大病患者求助有门、受助及时，实现救助效益最大化，避免救助遗漏。潘金亮等一大批受助者渡过难关创新业、渡尽劫波谢党恩的传奇经历，生动体现了“大病关爱壹佰基金”有温度、有品质的民生魅力。大爱无疆的正能量筑牢了民生保障的底线，有效助力了长阳县决战决胜脱贫攻坚。

（二）有利于遏制因病返贫现象，减少相对贫困，促进共同富裕

长阳县已于2020年4月解决了现行标准下的绝对贫困问题，但相对贫困现象仍然存在，涉及教育、医疗、住房等多维层面，其中最重要的表现就是因病致贫。“大病关爱壹佰基金”项目可以高效完成社会互助，通过民间捐赠和公益慈善的济困扶弱行为，帮助困难群众解决最直接、最现实、最紧迫的民生问题，有助于形成政府力量和社会力量的合力，实现慈善救助与社会救助的互补衔接，凝聚一支防范因病致贫、促进共同富裕的重要力量。

（三）有利于弥补医疗救助的短板，推动健康中国的建设

面对人民群众不断增长的健康需求和我国卫生健康事业发展战略需要，以习近平同志为核心的党中央实施健康中国战略，提出“要完善国民健康政策，为人民群众提供全方位全周期健康服务”①。《中共中央、国务院关于深化医疗保障制度改革的意见》提出：“到2030年，全面建成以基本医疗保险为主体，医疗救助为托底，补充医疗保险、商业健康保险、慈善捐赠、医疗互助共同发展的医疗保障制度体系。”这为慈善救助在医疗保障领域进一步发挥作用提供了政策依据和发展空间。慈善救助能保障到医疗救助未覆盖到或未覆盖好的群体，共同推进健康中国战略实施。

（四）有利于促进社会互助的良好风尚，弘扬传统美德

慈善公益向来都是雪中送炭、乐善好施、扶危济困的善举，慈善救助提供了一个平台，不仅满足了国人积德行善的心理，也是社会文明进步的重要标志。支持发展慈善救助，广泛动员社会力量支持慈善、参与慈善，是对中华民族传统美德的传承，有助于社会不断累积道德力量，迸发出全社会奉献爱心、和衷共济的时代最强音。基于互联网庞大的受众群体，慈善救助可以带动互帮互助、

① 《习近平提出，提高保障和改善民生水平，加强和创新社会治理》，新华社2017年10月18日。

团结友爱等慈善文化的融入与传播，促进社会主义核心价值观的弘扬和升华。

四、经验启示

随着健康扶贫政策的推进，“看病难”的问题已得到较大改善，但重大疾病治疗周期长，自费负担重，贫困地区人民往往因此雪上加霜，“大病关爱壹佰基金”通过“党员捐一笔、社会筹一笔、政府补一笔”的形式，在全国县级探索创立了首个专门帮扶大病困难的公益性基金，为办好慈善组织积累了丰富的经验，为慈善基金服务社会、凝聚人心、树立形象探索了许多有益的路径。对化解贫困家庭“大病拖”问题发挥了积极作用，但要彻底解决重大疾病患者的就医难问题，不是一朝一夕、一蹴而就的。

（一）强化政府主导职责，明确相关部门的责权分工

当前，慈善事业在中国逐渐被公众认可和接受，但在慈善组织能力和法规政策方面存在一些壁垒，这就需要党和政府这个导航者、调控者、监督者。十多年来，长阳历任的主要领导都十分重视“大病关爱壹佰基金”的发展，在慈善救助中起到了组织领导、综合协调以及出台相关政策法规的作用，例如每年由长阳县委亲自部署，高规格推动“大病关爱壹佰基金”集中捐赠日活动，极大地鼓舞和调动了长阳县党政机关、社会各界关心、支持、参与“大病关爱壹佰基金”的积极性，促进形成了党政重视慈善、企业追求慈善、社会崇尚慈善、人人参与慈善的良好局面，从而形成分类、有序、全方位的慈善救助新格局。困难群众看病难、看病贵，既是历史问题，更是现实问题；既是经济问题，更是社会问题。当地政府在部门协调、资源整合、慈善募捐、服务流程等方面实现了全方位突破，让城乡居民共享了改革发展的成果，既考虑了政府的财政承受能力，又考虑了群众的经济承受能力；既考虑了政府主导的政策资源，又考虑了社会参与的慈善资源；既考虑了医疗流程的科学性，又考虑了群众对于医疗资源的需求性。因此，当地政府能发挥主导作用，营造了良好的慈善救助外部环境，用心化解民忧，用情关爱民生。十多年来，长阳“大病关爱壹佰基金”促进会募集捐款累计达到3562万元，为4252名大病困难群众雪中送炭发放关爱资金3000多万元。

（二）联动四方、多路筹资，加强救助协作与信息共享

在现行医疗保障制度之外，慈善救助仍是困难群体获得大病医疗救助的重要途径，充裕的资金基础是实现慈善医疗救助目标、实现慈善救助顺利开展的条件。长阳县成立“大病关爱壹佰基金”促进会，面对大病救助这一社会问题，积极搭建慈善平台，激发公民的慈善意识和慈善行为，引导他们采取对口帮扶、爱心捐赠、义务服务等多种形式，参与到大病医疗救助中来，让大病患者家庭感受更多的社会温暖。在实体经济结构不优、创新动能不足、转型升级任重道远的情况下，该基金促进会不断拓宽筹资渠道，优先动员当地民众参与捐款，相继开通了新的“大病关爱壹佰基金”网站、微信平台，通过网络活动加线下宣传募集资金；最大限度调动企业意愿，深入宜昌、深圳、北京等地开展募捐活动，协调落实企业捐款的税收减免政策。这些行为聚焦民生、聚焦慈善，精准按下扶贫的“快捷键”，让“大病关爱壹佰基金”茁壮成长，从而能保证基金的刚性兑付，有效规避资金不足的风险。社会公众用善心、责任和担当，编织了一张牢不可破的健康扶贫“兜底网”。

（三）强化信息公开，打造阳光慈善救助，是提升诚信形象的基本路径

信息公开是社会发展的必然要求，是保障公众知情权的重要手段，也是接受监督的基础条件。长阳“大病关爱壹佰基金”从设立之初，就建立了公开透明的运行管理机制和信息公开制度。通过规范贫困人口及低收入人口医疗救助制度，实行医疗救助程序化，严格按照规定履行申请、调查、审批、公示等环节，建立了科学规范的运行管理机制和信息公开制度。例如对基金的基本信息、善款收支、年报信息、审计报告主动向社会公众公示，同时还加强基金官方网站的可视化建设，对受益对象救助的时间、内容、项目、方式及渠道进行公示公开，配合多样化宣传，形成流程公开、运作透明的模式，引导患者及其家庭正确对待疾病、困难和挫折，在生活上照顾、精神上引导、感情上慰藉、心理上疏导、发展上帮助，为培育患者的和谐心理提供社会环境支持，获得了良好的社会信任感。“大病关爱壹佰基金”募集捐款使用的是正规票据，单位和个人捐助的善款分别以各自名义开具发票，名目清晰，不遗漏一分一毫。基金的运行经费都是提请本级财政安排，未出现挪用善款现象。秉承高度的诚信自律，“大病关爱壹佰基金”在社会组织等级评估中，获评 AAA 等级，通过了专项审计，

获得了来自国家和省部级的扶持项目，也赢得了良好的社会信任感和美誉度。2012 年，化名“微笑”的爱心老人为“大病关爱壹佰基金”捐赠 15 万元，也是基于对“大病关爱壹佰基金”的诚信度和规范化管理的认可。

（四）建设人才队伍，提升专业水平，是提升慈善救助效率的基本保障

慈善救助专业性较强，各环节紧密相关，对于救助标准的厘定，救助活动的发起、筹资活动的运营、志愿活动的兴起等等都需要各领域的专业人才。长阳“大病关爱壹佰基金”促进会的志愿者基本来源于长阳县民政局干部，他们大多要兼顾机关的日常工作，专职和全职人员较少，志愿者队伍较不稳定，因此，要积极通过社会招聘，尽快填补行业内专业人才匮乏，比如社会学、财务管理、市场营销、医学等相关专业人才，组建一套符合本行业特征的人才培养流程。其次，要完善薪资体系与培训晋升体系，确保慈善救助工作人员工作强度与薪资水平相吻合，从而稳定慈善救助人才队伍。另外，还可以通过与民间的志愿者组织达成长期合作协议，建立其稳固的志愿者招募、培训、激励机制，制定准入与退出机制，进一步规范志愿者行为，从而确保慈善救助的可及性与有效性。

【思考题】

1. 如何加强社会各界的慈善救助参与度？如何拓宽善款筹集的渠道？
2. 慈善组织在推进国家治理现代化过程中发挥了哪些作用？

枣阳市杨垱镇桃园村
新时代赋新“枫桥经验”内涵的实践探索

中共枣阳市委党校　沈宇平

【引言】 2019年1月21日，习近平总书记在省部级主要领导干部坚持底线思维着力防范化解重大风险专题研讨班上指出：深刻认识和准确把握外部环境的深刻变化和我国改革发展稳定面临的新情况新问题新挑战，坚持底线思维，增强忧患意识，提高防控能力，着力防范化解重大风险，保持经济持续健康发展和社会大局稳定，为决胜全面建成小康社会、夺取新时代中国特色社会主义伟大胜利、实现中华民族伟大复兴的中国梦提供坚强保障。①

党的二十大报告将“完善社会治理体系”纳入国家安全体系和能力现代化建设部分进行重点部署，强调“健全共建共治共享的社会治理制度，提升社会治理效能。在社会基层坚持和发展新时代‘枫桥经验’……建设人人有责、人人尽责、人人享有的社会治理共同体”。将基层社会治理提升到了一个新的高度，基层是社会治理的最前沿，是“中国之治”的根基。加强和创新基层社会治理，关键是要坚持和发展好新时代“枫桥经验”，最大程度把矛盾风险化解在基层、解决在基层，消除在萌芽状态。

【摘要】 党的十八大以来，习近平总书记多次就坚持和发展新时代“枫桥经验”作出重要指示，提出了一系列新理念、新思想、新战略，为推进基层社会治理现代化提供了根本遵循。2013年12月23日，习近平总书记在中央农村工作会议上的讲话中指出：“重视化解农村社会矛盾，确保农村社会稳定有序。提高预防化解社会矛盾水平，要从完善政策、健全体系、落实责任、创新机制等方面入手，及时反映和协调农民各方面利益诉求，处理好政府和群众利益关系，

①《习近平：提高防控能力着力防范化解重大风险　保持经济持续健康发展社会大局稳定》，《人民日报》2019年1月22日。

从源头上预防减少社会矛盾，做好矛盾纠纷源头化解和突发事件应急处置工作，做到发现在早、防范在先、处置在小，防止碰头叠加、蔓延升级。要学习和推广‘枫桥经验’，做到‘小事不出村，大事不出镇，矛盾不上交’。”①

2011 年，枣阳市杨垱镇桃园村在新当选的党支部书记王春红的带领下，积极发挥党建引领作用，在推进基层社会治理、化解社会矛盾上，不断完善群众参与基层社会治理的制度化渠道，着力实施自治、法治、德治“三治融合”，夯实自治之基、塑造法治之魂、弘扬德治之风，变“为民做主”为“由民做主”，推动法治力量向引导和疏导端用力，不断完善社会矛盾纠纷多元预防调处化解机制，充分发挥共建共治共享在基层的作用，较好地践行了新时代的“枫桥经验”，打造农村社会治理工作新格局，实现了小事不出村、大事不出镇、矛盾不上交，从源头做好矛盾纠纷化解工作，促进社会和谐稳定，连续 11 年全村零上访，无一例赴省进京上访，桃园村从黄土岗上一个一穷二白的落后村，发展成为产业兴旺、生态宜居、治理有效、生活富裕的示范村。先后荣获“全国文明村镇”“湖北省美丽乡村典型示范村”“湖北省绿色示范村”“湖北省文明村”等荣誉称号。

【关键词】 三治融合；枫桥经验；社会治理；预防化解社会矛盾；防范化解重大风险

一、背景情况

桃园村位于枣阳市杨垱镇中心集镇西 5 千米处，临近襄阳襄州区和河南省唐河县、新野县，是典型的鄂西北平原村。全村共有 6 个村民小组，365 户 1526 人，党员 40 名，耕地面积 4048 亩。2011 年以前，桃园村还是一个没资源、没产业、位置偏的一穷二白“空心村”。这里土地贫瘠，资源匮乏，是交通、水利的“死角”，农业望天收。村民们走的是泥巴路，喝的是高氟水；柴火到处堆，垃圾满天飞，领导班子散，村里人心乱，矛盾纠纷多，各种问题不断。青壮年劳动力常年外出打工，只留下孤寡老人和留守儿童在家里过着穷日子，几十年来村里没有考出一个大学生，就连外村的姑娘也不愿嫁到桃园来。

---

① 中共中央党史和文献研究院编：《习近平关于防范风险挑战、应对突发事件论述摘编》，中央文献出版社 2020 年版，第 83 页。

（一）干部求稳，贻误发展时机

村“两委”干部任职时间久，年龄偏大。党支部、村委会“两委”班子成员大多是从1990年前就开始任职，长达20多年没有进行调整，“两委”干部平均年龄近60岁。长期任职，职务固定，导致干部思想守旧，求稳怕乱思想突出，工作上没有思路，也无抓手，各类基础设施建设、产业发展都相对于滞后其他村组，群众关心的痛点难点问题长期得不到有效解决，老百姓怨气较大。

（二）党员散漫，带头作用不强

部分党员党性意识淡薄，纪律性差，仅满足于参加日常的组织生活，会上动动嘴，会下不跑腿，工作消极应付，因循守旧，缺乏率先垂范的意识，作风上懒散拖沓，在群众中没有起到很好的示范带头作用。还有部分党员甚至无视集体利益和党性原则，在村“两委”干部选拔任用上，不能坚持标准、坚持原则，讲庸俗感情，成为“墙头草”，不为正确选拔配备干部发挥积极作用。

（三）人心涣散，村民矛盾严重

村里的退伍人员及退养民办教师等，因历史遗留问题没有得到平稳解决，加上个人、家庭恩怨等其他因素，错综复杂，群众信“访”不信“法”，干部腾不出更多的精力去抓发展，桃园村成为全镇甚至全市有名的“乱村”。由于贫穷，无法成家的人员众多，村里的适龄未婚男性青壮年比较多群众的怨气大，气不顺心不齐，工作很难推动，矛盾冲突不断。

二、主要做法

2003年，时任浙江省委书记习近平在纪念毛泽东同志批示“枫桥经验”40周年暨创新“枫桥经验”大会上强调，要牢固树立“发展是硬道理、稳定是硬任务”的政治意识，高度重视并切实抓好维护社会稳定的各项工作，特别是要充分珍惜“枫桥经验”，大力推广“枫桥经验”，不断创新“枫桥经验”。①

2013年10月，在纪念毛泽东同志批示“枫桥经验”50周年大会召开前夕，

① 中共中央组织部组织编写：《贯彻落实习近平新时代中国特色社会主义思想在改革发展稳定中攻坚克难案例·防范化解重大风险》，党建读物出版社2019年版，第122页。

习近平总书记再次作出重要指示强调，各级党委和政府要充分认识“枫桥经验”的重大意义，发扬优良作风，适应时代要求，创新群众工作方法，善于运用法治思维和法治方式解决涉及群众切身利益的矛盾和问题，把“枫桥经验”坚持好、发展好，把党的群众路线坚持好、贯彻好。①

习近平总书记关于坚持和发展新时代“枫桥经验”的重要批示，为我们预防化解矛盾风险指明了方向，对我们下好先手棋、打好主动仗，有效预防化解矛盾风险、进一步营造国泰民安的社会环境具有重要的指导意义，也充分彰显了以新时代“枫桥经验”为重要内容的中国特色社会主义社会治理体系具有的独特优势。

随着“枫桥经验”在全国推广，枣阳市杨垱镇党委痛定思痛，决心改变桃园村这一脏乱差的现状。新当选的桃园村党支部书记王春红积极带领村“两委”干部探索党建引领、“三治融合”的乡村治理模式，努力践行新时代“枫桥经验”，实现了桃园村华丽的转身。

（一）解决方案

“枫桥经验”是以人民为中心的共建共治共享的基层社会治理经验，其基本做法是坚持党建引领，自治、法治、德治融合，发动和依靠群众化解人民内部矛盾。党建统领、人民主体、自治法治德治“三治”融合、共建共治共享这些要素构成了“枫桥经验”的鲜明特征和时代内涵。

2011 年 10 月，王春红当选桃园村党支部书记，在外地搞建筑发家的他本来有着优渥的生活，但落后的村庄发展、涣散的村集体治理、乡亲们贫苦的生活现状和对美好未来渴望的眼神，让他决定放弃事业回到家乡，主动挑起了人人避之不及的“领头重担”。他在全村大会上立下重誓：不干出点模样，就全家搬走，永不返乡。王春红没有食言，他带着村干部定规划、筹资金、跑项目，找上级要政策、求朋友来投资、带家人上工地，带动全体村民改变了村容村貌。在治理理念上，从侧重维护社会稳定为主，转为促进社会全面进步，推进基层社会治理现代化；在治理主体上，从村集体管理转化为群众组织多元治理，形成共建共治共享的社会治理格局；在治理方式上，从传统的被动治理转为主动治理，从事后治理转为事先预防，形成了系统治理、依法治理、综合治理、源头

① 中共中央组织部组织编写：《贯彻落实习近平新时代中国特色社会主义思想在改革发展稳定中攻坚克难案例 · 防范化解重大风险》，党建读物出版社 2019 年版，第 122 页。

治理的现代治理体系。通过10余年的探索实践，桃园村不仅转变了过去的脏乱差现象，而且从一个有名的“乱村”转变成了市级“示范基层党组织”、省级“美丽乡村”和“全国文明村”。现在的桃园村政治清明、干部清廉、发展清晰、村务清朗、干群清亲、民风清淳、环境清新，成功实现了华丽转身。

（二）实施过程

1. 坚持党建引领，提供坚强组织保证

抓班子带队伍。2011年，由杨垱镇委主要领导牵头，将桃园村工作不胜任、群众威信不高的村“两委”干部果断调整，把一批“肯办事、能办事、办成事”的村级年轻后备干部充实到村“两委”班子，作风扎实的王春红成功当选村党支部书记和村委会主任，增强了党组织的凝聚力和战斗力。村“两委”干部和党员深入到村组和农户家中，听民情、解民忧、助发展、促和谐，帮扶村里31个特困户全部实现脱贫致富，架起了党群干群“连心桥”。

抓思想促发展。在村干部层面，要求村“两委”干部开展批评与自我批评，结合思想和工作实际，查找问题和不足。在党员层面，多次带领村干部和党员群众代表外出学习观摩，邀请优秀村干部和党员、专家讲党课，解放思想，查找不足，开阔视野。扎实开展支部主题党日活动，坚持从党章党规学起，有针对性提高党员党性修养和政治素质，推动党员走在前、做表率。在群众层面，组织村民小组开展道德讲堂，观看专题片，用身边的榜样影响人、教育人。

抓作风促转变。针对群众反映和上级反馈的意见建议，村党支部带头整改，主动积极响应。组织无职党员开展认岗履职村级服务项目活动，全村40名党员认领服务项目23项，作出承诺27条，内容涉及矛盾纠纷调解、政策宣传、爱心帮扶、农业技术指导等多个方面。坚持不拖不等不靠，清理历史遗留问题，把重复信访举报的问题一个一个“过筛子”，对群众反映强烈的问题逐一研判，对其他遗留问题逐个解决。召开群众大会，将村里的集体收入、支出、工程建设款、土地承包等事项，该算账的算账，该公示的公示，进一步规范土地、堰塘等村集体资产承包合同，给群众一本“明白账”。充分发挥党员干部群众代表和村务理财小组的作用，在村务决策、村务管理、工程建设等方面实行监督，切实加强村级民主管理和监督。

2. 坚持人民主体，“头雁”示范凝心聚力

村看村，户看户，党员群众看干部。王春红始终带领村“两委”一班人，定规划、筹资金、跑项目，义务投工、大干苦干，用自己的榜样示范凝聚民心、实干能干赢得民心。

完善基础设施。他亲自带着村干部跑项目要资金，率先带着家人上工地出义务工，带动越来越多观望犹豫的村民和自己走到一起。截至 2017 年，建成通村公路、安全饮水、农田水利设施、村级绿化、垃圾处理、阵地建设“六大工程”，打造了“一个中心广场、两条主干道、三排房屋建筑、四个集中居住点”的宜居格局，全部都是党员带领全体村民出义务工，自己动手硬化村道巷道，绿化美化行道树，兴修安装安全饮水设施，没支出一分钱的报酬，村党群服务中心、办公室、广场、卫生室、农家书屋、超市等配套便民设施一应俱全。

培育经营主体。为返乡农民创业搭建就业平台，开展产业技术培训，引导、鼓励、帮助乡贤回村投资兴业，落实对返乡创业人员提供创业和担保贴息政策，加大种养大户、农业龙头企业骨干培育力度，落实系列强农惠农政策。积极发挥村级党组织的堡垒优势，通过引进企业，联合发展产业，实现互动发展，互利双赢。借助美丽乡村建设契机，成立了枣阳市万鼎建筑劳务有限公司，由村“两委”班子成员兼任公司负责人，吸纳本村及周边村在家劳动力务工，其中预制品厂每天生产预制板 200 块，年纯收入 20 万元以上，参与的绿化、道路硬化等基础设施建设项目可收入 100 多万元。

发展特色产业。采取“支部 + 合作社 + 农户 + 市场”的模式，成立志杰专业合作社，盘活闲置土地，利用迁村腾地的 108 亩村机动地和流转的 140 亩土地，种植小麦、玉米、薄荷、旱稻等作物和果木，一年可创收 25 万元。用足用好政策红利，争取扶贫资金 60 多万元，新建蔬菜大棚 4 个，发展草莓等时令新鲜蔬菜水果种植，吸纳本村有劳动能力的 8 名贫困户在繁忙时参加劳动，每天支付最低 50 元工资。破解农作物收储难题，争取资金建设了 1300 平方米仓储房，通过租赁、收购、储藏瓜果蔬菜反季节销售等形式，每年可创收 5 万元。

3. 坚持“三治”融合，赋新“枫桥经验”内涵

自治立基。以“村民公约”为抓手，以“红白理事会”“道德评议会”“村民议事会”“禁毒禁赌会”为载体，以“尊重党员主体地位，激发党员干事创业内生动力”为切入点，村民家里遇到大事，村红白理事会人员必上门服务，并严格按“村民公约”办事。坚持村民的规矩自己定，村民的道理自己评、村民的矛盾纠纷自己化解，先后制定实施了 12 项 116 条操作性强、群众认可的“桃园规矩”，把大家所思、所想和所求变成村里发展的目标、方向和举措。

法治引领。利用法律大讲堂、流动法治宣传车、手机短信等多种形式，把法律送到百姓身边，让群众在潜移默化中接受法治教育；村“两委”干部在召开会议研究村庄建设、项目建设等工作时，还会邀请村里的法律顾问参与决策事项，让他们积极提供法律意见，使村级事务在法治框架下健康开展。此外，以村级警务室为主体，结合“三联三帮”（即一名党员联系 1 ～ 2 名留守儿童，帮心理辅导、安全管护；联系 1 ～ 2 名留守老人，帮物资代购采购、日常生活照料；联系 1 ～ 2 名留守妇女，帮农业生产、就业增收）机制，发挥村干部、驻村辅警人熟、地熟、情况熟的优势开展工作，培养了一批群众基础好、声誉高、业务知识强的调解员，做到矛盾尽早、尽小化解，纠纷依法依规解决。

德治涵养。坚持以文化人、乡风润村。实施“乡村文明提升工程”，依托文化阵地，开设道德讲堂，定期开展读书活动、农民运动会等一些群众性文化活动，不仅丰富了群众精神生活，还起到了传承传统文化、展示村庄风采、促进邻里和谐、改善党群干群关系的作用。积极推进家风家训建设，大力弘扬传统家庭美德，推动形成注重家庭、注重家教、注重家风的共识，让学典型树家风成为全村时尚。注重挖掘、展示干部群众中的模范典型，用榜样的力量来教育人、引导人、带动人，按照家庭和睦、环境卫生、遵纪守法、好人好事等类别分别给每个家庭和个人打分并兑现奖励，每年评选出“五好家庭”25 户（好婆婆、好媳妇、好夫妻、好儿女、好妯娌各 5 户），“十星级文明户”5 户，“身边好人”和“道德模范”5 人，有效营造了见贤思齐、向善向美的良好氛围。设立“教育奖学金”“爱心助老金”，对考上重点高中的本村学生奖励 4000 ～ 5000 元，对考上“双一流”大学的学生奖励 10000 元。对医保报销后，个人支付住院费超过 3 万元的，村集体再给予 10% 的救助；年满 60 周岁以上的老人每人每年给予 600 ～ 1000 元不等的生活补助，增强人民群众的认同感、获得感和幸福感。

4. 坚持“四防并举”，织密织牢平安网

“四防并举”是新时代“枫桥经验”的重要手段，人防、物防、技防、心防，有助于提高风险防控的预见性、精准性和高效性。

发动和依靠群众织牢人防网。充分发挥村民自治组织，理事会、巡逻队、矛盾调解委员会的作用，相信群众、发动群众、依靠群众解决身边的矛盾和纠纷，排查安全隐患。利用每季度村民大会、每周村小组会和志愿服务队入户宣讲的机会，大力宣传防诈骗、防溺水、防交通事故、自然灾害求生等相关知识，使群众成为思想上的明白人，行动上的清醒人，不断激发出基层组织的实际功效，最大限度地将制度优势转化为效能优势。

整合资源构建治安物防网。加强重点物资配备，添置警棍、防爆叉、盾牌、安全头盔等安全防护物资，以备应急处置事件发生。在一些重要交通路口设置石墩、防冲撞设施、安全防护栏和道路交通标识线，严防安全事故发生。加强全体村民防火、防盗安全教育，配备消防设施，让村民看好自己的门、管好自家的院。对村办企业、重点建设项目等领域配备监控系统，实行有效管控。

发挥科技引领筑牢技防网。充分运用互联网、大数据、人工智能等科技手段，在村办公室门口大屏幕滚动播放社会主义核心价值观、安全生产、平安创建相关视频，让平安建设警钟长鸣，入脑入心。在村与外界交通路口等重要场所安装“雪亮工程”，提高风险防控预见性、精准性和高效性，保护好人民群众的生命财产安全，不断提升治理智能化水平。

塑造健康心态织密心防网。建立健全社会心理服务体系和疏导机制、危机干预机制，农闲时节，组织村“两委”干部和全体党员对群众进行走访，听取大家急难愁盼的事情，对有个人极端行为的苗头及时进行疏导，把矛盾纠纷化解在萌芽状态，破除心理壁垒，塑造自尊自信、理性平和、亲爱友善的社会心态。通过开展“好婆婆”“好儿媳”等先进模范的评选，全体村民培育了自尊自信、理性平和、积极向上的心态，见义勇为、见义众为成为桃园村的社会新风尚。

5. 坚持共治共享，共建美好和谐家园

实施美化家园行动。牢固树立和践行“绿水青山就是金山银山”的发展理念，在村“两委”干部的率先垂范下，因地制宜，大力推进环境综合整治。大力实施清洁家园、绿色田园、清洁水源、美丽村庄行动，对积存和散落垃圾、沟渠、废弃秸秆和农膜及露天堆放农业废弃物实行统一清运、集中处理，建设雨污管网，推进厕所革命，村庄环境卫生得到显著改善。

落实“三包”责任机制。全面完成人居环境改善工程（改房屋、改庭院、改水、改电、改路、改厨等），严格落实“门前三包”责任制、道路日常保洁和管理制度，每月定期实施“最美家庭”评比（家庭和睦、环境卫生、遵纪守法、好人好事等类别），并对评选出的“最美家庭”张贴标识，引导村民们自觉维护房前屋后的清洁卫生，积极纠正不良生活习惯。

共建共享，塑形铸魂。大力实施公民道德建设，乡风民风培育，丰富群众文娱活动，组织修订村规民约、系列典型培树、整治婚丧陋习，以墙画形式展示社会主义核心价值观，持续激活乡村记忆，激发奋斗精神。为了刹住村里红白喜事大操大办之风，充分发挥主事能人能够掐得准脉儿、找得着根儿、摸得着门儿的地缘人情优势，红白事理事会制定《红白理事会章程》，统一标准，改变以往攀比炫富、铺张浪费的不良风气，树立了移风易俗、勤俭节约的文明新风。

（三）实际成效

桃园村全面推进党建引领下的自治、德治、法治“三治融合”乡村治理新模式，逐步形成党员带头，群众参与，共同监督，共同治理的良好局面。近年来，矛盾不上交、平安不出事，服务不缺位，基层治理取得了显著成绩。

1. 基层党组织战斗堡垒作用得到强化

王春红通过自己的苦干实干不仅兑现了当初竞选的誓言，更重要的是凝聚了民心，发动了群众，较好发挥了基层党组织在贯彻落实党中央决策部署“最后一公里”上组织群众、联系群众、依靠群众、发动群众的作用，推动了桃园村社会治理由失序向有序发展，由无为向有为转变，村“两委”干部和全体党员通过认岗履职村级服务项目，宣传政策、化解矛盾、帮扶项目、指导技术、保洁卫生、义务劳动等，人人有岗、个个有责，架起了党群干群关系的“连心桥”，较好发挥了党组织“推动发展、服务群众、凝聚人心、促进和谐”的战斗堡垒作用。

2. 群众主体作用得到充分发挥

在村“两委”班子的主导下，通过“桃园规矩”等群众自治规则，民事民议、民事民办、民事民管得到充分彰显，广大群众能够参与到与自己切身利益相关的事务处理过程中，获得感、归属感、认同感不断增强，参与社会治理，实现共建共治共享的积极性、主动性不断提升，充分尊重和保障群众的知情权、参与权、表达权、监督权，由过去“少数人说了算”转变为“与群众商量办”，将群众积极性主动性创造性充分调动起来，形成推动社会和谐发展、保障社会安定有序的合力。

3. 社会活力实现有效释放

干部群众主动参与村级事务管理和社会治理的热情高涨，不再像过去那样说话没人听，干事没人跟，王春红的个人威信和村“两委”班子的号召力普遍增强，一呼百应、积极配合，释放了村级活力。目前，村里各类公益慈善类、社区服务类社会组织的有序建立，在推动民生改善、化解社会矛盾、维护社会秩序等方面都发挥了群众的积极主动作用。

4. 法治思维不断深入人心

通过搭建法治宣传、以案释法、多媒体互动、公益活动等各种普法平台，筑牢战斗堡垒，实现法治阵地全覆盖，弘扬了正气，明辨了事理，推动了矛盾纠纷依法依规解决。

5. 良好道德风尚逐步树立

在全村范围开展加强社会公德、职业道德、家庭美德和个人品德为主要内容的评选活动，用身边的人管人，用身边的人教育人。好婆婆、好儿媳、好儿女、好夫妻，既融洽了关系，又减少了矛盾，还营造了人人向真向善向美的氛围。

6. 党群干群关系更趋紧密

通过“三治融合”的探索和实践，干部和群众之间不再是简单的管理者和被管理者，而是凡事都“商量着办”，干群关系越来越融洽、村庄的氛围也越来越和谐，实现了党组织“一呼百应”的局面。十余年来，桃园村没有发生一起到镇里及镇级以上部门上访事件。该村党支部书记王春红也被授予“全省优秀村（社区）党支部书记”荣誉称号，并当选为湖北省人大代表。

良好的基层治理局面，催生集体经济厚积薄发。2021 年，全村集体经营性收入 1500 万元，纯收入 150 万元，实现人人入社、人人分红。如今的桃园，远望新楼林立，良田环绕，水泥道路纵横交织；近看绿树成排，环境优美，民风淳朴，宜居宜业；夜观全村，灯火通明，欢声笑语，一片祥和，其乐融融。

三、经验启示

桃园村探索实践“三治融合”的成功经验，集中体现了中国共产党群众观点和群众路线的思想精髓，继承发挥了“坚持相信群众、依靠群众，就地解决问题”的“枫桥经验”基本精神，也是新时代践行“枫桥经验”的一个缩影。枣阳市通过桃园村这个切口试点，在全市大力推行“党建引领，三治融合”基层社会治理新格局，夯实自治之基，塑造法治之魂，弘扬德治之风，有效将矛盾化解在基层，消灭在萌芽。以“三治融合”为载体的新时代“枫桥经验”，给我们带来了深刻的启示：

1. 始终坚持党的全面领导，大力夯实基层组织基础

“火车跑得快，全靠车头带，支部强不强，关键看头羊。”基层党组织是贯彻落实党中央决策部署的“最后一公里”，决不能出现“断头路”。党的领导是新时代“枫桥经验”的最大优势，也是基层治理的“定海神针”。村（社区）是推动社会治理现代化的第一线，也是服务群众的最前沿。坚持大抓基层的鲜明导向，持续整顿软弱涣散基层党组织，有效实现党的组织和党的工作全覆盖，抓紧补齐基层党组织领导基层治理的各种短板，把基层党组织建设成坚强有力的战斗堡垒，特别是注重要把对群众怀有深厚感情，乐于、擅于做群众工作的党员选拔到党支部书记的岗位上来，让他们成为群众的“主心骨”“领头雁”。

2. 始终坚持问题导向，着力解决基层社会矛盾

习近平总书记反复强调，“要坚持问题导向，坚持底线思维，把问题作为研究制定政策的起点，把工作的着力点放在解决最突出的矛盾和问题上”。① 坚持问题导向，既是思想方法，也是重要工作方法。认真理清矛盾问题清单，积极回应群众关注的热点难点问题，不怕重担子、不惧烫手山芋、敢啃硬骨头，明权、明责、明法，精准施策，实实在在为群众解决困难，做好服务，化解矛盾，才能走好新时期的群众路线。

3. 始终坚持因地制宜，不断创新社会治理方式

“枫桥经验”的本质就是坚持走人民群众路线，桃园村因地制宜、结合实际不断赋予新时代“枫桥经验”新的内涵，以自治激发民主活力，以法治推进现代治理，以德治涤荡乡风文明，通过“三治融合”较好地回答了基层社会治理“谁来治”“怎么治”“治什么”的问题，“治”出了社会活力，“治”出了和谐有序。实践证明，良好的社会治理模式必须能够结合本地实际，适应本地土壤和时代需要，不断创新群众工作方法，充分依靠群众、发动群众，才能把“枫桥经验”坚持好、发展好。

4. 始终坚持底线思维，源头防范化解社会风险

“坚持就地化解、不上交矛盾”，是“枫桥经验”的核心本源，“村组小治安，社会大平安”，在全面推进乡村治理现代化上，始终要坚持底线思维、问题导向，从单纯的化解矛盾纠纷、维护治安稳定，拓展延伸到防范化解农村社会政治、经济、文化、社会、生态文明建设等各领域风险，延伸到基层社会治理的方方面面，健全平安建设社会协同机制，构建风险预测预警预防体系，才能下好先手棋，打好主动仗，从源头上防范和化解重大社会风险。

当前，推进改革发展稳定的大量任务在基层，推动党和国家各项政策落地

① 中共中央组织部组织编写：《贯彻落实习近平新时代中国特色社会主义思想在改革发展稳定中攻坚克难案例 · 生态文明建设》，党建读物出版社 2019 年版，第 351 页。

的责任主体也在基层，只有依靠当地党委、政府的治理水平和群众智慧，坚持党的领导，尊重群众的主体作用，最大限度激发社会活力，赢得最广泛、最可靠、最牢固的群众基础，才能有效化解改革发展中遇到的矛盾和问题，维护社会和谐稳定，确保社会主义现代化建设的进程顺利推进。

【思考题】

1. 构建“三治融合”基层社会治理体系对源头防范化解社会风险有什么必要性和重要性？

2. 推进新时代基层社会治理，源头防范化解社会风险应从哪些方面着手？

后 记

《思想伟力　光泽荆楚——湖北探索高质量发展案例集锦》的出版工作得到了中共湖北省委党校（湖北省行政学院）高度重视，校委会谋划了案例征集、汇编和结集出版工作；常务副校（院）长赵斌对本书的编写出版提出指导意见，担任编委会主任；副校（院）长汤红兵具体负责本书的编辑出版工作，并审阅了书稿。省委直属机关工委党校，各市、州、直管市、神农架林区党委党校，中铁大桥局党委党校，对本书的出版给予了大力支持，积极推进案例征集工作，严把报送案例的政治关、学术关、质量关。形成书稿后，我们邀请了何正欣、张秋实、李新华 3 位省委党校退休老同志对书稿进行修改校对。在此，谨对所有给予本书帮助和支持的同志表示衷心感谢！

限于学识和经验不足，本书难免有这样那样的欠缺之处，诚望专家学者和广大读者批评指正。

编　者

2023 年 6 月于武汉丰荷山